中华当代学术著作辑要

土地经济学原理

周 诚 著

商务印书馆

图书在版编目(CIP)数据

土地经济学原理/周诚著.—北京:商务印书馆,2023
(中华当代学术著作辑要)
ISBN 978-7-100-21933-4

Ⅰ.①土⋯　Ⅱ.①周⋯　Ⅲ.①土地经济学　Ⅳ.①F301

中国版本图书馆 CIP 数据核字(2022)第 255706 号

权利保留,侵权必究。

中华当代学术著作辑要
土地经济学原理
周诚　著

商 务 印 书 馆 出 版
(北京王府井大街36号　邮政编码100710)
商 务 印 书 馆 发 行
北京市十月印刷有限公司印刷
ISBN 978-7-100-21933-4

2023年4月第1版　　开本 710×1000　1/16
2023年4月北京第1次印刷　印张 28½
定价:148.00元

中华当代学术著作辑要
出 版 说 明

学术升降,代有沉浮。中华学术,继近现代大量吸纳西学、涤荡本土体系以来,至上世纪八十年代,因重开国门,迎来了学术发展的又一个高峰期。在中西文化的相互激荡之下,中华大地集中迸发出学术创新、思想创新、文化创新的强大力量,产生了一大批卓有影响的学术成果。这些出自新一代学人的著作,充分体现了当代学术精神,不仅与中国近现代学术成就先后辉映,也成为激荡未来社会发展的文化力量。

为展现改革开放以来中国学术所取得的标志性成就,我馆组织出版"中华当代学术著作辑要",旨在系统整理当代学人的学术成果,展现当代中国学术的演进与突破,更立足于向世界展示中华学人立足本土、独立思考的思想结晶与学术智慧,使其不仅并立于世界学术之林,更成为滋养中国乃至人类文明的宝贵资源。

"中华当代学术著作辑要"主要收录改革开放以来中国大陆学者、兼及港澳台地区和海外华人学者的原创名著,涵盖语言、文学、历史、哲学、政治、经济、法律、社会学和文艺理论等众多学科。丛书选目遵循优中选精的原则,所收须为立意高远、见解独到,在相关学科领域具有重要影响的专著或论文集;须经历时间的积淀,具有定评,且侧重于首次出版十年以上的著作;须在当时具有广泛的学术影响,并至今仍富于生命力。

自 1897 年始创起,本馆以"昌明教育、开启民智"为己任,近年又确立了"服务教育,引领学术,担当文化,激动潮流"的出版宗旨,继上世纪八十年代以来系统出版"汉译世界学术名著丛书"后,近期又有"中华现代学术名著丛书"等大型学术经典丛书陆续推出,"中华当代学术著作辑要"为又一重要接续,冀彼此间相互辉映,促成域外经典、中华现代与当代经典的聚首,全景式展示世界学术发展的整体脉络。尤其寄望于这套丛书的出版,不仅仅服务于当下学术,更成为引领未来学术的基础,并让经典激发思想,激荡社会,推动文明滚滚向前。

商务印书馆编辑部

2016 年 1 月

目 录

第一编 绪论

第一章 对土地的经济学剖析 ·············· 3
  第一节 自然土地——作为自然综合体的土地 ········ 3
  第二节 经济土地——作为自然-经济综合体的土地 ······ 8

第二章 土地经济学概说 ·············· 13
  第一节 土地经济学的研究对象与学科性质 ········ 13
  第二节 土地经济领域中的生产力组织与生产关系调节 ···· 14
  第三节 经济系统论——本书所依据的基本方法论 ······ 17
  第四节 中国土地经济学术研究与学科建设 ········ 22

第二编 土地资源经济

第三章 土地资源经济概论 ·············· 31
  第一节 土地资源的使用价值 ·············· 31
  第二节 土地资源利用概述 ·············· 35
  第三节 土地资源利用的基本原则 ············ 39
  第四节 土地资源利用的经济效益 ············ 43

第四章 土地资源的供给、需求与可持续利用 ······ 48
  第一节 土地资源的供给 ················ 48

  第二节 土地资源的供求平衡与可持续利用 …………………… 54
  第三节 土地资源的人口承载力 …………………………………… 59
  第四节 现阶段中国土地资源管理的基本政策与耕地
      占补平衡制度 ……………………………………………… 64

第五章 土地区位经济 ………………………………………………………… 68
  第一节 土地区位经济概述 ………………………………………… 68
  第二节 农业区位理论 ……………………………………………… 76
  第三节 工业区位理论 ……………………………………………… 83
  第四节 城镇区位 …………………………………………………… 92

第六章 土地集约经济 ………………………………………………………… 98
  第一节 土地集约经济概述 ………………………………………… 98
  第二节 农地集约经营 ……………………………………………… 104
  第三节 市地集约利用与立体利用 ……………………………… 107

第七章 土地规模经济 ………………………………………………………… 117
  第一节 土地规模经济概述 ………………………………………… 117
  第二节 农地规模经济 ……………………………………………… 121
  第三节 市地规模经济 ……………………………………………… 134

第三编 土地财产经济

第八章 土地财产经济概论 ………………………………………………… 145
  第一节 土地财产与土地财产权利的基本概念 ……………… 145
  第二节 土地财产制度基本原理 ………………………………… 148
  第三节 土地产权制度概述 ………………………………………… 154

第九章 土地所有制与土地所有权 ………………………………………… 162
  第一节 土地所有制 ………………………………………………… 162
  第二节 土地所有权 ………………………………………………… 173

第十章　土地使用制与土地使用权 ························· 180
第一节　土地使用制 ··· 180
第二节　土地使用权 ··· 186
附录：关于土地他项权利 ··································· 192

第十一章　土地财产的国家管理制 ······················· 193
第一节　土地所有权的国家限制 ························· 193
第二节　土地的基层管理、部门管理与国家管理 ········ 198
第三节　中国土地国家管理权在中央政府与地方政府
    之间的分割 ·· 200

第十二章　农村土地财产制度 ······························· 209
第一节　原始社会农村土地财产制度 ··················· 209
第二节　奴隶社会农村土地财产制度 ··················· 214
第三节　封建社会农村土地财产制度 ··················· 217
第四节　资本主义社会农村土地财产制度 ·············· 222
第五节　社会主义社会农村土地财产制度 ·············· 225

第十三章　现阶段中国农村土地财产制度 ··············· 227
第一节　现阶段中国农村土地所有制 ··················· 227
第二节　现阶段中国农村土地使用制 ··················· 237
第三节　现阶段中国农村土地征用制 ··················· 241

第十四章　城市土地财产制度 ······························· 246
第一节　城市、城市土地、城市土地财产制度 ········· 246
第二节　奴隶社会的城市与城市土地财产制度 ········· 248
第三节　封建社会的城市与城市土地财产制度 ········· 250
第四节　资本主义社会的城市与城市土地财产制度 ····· 252
第五节　社会主义社会的城市土地财产制度与
    现代中国城市土地财产制度 ······················· 255

第四编　土地资产经济

第十五章　土地资产经济概论 ············· 263
　第一节　土地资产的概念与土地资产经济的基本内容 ······ 263
　第二节　土地市场经济概述 ··············· 266
　第三节　土地配置的市场调节与政府调节 ········· 270
　第四节　现阶段中国城乡土地市场及其完善 ········ 273
　第五节　中国城市土地收购储备制度 ··········· 281

第十六章　地租与地价概论 ··············· 284
　第一节　地租与地价的概念与相互关系 ·········· 284
　第二节　地租与地价的起源与演进 ············ 286
　第三节　绝对地租与绝对地价 ·············· 292
　第四节　级差地租与级差地价 ·············· 295
　第五节　地租与地价的"叠加结构" ············ 303
　第六节　地租与地价变动的相互关系 ··········· 305
　第七节　由土地价值构成所决定的地租与地价构成 ····· 306

第十七章　土地价格的空间差别与时间差别 ········ 312
　第一节　影响土地价格的因素 ·············· 312
　第二节　土地价格的空间差别 ·············· 314
　第三节　土地价格的时间差别——土地增值 ········ 322

第十八章　中国城镇国有土地有偿使用制 ········· 332
　第一节　中国城镇国有土地有偿使用制概述 ········ 332
　第二节　中国城镇国有土地使用权出让制 ········· 335
　第三节　中国城镇国有土地使用权年租制 ········· 341
　第四节　中国城镇国有土地使用权入股制 ········· 344

第十九章　中国城镇地价的政府管理 ··········· 347

第一节	中国城镇地价政府管理概述	347
第二节	中国城镇地价系列	349
第三节	城镇地价评估原则	351
第四节	关于中国城镇理论地价量化的探索	354

第二十章 土地金融 362

第一节	土地金融概述	362
第二节	农村土地金融制度	368
第三节	土地抵押贷款	374
第四节	土地抵押贷款证券化	384

第二十一章 土地税收 394

第一节	土地税收的概念	394
第二节	土地税收的职能	397
第三节	土地税收的原则	401
第四节	土地税负的转嫁与土地税收资本化	406
第五节	土地税收体系与土地税收构成	409
第六节	一些国家（地区）的土地税收	413
第七节	现阶段中国的土地税收	421

主要参考文献 429

后记 442

第一编 绪论

第一章　对土地的经济学剖析

土地是作为生产要素经济学的土地经济学赖以存在的客观物质基础。本书从经济学的角度,即生产力和生产关系的角度,而不是从地质学、地理学、农学、建筑学等自然科学的角度对土地进行剖析。本书把土地划分为自然土地和经济土地,二者既都是生产力中的具体要素,而且其所有、使用、获益及其分配,又涉及生产关系。

第一节　自然土地——作为自然综合体的土地

土地,原本是大自然的产物,本书称之为"自然土地"并把它作为生产力的具体要素之一来看待,与劳动力、机器、设备、管理、科技等要素是并列的。自然土地并不是平面的、匀质的、单一的物体,而是具有纵横跨幅、由多种物质构成、以多种状态存在的综合物体。对于自然土地这一生产力具体要素进行考察、界定和剖析,其目的在于改善土地的利用和管理。

一、自然土地的空间跨幅

从宏观上看,整个自然土地是存在于地球表面一定的横向与纵向跨幅之内的庞然大物。要把土地作为生产力的具体要素加以利用并进行管理,首先就要界定其横向和纵向跨幅。从土地经济学的角度来界定土地的横向跨幅,因土地的不同用途而异。下面从狭到广予以界定:

①农用土地——指土壤覆盖之地,即可用于作物栽培之地。

②农用土地加上一切可承载物体的土地——陆地中的坚硬部分,即可承载各种固定物体之地。

③陆地中的坚硬部分,加上内陆水域、海涂——整个地球表面的陆地部分,即可承载物体,从事养殖、水运之地。

④整个地球表面。

以上四个界定,从狭到广。其中,最狭义的是农用土地,最广义的是不加区别的整个地球表面(其实质是对于土地的横向跨幅不作界定),最通用的则是地球表面的陆地部分,即土地经济学所面对的客观物质基础。

土地并非是一个平面,而是一个立体空间,从而存在一个纵向跨幅的问题。从生产力具体要素的角度来看,土地的纵向跨幅即是人们一般的生产、生活所涉及的地上和地下空间。其地上最高限为最高建筑物的顶端,其地下最低限为地下建筑物的地基。飞机、探空气球所涉及的地上空间,采矿、地质勘探所涉及的地下空间,已是广义的土地空间,已与土地经济学的关系不大。至于人们曾经所作的土地的纵向跨幅可上至无限空间、下至地心的假设,更是不具有任何实际意义的。

二、自然土地的物质构成

自然土地并不是单一、匀质物体,它是由若干物质(含物体)错综复杂地组合而成的。构成土地的物质要素有七个:土壤、沙砾、岩石、矿物、水、空气、生物。其中土壤、沙砾、岩石及大部分矿物为固体,是自然土地的基础物质要素,其变化是极其缓慢的;水、空气处于动态之中;生物则处于不断的新陈代谢之中。

有一种观点认为,在土地的物质构成中包括太阳的光和热。例如，A.马歇尔认为："土地是指大自然为了帮助人类，在陆地、海上、空气、光和热各方面所赠与的物质和力量。"[①] 但是，光和热都来自太阳，它们都只是地球的外部环境，即土地的外部环境和相关因素，但并不是土地本身的组成部分。人们在利用土地时，当然要考虑这些相关因素，而且也要利用这些相关因素，但是当人们对土地拥有所有权时，却不可能对太阳的光和热及其派生因素拥有所有权。因此，只有在不严格的意义上，方可视光和热及其派生因素为土地物质的组成部分。

三、自然土地的存在状态

自然土地的存在状态包括：

地貌——指地表形态，包括山地、丘陵、高原、盆地等。

地势——指地表高低起伏状态。

地物——指地表的自然物。

地质（地质构造）——指地表以下的状况，包括岩石、矿藏、深层地下水等等的分布、结构、相互关系等。

水文——指地面和浅层地下水的状况，包括分布、流量、水位、含沙量等。

简言之，土地存在于静态与动态之中。其中，地貌、地质基本上是静止的，地物、水文等则是动态的。

此外，气候，包括光照、气温、降水、湿度、风况等，是受制于太阳的光能、热能、引力的自然现象。它虽然与土地具有密切关系，但并非是土地本身的存在状态。只有在不严格的意义上，方可视其为土地的存在状态。

---

① 〔英〕A.马歇尔著：《经济学原理》，商务印书馆1991年版，第157页。

四、自然土地的定义

在以上三部分的基础上,对自然土地给出如下定义:

自然土地是处于地球表面人类日常生产、生活活动所及的三维空间之内的,由土壤、沙砾、岩石、矿物、水、空气、生物等七种物质构成的,处于不同地貌、地势、地物、地质、水文及相关的气候状态的自然综合体。

这就是对于作为生产力具体要素之一的自然土地的内涵的概括。

五、自然土地的基本属性

自然土地的基本属性有以下五点:

①构成的整体性。其含义有两方面:其一,从空间来看,土地并非仅指地球表面,而是由地面、地下、地上所组成的一个整体,不可孤立地看待其中任何一部分;其二,从物质构成来看,各种物质形成为一个整体,其中的任何物体,一旦脱离这一整体,就不再是土地,而是单纯的、独立的物体(如煤炭、石头等等)。

②存在的恒久性。其含义也包括两方面:其一是,作为空间的土地是恒久的,随地球的存在而存在;其二是,土地的基本使用价值具有恒久性,可周而复始地、持续不断地加以利用。

③数量的有限性。其中包括:面积的有限性,即大自然所赋予人类的土地面积是有限的,而且土地面积的自然增减和人工增减,都是极其有限的;可利用的地上与地下空间是有限的;可利用物质的数量也是有限的。

④位置的固定性。其中包括:A.土地的绝对位置的固定性,即"数理地理位置"的固定性——一块土地在经纬网上的方位(用经纬度表示的土地位置)是固定不变的;B.各块土地之间的相对位置(方位、

距离）的固定性。改变交通条件,意味着缩短各地块之间的"时间距离"——只有在这个意义上,才能够认为各块土地之间的相对距离是可变的。

⑤性能的差异性。指每一块土地之间的性能的差异性。这取决于不同地区、地块在区位、土壤、地形、地貌、地物、水文、地质、气候等方面的差异性;其差异表现在土地质量、用途、生产能力、经济效益等方面。这种差异具有普遍性,从而使每一块土地都具有独特性。这使得这句话成为至理名言:世界上没有两块完全相同的土地。

土地的基本属性决定了什么?土地构成的整体性,决定了土地资源利用的整体性、土地财产权利的整体性以及土地资产价格的整体性。土地存在的恒久性,决定了土地持续利用的可能性、土地财产的恒久性以及土地作为资产的恒久性。土地数量的有限性,决定了土地资源节约利用和集约利用的必要性、土地财产被垄断的可能性,以及在市场经济条件下土地资产增值的可能性。土地位置的固定性,决定了土地就地利用的必然性,土地财产交易的特殊性。土地性能的差异性,决定了土地利用因地制宜、扬长避短的必要性,以及土地资产价格的差异性。

六、自然土地的功能

自然土地具有三大基本功能:
①承载万物的功能——土地是世间万物的立足之地,是人类生产、生活的基地;
②资源供给功能——土地是财富之母,是生产资料的原始来源;
③养育人类的功能——土地是人类的衣食之源,直接、间接提供人类所需的一切生活资料。

第二节　经济土地——作为自然-经济综合体的土地

一、经济土地的含义

经济土地是由自然土地与人工土地相结合而成的自然-经济综合体。人工土地是土地的人工附属物的一种。而所谓土地的人工附属物（land improvements，又称"土地的人工改良物"）是指，对自然土地进行加工或者以其为地基进行建造，形成与自然土地结合为一体，或附着、固着于自然土地之上的有形或无形的物体。这种人工附属物分为两类：一类是能够直接改变土地的物理、化学、生物性能从而改变土地的使用价值并且与土地结合为一体的；另一类则是以土地为基地，附着或固着于土地之上的物体，而且具有与土地功能不相干的独立功能。前者如土地平整、土壤改良、地基、道路等，后者如建筑物、构筑物等。本书把第一类人工附属物称为"人工土地"，而且认为经济土地是经过人工改良之后的土地，即"自然-经济综合体"。

有一种观点认为，由于土地免不了要受到人类社会的影响，因而土地就应当是"自然-经济-社会综合体"。实际上，人类社会对土地的影响，归根结底要体现在土地的经济性能上，所以，在界定土地时完全没有必要加上"社会"的标签。

经济土地与"不动产""房地产"虽然有联系，但并不是同一概念。为此，需要认真分析下面所摘引的或类似的界定："从法律上讲，土地通常包括地上的树木和农作物，也包括建造于土地上并永久附着于土地的建筑物。"[①] 有人据此认为，资产意义上的土地包括土地及其附着物及相

---

① 《牛津法律大词典》中译本，光明日报出版社1989年版，第512页。

应权利,形成土地及其附着物构成的统一体。^① 这种提法是不妥当的。

这一问题的症结何在呢？在于"土地"一词往往也可作"不动产"解。例如,《布莱克法律词典》明确指出:"土地"(land)一词可与"财产"(property)一词互换使用,并可包括一切可列入不动产(real estate, real property)之物。^② 又如,《美国传统词典》对"土地"(land)一词的诠释是"地球表面固体的、区别于海洋的部分"。这显然是指本意上的土地。这一词典对"土地"一词的其他诠释则包括:地产(landed property, landed estate),不动产(real estate)。而在英文中,"地产"与"不动产"是同义词。

由此可见,当"土地"一词既可按原义使用又可按转义使用时,若反过来以转义的内涵来界定其原义的内涵,显然是替换了概念。这种替换,在逻辑上是不允许的。

二、经济土地构成的二元性

经济土地构成的二元性是指,从劳动价值的角度来考察时,土地是由两部分构成的,即不具有劳动价值的自然土地部分和具有劳动价值的人工土地部分。马克思区分了土地的这两个部分,并称前者为"土地物质",后者为"土地资本",主张"把土地物质和土地资本区别开来"。^③ 在本书中,把"土地物质"称为"自然土地",把土地资本称为"人工土地",而把二者相结合的土地称为"经济土地"。这是由于,"土地资本"一词除了具有上述含义之外,在把整个土地视为资本的市场经济中,还是整个"经济土地"存在的一种形态,若称之为"人工土地",即可避免概念上的重复和由此带来的混乱。

---

① 参见《不动产纵横》1996 年第 4 期,第 47 页。
② 参见 1979 年英文版,第 789 页。
③ 《马克思恩格斯全集》第 25 卷,第 698 页注。

区分自然土地和人工土地,意味着主张并遵循"土地构成二元性理论",简称"土地二元论"。土地二元论的要点如下:

①未经过人类勘测、考察、开发、利用的土地,即未投入过人类劳动的土地,为大自然所创造,是自然土地;已经投入过人类劳动的土地,则形成了人工土地部分。时至今日,仍然以纯自然面貌存在的土地已是罕见的了。

②自然土地与人工土地结合为统一的经济土地,其中自然土地是基础,人工土地则是在此基础上的附加。

③自然土地的数量即面积是固定的,而人工土地的数量则是可增可减的。

④无论自然土地和人工土地在物质形态上是否可分割,都既可在经济上对二者进行单独的分析,又可进行综合的分析。

⑤自然土地通常在不同程度上具有使用价值,但不具有劳动价值;人工土地则既具有使用价值又具有劳动价值。

⑥土地的使用价值和劳动价值可衍生出土地的生态价值、经济价值等范畴。土地的生态价值即土地在生态方面的使用价值;土地的经济价值则是土地的使用价值和劳动价值在经济上的综合反映。例如,开发土地投入生产,凡成本低、产量高、收益高者,即意味着经济价值高,反之则低。

⑦具有使用价值的自然土地,其所有者必然要向使用者、购买者收取地租、地价,以实现土地所有权;具有使用价值和劳动价值的人工土地,其所有者也必然如此。然而,自然土地与人工土地的地租、地价,在本质上是不同的,不可混为一谈。

三、经济土地的表现形态

经济土地是一种物体;它在经济上以不同的形态(面貌)出现。这一问题涉及生产力和生产关系。

就生产力方面而言，作为物体的经济土地是以"土地资源"的面貌出现的。从实质上来看，土地资源既包括自然资源，又包括经济资源，而以自然资源为主体和母体。作为资源的土地，是与劳动力、生产设备、原材料和辅助材料、管理、科技等生产力具体要素并列的。其中的自然土地，是人类生存所不可缺少的最基本的物质资源。作为资源的土地，其最基本的特征是以使用价值的面貌出现；从使用价值的角度考虑其数量、质量、用途等，是土地资源经济问题的基本内涵。

就生产关系方面而言，其涉及的面较广，即包括土地财产、土地资产、土地资本三方面的问题。

首先谈谈土地财产问题。土地财产是土地的经济形态之一，是指人们拥有产权的土地，或在产权上有所归属的土地。例如，我国国有土地的所有权归国家所有，意味着这种土地是国家的财产；而国有土地的使用权可归单位和个人所有，成为单位和个人的财产。在一国的领土范围之内，尽管一些荒山、野岭、沙漠等不属于任何单位和个人，但是它们并非是无主土地，而是属于国家所有，是国家的财产。至于空气、阳光、风力等，则是不可能在产权上有所归属的自然资源，从而不可能成为任何单位、个人乃至国家的财产。

其次是土地资产问题。对于土地资产这一概念本身，尽管有多种诠释，但是，能够明确地区别于土地财产、反映其特征的诠释是：土地财产中可折算为货币并可用于抵偿债务的部分即土地资产；或者，可用货币表现、可构成资产负债表中的贷方（收入方）余额的土地财产。例如，国家征用集体经济的土地要付给代价，意味着这种土地是集体经济的资产；国家将国有土地使用权租赁出去，要取得代价，意味着土地使用权是国有资产；土地使用者将土地使用权转让给他人，取得相应的代价，意味着其土地资产权利在经济上得到了实现。相比较而言，当国家将土地无偿划拨给土地使用单位时,则仅仅能够体现国有土地财产的权利,而不可能体现土地资产的权利——此时,土地既不可能体现为国有资产,也不可能体现为使用者的资产。可见,只有一部分土地财产会以土地资产的面貌出现。

最后是土地资本问题。这首先涉及什么是资本的问题。马克思认为,资本是"自行增殖的价值""产生剩余价值的价值"。[①]据此不妨认为,资本是投入运营之后要求实现增值的以货币表现的价值。那么,经济土地本身便是在投入运营之后要求实现增值的以货币表现的价值,换言之,投入经济运营的土地即土地资本,而土地价格即土地资本的货币表现,即土地资本金。不过,在实际的经济生活中,土地资本问题已经融入土地资产问题之中,从而并不形成一个独立于土地资产之外的土地经济问题。换言之,在市场经济之中,土地资产问题与土地资本问题是合一的。

土地经济学所研究的,正是经济土地的不同表现形态中的种种经济问题。

[①] 《马克思恩格斯全集》第47卷,第13页。

第二章 土地经济学概说

第一节 土地经济学的研究对象与学科性质

作为经济学一个分支的土地经济学（land economics）是研究什么问题的？当然是研究土地经济问题的。那么什么是土地经济问题呢？举例而言，其中包括土地资源供求、土地集约利用、土地规模经济、土地所有制、土地使用制、土地国家管理制、土地租赁制、土地信用制等等。把这些问题加以高度概括，无非是两类问题，即土地利用领域中的生产力运行与生产关系运行。换言之，土地经济学的研究对象是土地领域中的生产力运行与生产关系运行及其相互关系。

作为一门经济学科的土地经济学，其学科的性质如何呢？首先，从不同的角度看，其性质是具有多重性的。例如，与一般的经济理论学科相比较，它具有较强的应用性，因而可定性为应用经济学；与农业经济学、工业经济学等部门经济学相比较，它并不是部门经济学而是与劳动经济学、物资经济学、水资源经济学等并列的一门生产要素经济学；与土地管理学、土地规划学等操作性、技能性较强的土地学科相比较，它又是具有概论性、综合性的土地学科。概括而言，可对土地经济学的性质作如下界定：土地经济学是一门应用经济学，是阐述围绕着土地这一生产要素而产生的经济问题的要素经济学，而且是在各门土地学科中综合性较强、具有概论性的学科。

关于土地经济学的性质,有一个问题是需要加以探讨的:是否可以认为土地经济学是一门社会科学?例如,R.T.伊利等就认为,土地经济学是研究"人与人之间关系的一门社会科学"[①]。这一提法是否确切呢?一般而言,社会科学是属于意识形态和上层建筑范畴的。就土地经济学而言,其生产关系运行部分,当然可以归入社会科学范畴,但是,其生产力运行部分却无论如何也无法归入社会科学范畴。显然,诸如生产力经济学、技术经济学、生态经济学、计量经济学、经济地理学、生产布局学、区域经济学等学科,都无法列入社会科学范畴或难以简单地称之为社会科学。由此看来,除了自然科学、社会科学两大类科学之外,事实上还存在着管理科学(或生产力科学)。那么,具有生产关系和生产力双重性质的土地经济学,就必然具有社会科学和管理科学的双重属性,从而不宜简单地称之为社会科学。

在本书中,依照土地存在的经济形态——土地资源、土地财产、土地资产分别列出土地资源经济、土地财产经济、土地资产经济三编。前一编主要涉及生产力问题,后两编主要涉及生产关系问题。

第二节　土地经济领域中的生产力组织与生产关系调节

如前所述,土地经济学的研究对象是土地经济领域中的生产力运行与生产关系运行。这一"运行"是指经济生活本身的客观性的、趋势性的活动,而人们遵循此客观趋势而进行的经济管理活动,则属于土地领域的生产力组织和生产关系调节。

组织生产力要依据生产力特征,在不同时间、空间范围内使生产力

---

① 〔美〕R.T.伊利等著:《土地经济学原理》,商务印书馆1982年版,第17页。

得到合理组合,使生产力要素得到充分而合理的利用,在各个经济部门中发挥其应有的作用,使投入-产出比达到最佳——取得最高的经济效果。后者是组织生产力所面临的基本任务。

生产力由劳动者、劳动资料、劳动对象所组成,这是生产力的基本的、实体性因素。科学技术、教育、生产管理等因素体现在实体因素之中,从而是派生性因素。土地是生产力中的一个特殊因素。就其性质而言,它既是劳动资料又是劳动对象;就其基本物质构成而言,它乃是自然因素;就其重要性而言,它是最基本的生产力要素——土地乃万物之本。

组织生产力要了解生产力的基本属性。生产力具有整体性,这是其基本属性。这就要求我们把生产力各要素作为一个整体来看待,考察其系统性的特征和功能。这一整体性的具体表现之一是综合性。各个生产力要素,只有紧密地结合为一体,方能形成经济学意义上的生产力系统。土地也只有在这一系统之中,方能发挥其基本生产力要素的作用。整体性的另一表现是关联性,即生产力各个要素在质态上的相互匹配性。例如,位置优良、承载力强的地基,与现代化工业基地的其他生产力具体要素,应当是相互匹配的。各个生产力具体要素在量上的比例性,则是生产力整体性的具体表现。例如,一定规模的经济开发,需要一定数量的机器、设备、厂房的装备,也需要相应数量的土地作为地基。

合理组织生产力,还要求掌握各个生产力具体要素的具体属性。例如,仅就土地而言,其数量有限性、作用差异性、地域性等等,都是不容忽视的。

涉及土地生产力组织的具体内容主要包括:土地的空间利用(即土地的区位利用)、土地在不同用途之间的数量分配、土地在时间上的合理投放、土地使用方式的选择等等。

就生产力的全局而言,涉及土地的生产力问题,固然可直接称之为"土地生产力",但是,如果仅仅是涉及土地这一生产力具体要素而不考虑相关的生产力具体要素,却不可能真正直接形成生产力,从而我们只能以"土地生产力"这一概念作为这一问题的代称。然而,涉及土地的生产关系,却可直接称之为"土地生产关系"。因为,围绕土地这种生产资料的所有、使用、管理而产生的人与人之间的关系,就是生产关系问题的组成部分。

土地生产关系即土地经济关系。它包括土地财产关系、土地资产关系,也包括土地资本关系。下面分别简述现阶段中国这几种关系运行中的调节问题:

①土地财产关系的调节。就国有土地而言,现阶段主要通过完善国有土地的有偿使用制来实现;就集体所有土地而言,现阶段主要是要通过完善土地农户承包制而实现。此外,调节土地财产关系还包括土地管理关系的调节。土地管理关系即政府对土地所有制关系的监督、协调和落实。其中,还包括各级政府在土地管理上的权、责、利关系的调节。调节土地管理关系的基本目标是完善整个土地财产关系。

②土地资产关系的调节。就国有土地而言,是指土地所有者、土地使用者在土地使用权出让、转让时所形成的以货币表现的租赁关系的调节。这种租赁关系体现着国有财富的运转,体现着国家、土地使用者等产权主体的货币化的经济权利的运转,体现着土地资产的保值、增值、贬值的动态。就集体所有土地而言,土地资产的运转包括两方面:一是土地所有权转移,即国家通过征用,使集体所有的土地资产由实物形态转化为货币形态;其二是社区集体经济组织将土地使用权出包给农户而使得作为土地资产的土地使用权得以实现。

至于土地资本关系的调节,通常与土地资产关系的调节只不过是"一而二,二而一"的问题。

第三节 经济系统论——本书所依据的基本方法论

经济系统论即对经济问题进行系统的、综合的观察和分析并采取相应系统的、综合的举措的经济理论。它是广泛跨越各门经济学的综合性、思路性、哲理性的经济理论,以放之四海而皆准的系统论作为基础,视经济问题为经济系统。在本书中,我们把针对经济问题进行的这种系统的、综合的观察和分析简称为"经济综观",把这种理论称为"经济综观论"。

一、经济系统中的综观对象的基本属性

经济问题包罗万象。为了进行经济综观,就必须将经济问题分割为若干"综观对象"。每一个综观对象本身就是一个经济系统。综观对象具有以下六个基本属性:

①整体性(综合性)——构成综观对象的诸因素是一个整体,其作用、功能也具有整体性。

②相关性(有机关联性)——相关性是整体性的基本体现,它具有两方面的含义:其一是,综观对象的开放性。这意味着它是一个开放的经济系统,而不是孤立、封闭的系统。它与外部环境存在着信息、物质、能量等方面的交流。其二是,作为综观对象组成部分的要素之间存在着相关性,彼此之间是相互联系、相互制约、不可分割的。

③动态性——综观对象的开放性与相关性,必然导致其动态性,而且还使其不可避免地具有自我调节性。

④有序性——这是综观对象的动态性所导致的,指其在变动过程中,由无序状态向有序状态的发展(用系统论的专门概念来说,就是形成"耗散结构")。

⑤目的性——这是由综观对象运动的有序性所导致的,指其在变动过程中向着一定的目标发展,在使用价值形态和价值形态上满足人们的需要。

⑥效益性——这是由目的性所导致的。任何经济运行都必然产生效益。效益具有多样性,包括经济、生态、社会效益,宏观、中观、微观效益,近期、中期、远期效益,内部、外部效益,等等。效益还具有多层次性,包括最佳、次佳、平均、次平均、零效益、负效益等等。在综观对象的运行中,取得全面效益、最佳效益,使效益矛盾降至最低点,是其运行结果的最佳表现。不过,除了效益性之外,还存在着公平的问题。效益与公平二者在何种程度上兼顾,取决于经济、社会、政治等多种因素,不可一概而论。

以上六个特征中的前三个,完全具有客观性,不以人的意志为转移。换言之,经济生活本身自然而然具有整体性、相关性、动态性。至于后三个特征,则不完全具有客观性。固然,在市场经济中,市场的自发调节(主要指利润的自发驱动),会使经济生活的运动由无序走向有序,由低效走向高效,但是市场失灵也在所难免,因而需要非市场调节,需要人们的主观努力。因此,有序性、目的性、效益性,应当成为人们参与经济生活的行动准则,也是进行经济系统观察的准则。

二、进行经济综观的视角

进行经济综观,需要从不同的视角进行,下面列出主要的视角:

①时间视角综观——指对于一切经济问题进行过去、现在、未来三个时段的综合观察与分析,以便理出经济运行的脉络,肯定过去的积极成果,汲取教训,改善现状,预测并谋划未来的发展。

②空间视角综观——空间的含义较广,这里不妨列出两个:其一是不同国家、不同地区的经济问题的综观,其二是"经济场"(在形式上

类似于磁场)效应的综观。前者是对各个国家与地区之间在经济上的相互往来、积极与消极影响等问题的综观,后者是对任何一项工程(大到三峡水利枢纽,小到一座百货商场)与其周围一定距离之内的一切其他项目之间所发生的双向正负外部效应的综观。

③层次视角综观——指全局与局部问题之间的经济关系问题的综观。其具体内容包括:中央与地方各级之间的经济关系;企业、车间、班组、个人之间的经济关系;农村中集体经济与家庭经济之间的经济关系;等等。进行这种观察的目的在于,正确处理各层次之间的经济权、责、利关系,做到统筹兼顾,各得其所。

④职能视角综观——指对于任何一个或一组观察对象的经济职能进行综合观察以便了解其职能本身是否客观赋予,是否完满实现,各个对象的职能是否衔接,等等。

⑤得失视角综观——指对于经济生活中的盈与亏、成功与失败、正效应与负效应等的综观。其目的在于更加正确地衡量经济生活的得与失,并处理好二者的关系。

⑥进退视角综观——指从"进"与"退"的辩证关系来看经济活动,是否应全面推进,或者应当有进有退,以及何者当进,何者当退,等等。

⑦公平与效率关系视角综观——指对于经济活动的调节,是公平优先、效率优先,或者是均等兼顾。

⑧市场与政府关系视角综观——例如对于某一时期、某一特定条件下的某一项具体的经济活动,应当如何具体发挥市场调节与政府调节的作用。

以上所述是对经济综观的主要视角的列举。此外还有其他众多视角,例如主要矛盾与次要矛盾视角,取得产品与取得货币收益关系视角,经济效益与社会效益视角,等等。诸如此类的经济综观视角,都是根据经济问题的系统性而采取的。如果对于任何经济问题都能采取诸如此类的观察,并据此采取相应对策,就必然会大大改善经济运行。此外,还可对经济问题与非经济问题进行综合观察,如经济发展与社会发展的关系,社会道德与经济发展的关系,等等。

三、经济综观思维的综合性

进行经济综观要具备综合性思维,即进行经济综观者的思维要做到立体化、多维化,以便对于综观对象进行多侧面、多角度、多层次、多变量的综观。其中多侧面综观是指进行纵向与横向、静态与动态、功能与结构等方面的观察,以便透彻地掌握经济系统的整体;多角度综观是指对于经济系统在与环境的多种联系中所呈现出的多方面特征的观察;多层次综观是指诸如收入水平的高、中、低层次观察,经济发展的高、中、低水平的观察等等;多变量综观是指诸如对于工业、农业、商业、外贸等行业或企业的产量、产值、盈亏等经济变量进行综合分析和观察,以便从数量上了解宏观和微观经济运行状况。

对于经济现象进行综观,还存在一个"综观工具综合性"的问题,即综合运用多门学科知识进行综观的问题。这是由于,经济问题本身具有综合性,进行任何经济综观都不能仅仅运用一两门学科的知识。通常,其中包括经济学中的跨宏观、中观、微观经济学的综观;包括跨政治经济学、生产力经济学等"上游"(基础性理论)经济学,部门经济学、要素经济学等"中游"(应用性理论)经济学,以及计量经济学、统计学等"下游"(工具性)经济学的综观。

四、经济综观论在土地经济学中的应用

经济综观论有可能而且有必要在土地经济学中加以应用。下面从几方面举例加以说明:

首先,把整个土地经济学作为对象,考察其作为经济系统的基本属性。土地经济学的三个组成部分,即土地经济系统的三个基本要素——土地资源经济、土地财产经济以及土地资产经济,当然具有整体性。其中,土地资源经济是以实物形态的土地资源为研究对象的,其研究的基本任务在于如何充分、合理、持续地利用土地实物以满足人类社会日益增长的需要。然而,当今世界上的绝大部分土地并非是无归属的,而是分别归属于不同的国家、地区、城市、集体、个人的,这样,土地资源的利用就必然要受到土地财产权利的制约;若调整好土地产权关系,必然大大有利于土地资源的合理利用,反之亦然。进一步,从价值的角度来看,土地资源又是有价土地资产、具有增减值属性的土地资本,它的运行必然涉及土地财产权利的运行,从而影响土地资源的利用。以上所述表明了土地经济问题的整体性及其三个组成部分的关联性。而且,土地经济必然会在无序与有序的矛盾中运行,这一运行又必然以土地关系的不断调整和土地经济效益不断优化为目标。

其次,不妨从土地经济中抽出两个问题作为综观对象加以分析。

先以"时间经济综观"为例。1992年中国出现的房地产热,其本身虽然早已经过去,但其影响却至今犹存,而且对于今后若干年房地产的开发还会有一定影响。目前,中国实行的"退耕还林(草)"的举措,也是跨越过去、现在、将来三个时间阶段的典型综观对象。对于这类时间经济对象进行分析,充分汲取经验和教训,定会产生巨大的有形、无形的经济、社会效益。

再以"空间经济综观"为例。土地经济问题的空间性最为突出,不同地区的土地,其用途、地租与地价水平往往相差极大。从考察其差别性的角度进行综观,着重是要搞清造成这些差别的具体因素,以便因地制宜地确定土地的最佳用途和最佳租价,从而取得最佳的经济和社会效益。对于土地"经济场"(类似于磁场)的综观则具有独特的意义。

这是指，在一块土地上进行投资，形成土地资本和土地附属物，除了对本块土地使用价值及地租、地价产生影响之外，还会产生扩散作用，即对于周边一定范围内的土地的使用价值和地租、地价产生积极或消极影响。

此外，关于"层次经济综观"的道理，可适用于中央与地方各级之间在土地管理权、责、利方面的划分问题的综观；"部门经济综观"的道理，可适用于在国民经济各部门之间合理分配土地资源问题的综观；等等。

第四节　中国土地经济学术研究与学科建设[①]

早在奴隶社会末期，土地经济问题即已受到重视。到19世纪末中国已经积累了相当丰富的土地经济学术思想财富。其中包括：关于土地重要性的思想——如土地为"财用""衣食"之源（《国语》）；"地者，政之本也"（《管子》）；"有地斯有财"（《礼记》）；"夫土地者，天下之本也"（《荀子》）。关于充分与合理利用土地的思想——如管仲提出了类似土地规划的主张；商鞅、《管子》、徐光启等主张土地普查、保持人地比例；李悝主张"尽地力之教"；《经法》认为"地之道在宜"；《氾胜之书》提倡"庶尽地力""适地之宜"；此外，历代多位学者主张土地屯垦。关于土地租税的思想——如管仲有"相地衰征（因地征税）说"；李翱有"十一税"（税额相当于产量的十分之一）论；历代多位学者有均赋、减赋、限租、减租的主张；清代学者陶煦提出了朴素的级差地租思想，并主张减租三分之一，钟天纬则主张减私租二分之一。关于土地财产制度的思想——大体上是，由崇尚土地国有制、井田制、均田制逐

[①]　本节关于中国土地思想史的部分，主要以钟祥财著《中国土地思想史稿》（上海社会科学院出版社1995年版）为依据；其中1930—1949年部分以1949年以来的台湾地区部分，主要以苏志超著《土地经济学术之开创与发展》（台湾中国地政研究所，2000）为依据。

步过渡到提倡土地私有制；从保护小农户发展到提倡"自有自耕"（如王源的"有田者必自耕"）；此外，清末改良派思想家陈炽提出了农地资本主义经营观点。

20世纪以来的中国土地经济学术研究和学科建设，分为三个时期：1900—1929年为第一个时期，1930年至1949年9月为第二个时期，1949年10月至今为第三个时期。其中第三个时期分为中国大陆部分和台湾部分。

第一个时期（1900—1929年）。在这一时期中所积累的土地经济学术思想主要是：在土地所有制方面，康有为在《大同书》中主张实行土地国有化；孙中山及其追随者主张平均地权，实行耕者有其田；梁启超主张荒地国有、市地市有、农地农有；章太炎认为"田不自耕者不得有"；毛泽东等人主张消灭封建土地制度，实行土地改革，实现耕者有其田。在土地经济理论方面，康有为、严复等人把地租、地价、土地抵押等理论引入中国，康有为甚至具体指出，"地价随屋址电车之所至而增价"，"屋地实为国富之本，土地抵押实为起民资本之由"。此外，梁启超等人还主张实行农地的资本主义经营，并提倡机械垦殖。

1922年美国经济学家伊利（R.T.Ely）发表了《土地经济学大纲》，宣告了经济学土地经济分支的出现；1924年伊利和莫尔豪斯（E.W.Morehouse）合著的《土地经济学原理》问世，标志着土地经济学的正式诞生，嗣后即传入中国。土地经济学的诞生，使得土地经济问题的研究趋于规范化。

第二个时期（1930年至1949年9月）及第三个时期（1949年10月以来）中的台湾部分。1930年日本河田嗣郎所著《土地经济论》的中译本出版。同年，章植著《土地经济学》问世，这是中国学者所著的第一本土地经济学教科书，它开辟了中国土地经济研究和学科建设的新纪元；该书全面、系统地阐述了土地经济学的基本原理，并结合中外实际进行分析，至今仍具有参考价值。

萧铮是土地经济学术研究的倡导者和组织者。1932年萧铮邀集农业、财政、经济、法律等方面的一些专家，成立中国地政学会，研究土地经济问题。同年，萧铮在中央政治学校设立地政学院并任院长，招收大学毕业生作为研究生，进行两年研究。1940年地政学院停办，萧铮又创办私立中国地政研究所，培养研究生。1943年中央政治学校设立地政学系。1946年政治学校改为政治大学，仍保留地政学系，至1949年停办，1963年又在台湾地区恢复。台湾地区的中兴大学、文化大学、逢甲大学等也设有类似学系。此外，台湾地区还设有中国土地改革协会（其前身为中国地政学会）等学术团体。

1930年以来，出版了大量土地经济学术著作。其中包括刘潇然、邹枋、张丕介、周一燮、张德粹、林英彦、殷章甫、林森田等人的土地经济学或类似著作；萧铮、黄通、李鸿毅、苏志超等人的土地政策专著；史尚宽、李鸿毅等人的土地法专著；冯小彭、来璋等人的土地行政专著；赵启祥、林英彦、陈满雄等人的土地（或不动产）估价专著；黄通、罗醒魂等人编译的土地金融专著；万国鼎、谢无量、赵淑德等人的土地制度史专著；等等。此外，还有以农地利用为中心的、由金陵大学农学院卜凯（J.L.Buck）主编的《中国土地利用》（1937）一书，以及先后由萧铮、李鸿毅主编的《地政大词典》等工具书。在刊物方面，现有《人与地》《土地经济年刊》《现代地政》等。

这一时期，在土地经济学术研究与学科建设方面具有以下特征：

①中国的土地经济学科是在继承自身的学术成果并借鉴、引进国外的学术成果的基础上建立和发展起来的，尤其是后者更为明显。例如，1944年出版伊利与魏尔万（G.S.Wehrwein）合著的《土地经济学》中译本，1961年出版雷纳（R.R.Renne）的《土地经济学》中译本等，而且中国学者的著作直接借鉴外国著作也相当普遍。

②已经形成了包括土地经济学、土地行政学、土地政策学、土地法学等学科在内的、门类相当齐全的土地经济学以及相关学科体系,从而满足了土地经济教学和土地管理工作的需要。

③紧密结合中国的实际。例如,详尽、深入地阐发了孙中山先生的土地经济思想;结合台湾地区人多地少的实际情况,强调农地转用的严格控制;引进国外的"市地重划"理论与方法,并在台湾地区的实践中取得丰硕成果;等等。

此外,在20世纪30—40年代,中国的马克思主义学者对土地经济问题的研究,成果颇丰。例如,李达系统地研究了中外土地制度并在《经济学大纲》(1935)中阐释了地租理论;以陈翰笙、钱俊瑞、薛暮桥、孙冶方等人为代表的中国农村经济研究会,分析当时的农村社会与土地制度,指出其封建性并主张实行土地改革;朱剑农所著《土地经济学原理》也持马克思主义观点,而且内容十分丰富。

第三个时期(1949年10月以来)中的中国大陆部分,即中华人民共和国成立以来的时期,分为三个阶段。

第一阶段为1949年10月至1977年,是土地经济学术研究和学科建设基本停滞阶段。在中华人民共和国成立之后,城市的大部分土地已经归国家所有;农村在1953年完成土地改革之后于1956年基本完成了高级农业合作化,实现了土地集体所有。在土地基本公有的条件下,加之实行高度集中的计划经济体制,土地租赁、买卖、抵押等经济活动几乎完全消失,土地经济学术研究也基本处于停滞状态。20世纪50—60年代的土地经济研究主要集中在农地方面的极少数问题,包括土地改革、初级社的土地关系(其重点是"土地报酬")、高级社的级差地租(当时又称"级差土地收益")等。

第二阶段为1978—1986年,是土地经济研究和学科建设的复苏阶段。1978年召开的中共十一届三中全会标志着中国改革开放时代的到来，也带来土地经济学术研究和学科建设的复苏。1981年，在著名经济学家于光远的倡导下，成立了中国国土经济研究会，组织出版了《国土经济研究》(1982)和《国土经济学》(1986)。1982年商务印书馆出版了伊利和莫尔豪斯合著的《土地经济学原理》的中译本，产生了很大的影响。1983年成立的北京、天津、上海等八城市房地产经济研究会的重点研究项目就是城市地租、地价。1985年中国人民大学建立了土地管理专业；同年北京（地区）土地经济理论研究会成立，全面开展土地经济学术研究、学科建设、教材编写和培训活动。1986年6月公布了《中华人民共和国土地管理法》，8月成立了国家土地管理局，极大地推动了土地经济学术活动。1986年10月由北京（地区）土地经济理论研究会组织编写的《土地经济学初编》（周诚主编）印行。在这一阶段中，土地经济学术研究的重点是地租、地价问题，为实行土地有偿使用奠定了初步的理论基础。

第三阶段为1987年至今，是土地经济学术活动的繁荣阶段。1987年7月，中国土地勘测规划院土地经济研究所成立，并成为土地经济学术研究的主力军之一；同年中国土地学会土地经济分会成立，有力地推动了全国的土地经济学术研究活动。全国高等院校的土地管理院系、研究机构纷纷成立，如中国人民大学土地管理系（1988）、南京农业大学土地管理学院（1992）、东南土地管理学院（1995）、华中农业大学土地管理学院（1996）、北京农业大学土地资源与管理系（1999）等等，形成了包括大学专科、本科、硕士、博士的教育体系。

土地经济学术研究成果丰硕。分别由张熏华、刘书楷、周诚、张跃庆、毕宝德、李鸿昌、周治平、曹振良、冯玉华等人主编的土地经济学教科书先后问世；分别由张朝尊、宋启林、高映轸、杨重光、刘维新、张月蓉、杨继瑞、曲福田等人编著的有关专著陆续出版；李百冠、戚名琛、王西玉、柴强、钟祥财等人在土地经济某些问题的研究上成果突出；林增杰、王万茂、韩桐魁等人在土地管理学方面,龚维丽、王克忠等人在不动产(房地产)经济学方面的研究硕果累累。出版了一些工具书、基础性参考书,如《土地法全书》(1990)、《土地大词典》(1991)、《中国土地管理总揽》(1992)、《中国改革全书·土地制度改革卷》(1992)、《当代中国丛书·中国土地管理》(1998)、《中国地价》(1995、1996)等;还出版了《中国城市土地使用和管理》(1992)、《中国土地经济问题研究》(中国土地学会土地经济分会第一届学术年会论文集,1992)、《中国土地问题研究》(1998)以及"地政研究丛书""不动产研究丛书"等等。目前已经形成了门类比较齐全、水平较高、基本可满足教学和实际工作需要的土地经济和相关学科的教材与参考书体系。

涉及土地经济的刊物主要有《中国土地科学》《不动产纵横》《中国土地》《中国房地产》《中外房地产导报》等等。先后出版的《中国土地年鉴》《中国国土资源年鉴》是由国家有关部门提供的公报性、综合性工具书。

中国大陆土地经济学术研究的基本成就如下:

①在土地价值问题的研究上,形成了土地无价值论、土地全价值论和土地二元价值论等三个派别,其探索的广度和深度都是空前的。

②关于地租、地价问题的研究涉及绝对地租、级差地租、垄断地租的具体表现形式及其量化的问题而且与土地估价的理论与方法相结合,具有相当高的社会价值和经济价值。

③关于土地有偿使用制的研究,应用了地租、地价的理论研究成果,论证并设计了土地使用权出让制、年租制、入股制等多种形式,探索了国企改革中的变通形式,有力地促进了国有土地使用制的改革。

④关于土地产权与土地制度的研究,对于完善土地管理体制起了重要作用。

⑤关于农村土地制度的研究深入地论述了农户承包制、农地股份

制、农地规模经营、农地入市、农地产权、农地保护、农地征用等针对性很强的问题,对于有关政策的制定具有很大的参考价值。

⑥关于土地资源经济问题的研究,直接服务于我国的可持续发展战略。

⑦在制度经济学、产权经济学等经济学在土地经济方面的应用上,成效明显。

⑧在土地经济学科建设方面,已经全面涉及了土地经济原理、城镇土地经济、农村土地经济等领域。

土地经济学术研究不断地从对外开放中受益。其中包括人员交流、著作引进等。主要的外著中译本有:〔美〕巴洛维(R.Barlowe)的《土地资源经济学》(1989)、〔加〕歌德伯戈(M.Goldberg)等的《城市土地经济学》(1990)、〔韩〕金奉圭的《土地经济学》(1991)、〔日〕野口悠纪雄的《土地经济学》(1997)。

中国大陆的土地经济学术研究和学科建设,还大大得益于与台湾地区学者的交流。自1991年两岸学者正式交流以来,到2002年两岸学者的正式交流会已经进行了12次,形成了"一年一度,两岸轮办,一次一题,相互评议"的交流模式。

第二编　土地资源经济

　　土地资源经济是土地经济学三大板块之一（另两个板块为土地财产经济和土地资产经济），其研究对象是作为资源的土地，内容主要包括土地资源供求经济、土地资源区位经济、土地资源集约经济与土地资源规模经济，即土地资源利用中的主要经济问题。为了简便，往往把"土地资源"直接称为"土地"。

第三章 土地资源经济概论

第一节 土地资源的使用价值

作为物体的土地资源(land resources),其基本属性是具有使用价值,从而,探索土地资源的使用价值问题就必然成为研究土地资源经济问题的起点。

一、土地使用价值的概念

本书所说的土地使用价值(land use value)是指土地这一实物所具有的人们能够感知、能够加以利用的属性,是指土地这一实物所具有的可满足人们物质与精神需求的性能,简言之,即作为实物的土地的用途。由于自然土地只具有使用价值而不具有劳动价值(labor value),使用价值是其唯一属性,因而,可简单地把自然土地视为土地使用价值。人工土地虽然既具有使用价值又具有劳动价值,但是仅就其使用价值而言,它与自然土地并无区别。由此可见,无论是自然土地还是人工土地,都可仅从土地使用价值的角度加以考察。

"土地使用价值"这一概念与某些"土地价值"概念具有一定的关系,需要加以明确或辨析。

与土地使用价值关系最为密切的、使用频率较高的一个概念是"土地经济价值",但是其确切含义往往并不明确。笔者的看法是,在以下两种意义上,可以认为土地使用价值也具有"经济价值"。其一是,土地的使用价值可作为生产的要素之一投入生产,会产生一定的经济收益、经济效益;① 其二是,土地的使用价值可作为商品出售,取得经济收益。显然,以上两种意义上的土地经济价值,都不仅仅是自然土地所具有的,而且也是人工土地所具有的。

"土地资源价值"这一概念为一些学者所习用。其实质性含义如何? 土地资源由土地自然资源和土地人工资源所组成。前者仅含土地使用价值,而后者则既含土地使用价值又含土地劳动价值。因此,土地资源价值,必然是由土地使用价值和土地劳动价值所组成的。

"土地的存在价值"是一个并不常见的概念,它究竟与土地使用价值有什么关系呢? 对于土地存在价值的解释之一是,人们为了让某一块特定的土地资源得以保存而付出的代价,即特定土地资源的保护费用。显然,这种意义上的"土地的存在价值",并不是一种土地使用价值,而只是被保护地块的土地价格的组成部分。对于"土地的存在价值"的另一解释则与土地的潜在价值(见"土地使用价值构成")相同。

"土地的选择价值"这一概念也并不常见,它是否与土地的使用价值有关联? 对于这一概念的解释之一是"土地资源用于其他选择的潜在收益的价值"②。从这一解释来看,"土地的选择价值"便不是土地使用价值的一种,而是土地的不同用途的机会收益。对于这一概念的另一解释是:土地为人类提供了多种可供选择的使用价值。按照这种解释,它只是指出了土地使用价值的多样性而已,并非是与土地使用价值并列的一个概念。

---

① "经济收益"是指经济单位按货币计算的总收入或单位产品毛收入等,"经济效益"是指经济单位的"投入–产出比",二者不可混淆。
② 潘家华:《土地资源价值论》,见高映轸等著:《土地经济问题再认识》,南京出版社1996年版,第44页。

显然，明确以上种种概念，对于更正确、更全面地理解土地使用价值，是大有裨益的。

二、土地使用价值的构成

土地使用价值是由多种具体形式的使用价值所构成的，下面从几个方面加以分析：

首先，在不同的领域中，土地使用价值通过不同形式得到体现，形成不同的使用价值。例如，在农业领域中，它具体体现为耕种价值；在房地产业领域中，它具体体现为建筑价值；在人与自然的物质变换领域中，它体现为生态价值；在旅游业领域中，它完全体现为观赏价值；等等。而且，其重要性超越以上各种形式的、具有基础作用的是土地对万物的承载价值，舍此则其他皆无所依托。

其次，按照土地使用价值存在的状况，可区分为土地的现实使用价值与土地的潜在使用价值。土地的现实使用价值是指目前即可利用或发挥作用的那些使用价值。例如，目前即可开发并用于农业的土地，即具有现实的耕作价值；那些需要采取防风固沙、水土保持、土壤改良、土地平整、排涝除碱等措施之后方可用于耕作的土地，则是具有潜在耕作价值的土地。至于荒漠、冻土、冰川、沼泽等土地，一般而论是在目前的经济和技术条件下难以利用甚至无法利用的土地，但是，随着经济和技术条件的改善，这些土地将来肯定会得到不同程度的利用，因而也属具有潜在使用价值的土地。

第三，按照土地使用价值实现的状况，可区别为直接使用价值和间接使用价值。前者是指可直接作为生产资料、生活资料使用的，后者则是指土地的生态价值、环保价值。间接使用价值也是客观存在的，但是人们却无法将其直接作为生产资料、生活资料加以使用。

不言而喻，应当充分而合理地利用土地的种种具体的使用价值，以便更好地满足人们的需要。

三、土地使用价值高低的衡量

土地使用价值如何衡量,是否有大小高低之分,是否能够量化?

有一种观点认为,土地使用价值的大小、高低是能够用劳动价值来衡量的。其基本思路可概括为"折算论"——土地的使用价值可折算为劳动价值。这种观点的具体阐述是:"生产资源使用价值判断的客观标准是个人劳动能力,其大小取决于它折算的食物能量。""如果某种生活资料的输入使个人劳动能力在一段时间内增大了一倍,则这种生活资料的使用价值就等于这个人在这段时间内所消费的食物能量。"这种观点还认为:"生产资料使用价值的客观判断标准是集体生产力,其大小取决于它所折算成的劳动价值量。""如果某种生产资料的输入使集体生产力在一段时间内增大了一倍,则这种生产资料的使用价值就等于这个集体在这段时间内所凝聚的价值量。"[①] 至于食物能量,当然也可折算为劳动价值。这种"折算论"的基本观点可概括为:使用价值可折算为劳动价值;任何使用价值的大小、高低,最终可用折算的劳动价值的大小、高低加以衡量。

如何看待上述观点呢?笔者认为,由于劳动价值的货币表现是价格,那么,把使用价值量化为劳动价值,就意味着把使用价值量化为价格。然而,土地的价格能否代表土地使用价值的数量和质量呢?这就涉及土地使用价值的价格决定问题了。为了使问题的探索单纯化,不妨以只具有使用价值而无劳动价值的自然土地作为考察对象。自然土地的价格是地租的资本化;在土地的位置、质量一定时,自然土地的价格完全以土地的供求状况为转移——当供不应求时它会攀升至高峰,

---

[①] 仇德辉:《统一价值论》,中国科学技术出版社1998年版,第92—94页。笔者对排印的技术性错误作了纠正。

在供过于求时则会跌落到低谷,而当有供无求时它会一钱不值。由此可见,自然土地的价格与劳动价值毫不相干,因而劳动价值不可能是土地使用价值高低的尺度。

人们比较熟悉的另一种观点是,自然土地的使用价值,可按再造同一资源所耗费的劳动量加以量化。抛开这种量化在技术上的困难不谈,其所得的结果,依然只不过是土地的价格而已。此外,在经济学中所说的"边际效用价值",其实质也是价格,不必赘述。

由此可见,既然土地使用价值就是作为实物的土地的用途,那么,从本质上来看,"用途"是不存在量化问题的。只有实现土地使用价值所产生的收益和效益才是需要而且是能够量化的。从而,我们研究的着眼点,应当是如何合理利用土地的使用价值,尽可能提高其利用的经济收益和经济效益。

总之,土地使用价值是指一切土地的实际效用或用途,其他概念尽管与它有关联,但是都无法取而代之。土地使用价值的构成具有多样性,能够满足人们的多种需要;土地使用价值具有持久性,可持续地满足人们的需要。我们的任务在于保持其多样性,保障土地使用价值的持久性,并且促进其良性变化,防止其恶性变化。

第二节 土地资源利用概述

土地资源利用可简称土地利用。"土地利用"与"土地使用"这两个概念具有密切关系,首先要搞清其异同。土地利用(land utilization)是指全国、某一地区、某一单位的全部土地而言,是指在这个范围内的土地在不同用途上的分配和使用,而土地使用(land use)则是指通过投入人力、物力,具体地发挥某一块土地的使用价值。可见,相对而言,土地利用具有宏观性、全局性、抽象性,而土地使用则具有微观性、局部性、具体性。当然,这种划分并不是绝对的,这两个概念在一定程度上的混用,往往是难以避免的和能够被理解的。

一、土地资源利用的基本环节

在实际的经济生活中,土地利用包含一系列的环节,主要的有土地勘测、土地规划、土地开发、土地使用、土地保护、土地整理,即涵盖土地直接利用的前期活动和土地开发、使用之后的后续活动。其中,"土地勘测"是指通过调查、测量、统计等途径掌握未知土地的数量、质量、分布等情况,并给予评价,这是土地利用的前期准备工作之一。"土地规划",即土地利用规划,其内容主要是确定各项用地的位置、面积等,以便开发、利用,这也属于土地利用的前期准备工作。"土地开发",是指对未利用土地加以清理,对于基建用地是指实现"七通一平"("七通"包括道路、上下水、排污、电力、电信、热力;"一平"指场地平整),对于农地则是指完成道路、排灌系统建设和土地平整等项工程。"土地使用",即狭义的土地利用,包括将土地投入农业耕作、非农建设等。"土地保护",指保护现有土地的使用价值,使之免于降低或遭破坏,其具体内容包括防止污染、侵蚀、沙化、水土流失、次生盐渍化、水稻土潜育化、矿区地面塌陷、卖土及烧砖破坏地面等等。"土地整理"的含义较广,既包括对于已经遭受破坏的土地的使用价值的恢复,又包括对土地进行改造以改善其使用价值或改变其用途,而且往往还包括对原有土地进行再开发等。

以上这些环节,相互联系,相互制约,相互补充,构成一个以土地使用为核心的整体;各个环节的运行,最终以土地资源的可持续利用为准绳。

二、土地资源利用中的主要经济问题

土地资源利用,主要涉及生产力运行,也部分地涉及生产关系运行方面的经济问题。这些经济问题可概括为以下五个部分：

①土地供求经济。指在一定的空间范围内,客观上的土地供应量与人们对于土地的需求量之间的平衡问题。量入为出,保持高品位的平衡,是基本要求;合理控制人口,合理分配用地,是实现高品位供求平衡的必由之路。

②土地利用区位经济。指对于不同区位的土地进行有针对性的利用,做到不同用地的合理配置,取得最大的区位效益。

③土地利用结构经济。指在全国及各个地区、城市、村镇的范围内,各项用地的合理分配,以便既能全面满足各方面的需求,又能全面提高土地利用效益。

④土地利用集约经济。指适度强化单位面积土地的投入密度和利用密度,从而节约用地并提高用地的集约效益。

⑤土地利用规模经济。指通过用地单位规模的适度扩大,取得规模优势,提高规模效益。其中包括城市规模、工厂规模、商场规模、农场规模、剧场规模、机场规模等等。

以上五个部分的划分,即本编以下各章设立的依据。

三、影响土地资源利用的因素

影响土地资源利用的因素可大体区分为自然因素、经济因素、技术因素、制度因素四大类。

①自然因素。自然因素指自然土地本身的状况,含位置、土质、地势、地形、地貌、地物、水文、矿藏、景观等等。这些要素对土地资源利用的影响,主要表现在以下三个方面:首先,它在很大程度上决定土地的可用性。可用性的大小,在其他条件为既定时,主要取决于土地所在位置及其基础性条件。若土地所处位置偏僻,又为沼泽、沙漠、冻土、裸岩等,则可用性必然很低;反之,若处于可及性强之地,且承载力强、

土质优良，必然早已为人们所争相利用。其次，决定土地的最适用途。例如，一般而言，平坦而肥沃的土地，最适合于农作物种植，贫瘠土地则适合于发展林业、草业；山川秀美、景观奇特而险峻，必然成为旅游胜地；交通便利之地，通常被开辟为城市；等等。另外，土地的自然条件本身，对于土地利用的技术效益、经济效益、生态效益、社会效益等都会产生巨大影响。

②经济因素。经济因素对土地利用的影响，主要表现在三个方面：经济发展对于土地数量、质量方面的要求会逐步提高，促进人们进一步挖掘土地潜力；经济条件的改善为进一步充分而合理地利用土地创造条件；人们对提高土地利用的经济收益和经济效益的追求，必然会导致土地利用的改善。

③技术因素。例如，随着科技的进步，不毛之地变为绿洲，低产田变为高产田，高层大厦不断在城市中耸立；等等，即科技进步会大大提高土地利用的广度和深度。

以上三个方面的因素是综合地发挥作用的。例如，经济条件、技术条件的改善，会克服自然条件的不利方面；技术条件的改善，会提高经济效益；技术上的可行性往往要受经济上的可行性的制约；等等。

④制度因素。"制度"包括正式制度与非正式制度。前者包括以宪法、法律、法规、政策等形式所规定的关于土地利用行为的直接、间接强制性规范；后者则是指直接、间接约束人们土地利用行为的观念。例如，就前者而言，"无形之手"受"有形之手"的制约而形成的市场制度，引导和制约着土地的合理利用；就后者而言，节约用地、惜土如金、浪费土地可耻等观念若深入人心，必然会有效地约束滥用、浪费土地的不良行为。若两种制度因素都处于积极状态且能密切配合，必将最有效地保障和促进土地的合理利用。

第三节　土地资源利用的基本原则

如何合理利用土地资源，需要从土地资源的特点出发，从土地资源供求的基本态势和趋势出发，提炼出一些基本原则，以便转而指导实际工作。

如何确定土地资源利用的基本原则，应当遵循一定的指导思想，其中包括：

①从性质上看，关于土地资源利用的基本原则，应当仅仅是、确实是关于土地利用问题的原则，而不涉及其他问题，特别是土地管理问题，否则便是文不对题。

②从针对性上看，每一条土地资源利用的原则都应当具有自己的针对性，用于解决独特的矛盾；各个原则之间应当有比较严格的分工，彼此之间不应有明显的重复。

③从涉及的范围上看，每一条原则都应当有较大的覆盖面，从而能够将相似的原则、相近的原则以及次级原则容纳于其中，以免众多的原则林立而主从不分、界限不清。

根据上述指导思想，现将土地资源利用的基本原则概括如下：

①统筹兼顾，农业优先。这一原则是针对各个用地部门之间的相互关系的。它包括相互紧密联系的两个方面。其一是"统筹兼顾"。这是指，无论在宏观、中观、微观方面，土地资源的利用都要兼顾国民经济各个部门、人民生活的各个方面的需要而进行全面安排。其二是"农业优先"。"农业优先"可以说是由"统筹兼顾"原则中派生出来的重要原则。这一般是指，在全国范围内，在土地资源总量的分配中，通常应当优先满足农业生产的需要，尤其是其中食品生产的需要，以免农产品依赖进口为主而造成极大被动。特别是在中国这样一个人口众多的大国，实行

"农业优先"原则,更是势所必然。而且,进一步看,"农业优先"原则有时还在一定程度上适用于较大的经济区域(如一个省或几个省、一个较大的经济协作区等)之内。这是由于,某些农产品的储运成本较高,因而其供求平衡往往也需要在较大的经济区域内,在某种程度上实现——尤其是在交通不发达、农产品运输费甚高的情况下,此问题更显得突出。

对于"农业优先"原则,可从以下三个方面加以具体分析:第一,"农业优先"原则的实质在于,人类必须以发展农业生产、满足衣食之需作为基础,然后才有可能谈到满足其他方面的需求。换言之,"农业优先"这一原则从属于"农业是国民经济的基础"这一原理。据此,任何一个国家或一个大经济区,一般都应首先满足用于农业的土地的需求,即优先保障"农业必要土地",然后将"农业剩余土地"用于发展其他产业。因此,"农业必要土地"与"农业剩余土地"的划分及其先后顺序的安排是"农业优先"原则的精髓所在。第二,无论是用于农业或非农业的土地面积,都取决于对农产品的需要量和土地的生产率。从远期来看,随着农业生产率的提高以及人口的减少,农用土地在土地总面积中所占的比重必然随之而有所减少,但是,这只是增加非农用地的面积和比重,却不能改变"农业优先"这一原则。第三,一些较小的或情况特殊的国家或地区,没有可能或没有必要基本依靠本国或本地区的土地供应农产品,只能主要甚至完全依靠进口(即依赖于其他国家和地区的农地),不过,这样的国家或地区在全球是为数不多的,而且,这种特例也无碍于"农业优先"这一一般原则的确立。

关于农业用地的重要性,土地经济学家对此多有论述。R.T.伊利和E.W.莫尔豪斯就指出:"毫无疑问的是,农业比其他任何一种土地利用都需要更大的土地面积。"[①] 我国土地经济学鼻祖章植指出:应当"使国内土

---

① 〔美〕R.T.伊利等著:《土地经济学原理》,商务印书馆1982年版,第96页。

地之各种利用得一适当之分配。虽土地之用不一，其间须有适宜之比例，庶不致国民经济上发生种种破绽。如农地过少，则国家粮食，势必仰给于外人，设国事不振，又发生战事，最为危险"①。张德粹指出："农业土地在人们各种集约用地中应属最多的一项……此亦人对农地需要特多的原因之一，土地经济学家常认为一个国家最理想的土地分配是农地占百分之六十，林地占百分之三十，其他各种用地共占百分之十。"② 在以上极不完全的引述中，虽然尚未出现"农业优先"的提法，但已是呼之欲出了。

苏联乌克兰科学院经济研究所著《农业中土地资源和水资源利用的经济问题》一书指出："现代土地立法规定农业土地利用的优先原则，首先第一位要保证农业有足够的土地……严格限制征用农业用地，……不论任何生产领域解决任何土地利用问题，都要优先保证农业的利益。"③ 这是对于农业优先原则的重要表述。笔者在由北京土地经济研究会于1986年印行的《土地经济学初编》一书中，把"农业优先"列为土地利用与管理的原则之一；在《论我国土地利用和管理的基本原则》④文中亦然；嗣后，在《土地经济学》（农业出版社1989年版）中，则将其列为土地利用的原则之一。

台湾著名土地经济学家林英彦教授对于"农业优先"原则"不表赞同"，认为"在现代产业结构急速改变的情况下"，实行"农业优先"的原则不妥。⑤ 笔者认为，由于产业结构的转变使得一些农地变为非农地是不可避免的，但是从整体上来看其前提依然是优先满足"农业必要土地"的需求，然后以"农业剩余土地"发展非农产业，从而在这种情况下"农业优先"这一具有普遍意义的原则并未失效。

---

① 章植著：《土地经济学》，上海黎明书局1934年版，第51页。
② 张德粹编著：《土地经济学》，"国立编译馆"1979年版，第251页。
③ 农业出版社1990年版，第7页。
④ 《中国农村经济》1987年第7期。
⑤ 林英彦著：《土地经济学通论》，台湾文笙书局1999年版，第290—291页。

②一业为主，综合利用。此原则是针对在一定范围之内的主辅部门之间的用地关系而言的。其根据在于，一个区域之内的土地状况既有其同一性又有其差异性，影响土地利用的条件更是千差万别，只有做到一业为主、综合利用，方能使得该区域内的全部土地都得到最合理的利用。这一原则，实际上不过是生产力布局方面的"地区专门化与多样化相结合"之类的原则的简化表述而已。类似的表述有"集中与分散相结合"之类。

③节约用地，集约经营。此原则是针对土地资源的供求矛盾而设立的，是解决土地供求矛盾的原则。换言之，在土地供不应求的条件下，只有一方面少占用土地，另方面提高土地利用的集约度，才是出路。一般而论，土地的供不应求，在全球是一个普遍而持久的问题。其基本原因在于，土地总量是有限的，而人们对土地的需求是无限的。而且，在地少人多的国家和地区，这一问题就更加现实和突出。

对于这一原则，可从以下三个方面加以具体分析：第一，贯彻"集约经营"原则，不可避免地要受到"提高效益"原则的制约。当单位面积投资的边际收益为零时，通常即到达了集约投资的饱和点或临界点，即达到了"集约边界"。第二，"集约经营"是一条总原则，在贯彻执行时，肯定要注意因地制宜——在不同的土地上，其集约度是不同的，并非在任何一块土地上，都要进行高度集约经营。第三，条件不同的土地承受投资的数量不同——条件好的土地的承受投资量较高，条件较差的土地的承受量较低，但后者并非只能进行粗放经营而根本不存在集约经营的问题。从而，在土地利用的原则中，不可能是"集约经营"与"粗放经营"并存的。

林英彦教授对于"集约经营"原则，也"不表赞同"，认为"有些土地集约经营反而不利，而是以粗放经营较为合适"。[①] 根据以上分析，

[①] 林英彦著：《土地经济学通论》，台湾文笙书局1999年版，第290—291页。

实行"粗放经营"实质上只不过是实行低度集约经营而已,并非是力求粗放而不考虑技术效果与经济效果的;而实行集约经营也并非是不考虑"土地经济容力"和"集约边际"[①]的。

④用养结合,持续利用。这一原则是针对土地利用中的当前与长远关系而提出的,是解决当前用地与长远用地之间矛盾问题的。很明显,只有做到用地与养地相结合,才有可能实现土地资源的可持续利用。"开发、利用与整治保护相结合""不断开发、不断优化"之类的提法,完全可包容于此原则之中。

⑤地尽其利,提高效益。这一原则是针对土地利用中的投入与产出之间的相互关系问题的。在效益中包括技术效益、经济效益、生态效益、社会效益,是不言而喻的;以经济效益为重点,也是确定无疑的。其他有关经济效益的原则,诸如比较利益原则、发挥区位优势原则、指向性原则(如工业布局中的劳动力指向原则、原料指向原则等)等等,自然都成了这一原则下面的二级原则。

以上五个原则分别针对土地资源利用中的五个主要矛盾,并不相互重复,而且全面涵盖了土地资源利用中的一切重大问题,它们几乎具有同等重要性。在市场经济条件下,这些原则的贯彻,既要借助于市场力量,但又不能单纯依赖市场力量,它应当成为从高层到基层、从政府到企业的各级决策和管理人员的自觉行动。

第四节　土地资源利用的经济效益

土地资源利用的技术效益是实施技术措施所获得的产品数量、质量方面的结果;经济效益是指单位投入所取得的产出;社会效益是指其

---

① 详见本书第六章第一节。

在满足人们物质、文化生活需求方面的作用;生态效益则是指其对维持和改善生态平衡所起的作用。四者均极其重要,但作为经济学著作,本书仅论述经济效益问题。

什么是土地资源利用的经济效益呢?它是一般经济效益问题在土地资源利用方面的具体化,或经济效益原理在土地资源利用方面的具体应用。通常认为,一般经济效益是指"投入–产出比",即单位投入所提供的产出量。在其他条件不变时,"投入–产出比"越高,则经济效益越高,反之则低。一般经济效益的理论模型为:经济效益 = 产出量/投入量 = 单位投入产出量。

本书把衡量土地资源利用经济效益的指标分为三部分,以下分别加以考察。

（1）直接提供土地产品的部门（如农、林、牧、渔部门）的经济效益指标

①单位面积产出指标——以土地面积为投入、以土地产品为产出的效益指标。

首先是直接反映单位面积土地提供产出能力的指标,如单位面积产量、单位面积产值、单位面积净产值（V+M）、单位面积纯收入（M）等。

其次是排除土地质量差异而反映土地利用效益的指标,即按土地的标准生产能力计算的经济效益指标。现举例说明如下:

地块	土地生产能力（亩·分）	亩纯收入（元/亩）	标准单位土地纯收入（元/分）
甲	100	120	1.2
乙	70	95	1.36

此例表明,尽管按亩纯收入计算,甲地块的经济效益高于乙地块,但是按折合为"分"的土地标准生产能力计算,则乙地块的经济

效益却显著高于甲地块,后一指标显然较前一指标准确。

②单位成本产出指标。单位面积产出指标的特点是,土地面积为显性指标,而其他投入则为隐性指标,即不能反映其他投入及其产出的状况。即使是采用单位面积净产值、单位面积纯收入等指标,也只能间接反映其他投入的状况。为了解决这一问题,不妨以单位成本产出(含单位成本产量、单位成本纯收入等)指标作为考察土地资源使用经济效益的指标。而且,为了更加准确起见,还可计算边际经济效益。例如,以新增产量(或产值)除以追加成本,即可求得边际单位成本产量(或产值)。

此外,还可采用"产量-成本综合指标"。产量-成本综合指标 = 单位面积产量(或产值)/单位产品成本。这一指标与单位面积产量(或产值)成正相关,而与产品成本成负相关,从而可更全面地反映两者的状况及其综合结果。

③土地投入、产出折现指标。在上述指标中,无论是投入还是产出,都存在一个"时间价值"问题。在土地资源利用中,必然要在若干年内不断地进行投资,而在以后由收益分年偿还,因此需要计算和比较全部预计成本和收益,并且把不同时段的成本和收益折为现值,再进一步求出经济收益现值指标。因此,折现指标是一种动态指标,是对静态的单位面积产出、单位成本产出等指标的完善。以下二式分别表示纯收益现值和成本收益率现值。

$$纯收益现值 = \sum_{t=1}^{n} \frac{B_t - C_t}{(1+r)^t} \qquad 公式(3-1)$$

$$成本收益率现值 = \sum_{t=1}^{n} \frac{B_t}{(1+r)^t} / \sum_{t=1}^{n} \frac{C_t}{(1+r)^t} \qquad 公式(3-2)$$

其中:t 代表计算起止年期,B_t 代表 t 年土地收益,C_t 代表 t 年土地投入,r 代表贴现率。

④动态分析指标。以边际经济效益分析为基础,通过对于投入与产出的多样点考察,建立土地利用经济效益数学模型,对土地利用经济效益进行连续动态分析,以便求得最大经济效益投资点。例如 $y=a+b\ln x$ 即此类数学模型之一。其中,y 为亩产,x 为亩成本,a、b 为回归系数。设(a):以(y/x)(单位成本产量)为土地资源利用经济效益指标,并设其最佳值为 $d(y/x)=0$,即 $d[(a+b\ln x)/x]=0$,解此方程式得到 $x=e^{1-\frac{a}{b}}$,且此时的 y/x 值为最大;设(b):以($y \cdot p-x$)(即单位面积纯收入,其中 p 为产品价格)为土地资源利用经济效益指标,则需要解方程式 $d(pa+pb\ln x-x)=0$,得到 $x=pb$ 时亩纯收入最大。

(2)以土地作为基地的部门(如工业、商业、房地产业等)的经济效益指标

这些部门与农业部门不同之处在于,它们并不提供土地产品,而只是以土地为基地提供其他产品或服务。

其中的工商部门土地利用的经济效益指标主要为单位面积产出,即以土地面积为投入、以产品(或产值、纯收入)为产出的指标。当产出量一定时,若投入的土地面积增加,则单位面积的产出减少,经济效益降低,反之则提高。这意味着,尽可能少占用土地而提供尽可能多的产品,是提高土地利用经济效益的必由之路。

其中的房地产部门土地利用经济效益的主要指标也是单位面积产出。例如,"平均单位面积土地年售房纯收入""平均单位面积土地年出租房纯收入"等指标都是适用的。

当然,在工商、房地产等部门,通过折现而计算土地投入和产出的时间价值是更加重要的。

(3)土地资源开发经济效益指标

土地资源开发是指将荒地开发为农地或建设用地,或者对已利用土地进行再开发。其经济效益问题比较重要,值得单独论述。涉及土

地开发状况的经济指标众多,包括土地开发进度指标、土地开发率指标、土地利用集约度指标以及土地和基础设施利用效率指标等类别,但是,直接涉及经济效益的指标却是有限的。土地开发经济效益指标主要可分为两类:一类是单位面积产出指标,另一类则是单位基础设施投资产出指标。就非农土地开发而言,前者如每平方公里(或每亩、每平方米)土地创造的GDP、工业总产值、税收、外汇收入等等;后者如每万元投资创造的GDP、工业总产值、利润、税收等等。

第四章 土地资源的供给、需求与可持续利用

本章着重从宏观上论述作为物质资源、生产力具体要素的土地的供应、需求及其平衡问题。土地资源的供求平衡问题的实质是"地人平衡"问题,因为所谓的土地资源"供与求",归根到底是土地资源如何满足人口需求的问题——其中包含了土地与劳动力这两大生产要素的相互关系问题;土地资源的可持续利用问题,无非是其如何持续地满足人类社会需求的问题;土地的人口承载力问题,则是"地人平衡"问题的具体化。至于人口问题本身,则并非土地经济学的研究对象,故不予展开。

第一节 土地资源的供给

土地资源的供给问题含自然供给和经济供给两大部分。自然供给是指地球即大自然提供给人类可资利用的土地资源总量;经济供给则是在现有条件下人类可实际投入利用的各种土地资源量,只是自然供给中的一部分。

一、土地资源的自然供给

大自然提供给人类可资利用的土地资源总量,就其面积而言实际上就是由土地的定义所界定的土地总量。例如,若按"地球表面的陆

地部分"这一通常采用的定义计算,则全球土地资源的自然供给总量为1.49亿平方公里,我国土地资源的总供给量为960万平方公里;若按"整个地球表面"这一广义土地定义计算,则全球土地资源自然供给总量即为5.1亿平方公里——这是可供人类利用的土地资源的极限量。

土地资源的自然供给(the natural supply of land resource)是固定不变的、是无弹性的,尽管移山填海的壮举会使陆地面积有所增加,但除个别特例(如荷兰、中国香港的围海、填海造地)在当地具有重要意义之外,一般而言是微不足道的或可略而不计的。

对于土地资源的自然供给,还可按土地种类(如平原、山地、丘陵等)、自然区划、行政区划以及用途等进行划分,分别反映不同范围内的供给量。

土地资源的利用,主要是在目前可利用的自然供给总面积范围内安排,然后再考虑对于后备资源的开发。土地资源的可利用状况,主要是由土壤、气候、地势、地质、水、生物、风景等的具体状况所决定的。

二、土地资源的经济供给

土地资源的经济供给(the economic supply of land resource)仅指土地资源自然供给中的人类实际利用部分。土地资源的经济供给与自然供给的关系是:经济供给以自然供给量为基础和最大范围,在此范围内发生增减;自然供给是静态的、无弹性的,而经济供给是动态的、有弹性的。而且,不同用途的土地,其经济供给的弹性不同,如农地受制于自然条件较大而经济供给的弹性较小,市地则反之。

影响土地资源经济供给的因素包括自然因素、经济因素、技术因素、制度因素。

影响土地资源经济供给的自然因素即是土地的自然条件。各地的自然条件不同,各种自然资源分布不均,很难在地形、位置、土质、气候等方面完全符合人们的各种需求。就农地而言,它主要受土壤、地形、气候、灌溉等条件的限制。例如,全球土地中仅有46%有优良土壤覆盖;34%的土地有充足的降水;20%的陆地的温度、水分等条件适合于种植小麦,而其中的36%因崎岖不平而无法实现。[1]就市地而言,它所受的限制较小,主要是位置、可及性、水源、地基等四大因素。旅游用地主要受景观、可及性两大因素的限制,而且最主要的是在自然景观上是否具有独特、奇异、优美、险峻之处。

影响土地资源经济供给的经济因素主要是:①投入土地开发、利用的经济力量的强弱。它直接决定着土地经济供给的多寡。②在市场经济条件下,不同用途土地利用方向或项目的盈利状况。趋利而动,是市场经济中土地开发、利用的投资取向的基本特征。具体而言,当市场上对于短缺产品的需求显著增加而使其价格显著、持续上扬时,则对于与该产品相关的土地的需求必然增加,土地的经济供给也必然随之相应增加。

在影响土地经济供给的因素中,还有技术因素。土地的经济供给与人类利用土地的能力有关,而技术又在很大程度上决定着这一能力。例如,改造盐碱地的技术成果的应用,扩大了种植水稻土地的供给;现代建筑技术成果,使得城镇向高空、深层地下的开发日益扩展,即扩大了立体土地的供给。

制度因素也影响着土地的经济供给。例如,某些政策限制某些土地的供给(如保护耕地的政策限制林、牧、副、渔用地及市地的供给),某些政策则扩大某些土地的供给(如鼓励、补贴政策扩大林地、绿地的供给)。

---

[1] 〔美〕R.巴洛维著:《土地资源经济学》,北京农业大学出版社1989年版,第16页。

增加土地经济供给的主要举措包括：保护并合理利用现有土地，做到地尽其用；提高土地利用集约度，在内涵上增加用地；合理开发土地，改造不毛之地，在外延上增加用地；合理增加土地产品的代用品，节约用地；等等。

三、土地开发

土地开发（land development）是土地资源经济供给的一个组成部分。广义的土地资源开发包括：①将"生地"开发为"熟地"，即将从来未利用过的土地加以开发，投入农业、非农业利用；②将利用之后而被弃置、荒芜的土地，通过再开发而重新投入利用，例如对撂荒土地进行再开发而重新投入耕作，对于采矿塌陷地进行复垦之类；③对于已经投入利用的土地进行再开发而提高其利用的集约度，如旧城改造、低产田改造等；④将农地开发为非农建设用地。

从土地资源供求关系来看，土地开发的实质是：①将未利用的土地投入利用，在广度上增加土地的经济供给；②由低集约度利用过渡到高集约度利用，在深度上增加土地的经济供给；③改变已利用土地的用途，调剂土地的经济供给。由此可见，土地开发在土地的经济供给中居于重要地位。其中，在深度上增加土地的供给，对于解决土地供不应求的普遍矛盾具有日益重要的作用。

就农地而言，可垦荒地总是有限的，现有农地又免不了不断地转为非农用地，那么，把中低产田改造为高产田，从长远来看就是增加农地供给的主要途径了。实际上，农地的面积，不应当只是按其"自然面积"（即测量面积，如平方米、亩等）计算，而应当也按"标准面积"计算，即按代表土地肥力的常年亩产计算。例如，假定以常年亩产500公斤粮食作为1标准亩，则常年亩产600公斤的土地可折合为1.2标准亩，而常年亩产300公斤的土地便只能折合为0.6标准亩。从而，提高土地的常年产量,就意味着增加土地的标准亩的经济供给。

就市地而言,为增加其经济供给量,一方面需要把农地、荒地开发为市地,另一方面还要不断地进行现有市地的挖潜,即通过市地的再开发,由低集约度利用转为高集约度利用,在深度上增加土地的经济供给。对于旧村庄、旧城镇的改造,其核心内容便是增加土地的经济供给。

成片土地开发是在中国通用的进行大面积土地开发的称谓,而且往往是针对把大面积农地、荒地开发为非农建设用地而言的。具体而言,这种"成片土地开发"是指对大面积土地进行统一开发,进行大规模基础设施建设,实现"七通一平",为后续建设提供熟地。我国的经济技术开发区如著名的北京经济技术开发区、大连经济技术开发区、苏州工业园区、上海浦东金桥出口加工区、海南洋浦经济开发区等均属此类。成片土地开发的基本特征是:规模大——少则几平方公里,多则几十平方公里;总期限长——短则几年,长则十几年;功能全——各项基础设施配套成龙,而且往往还包括与土地开发相配套的辅助设施如银行、医院、学校的建设;投产快——尽管其总开发期限较长,但是其中某些后续建设项目在土地开发基本完成之后即可进行建设并可先期投产;效益高——土地成片开发区别于宗地开发和单项开发的最突出之处在于具有十分明显的规模经济。[①]

成片土地开发在中国受到青睐,并不仅仅是由于它具有明显的规模经济,而更是由于它会给地方政府带来丰厚的土地使用权出让收益。这就是中国在20世纪90年代初出现"开发区热"的基本原因。据统计,到1996年年底,全国各类开发区共1200多个,占地达2322平方公

---

① 参见丰雷:《我国成片土地开发经济效率研究》(中国人民大学博士学位论文),2000年3月。

里,其中占耕地1283平方公里,已开发利用土地1852平方公里,闲置土地407平方公里,其中耕地215平方公里。① 这表明,趋利盲动而大搞土地成片开发,超过了客观的实际需求,造成了极大的浪费,应当引以为戒。

四、土地调整

土地调整(land readjustment)也是土地开发的一种形式。它既针对农地,又针对市地,也针对由农地转为市地。土地调整往往是由政府或社会团体进行,也可由地权单位联合进行。土地调整的主要对象是,土地产权属于多个所有者,土地利用状况畸形、细碎而不经济的一个较大的区域。调整的经费由土地产权所有者按其土地面积的比例分担,以其部分土地折价的形式支付。调整的结果是,各个土地产权所有者基本上按原位置获得土地;其土地面积虽然有所减少,但因调整后土地环境全面改善而使土地增值,因而土地总值仍然与过去相当甚至有所增加。因此,实行土地调整是一件公私两利、皆大欢喜的举措。

城市土地调整于1865年始于法国。第二次世界大战后,法国曾大量采用此举以重建城市,大约有2万公顷、20万块土地经过调整。德国于1869年、日本于1889年出台有关土地调整的法规,第二次世界大战后也都曾大规模采用此举以进行城市重建。我国台湾地区的城市土地调整,始于日据时期的1937年,当时称为"土地区域整理";台湾光复后改称"土地重划",而且在"市地重划"方面取得长足进展。改革开放以来,中国大陆的旧城改造有如雨后春笋,成效显著。不过,它所

---

① 李红:《我国开发区布局及土地利用现状分析与研究》,《中国土地科学》1998年第3期。

涉及的是土地使用权的调整，并且使得土地有偿使用制度得以落实或进一步落实。从而，既解决了旧城改造所需的资金问题，又改善了厂商的经济环境而使其增加收益。

农地调整，着重是针对丘块不整，面积过小，不便于机械耕作，农地不直接临路、临渠，不便于运输和排灌，从而不利于提高农地利用的经济效率而进行的相应的土地调整。在我国台湾地区称为"农地重划"，而且有所实践。在中国大陆，这类调整也有所见，但往往将其列入"土地整理"范围。

第二节　土地资源的供求平衡与可持续利用

一、土地资源的供求平衡

土地资源供求平衡的实质是，在一个国家或地区的范围内最大限度地满足一定时期的人口对土地的需求，解决人类的生存与发展对土地的需求与土地资源供应不足的矛盾。在土地供求矛盾的双方中，其主导方面是人口数量。换言之，这是以有限的土地满足人类对于生存资料与享受资料的无限需求的问题，或者是以固定的土地自然资源满足日益增长的人口需求问题。与此相适应，考察土地供求关系的主要指标便是"人地比"，即单位面积土地所承载的人口数量。在其他条件不变时，"人地比"愈低则土地的人口负担愈低，土地的供求愈易平衡。至于"劳地比"则包含于其中了。

人们对于土地的不同种类的需求的迫切性不同，应当注意优先解决对土地最基本需求的供求平衡问题。一般而言，解决不同种类土地需求的供求平衡问题，要依据"农业优先"的原则，优先满足农业对于土地的基本需求，然后再考虑其他需求，即其他方面的土地需求只能在

"农业剩余土地"中解决。依据这一基本精神,下面具体地列出各项需求:①全国人口对基本农产品的需求(主要是对粮食的需求),这一需求在温饱、小康和富裕阶段是不相同的。②城市居民对起码的生活空间的需求,其中包括人均居住、道路、绿化面积等等(农村居住相对分散,对于生活空间的需求,通常并不是一个问题)。③全国工业、商业、交通运输业等行业对于土地的需求。④农业劳动者对于生产用地的需求——这是他们对于谋生手段的最基本的需求。只要农业劳动者还没有转为非农业劳动者,就应当力求使每个农业劳动者拥有足够面积的土地。当然,由于过去生育失控而造成农业劳动力过剩,形成"人浮于地"的现象,只能假以时日求得解决。⑤全部人口对于良性生态环境的需求。⑥全部人口对于休闲用地的需求。不过,这是一种伸缩性很大的需求,尽管客观存在,却无须多虑。

无论何时、何地,都存在着土地供求平衡的客观局面,只是其质量却往往大相径庭,有高中低之分。就远景而言,严控人口,充分而合理地利用土地,力求土地供求的高质量平衡,是我们要达到的目标。

除了人口和土地数量以外,影响土地供求平衡的因素有:①土地的质量。影响土地供求平衡的土地质量,一般而言仅指农业用地。如前所述,不同质量的土地可折合为不同数量的"标准亩",从而,农用土地的供求平衡实际上是"标准亩"土地的供求平衡。②土地利用集约度——不论农地、市地,提高土地利用集约度,都意味着扩大土地面积。当然土地利用的集约度只能是适当的。③科技因素。科技进步,不仅可提高土地利用的效率(提高农作物单产,提高建筑用地容积率),而且可扩大土地利用的范围——可使不毛之地变为绿洲等等。④外部因素,如净进口农产品,意味着以外国的土地弥补本国土地的不足。此外,在国外租用土地从事农业生产以弥补国内土地的不足,也并非是不可设想的。

下面是国土资源部《2001年中国国土资源公报》中披露的2001中国主要地类面积：耕地12761.58万公顷（19.14亿亩），林地22919.06万公顷（34.38亿亩），园地1064.01万公顷（1.60亿亩），牧草地26384.59万公顷（39.58亿亩），水面2202.35万公顷（3.30亿亩），城镇村及独立工矿区用地2487.58万公顷（3.73亿亩），交通用地580.76万公顷（0.87亿亩），水利设施用地572.96万公顷（0.86亿亩），其余为未利用地。目前中国的土地资源利用就是在这个范围内进行的。

二、土地资源的可持续利用

（一）经济、社会的可持续发展与土地资源的可持续利用

可持续发展（sustainable development），作为一种全新的经济、社会发展战略和理论，其思想萌芽于20世纪60年代。当时，经济发展中的生态问题和资源支撑问题已经开始引起人们的关注。1972年，罗马俱乐部发表了关于人类所面临的困境的研究报告——《增长的极限》（The Limits to Growth），提出了著名的"零增长模式"（即人口和经济增长均维持原规模以避免困境的模式）。其维持现状的保守、悲观的论点引起人们的反对，也发人深省。同年，联合国召开了"人类环境会议"，通过了划时代的文件——《人类环境宣言》，提出了"只有一个地球"的口号，揭开了人类保护环境、拯救地球的序幕。1989年联合国环境规划署第15届理事会通过的文件对"可持续发展"作出了经典性的界定："可持续发展系指满足当前需要而又不削弱子孙后代满足其需要之能力的发展。"实行可持续发展战略，必然意味着合理地、持续地利用一切自然资源，保持良好的环境以及保持生态平衡。

土地资源的可持续利用（sustained utilization of land resources），是经济、社会可持续发展的题中应有之义，甚至可以说，土地资源的可持续利用是整个经济、社会可持续发展的基础。这是由于土地是人类社

会生产、生活不可或缺的空间和物质财富的源泉。就中国而言，人口众多，土地资源有限，人均土地资源十分稀缺，更使得土地资源成为经济、社会可持续发展的基础性要素。

那么，究竟什么是土地资源的可持续利用呢？根据可持续发展的基本原理，不妨认为，一个国家的全部土地资源，既要满足全国人民当前的需求，又要满足今后世世代代日益提高的需求；既要满足人们对于食品的需求，又要满足整个经济、社会持续发展的需求——这便是土地资源的可持续利用。从土地资源供求的角度来看，土地资源的可持续利用即土地供求的高质量平衡，是一个具有长远意义、全局意义的战略问题。从而，在"供"与"求"两个方面，都必须具有长远观点和全局观点，尤其是长远观点更为重要。

（二）土地可持续利用的潜力

如何从长远观点来看待土地资源的供给问题？尽管土地的经济供给是有弹性的，但是从长远来看，它最终要受到无弹性的自然供给的硬性约束，从而归根到底是无弹性的。显然，我们只能在土地自然供给的极限之内做文章。为此，需要从不同的方面对这一问题进行综合观察并挖掘土地资源可持续利用的潜力。现分述如下：

（1）对于已开发利用的土地和未开发利用的土地的可持续利用潜力的考察。

①对于已开发利用土地的考察。其中包括：A.土地数量的保持——尽量防止滑坡、崩塌、泥石流、地面塌陷、地面沉降、地面裂缝、海水入侵等地质灾害所造成的土地面积减少或功能降低。B.土地质量的保持与提高——对于利用土地养育功能的农地，要通过采取物理、化学、生物措施而保持与提高其肥力。C.土地良性生态环境的维持和改善——这是一个与土地质量有密切关系的问题，城乡皆然。要避免因三废污染、水土流失等而降低其肥力；要注意保护地下水环境，注意保

护水位和水质,避免水污染。[①]D. 土地利用集约度的提高——这也是城乡概莫能外的普遍性问题。

②对于尚未利用土地的考察。除了同样存在上述问题之外,其自身的独特问题是如何逐步加以开发、利用以弥补前者的不足。对于因地处偏僻而无法利用的土地,可通过改善交通条件而加以利用,例如,在沙漠地带发展独具特色的沙漠旅游业等。对于因降水不足而难以利用的土地,可通过南水北调、强化就地保水和蓄水、种植特别耐旱植物之类的举措而进行开发。对于因科技跟不上而尚未利用的土地,可采用现代化的抗旱保苗举措而发展林草业。

(2) 对于已开发利用的不同用途土地的可持续利用潜力的考察。

①对于现有耕地的考察。它也包括数量、质量的保持与提高、生态环境的保持与改善等问题。耕地的数量是基础,耕地的质量是保障;既要保持一定的数量,又要在此基础上保持并力求提高质量。

耕地面积的保持——耕地被农业内部的林、牧、副、渔业及非农建设占用,在相当长的历史时期内是不可避免的,往往在耕地减少中占很大的比重,这是国民经济现代化的需要,是社会进步的需要。为了满足人们对于农产品的需求,在相当长的历史时期内——在人口对耕地的压力未减轻之前,在现代科技未能根本上提高农业有机体的生产力之前,在人工合成营养素和食品未能根本取代天然食品之前——在不同程度上补充被占耕地是必要的。

耕地质量的提高——在中国的耕地中,大约40%为高产地,其余的60%为中低产地。提高中低产地的质量,还是大有潜力的。提高中

---

① 关于防止地质灾害、保护地下水环境等问题,请参见中华人民共和国国土资源部:《中国地质环境公报》(2001年度),载《人民日报》,2002年4月27日,第7版。此外,该公报还强调要保护地质遗迹,特别是"有重大观赏和重要科研价值的地质地貌景观",这与土地资源的可持续利用也具有密切关系,应予重视。

低产地的质量,便意味着"标准耕地"面积的增加。

耕地利用集约度的提高——包括合理提高种植密度、复种指数、投资水平,适当实行土地的立体利用、间作、套种等。这也意味着增加"标准耕地"的面积。

②对于现有城镇用地的考察。除了不存在土地质量的保持与提高问题外,依然存在着土地数量的保持(如避免塌陷、水毁等等)、土地生态环境的保持与改善、土地利用集约度的提高等问题。

提高城镇土地利用集约度——主要内容是适度向空中与地下发展,提高容积率,做到市地由"基本平面利用"过渡到"基本立体利用",把一平方米土地当作几平方米土地来用。

合理降低人均占有市地面积——目前存在的问题是:城市与村镇人均占地普遍过高,尤其是村镇、小城市更为明显;有关部门曾经明确规定了各级城市与村镇的人均占地控制指标,但是并未得到认真落实。因此,适当降低并严格控制城镇人均占地面积,至关重要。它意味着以较少的市地容纳较多的人口,促进市地的可持续利用。

第三节 土地资源的人口承载力

一、关于"地人平衡"的理论

土地资源的人口承载力问题,是土地资源供求平衡中的核心问题,既具有现实意义,又具有长远意义。考察土地的人口承载力问题,意味着从"虚"到"实"地解决"地人平衡"的问题。尽管人们对于土地的需求是多种多样的,但最终要落实在土地资源的供给总量与总人口对于土地需求的平衡上。土地的可持续利用,最终也体现在这一点上。

对于"地人平衡"问题，可从两方面进行考察：一是从土地方面来考察其人口承载力，二是从人口方面来考察其对土地的需求量。二者的角度虽然不同，却是殊途同归的。

首先，从土地方面来考察其人口承载力。从长远来看，土地面积最终是一个定数，而全国人口则是可增可减的。那么，二者的平衡，归根结底是"以地定人"。它包括两方面的含义：其一，人口数量要与土地数量相适应——由土地状况决定人口数量；其二，合理安排土地的经济供给，满足人口对土地的多种多样的具体需求——由土地状况决定人口需求满足状况。换言之，从土地方面来考察其人口承载力，"以地定人"，这是实现"地人平衡"的基本思路之一。具体而言，由于人口对土地提供的食品等生活资料的需求量，可区别为低（温饱）、中（小康）、高（富裕）的不同标准，因而其人口承载力也有高、中、低的差别。如果一个国家的现有土地，无论如何也无法满足现有人口对于生活资料的最低限度的需求，即处于"地人不平衡"状态，那么就只能：求助于进口农产品；进行人口和劳动力的输出；大力提高土地产出量；进一步大力控制人口。只有通过这些战略性调整举措，才能够在今后实现"地人平衡"。

其次，从人口方面来考察其对于土地的需要量。这实际上是考察如何"以人定地"以实现"地人平衡"的问题，这是关于这一问题的另一基本思路。那么，在何种条件下需要采取这一思路呢？其基本内容如何呢？其条件主要是：①现有土地基本可满足现有人口对农产品的低标准或中标准的需求；②随着人口的逐步增加，农业用地与非农业用地的矛盾日益尖锐。"以人定地"主要内容是：①在严控人口的条件下，优先安排好农业用地的面积，以便使人口对于农产品的需求继续得到满足并有所改善；②非农用地的扩展，以不妨碍上述对于农产品的需求为前提；③在越过人口高峰之后，再进一步扩展非农用地。简言之，所谓"以人定地"的实质在于,在土地与人口的矛盾处于"相持阶段"之际,更要认真落实"农业优先"的原则,确保对农地之需。现阶段中国的情况即基本如此。

具体地说,土地资源的人口承载力是指,在一定时期内,以当时的技术、经济能力为支撑,以相应的生活水平为标准,一个国家或地区的土地资源能够供养的人口总量。对于土地资源人口承载力的计算,其着眼点是人口总量达到高峰时的"地人平衡";其主要目的是控制人口总量并使耕地保有量与之相适应。

落实土地资源的人口承载力,有两条思路。思路之一是确定土地资源提供的"大农业",即农、林、牧、渔各业产品的人口承载力。其理由是,农、林、牧、渔各业都提供人的生存、发展所不可或缺的生物性产品。按照这一思路,落实土地资源的人口承载力的大体步骤是:

①以全国现有人口总量为基数,以现行的计划生育政策为依据,通过计算人口的出生率、净增率等,预测全国人口高峰值及其到达年度、持续年限等。

②根据人口高峰值及该时期的经济、社会状况,概算人均农、林、牧、渔产品的年消耗量及其由国内解决的比重,并据此求出每年全国应提供的各种产品总量。

③在上述产品总量中扣除由海洋、江河、湖泊、草原提供的渔牧产品总量之后,求出农、林、牧、渔各业所需土地总面积。

思路之二是确定土地资源所提供的粮食的人口承载力。其理由是,尽管林、牧、渔业产品也关系到土地的人口承载力,但是,人的生存和发展,毕竟主要依靠粮食,而且人均占有粮食水平的高低会在很大程度上决定林、牧、渔业的产量,因而单纯考察粮食问题即可。落实这一思路的大体步骤与前一思路相仿,毋庸赘述。其结果是求出保障人口需要的粮食总面积(含饲料粮面积)。

根据全国粮食需要量求出粮食作物所需耕地总面积，也是一项相当复杂的系统工程。它涉及各类土地的构成、粮食作物种类与构成、作物倒茬制度、复种指数、农业技术措施、各种作物单产等因素和参数。正是这些因素和参数综合决定了粮食作物的耕地面积、平均单产及总产。

二、中国的"地人平衡"问题

中国目前的形势是，人口基数大，人口惯性增长势头强劲。在坚持现行的计划生育政策的条件下，预计到2030年将达到16亿的人口高峰，然后逐渐回落。那么，从现在起直到2030年，中国就不得不为人口由13亿逐步增加到16亿而供应相应的土地及其产品，即在人口不断增加的条件下，被动地实现"地人平衡"这一艰巨任务。相比之下，加拿大、澳大利亚、俄罗斯、美国这些"人地比"相当低而且有进一步降低趋势的国家，就可从容不迫地遵循"以地定人"之路而进，以其充裕的土地更好地满足人口的需求。

下面举出中国人口高峰时期的粮食与耕地面积的有关数例，以说明"地人平衡"问题。

数例之一。《中国土地生产能力及人口承载量研究》[1] 课题组提供的研究成果如下（见该书第76—78页）：在粮食作物、经济作物和其他作物协调发展的情况下，以粮食作物播种面积21.21亿亩、占总播种面积的73.1%计算，经过科学测算，全国总计粮食作物平均播种面积产量为442.5公斤/亩，粮食理想生产量为93870万吨。经过土地质量订正后并除去油用豆，全国纯粮最大可能生产量为83000万吨。若分别按人均占有粮食600公斤、550公斤、500公斤计算，则在实现粮食最大

---

[1] 中国人民大学出版社1992年版。

可能生产量后,中国土地资源的人口承载量分别为13.8亿、15.1亿和16.6亿。

若2030年的粮食作物复种指数按150%计(1985年为145%),则21.21亿亩播种面积相当于14.14亿亩粮食耕地;若粮食耕地面积占全部耕地的73%,则全部耕地面积应为19.36亿亩。而据国土资源部2001年国土资源公报,当年全国耕地保有量仅为19.14亿亩,那么,在今后29年内就不得不努力开辟耕地来源了。

数例之二。苗复春、唐忠:《国以"食"为天》[①]提供的研究成果如下(见该书第2章):一般认为,到2030年中国人口将接近或达到16亿左右,此后可能实现人口的零增长或负增长。预计到2030年中国粮食播种面积可维持10800亿公顷(1995年为10987亿公顷),粮食总产量将达到7300亿公斤,人均占有450公斤。同样按复种指数为150%,粮食耕地面积占全部耕地面积的73%计算,则需耕地总面积为14.79亿亩。按此标准与2001年全国耕地保有量相比较,则"剩余耕地"可达到4.35亿亩。

向读者提供中国"地人平衡"的具体、准确的数据,并不是本书的任务。以上所举,只不过是说明关于"地人平衡"问题的研究,既要在基本理论上给出方向,又要在具体数据上求出比较准确的答案。

在保障"地人平衡"的耕地面积确定之后所剩余的土地面积,就是"剩余土地",即可用于林、牧、副、渔业及非农业部门的土地。在"剩余土地"的范围之内,也存在一个供求平衡的问题。前者可称为土地供求的"一级平衡",而后者则可称为土地供求的"二级平衡",二者都是不可或缺的。

---

① 广西师范大学出版社1998年版。

第四节 现阶段中国土地资源管理的基本政策与耕地占补平衡制度

一、现阶段中国土地资源管理的基本政策

中国虽然地大物博，但因人口众多，土地资源供求矛盾极其突出，可持续利用的任务艰巨。面对这一严峻的客观情况，提出一个全面而系统的、有针对性的政策以指导实际，便具有极其关键性的意义。1998年九届全国人大常委会第四次会议修订的《中华人民共和国土地管理法》，对于这一问题给出了全面、深刻的回答。下面根据笔者对于该法主要相关条文及其他相关文献的理解，对于现阶段中国土地资源管理的基本政策略加阐述。

十分珍惜、合理利用土地和切实保护耕地是中国的基本国策。这一基本国策就是现阶段保障中国土地资源供求平衡与可持续利用的基本政策，亦即现阶段中国土地资源管理的基本政策。为了落实这一基本政策设计了三大基本制度，即土地用途管制制度、占用耕地补偿制度和基本农田保护制度。其中的土地用途管制制度是指，将全国土地按其基本用途划分为农用地、建设用地和未利用地三大类；对于农用地严格加以保护，严格限制农用地转为建设用地，严格控制建设用地总量；对于建设用地供应，区别利弊、轻重、缓急，分别予以保证、限制、禁止。其中的占用耕地补偿制度是指，根据严格控制耕地转为非耕地的精神，按照"占多少，垦多少"的原则，由占用耕地的单位负责开垦与所占耕地的数量和质量相当的耕地。其中的基本农田保护制度是指，将全部耕地中的80%以上的部分（含粮、棉、油、蔬菜生产基地，农业教学、科研试验田，具有良好的水利与水土保持设施的耕地，等等）划入基本农

田保护区,不经国务院批准不得征用作为建设用地。

　　落实三大基本制度的基本手段是土地利用总体规划,这是各级人民政府都必须编制的。通过各级土地利用总体规划,可把严格控制建设用地总量、严格限制农地转用等方面的政策化为可操作的举措,可把关于土地用途管制、耕地占补平衡、基本农田保护等方面的要求,在时间、空间、数量、质量等方面加以落实。在土地利用总体规划中,最主要的限制性指标是建设用地总量——地方各级人民政府编制的土地利用总体规划中的建设用地总量不得超过上一级土地利用总体规划中的控制量;最主要的保障性指标是耕地保有总量——不得低于相应的控制量。

　　为了使土地利用总体规划得以落实,还需要相关的规划与之相配合和衔接,其中最主要的是城市总体规划、村庄和集镇规划,否则土地利用总体规划很可能被架空或冲淡。关键是,城市、村庄、集镇规划中的建设用地规模,不得突破土地利用总体规划为之确定的控制量。

　　土地利用总体规划属于长期计划(5—10年),其指标的落实还必须依靠逐年编制和执行的土地利用年度计划。在编制土地利用年度计划时,除了以土地利用总体规划为依据以外,还要符合国民经济和社会发展计划、国家产业政策以及建设用地和土地利用的实际情况。

　　由以上所述可知,现阶段中国土地资源管理的基本政策的结构大体如下:基本国策—三大基本制度—落实基本制度的基本手段(土地利用总体规划)—主要控制指标(建设用地总量、耕地保有总量)—土地利用总体规划的逐年落实(土地利用年度计划)。这样,便形成了一个抽象与具体、一般与个别、长期与短期相结合的完整而系统的中国土地资源管理的政策体系。这一体系是经过十多年的艰辛探索,汲取了正反两方面的经验和教训,进行了千锤百炼之后而形成的具有中国特色的行为规范之一,来之不易,弥足珍贵!

二、现阶段中国耕地占补平衡制度[①]

如上所述,占用耕地补偿制度是落实土地资源管理基本政策的三大基本制度之一,而这一制度的核心内容即耕地占补平衡;换言之,占用耕地补偿制度具体表现为耕地占补平衡制度。

中国政府推行耕地占补平衡制度,完全是从中国的实际情况出发的,应当得到人们的充分重视。这一制度的基本含义包括两个方面:一方面是中国耕地资源不足,占用耕地必须精打细算,力求节约;另一方面是,一旦占用之后,就应当按质、按量补足,做到占补平衡。从总体上来看,只有做到了占补平衡,到2030年中国人口达到最高峰之时,耕地总量方可保障16亿人对于农产品的基本需要。从而,推行耕地占补平衡制度是具有重大战略意义的。

耕地占补平衡制度的基本内容和基本要求如下:

第一,要强化占补结合思想,力争占补挂钩。一方面,要严格执行土地用途管制制度,依据土地利用规划和计划,严格控制新增建设用地,尽可能不占或少占耕地;另一方面,特别要进行反向思考,即在占用耕地之前,首先要考虑到其补充的来源,以便做到以补定占。为此,要推行耕地储备制度,建立耕地储备库,力争做到先补后占;暂时无力建立耕地储备库之地,则应从土地开发整理复垦项目库之中选取可落实的项目与新增建设项目挂钩。

第二,要注意农村建设、小城镇建设用地的节约,改善全国耕地占补平衡的资源条件。主要包括:鼓励和引导农民居住向中心村、小城镇集中,农村工业向工业园区集中,并将其原占土地复垦为耕地;可按各

---

① 本部分的主要依据是中华人民共和国国土资源部的两个文件:《关于加强耕地保护促进经济发展若干政策措施的通知》(2000年12月17日)和《关于进一步加强和改进耕地占补平衡工作的通知》(2001年11月28日),但笔者在写作时有所取舍,有所发挥。

地自筹资金进行农用土地整理而净增的耕地面积的一定百分比计算,增加其建设用地指标以资鼓励;对国家和省级试点的小城镇,可单列编报下达一定数量的建设占用耕地周转指标,并要求小城镇拆旧建新之后所复垦的耕地面积大于其占用的耕地面积。

第三,改善耕地占补平衡的管理工作,保障优质高效运转。其中主要包括:采取有力措施,保障新补耕地质量(如采用"客土法"用原耕地表土改良新增耕地等);严格监管耕地的易地补充,不使落空;强化补充耕地费用的征集、保管和使用,做到专款专用,避免流失,精打细算,提高实效。

第五章　土地区位经济

第一节　土地区位经济概述

一、土地区位经济的含义与重要性

本书所说的"区位"（location）有两个含义，其一是指位置、场所，其二是指定位、布局。对于区位、场所、布局等概念，本书根据实际情况灵活使用。其大者涉及区域、流域、城市等等，其小者涉及街区、宗地等等。"土地区位"既指土地资源所处的位置或场所，也指土地利用项目在空间上的定位或布局。此外，人们还免不了要使用"区位单位"这一概念，它是指利用土地的主体即土地区位主体。这一主体中的大者有一个经济开发区、一个经济流域、一座城市之类，小者有一项工程、一座建筑物之类。因此，从布局的意义上说，土地区位的实质，就是指区位单位的布局。就此观之，土地实际上是区位的客体。

"土地区位经济"是指土地区位方面的经济问题。土地区位经济的性质是生产力问题，但是也会涉及生产关系问题。例如，相邻区位单位之间的关系问题、局部与全局之间的关系问题，等等。不同的区位具有不同的自然、经济、社会条件，相应地具有不同的经济效益，会形成不同的区位优势或区位劣势。因此，区位的差别往往就意味着由地理坐标所标志的经济效益差别。不言而喻,正确地选择和确定区位,对于任何经济部门和单位来说,都是极其重要的。

二、土地区位因素

土地区位因素是决定土地利用布局和决定土地区位效益的全部因素的总和,包括自然因素、经济因素、技术因素、社会因素、组织因素等五个方面。其中的自然因素可依据其存在的状况划分为普遍性因素(如灰、沙、石、黏土等建材,以及空气、水等物质,到处皆有)、区域性因素(指具有区域性差别的因素,如地貌、气候、植被、土壤、水利资源等等)以及限制性因素(指仅特定地区具有的因素,如矿藏、特种作物生长区、特殊景观等等)。其中的经济因素主要是运输因素、劳动力因素、市场因素等。在各种因素中自然因素往往是决定经济区位的最重要因素。例如,农业布局主要取决于土壤、地势、气候等因素;交通布局往往在很大程度上依赖于地势、河流、港湾;工业布局往往依赖于原料产地和受制于自然条件的运输状况。至于经济、技术等因素则可在很大程度上改造和弥补自然条件,使之适合于布局的需要,而地租的高低,往往是各种区位因素状况的综合反映。

对于土地区位因素,还可从其他的角度进行具体分类。例如,对于工业土地区位而言,[①] 首先,按各要素对于各个工业部门布局是否具有普遍影响,划分为一般因素和特殊因素。例如,运输成本、劳动成本对于各个工业部门均有影响,可称为一般因素;而原料易腐性、空气湿度等因素则只对机械工业产生影响,只是特殊因素。其次,在此基础上,要区别影响区域分布因素和影响集聚或分散因素——无论

---

① 参见〔德〕A. 韦伯著:《工业区位论》,商务印书馆1997年版,第1章。

是一般因素还是特殊因素都应该作这种区分。前者是指能够牵引某一工业部门到某一区位的因素，后者则是完全独立于地理因素的一般工业聚散因素，例如为了取得规模经济而集聚，因规模过大而分散之类。最后，要区别自然、技术因素和社会、文化因素；这主要是由于，社会、文化因素不能从根本上改变自然因素、技术因素的运行规律和工业区位。

对于土地区位因素也可从另一个角度加以区分，即"本地区的内部投入"与"本地区的内部需求"、"外部输入的投入"与"外部的需求"等因素。其中，"本地区的内部投入"是指该地区难以从他处获得的原料、服务等，若从本地区内可充分获得，则意味着区位条件为优，反之则劣。水源即是一例，若不能从外部获得水源，就只有依赖本地水源了。"本地区的内部需求"是指，本地区的产品若不能外销，就只能依靠本地销售了。以粮食为例，若本地盛产玉米而外销不畅，则玉米的种植面积就主要取决于本地的需求量了。"外部输入的投入"指必须由外部供给或生产的投入（例如化肥、优良种子等等），以保证充分供应为最佳。"外部的需求"指可向外部销售的产品数量和纯收入，以销售量大、纯收入高为优。上述四方面因素的不同组合，从另一个角度反映了区位优势或区位劣势的状况。[①]

三、土地区位原则

指土地区位单位的选址、定位原则，即土地利用的布局原则，其主要内容是土地利用基本原则在土地区位方面的应用，但也具有独特内容。本书综合各家之说，列出以下九条原则：

①农业优先原则。其具体内容包括：凡可供农业使用的区位，一般

---

① 参见郝寿义等主编：《区域经济学》，经济科学出版社1999年版，第44—45页。

应优先用于发展农业生产；最适合于农业生产的区位，一般应坚决用于农业；经过改良后适合于农业的区位，尽可能用于农业。

②比较利益原则。即最低成本原则、趋优布局原则。其基本内容是，在各项用地中，选择经济效益相对最佳者。

③指向性原则。根据不同性质的企业、部门的指向性，分别将该企业、部门定位于原料集中地区、廉价劳动力集中地区或商品主要消费地区等。

④地区专门化与多样化相结合原则。专门化原则即地区分异原则，实行专门化是为了最大限度地发挥该地区的优势。在专门化的基础上实行经营项目的多样化则是为了更好地利用该地区的多种资源，而且也可使各部门、各行业互补、互济。

⑤相对均衡原则。指避免某种用地过分集中及其所带来的不利后果。例如，要避免因城市过大、专业生产区过大而产生的规模不经济。

⑥生态质量、环境质量最优原则。

⑦个体区位与群体区位相结合原则。指企业的布局不与专业区的布局相抵触，局部的区位经济效益不与全局的经济效益相抵触。

⑧多因素综合效益原则。指在布局时要考虑资本、劳力、技术、基础设施、通信、协作、市场等因素相结合的综合效益。

⑨市场区位与政府区位相结合的原则。指市场的自发布局与政府的有计划、有目的的布局相结合。

在市场经济中，上述九条原则中最根本的是比较利益原则即最低成本原则或最大利润原则。尽管在某些情况下，社会效益、生态效益会压倒经济效益，但这毕竟是局部的。

在G.怀特海德所著的《经济学》中列有"生产布局"（location of production）一章，这在一般经济学教科书中是罕见的，足见作者独具慧眼。该章列出了布局的九条原则，其中包括接近原材料资源和能源、接近市场和商业中心、接近劳动资源、交通便利等,而且在该章小结中指出,产业应当布局在生产成本最低的地方。[①]

四、土地区位的趋优利用

这里所说的土地区位趋优利用是对上文提到的比较利益原则在广义上的展开。其主要含义包括两个方面。其一是指某一区位土地的最佳利用——一般指经济效益上的"最佳",也指生态效益与社会效益上的"最佳";其二是指某一土地利用项目在某一区位土地上较之所有其他区位土地,取得的效益为最佳。在以上二者中,前者着眼于土地本身区位效益的发挥,例如对于在自然条件上最适合于发展某种高产、优质农作物的某一区位的土地,如何做到地尽其力;后者则是着眼于某一种或某一类建设项目如何在定位上取得最高的经济收益,达到最高的投资回报率。以上二者,既可能是统一的,也可能是矛盾的。

影响土地区位趋优利用的因素,可分为区位因素和非区位因素两大类。

区位因素即狭义的区位因素,亦即直接决定于土地区位的因素。它一方面包括有利的、特定的自然资源因素如矿产、港湾、水力发电、娱乐(如海岸沙滩、滑雪场、垂钓场等等)、土壤与气候(如是否适合于发展特种经济作物)等资源,另一方面包括由土地区位所决定的运输因素,如在区位既定条件下的原料与产品的运输距离以及直接由此决定的运输时间、运输成本等等。

非区位因素包括硬件因素和软件因素。前者包括运输、能源、通信、环保、防灾、金融、教育、医疗、文化、体育、商服等方面的设施;后

---

① 参见〔英〕G. 怀特海德著:《经济学》,新华出版社 2000 年版,第 69—76 页。

者包括政治、法制、政策、管理、服务、人员等方面的稳定性、健全性、充裕性、高效性等等。这些因素之所以被称为非区位性因素,是由于它们并不是由土地的区位本身所决定的。

在市场经济中,土地区位的趋优利用意味着任何区位的土地都将在竞争中被"无形之手"推向经济效益最优的利用。至于生态、社会方面的趋优利用问题,便只有依靠"有形之手"的干预来解决了。

五、土地区位决策[①]

首先是区位决策单位的差异及其区位偏好问题。在现实生活中,区位决策单位多种多样,此处仅以居民和厂商为例。居民的收入、效用差异影响其居住的区位偏好——高收入阶层对于靠近聚集中心所带来的外部经济的评价较低,对于区位中心的倾向较弱,而对郊区大面积住宅则有所偏好;低收入阶层则恰恰相反。不同的厂商面临不同的约束条件,因而对聚集区的偏好不同。例如,劳动密集型厂商乐于靠近人口密集区位;大型加工企业则因占地面积较大而远离聚集中心;等等。

其次是区位因素的相对重要性与区位偏好问题。由区位因素的相对重要性所决定的区位决策差异,主要表现在区位指向上。例如:①生产要素供给指向:如炼油厂指向原油产地;纺织厂指向棉花集中产区;劳动密集型产业指向人口密集区;等等。②运输费用指向:一般厂商指向运输条件好、运输费用低的交通要道附近。③市场指向:如城市中的服务行业、小型企业等,必须靠近居民区才能生存和发展。④综合环境指向:如城市中的居住区位,往往指向交通、市容、商业、服务业、教育、休闲等方面的综合环境优良的地区。各种区位决策主体,在不同区

---

① 参见郝寿义等主编:《区域经济学》,经济科学出版社1999年版,第52—54页。

位指向引导下,既相互竞争又相互补充,共同决定了各个区位的布局状况——既有同质主体区位聚集,又有异质区位主体聚集。

六、地租与土地利用区位

地租的高低与土地区位具有直接关系。在此采用"抽象法",即把其他因素的作用略去,仅论述地租问题。

地租与土地利用区位的关系,主要表现在以下三个方面:

①城市产业依城市地租同心圆层圈的布局。城市地租以市中心为最高,向外则逐步递减,形成若干个地租同心圆层圈。在这些层圈中的产业布局,依其付租能力,由里向外大体上是:零售业、服务业与批发业、多层住宅(低收入阶层住宅)、别墅(高收入阶层住宅)。

②城郊农业依城郊同心圆层圈的布局。以生产本城市需要的农产品为主的城市周边土地,也由里向外形成若干个同心圆,其地租由高到低逐步递减。依其付租能力,各产业布局大体上是:蔬菜业、乳蛋业、一般农业,其集约化水平是由高到低。

③在宏观范围内,产业依地租的区位差别而布局。例如,大城市的地租高,但可吸引付租能力高的产业和单位,如高科技产业、大型和高级商业、服务业、金融业单位等等。中小城市地租低,则可吸引中低等科技水平的产业和中小型工商业等。从另一个角度说,交通便利、物产丰富、人口密集的繁华地区,尽管地租水平高,但对于付租能力高的行业和单位仍有吸引力,而不繁华地区尽管条件差,但是其地租低一点,对于付租能力低的产业和单位则是具有吸引力的。

概括而言,优劣不同的区位,地租水平的高低不同,相应地吸引着付租能力不同的行业和单位,各得其所。

由于区位不同,地形、地势及其他自然条件的不同而形成的不同地租,从地租理论上来看,属于级差地租Ⅰ;而由交通、电信等基础设施的差别而形成的不同等级的地租则属于级差地租Ⅱ。

在土地利用区位中还存在着"竞争地租"(bid rent)[①]这一概念。这一概念可以说是在土地区位经济中使用的专门性概念。它是指,在竞相对某一区位的土地取得实际使用权的竞争中,该区位的土地可能或必然取得的最高地租额。换言之,这种地租是在竞争之中体现出来的,在市场经济中是不以人们的意志为转移的,只有在竞争中出价最高者才能够取得该地的使用权。上文所说的地租层圈,就是竞争地租层圈。竞争地租的实质,主要是由土地区位所决定的级差地租Ⅰ,但是也不可避免地包括因投资而形成的级差地租Ⅱ。

以城市及其郊区为例,竞争地租层圈及土地利用区位可用图表示(见图5-1)。

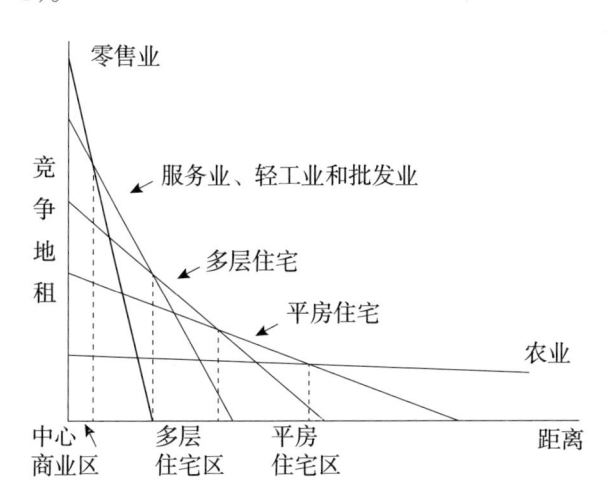

图5-1 竞争地租层圈及土地利用区位示意

资料来源:摘自中国社会科学院城乡建设经济系编:《城市经济学》,经济科学出版社1999年版,第214页,略有改动。

---

① 也可译为"招标地租""竞标地租"。

第二节　农业区位理论

一、杜能的农业区位论

杜能(Johann Heinrich von Thünen, 1783—1850)为德国学者,于1826年出版了《孤立国同农业和国民经济的关系》(中文简称《孤立国》)一书,提出了农业区位论,为整个土地区位经济论的嚆矢。杜能的区位论被后人视为农业区位方面的古典理论,不仅对于他所处的时代的农业区位的实践发挥了重要的指导作用,而且对于整个土地区位经济的理论和实践,都具有难以估量的影响,至今仍然熠熠生辉。

杜能采取的是"孤立化"的研究方法,即将影响农业区位的纷纭复杂的种种条件加以简化、标准化,然后分析在这种条件下的农业区位问题。为此,杜能提出了以下假定作为前提:①有一个巨大的城市,坐落在沃野平原的中央;离城市最远的平原四周,是未经开垦的荒野,与外界完全隔绝。因此,杜能把这一城市及其周围的平原称作"孤立国"。②这座唯一的城市,是非农产品的提供者,而且供应整个"孤立国"所需的金属和食盐的矿山和盐场位于城市附近;城市所需要的食品、薪柴、木材则完全仰赖于四周的土地;③境内的土地都适合于耕作,土地肥力始终处于稳定状态;除了近郊区以外,全境肥力无差别;全境的农业经营都是合理的。④境内的交通条件完全一致,没有通航的河流和运河,唯一的交通工具是马车,运费与距离的远近成正比。[①] 杜能指出,实际的国家与"孤立国"有重大的差别:例如在幅员广阔的国家中,除了巨大的首都以外,还有许多较小的城市分布于全国;实际上不存在土

[①] 参见〔德〕J.H.杜能著:《孤立国同农业和国民经济的关系》,商务印书馆1997年版,第19、111页。

地肥力到处相等、物理性质完全相同的国家;等等。但是,杜能指出:"这种理想的设计与我们进行物理学和农业实验中所应用的方法相类似,都是只增加单独一种欲加研究的因素的量,而对其他因素暂时考虑不变。"[①]

杜能在实质上认为,"孤立国"农业经营以牟取最高的纯收益(其中包括资本利润和地租)为目标。杜能关于农业经营纯收益的观点,可通过下式加以分析:$N=P-(C+T)$,其中 N 为纯收益,P 为农产品市场价格,C 为农业生产成本,T 为农产品从产地到市场的运费。经过移项可得:$P-C=N+T$。杜能假定某一种农产品的价格(P)和成本(C)均为常数,则 $P-C$ 与 $N+T$ 亦均为常数,而且纯收益(N)的高低完全取决于运费(T)的高低——运费低时纯收益高,运费高时纯收益低。因此,"孤立国"农业生产的区位便完全取决于不同农产品运往城市的运费。[②] 杜能指出,一般而言,近郊区应该种植这样的产品:相对于其价格来说是笨重而体积大的,往城市运输费用很大,从远地供应这些产品不合算;易于腐烂,必须趁鲜消费的产品。而离城市远的地方,则生产相对于其价格而言,只要求较少的运输费的产品。[③]

在上述基础上,杜能设计了围绕平原中央城市的六个同心圆圈境,分别发展不同的农业部门:

第一圈境——自由农作圈境。本圈境首先发展精美的园圃蔬菜和果品,如菜花、草莓、生菜等等,它们经不起长途运输,只能在极鲜嫩时小批量出售,所以要在近郊区生产。其次,本圈境发展鲜奶生产,因为

---

① 参见〔德〕J.H.杜能著:《孤立国同农业和国民经济的关系》,商务印书馆 1997 年版,第 328 页。
② 参见周起业编著:《西方生产布局学原理》,中国人民大学出版社 1987 年版,第 103—104 页。
③ 参见〔德〕J.H.杜能著:《孤立国同农业和国民经济的关系》,商务印书馆 1997 年版,第 19—21 页。

它容易腐败，也不宜远运。为了节约土地，对奶牛实行舍饲；还生产干草、麦秸等供奶牛之用。最后，本圈境的外层主要生产作为主食的马铃薯、番薯、圆白菜、萝卜等蔬菜，以及作为奶牛饲料的苜蓿等。本圈境土地的这种区位利用，主要是考虑到单位面积重量大、运费高、易腐烂、不宜远途运输等因素。在本圈境中没有休闲、荒芜的土地，其原因有二：其一，本圈境的地租太高，不允许土地闲置；其二，本圈境靠近城市，肥料来源充足，土地虽然不休养生息，也不影响地力和产量。在本圈境中"作物的种植将轮流交替进行，以求种植每种作物在土地上获利相等……这种情况也就是所谓自由农作，自由农作就是作物的更换种植不按预定的计划进行"①。

第二圈境——林业圈境。在杜能所处的年代，城市居民以木柴、木炭为主要燃料，对木材的需要量也相当大。考虑到以马车运输这些林产品的运量低而这些林产品的单位重量价格低，长途运输会使单位重量的运费大大提高，因而林业应当配置在城市附近。但是，由于紧靠城市的第一圈境的地租水平高，而林业提供地租的能力低，与蔬菜、鲜奶等无法相比，从而配置在第二圈境最为恰当。

第三圈境——轮栽作物制圈境。本圈境以经营谷物、马铃薯、肉用畜牧业为主，其产品便于运输、不易腐败，牲畜则可驱赶入城。本圈境距离城市已较远，不易得到城市肥料；为保持地力，不得不实行分区轮作。杜能的设计是实行六区轮作，即马铃薯、燕麦、苜蓿、黑麦、野豌豆、黑麦循环种植。其中，马铃薯、黑麦作主食，燕麦主要作饲料，苜蓿和野豌豆既作饲料也作绿肥。

第四圈境——轮作休闲制圈境。本圈境的经营项目与上一圈基本

---

① 参见〔德〕J.H.杜能著：《孤立国同农业和国民经济的关系》，商务印书馆1997年版，第22页。

相同，但较前者粗放。本圈在轮作中增加了牧草的比重而且出现了休闲地，畜牧业的比重明显增大。本圈实行七区轮作，各区分别为黑麦、大麦、燕麦、牧草、牧草、牧草、休闲。显然，在轮作中增加牧草与安排休闲，都是为了保持和恢复地力。此区的经营集约度、单位面积收入和利润均降低，但农户经营的面积增大，运费低，地租水平也低，因而农民的收入水平并不会显著降低。

第五圈境——三圃农作制圈境。此圈境距离城市很远，运费很高，但地租低而且依靠广种薄收可降低产品成本以弥补运费的开支。此区实行更加粗放的轮作制——三圃制，即黑麦、燕麦、休闲各占三分之一，逐年轮换。①

第六圈境——畜牧业圈境。此圈境距离城市已经非常远，运费畸高，已不可能向城市提供商品粮食，而只能是在粮食上自给自足。土地主要用于放牧或种植牧草，主要生产牲畜、黄油、乳酪等。其中，活畜可驱赶至城市，奶制品的运费则相对比较低。此外，杜能还指出，在畜牧业圈境中用黑麦酿酒运往城市销售是可行的——不仅其成本在整个"孤立国"中是最低的，而且酒的运费也较低，酒糟还可成为牲畜饲料。

畜牧业圈境以外的土地已无任何开发价值，成为零地租土地或边际土地。在这里还会有一些猎人散居其中，他们与城市的唯一交往是以兽皮换取少量的必需品。再向外便是荒无人烟的原野了。

以上便是按照杜能的假定条件而必然会形成的农业区位的概貌。只要条件发生变化，农业区位的面貌必然随之而变化。杜能本人就对此加以举例说明：如果"孤立国"有一条通航的河流贯穿全境，而且水运的费用为陆运的十分之一，那么，实行轮栽作物制的圈境便会变宽而

---

① 关于各种轮作制的具体论述，见上引书第 84—88 页。

且沿着河流一直延伸到"孤立国"的边境,而畜牧业圈境则有所收缩,在靠近河流的地方则完全消失。

后人将杜能的农业圈境设想加以具体化,将第六圈境的外缘至城市的距离设计为100英里并分别给出了每一圈境至城市的距离和每一圈境土地占整个"孤立国"土地的比重,从而使得杜能的农业区位理论更具实感(见表5-1)。

表5-1 对于杜能农业圈境与城市中心的距离及所占面积比例的设想

圈境	占孤立国面积(%)	与中心城市的距离(英里)	土地利用类型	主要上市产品	特征
城市	<0.1	<0.1	城市工业	工业制品	全国工业、贸易中心
自由农作	1	0.1—0.5	高度集约农业	牛奶、鲜菜	高度集约化经营
林业	3	0.6—3.5	林业	木材、薪柴	常年向城市供应林产品
轮作农业	3	3.6—4.6	集约农牧业	黑麦、土豆	六区轮作
谷草农作	30	4.7—34	粗放农牧业	黑麦、畜产品	七区轮作
三圃农作	25	35—44	极端粗放农牧业	畜产品、黑麦	三圃制
畜牧业	38	45—100	极端粗放牧业	畜产品	放养牲畜
荒野	—	>100	荒芜	无	少数猎人散居

资料来源:引自周起业编著:《西方生产布局学原理》,中国人民大学出版社1987年版,第108页,略有改动。

如何进一步从理论上对于杜能的土地区位论加深认识呢?在此不妨从地租的角度给予回答。杜能认为,运到城市的谷物的价格是由距离城市最远、位置最差的第五圈的生产成本和运输费用所决定的,第一圈、第二圈、第三圈、第四圈的区位优于第五圈而按统一的价格出售谷物，便会取得地租而第五圈已得不到地租；"如果谷物的消费增长，则现有的耕地不再能满足城市的需求，而市场供应不足将会引起价格上涨。价格的上涨使最远的、历来没有地租的田庄获得盈余，产生地租"[1]。显然，从地租的角度来看，杜能所认识到的地租是级差地租Ⅰ中的一种形式（即土地位置较优形成的较高的土地收益转化而成的地租），而且不包括绝对地租。尽管从地租学说史的角度来看杜能对于级差地租Ⅰ的观察和分析是占有一定位置的，但毕竟是不足的。因此，不妨从整个地租（含绝对地租和由土地位置所决定的级差地租Ⅰ）的角度，对于杜能的土地区位论予以分析。

这样，即可对杜能的农业区位理论给出如下概括：①农业部门的区位主要取决于单位面积提供地租量的高低——高者可靠近地租水平高的中心市场地区，低者只能趋向于地租低的边远地区，中间者则处于中间地区。②在运输条件落后（在杜能时代只能依靠马车运输）、运输距离近、运费高的条件下，单位面积地租量的制约因素为单位面积纯收益与单位面积运费。③当不考虑单位面积纯收益时，则单位面积提供地租的高低完全取决于单位面积运费的高低，而单位面积运费则取决于单位面积产量，从而，单位面积产量高的农业生产部门（尤其是其中不耐储存的蔬菜、鲜奶等）应当靠近中心市场，而单位面积产量低者（如粮食）可适当远离中心市场。④当不考虑运输费时，则单位面积提供地租的能力完全取决于单位面积纯收益的高低，而单位面积纯收益的高低则取决于单产、价格和成本。⑤综合而言，可用下列公式表明地租（即竞争地租）与土地区位的具体关系。现假设某种农产品布局在围绕销售市场一定距离的圈境内，求其距市场中心的最远边缘（公里数），见公式（5-1）。

---

[1] 参见〔德〕J.H.杜能著：《孤立国同农业和国民经济的关系》，商务印书馆1997年版，第189—190页。

$$r(d)=q[p-c-t(d)] \qquad 公式(5-1)①$$

其中：$r(d)$——每亩地租额（元）

q——每亩产量（公斤）

p——每公斤价格（元）

c——每公斤成本（元）

$t(d)$——每公斤产品运输到 d 公里以外的市场所需运费（元）

一种作物距市场中心的最远边缘即该种作物地租为零之地，由此可得：

$$q[p-c-t(d)]=0 \qquad 公式(5-2)$$

由公式（5-2）可推导出：

$$d=(qp-qc)/qt=(p-c)/t \qquad 公式(5-3)$$

其中的 d，即为所要求的距离。由公式（5-3）不难看出，d 值与 p 值成正相关而与 c 值和 t 值成负相关。换言之，当农产品价格提高时，该种作物的布局半径可增大，反之则缩小；当农产品成本降低以及农产品运输费用降低时亦然。在此，起决定性作用的是运输费用。

二、现代农业区位理论

现代农业区位理论是在杜能区位理论基础上发展起来的，它与杜能理论的基本区别可归纳为以下三点：

①所依据的运输条件不同。在杜能所处的时代，运输条件极其落后，运输能力、运输费对于农业区位具有巨大的制约作用；而在现代，由于运输条件大大改变，运输能力大大提高，而运输费用大大降低，从而使得农业区位理论产生了相应的变化。如果说杜能的农业区位理论属于古老运输条件时代的理论，则现代农业区位理论属于现代运输条

---

① 公式及其分析，参见〔加〕M.歌德伯戈等著：《城市土地经济学》，中国人民大学出版社 1990 年版，第 46—56 页。

件时代的理论。

②所涉及的空间范围不同。杜能理论是适用于以城市为中心、在城郊配置农地圈境的理论,是在小范围内配置农业的理论;而现代农业区位理论则完全突破了以城市为中心的、圈境式的藩篱,是在广大空间范围内进行农地配置的理论——它可应用于整个经济区甚至适用于国际农业区域配置。

③对于自然条件的态度不同。杜能理论是以各个地区的自然条件无差别为前提的,从而是不考虑农业区位自然条件差别的;而现代农业区位理论则与其完全相反——充分考虑各个区位的自然条件的差别,主张要充分而合理地利用有利的自然条件,合理确定农业区位。

不过,如果因此而认为杜能的农业区位理论为"农业圈理论"而现代农业区位理论为"农业地区专业化理论",或者认为前者为"农业布局理论"而后者为"农业生产专业化理论",则都是不正确的。之所以如此,是因为农业圈境理论、农业布局理论、农业专业化理论等等,无非是对于同一方面和性质的理论的不同表述而已。

与此相联系的问题是,在现代农业区位中,公式(5-1)是否依然发挥作用?回答当然是肯定的。不过,公式中的地租$r(d)$应改为纯收益(R),即总收益减去一般成本与运费之后的余额,其中包括资本利润和地租在内。这一改动意味着,在现代市场经济中,农地的区位归根到底取决于单位面积纯收益的高低。

第三节 工业区位理论

一、韦伯的工业区位理论

德国经济学家韦伯(Alfred Weber,1868—1958)于1909年出版

了《工业区位论》(Theory of the Location of Industry)一书①,是继杜能的《孤立国》一书之后关于土地区位的第二本经典性著作,有必要加以简要评介。

(一) 一般区位因素理论

与杜能相同,韦伯也是采用"孤立化"的研究方法,其目的在于探索一般区位理论、一般区位规律、一般区位规则,它们是"建立在控制工业的一般的、区域性的区位因素知识的基础之上的"②。

韦伯把对于区位发生作用的因素称为"区位因素",把区位因素作用的对象称为"区位单元",把区位因素区分为"一般区位因素"和"特殊区位因素"。一般区位因素包括运输成本、劳动力成本、地租等,是对于一切工业都发生影响的因素;至于原料易腐性、空气湿度、对淡水的依赖等等都只是对于特定的工业发生影响的因素,因而是特殊区位因素。所有区位因素,无论是一般的还是特殊的,都可进一步区分为"区域性因素"和"集聚性因素"。前者是指能够将工业引导到地球表面某些地方的因素;后者是指影响工业集聚或分散状况的因素。韦伯指出:"如果工业受运输成本或劳动成本的地理差异之影响而被引向严格限定的地理位置上,……以这样方式运作的因素就是区位的区域性因素。然而,假如工业由于集聚本身导致价格下降而向一定点集合,无论是为了更经济地利用设备,还是仅仅依靠某地固有的补充贸易之优势,或者假如工业从地租昂贵的拥挤地方让位出来;或者在地理网络中,按照完全独立于地理的一定的一般规则集聚或分散工业,那么以这样的方式作用的因素就称为集聚或分散因素。"③此外,从另一个角度,还可把区位因素区别为自然因素(如各地的运输成本的差异与空间位

---

① 原名为《工业区位纯理论》,中文版系依据芝加哥大学出版社 1965 年英文版改用现名。
② 〔德〕A.韦伯著:《工业区位论》,商务印书馆 1997 年版,第 37 页。
③ 同上书,第 34 页。

置和气候条件有关)、技术因素和社会文化因素(如不同地区劳动力的素质不同、利率不同)。

韦伯对于区域性因素的分析是通过对于成本因素的分析而进行的;之所以如此,是由于成本总是因区位而异的。因此,"'区位因素'就是'成本优势'。成本优势取决于工业所在的位置,并因此可吸引工业的选址"①,为此应当寻找因区位而异的成本因素。韦伯将成本因素划分为以下七类:地皮成本,建筑物、机器及其他固定资本的成本,获取原料、动力、燃料的成本,劳动力成本,运输成本,利率,固定资产折旧率。韦伯认为,在上述七类因素中,只有获取原料、动力、燃料的成本,劳动力成本以及运输成本等三个因素为区域性因素即因地而异的因素。至于地价,韦伯认为它对于农业区位的选择是一个十分重要的参数,但对于工业区位选择来说,就无足轻重了,因为地价对于工业产品价格的影响甚微。因此,韦伯只是把地价看作集聚因素而不看作区域性因素。②为了进一步简化起见,韦伯将原料等的成本差异通过运输成本的差异来加以表达,即将原料等成本的差异视同运输成本的差异对待,从而将影响工业区位的三个区域性因素缩减为两个因素。这样,便可"建立一个完整的一般区位因素抽象体系及其力学理论"③。

韦伯的工业区位理论的基本框架如下:①假设所有的孤立的工业生产单位,在一开始就自然而然地被拉往运输成本最有优势的地点。这一步骤可建立工业指向的基本网络,它是由运输成本建立的,即形成了由运输成本所建立的工业基本指向。②第二个区域性因素——劳动力成本的差异,是改变上述基本网络的第一个力量,它可使基本网络变

---

① 〔德〕A. 韦伯著:《工业区位论》,商务印书馆1997年版,第37页。
② 同上书,第42—43页。笔者认为,在城市之间以及城市中,区位的差异对于地价的影响是巨大的,从而地价是布局中不可忽略的因素之一,只是不如原料成本、劳动力成本、运输成本那样突出而已。
③ 同上书,第45页。

形。③集聚因素是改变上述基本网络的第二个因素,也可使基本网络变形,使其移动到一些"集聚点"上。简言之,运输成本、劳动力成本和集聚因素,是决定工业区位的基本因素,三者相互联系、相互制约,综合地决定工业区位,这就是韦氏一般区位因素理论的基本内容。

在采用"孤立化"的研究方法时,总是要提出假设性条件。韦伯为了分析工业区位指向所提出的最主要、最基本的假设条件为以下三点:原料(含动力、燃料)的供应基地是既定的;消费地也是既定的;劳动力供应充分,不存在劳动力在各地之间的流动问题,而且各个工业部门的工资是一致的,不会出现劳动力在各个工业部门之间的流动问题。此外尚有一些具体的假定条件,会伴随相关的论述自然而然地提到。

在上述理论框架和假设条件的前提下,即可探索工业区位的运输指向、劳动力指向和总体指向等问题了。

(二)工业区位的运输指向

讨论工业区位的运输指向问题,从对于运输成本的分析开始,而分析运输成本的前提则是假定全部运输均由铁路承担。韦伯指出,决定运输成本的基本因素为运载重量和运载距离,其他因素都可转化为这两个因素。首先是运输系统的类型和使用范围因素。这一因素的不同会造成不同的运价,其中一些可转化为距离,即较高、较低的运价可折算为运输距离的延长或缩短;另一些则可转化为运载量——如整车运输的价格低而零担运输的价格高,则后者可转化为运载量,即零担运输的较高的运费意味着运量的增加。其次是地区的自然状况因素。这一因素的不同对路基有影响,影响筑路成本并影响运营成本,具体表现为吨公里运输成本的增加或减少,最终可通过运距的延长或缩短而得以体现。最后是货物本身特殊属性因素,即除重量以外的因素。其中,体积大的货物,因占用较大空间而提高每吨运价,可折合为运量的增加;体积小而价值高的货物,因占用空间小而降低运价,则可折合为运量的减少。

显然，经过这样的折合之后，凡是涉及运输成本的问题，都可简化为运载重量和运载距离并可进一步以吨公里成本表示，而且当假设吨公里成本为一定时，则可直接用吨公里表示，从而使得相关的分析工作大为简化。

在运输成本的分析方法解决之后，在工业区位的运输指向问题中，紧接着碰到的是原料的分布状况。在这里需要解决的问题是，把千姿百态的原料分布状况加以梳理，寻出头绪。为此，韦伯从运输的角度将原料分为两类：一类为"广布原料"，另一类为"地方原料"。广布原料包括空气、水、沙子、石头、黏土等等，广泛分布于各地，从而并不影响工业的区位指向；地方原料则仅仅分布于某些地区，从而影响工业的区位指向。地方原料中又可区分为"纯原料"与"失重原料"二类。前者是指其重量全部（或绝大部分）转移到成品中去的原料（如用于织布的棉花）；后者是指在生产过程中产生的残渣的比重比较大的原料（如用甜菜作为榨糖原料，其糖渣达到 7/8）。显然，前者不影响工业的区位的指向，而后者则反之。

为了判别在只有一个原料产地和一个消费地时，一种工业（或一个工厂）在区位上的指向性，韦伯特意创立了"原料指数"这一概念，如下式所示：

$$原料指数 = \frac{工业中耗用的地方原料的重量}{工业制成品的重量}$$

如果原料指数大于 1，表明它每生产 1 吨产品耗用的地方原料的重量超过 1 吨，意味着这种工业的区位是属于原料指向性的，指数越高越是如此（榨糖业最为典型）；如果原料指数小于 1，则表明它每生产 1 吨产品所耗用的地方原料的重量小于 1 吨，意味着这种工业的区位是属于消费地指向性的，指数越低越是如此（瓶装饮料业最为典型）。

与此同时,韦伯还创立了"区位重量"这一概念,如下式所示:

$$区位重量 = \frac{工业中耗用的地方原料的重量 + 制成品重量}{制成品重量}$$

$$= 1 + 原料指数$$

区位重量与原料指数具有相同的作用,也可用于分析工业区位的指向性:凡区位重量大于2的工业,均为原料指向性的;凡区位重量小于2的则为消费地指向性的;当原料指数为零时,区位重量为1,意味着所用原料全部为广布原料,因而原料地、生产地与消费地可合三为一。[①]

显然,上述分析方法对于单一原料产地和单一消费地的工业(或工厂)的区位确定来说,是简易而科学的,甚至可以说是难以取代的。然而,对于多个原料产地和多个消费地的工业区位确定来说,则是无能为力的。为此,韦伯采用了求取运输总量最小吨英里点的方法[②]以突破这一难关,笔者称之为"工业区位吨公里最小值确定法"("吨英里"为英制,"吨公里"为公制,故下文一律使用"吨公里")。下面通过在两个原料地、一个消费地的条件下,如何对生产地定位之例,对于这一方法的具体内容和分析步骤加以说明:

①将原料地、消费地、生产地四点用直线加以连接,形成区位图(见图 5-2)。在图 5-2 中,M_1 和 M_2 分别为第 1 种和第 2 种原料生产地,C 为消费地,P 为生产地,T 为运量(T-KM),PM_1、PM_2、PC 三条线分别代表原料与制成品的运量(T-KM)而不是代表距离,可称之为"运量线"。

②形象地说,区位图中的三条运量线分别代表不同的"拉力",形成对于 P 点的"争夺";最后,P 点落脚之处即生产地定位之处,亦即

[①] 参见刘再兴等著:《生产布局学原理》,中国人民大学出版社 1984 年版,第 32—33 页。

[②] 见〔德〕A. 韦伯著:《工业区位论》,商务印书馆 1997 年版,第 60 页。

原料、制成品运量总和最低之处。

③这一方法中的"吨公里最小值"可用下列公式表达[①]：

$$\min T_P = \min_{i=1}^{n} \sum W_i D_i \qquad 公式（5-4）$$

在上式中：$\min T_P$——最小吨公里之和

W_i——运量

D_i——距离

韦伯关于工业区位的运输指向理论的精华，尽如上述；虽然并非尽善尽美，但至今仍然光芒不减。

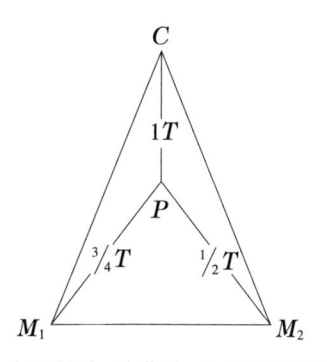

图5-2 由原料地、消费地、生产地形成的区位图

资料来源：摘自A.韦伯著：《工业区位论》，商务印书馆1997年版，第62页，略有改动。

（三）工业区位的劳动力指向

在韦伯的理论中，运费是决定工业区位的基本的、基础性的因素。在此基础上，区位的确定要受劳动力成本的修订。"区位远离最小运输成本点到有利的劳动力区位，这种变化对运输而言意味着一种偏差，即意味着运输距离的延长和运输成本的提高，……只有在新地点劳动力成本可能产生的节约比为此追加的运输成本大的情况下才可

---

① 参见周起业编著：《西方生产布局学原理》，中国人民大学出版社1987年版，第9—10页。

能发生。"[1]

在分析这一问题时,韦伯采用了劳动力成本指数这一新概念,如下式所示:

$$劳动力成本指数 = \frac{劳动力成本(马克)}{制成品重量(吨)}$$

劳动力成本指数即每吨制成品所包含的劳动费,其高低与通过节约劳动费来降低生产成本的可能性成正相关,即劳动力成本指数越高的产品,被吸引到劳动费水平低的地区的可能性越大,反之则小。不过,考虑到不同工业产品的原料指数会在不同程度上影响运输成本,仅仅考察劳动力成本指数是远远不够的,于是韦伯又设计了劳动力系数这一指标:"与给定工业区位重相联系的劳动力成本的量,我们称之为劳动力系数。"[2]

韦伯指出:"通过劳动力系数思考,我们能够描述整个工业指向的下列规则:因为工业的偏差依赖于其劳动力系数的大小,所以工业将集中在较少数劳动力区位之中,并且劳动力系数越高,依照劳动力指向的倾向就越强烈。"[3] 这就是说,劳动力系数越高的工业,可能偏离地方原料区位而移向劳动力成本低的区位的距离越远。

(四)小结

对于韦伯的工业区位理论,可剖析为以下三个组成部分:首先,以最低运输成本为核心,确定工业的基础性布局;其次,通过劳动力成本对于工业的基础性区位加以校正;最后,从规模经济的角度对于工业区位进行适度集聚与适度分散性的调整。[4] 这便是韦伯工业区位论的

---

[1] 〔德〕A. 韦伯著:《工业区位论》,商务印书馆1997年版,第98页。
[2] 同上书,第104页。
[3] 同上书,第106—107页。
[4] 土地规模经济问题将在本书第七章中论述,本章从略。

理论与方法的基本脉络。韦伯在"总体指向"一章中对于其理论体系作了高度概括:"假如我们从单个工业出发,然后,假如我们清楚地理解每一单个生产过程系列从消费地回到原材料地的最小运输成本点,并且,假如我们根据劳动力偏差和集聚的规则最终分析了这些单个生产过程彼此间的联系及其结成现代工业结构所代表的错综复杂的组织形态的方式,那么,我们就达到了对生产过程最终指向的完善的理论理解。"①

二、韦伯以后的工业区位理论

韦伯以后的学者对于工业区位理论不断给出补充和发展,这是很正常的。对此,略举几例。②

关于工业的消费地指向,除了其原料指数小于1以外,还要考虑其他一些值得重视的原因。例如:各种机器装配厂(如汽车装配厂、家具厂等),其原料指数等于1却具有很强的消费地指向性,是因为其零部件包装成箱时,体积小、便于运输,而成品的体积大、不便于运输;一些工厂(如面粉厂、面包厂等)的原料易于包装、保管和运输,而成品却反之;有些工厂(如电子产品装配厂等)的原料产地分散,而消费地则比较集中;有些工厂(如造纸厂、钢铁厂等)能够在消费区取得相当大量的衍生性原料(如废纸、废钢铁等);有些工厂(如小型服装加工厂、首饰厂、印刷厂等)需要经常直接与消费者打交道。

关于工业的原料指向,除了其原料指数大于1以外,还应当考虑其他一些不应忽视的因素。例如:有些工厂(如棉花打包厂等),尽管其原料加工之后不会减轻重量但是却能显著地缩小体积;有些工厂(如

---

① 〔德〕A. 韦伯著:《工业区位论》,商务印书馆1997年版,第181页。
② 参见周起业编著:《西方生产布局学原理》,中国人民大学出版社1987年版,第11—22页。

食品加工厂等),其原料易腐败且不便运输;有些工厂(如冶金机械制造厂、石油化工厂等)与其主要原料供应厂(如钢铁厂、炼油厂等)的关系十分紧密;等等。

关于工业的劳动力指向,要进一步探寻不同地区之间工资水平差别形成的原因,其中包括劳动效率、生活费用、民族等因素的地区差异。要深入研究工业各部门的劳动密集程度,借以判断不同工业部门指向廉价劳动力的程度。例如,研究表明,造船、纺织、服装、食品等工业为简单劳动密集型工业,电子元器件、仪表、首饰、高级服装、高级化妆品等工业为复杂劳动密集型工业。

此外,除了考察运输成本外,现代工业布局理论已日益重视工厂、工业的整体成本的比较和分析。

第四节 城镇区位[①]

城镇区位问题,实际上就是"城镇体系的空间网络结构"问题。它研究一个国家或地区城镇体系中的"点"(城镇)、"线"(交通线)和"面"(区域)三要素在空间上的组合关系。这是城镇体系中最具有综合性和变化性的部分。[②]克里斯塔勒和廖什的"中心地"理论,便是关于这方面理论的最杰出的代表。而且,关于"城镇体系规划的战略构想"问题[③],从本质上看也属于城镇区位问题,从而也可纳入本节。

一、克里斯塔勒与廖什的"中心地"理论

德国地理学家克里斯塔勒(Walter Christaller)在1933年出版的

---

① 城镇区位问题,既包括宏观方面即在一个国家或地区之中的城镇区位问题,又包括微观方面即在一个城镇内部不同用地的区位问题。本书仅论述前者而后者从略。
② 参见周一星著:《城市地理学》,商务印书馆1995年版,第320页。
③ 同上书,第415—417页。

《德国南部的中心地》一书中提出了"中心地"(central place)理论。这一理论,既是关于市场网络的理论,又是关于城镇区位的理论。它为揭示城镇与区域空间在经济上的依存关系,解释与构建城镇结构,提供了最基本、最系统的理论基础,具有重大的意义。中心地理论的要点是:①城镇是区域的"中心地"。在一定区域的范围内,必然会形成若干经济活动的中心地——城镇;城镇与周围地区形成相互依存、相互促进的关系。②不同等级的中心地的地位和作用不同。在一个大地区内,必然形成高中低(大中小)等级不等的中心地并构成中心地体系。在这一体系中,不同的中心地各自具有其地位和作用:高级中心地提供全面的、大量的、高级的商品和服务,低级中心地提供局部的、少量的、初级的商品和服务。这种差别是由不同中心地的区位所决定的。③不同等级的中心地在外形上互相衔接,而且在数量上和面积上具有密切关系。一方面,不同等级的中心地在边界上互相衔接而无空白,从而一般而言必然以六角形为基础;另一方面,在一个区域内,上一级中心地与下一级中心地的数量比例具有固定的系数 K。

因中心地体系性质之不同而 K 值不同:

①市场原则体系——$K=3$。这意味着,高一级中心地的市场面积是低一级中心地市场面积的 3 倍;每一个高级中心地除了自身之外还辖有两个低级中心地。这样的体系,可使各级市场区均保持正六边形,从而便于非常紧凑地把各个级别的商品和服务分别配置到不同的中心地,并且最适合于商品和服务的销售,因而称之为市场原则体系(见图 5-3)。

②交通原则体系——$K=4$。这种体系是根据便于各级中心地之间的交往的原则,将各级中心地的中心配置于交通线之上,从而使得一个上级中心区的面积相当于四个下级中心区的面积(图略,参见前引周起业书第 198 页)。

94　第二编　土地资源经济

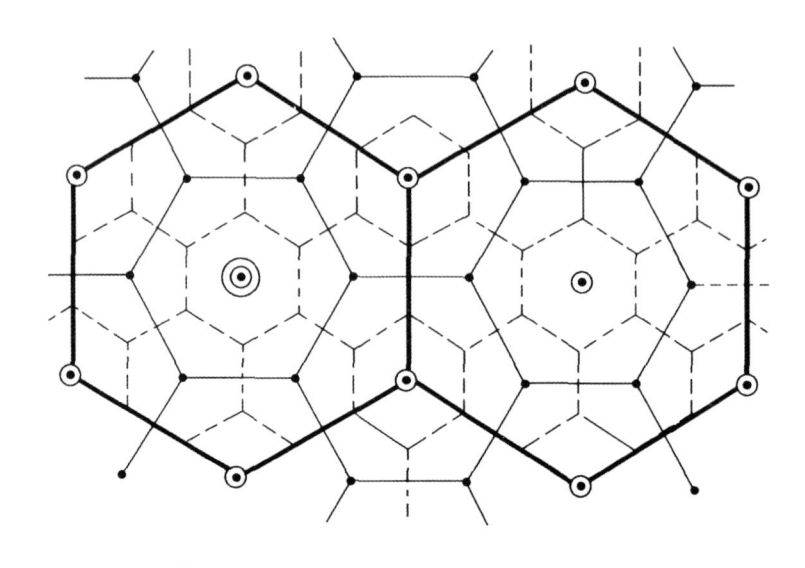

⊚ A级中心　　　——— A级市场区界线
⊙ B级中心　　　——— B级市场区界线
• C级中心　　　--- C级市场区界线

图5-3　按市场组织原则规划的城市网络系统

资料来源：摘自周起业编著：《西方生产布局学原理》，
中国人民大学出版社1987年版，第196页。

③行政原则体系——$K=7$。按照$K=3$和$K=4$的原则建立中心区体系的共同缺点是经济区与行政区的脱节，这使得经济区不可能兼行政区。而$K=7$的体系则是根据便于行政管理的原则而确立的。其布局是：在一个市场区的中央建立一个六边形的A级中心，再在六个边上各建立一个五角形的B级中心，然后再分别在其中依次建立五角形的C级中心和D级中心。如此，则与市场中心相适应的行政中心便会分别位于其所辖的下级行政中心的中央而便于行政管理（图略，参见前引周起业书第199页）。

德国经济学家廖什（August Losch）在1939年出版的《经济的空间

秩序》一书(1940年第二版更名为《经济区位论》)中提出了市场区位理论,是对克氏理论的继承和发展。廖什接受了克氏的六边形的市场区理论,但作了重大的修改和补充。廖什区分了富裕区与贫穷区,指出前者的经济活动远远丰富于后者,而不是各区完全相同;指出各个中心地之间存在着重叠、交错的市场区,而不是彼此分割;认为同等级的中心地之间也存在着互补性,因而它们之间的交通问题同样重要,而并不是只有不同等级中心地之间的交通问题才是重要的,因而廖氏理论较之克氏理论大有创新。[1]

克里斯塔勒和廖什的上述城镇区位理论,对于分析和改善现有城镇区位以及规划新的城镇区位,都具有指导意义。例如,对美国艾奥瓦州进行的一次调查表明,那里的城镇分布接近于按 $K=4$ 的原则布局的中心地网络系统。其中,一级中心地的理论数量为615个,实际上也为615个,相邻一级中心地的距离,理论上为5.6英里,实际上也如此;二级中心地的理论数量为154个,实际数量为153个,相邻二级中心地的理论距离为11.2英里,实际为10.3英里;等等。对于澳大利亚南部的调查材料则表明,那里的城镇布局是接近按 $K=7$ 的原则进行的。其中,理论上的一级中心地的数量与实际上的中心地的数量均为435个;二级中心地的理论数量为62个,实际为72个;等等。[2] 社会学家S.斯基纳在四川农村应用克氏理论考察和分析村落和集市的分布,发现成都平原东南部各集镇的墟期排列构成 $K=3$ 的体系,而其东部则构成 $K=4$ 的体系。[3] 这些事例都表明,中心地理论是能够在现实生活中得到印证的。

---

[1] 参见周起业编著:《西方生产布局学原理》,中国人民大学出版社1987年版,第200—204页。

[2] 同上书,第205—206页。

[3] 转引自郝寿义等主编:《区域经济学》,经济科学出版社1999年版,第119页。除此而外,笔者尚未发现类似的资料。

不过,由于中心地理论同其他经典性区位理论一样,也是采取"孤立化"的研究方法,即对自然和经济环境作了标准化的假设(如各地皆为均质平原、运输效率相等、人口与原材料分布均匀等等),因而,在实际运用这一理论时就必须从实际的具体情况出发,灵活地对应。例如,平原与丘陵、山区的城镇区位有所不同,河流、海港、矿山对于城镇区位发生重大影响,发达地区与不发达地区的城镇区位有别,都会产生K值偏离。

二、现代城镇体系规划的战略构想

在这里,从城镇区位的角度来简要地介绍现代城镇体系规划的几种战略构想:①

改造"核心-边缘结构"(core/periphery paradigm)。在这一结构中,核心区是发达的大城市所在区域,边缘区是欠发达的依赖于核心区并被其控制的子系统。这种结构广泛存在于发展中国家之中。针对这种结构的举措是,通过政府的力量,在边缘区以中等城市为依托建立新的核心,促进边缘区的发展。

极化倒转(polarization reversal)。这一概念与"城镇转化"(urban turnaround)相似,指国家经济由向核心区空间极化的趋向,转化为向其他区域空间分散的趋向,其主要内容之一也是发展非核心地区的中等城市,以便挖掘其经济潜力。

发展"增长极"(growth pole)。发展增长极理论的要点是,经济增长不可能在各地同时出现,而只能是以不同的强度发生在有限的极点(城市)之内,然后扩散到周边地区,从而更快地促进全局的发展。然而,现实生活却不能支持这种理论——增长极与国内外大城市的联系

---

① 参见周一星著:《城市地理学》,商务印书馆1995年版,第415—427页。

往往超过了与其周边地区的联系。针对这一现象,出现了"反磁力中心"论,主张在一个国家或地区的首位城市之外建立另外一个中心城市,以便削弱首位城市的单一吸引力所形成的全国或全地区发展不平衡的弊端;还有"发展走廊(发展轴)"理论,主张加强城市间运输走廊沿线城市的发展,以便补充增长极之不足。

次级城市(secondary cities)战略。次级城市即中间城市或中等规模城市。这一战略把城镇发展的重点放在中等城市上,发挥其与大城市、小城镇之间的桥梁和纽带作用,其目的不仅在于促进地区之间的平等发展,而且在于提高整个国家的经济效率。

就中国的城镇发展战略而言,自改革开放以来,陆续出现了不少提法,如实行以设立经济特区、对外开放城市、沿海对外开放地区为内容的沿海发展战略;在一些城市建立高新技术产业区,带动各地区产业结构转变的战略;实行市带县体制,发挥中心城市作用的战略;控制大城市规模、发展中小城市,提倡离土不离乡、就地消化农村剩余劳动力、大力发展乡镇企业的战略;等等。从城镇区位的角度来看,今后需要加强研究的问题是:以乡镇为基本单元的集聚与扩散的研究,其核心是中国乡村城镇化的机制;以大中城市为基本单元的集聚与扩散的研究,以中国城市化的机制为核心;以城市密集地区为单元的集聚与扩散的研究,其目的在于探索中国式大都市和大都市连绵区的形成和运行机制;等等。

第六章 土地集约经济

第一节 土地集约经济概述

土地集约经济（economics of land intensiveness）[①]即关于土地集约经营（intensiveness of land）的经济问题。土地集约经营是土地粗放经营（extensiveness of land）的对称，是指在单位面积土地上投入相对较多的物化劳动和活劳动的经营方式，而土地粗放经营则反之。土地集约经济包括土地经营集约度（degree of entencity）、土地收益变动规律、土地集约经营的边际、影响土地集约经营的因素等问题。

土地经营集约度是指单位土地面积上投入的物化劳动和活劳动的数量。德国农业经济学家T.布林克曼（Theodor Brinkman）给出了土地经营集约度的公式：[②] $I=(A+K+Z)/F$，其中：I——土地经营集约度，A——工资，K——资本，Z——经营资本利息，F——土地面积。布氏的这一公式虽然是针对农用土地的集约经营而设计的，但是对于非农地的集约经营也是完全适用的——无论农地或非农地的集约度都是通

[①] Merriam-Webster's Collegiate Dictionary 第10版第607页对于"intensive"（形容词）、"intensiveness"（名词）的解释之一是：指一种通过耗费较多的资本和劳动而不是扩大范围以提高生产力的方法（constituting or relating to a method designed to increase productivity by the expenditure of more capital and labor than by increase in scope）。据此，本书把"intensiveness"译为"集约经营"，而把"extensiveness"译为"粗放经营"。

[②] 〔德〕T.布林克曼著：《农业经营经济学》，农业出版社1984年版，第4页。

过单位面积上的工资、资本、利息的耗费量来表达的。I 的数值越高，则表明土地经营的集约度越高，这是符合集约经营这一概念本质的。当然，在具体对比和分析 I 值之时，需要将 A、K、Z 的数值加以标准化，使之具有可比性。其中的 A 值，应当是能够反映活劳动实际投入量的，这就要把对于等量劳动支付的不同的工资加以标准化。其中的 K 值，应当是能够反映物化劳动实际投入量的，为此也要把代表物资耗费量的价格加以标准化；其中的 Z 值则应是指借款利息，其利率也应当是标准化的。

与土地经营集约度密切相联系的是"土地经济容力"（economic capacity of land），它反映的是土地对于其他生产要素的容纳能力；具体地是指：在一定的经济和技术条件下，土地与其他生产要素配合达到最佳状态时，所能容纳的其他要素的数量（可用实物或货币量表示）。它与土地经营集约度的不同之处在于，后者并不考虑土地与其他生产要素配合的状态，而前者则反之。由此可见，在考察土地经营集约度时，对于土地经济容力的考察是极其重要的。

土地经营集约度问题所涉及的最根本的理论问题是生产经济学或技术经济学中的土地收益变动规律问题，即在单位面积土地上不断地追加投资，会引起土地收益如何变动的问题。投资与收益相对关系的数量变化规律，并不是一个抽象的理论推导的问题，而是如何从技术经济的角度对于普遍现象进行理论上概括的问题。18 世纪法国重农学派后期代表人物杜尔阁，对于这一变化首次进行了系统的描述，到 1815 年英国学者 E. 威斯特（E.West）则在总结前人描述的基础上首次正式提出"土地收益递减律"，从 20 世纪之初开始被人进一步概括为"收益递减律"，认为它适用于一切生产领域。现代西方经济学对于"收益递减律"（law of diminishing returns）的概括，可举一例如下："这项经济规律表明，将可变生产要素的追加量相继投入到其他不变的生产要素，将引起递减的边际生产率,至少在一段时间之后是这样。因此,连续地把追加资本投入到固定的劳动量中,将引起产量的增加,但边际产量随即下降,然后是按可变要素计算的平均产量将开始下降。不变要素相对于可变要素是减少了,因此,每单位可变要素都有一个数量递减的不变要素与之相配合。"① 这一概括实际上已经把"土地收益递减律"的含义包括在内了。

尽管"收益递减律"和"土地收益递减率"的提法已经是约定俗成的,但是这并不能改变其不确切的事实。T. 布林克曼早在其于1922年问世的《农业经营经济学》一书中就采用了"收益增加递减法则"的提法,并且明确指出,所谓"土地收益递减法则"是一个"在意义上不大正确的名词"②。可惜的是,他的这一正确的提法,并未受到人们的重视。本书参照布氏的提法,使用了"土地收益变动规律"这一提法,并具体表述如下:土地收益变动规律是指,在一定的自然、技术、管理条件下,在一定面积的土地上不断追加物化劳动和活劳动的投入量,则土地收益(表现为边际产量、平均产量和总产量)便不可避免地会经历由增加、不变到降低的变动过程。

对此,可作如下阐述:第一,这是一个不以人们的意志为转移的普遍规律,毫无例外。只是,在不同的条件下,其具体表现形式不同。自然、技术、管理等条件的优劣,会影响土地收益增加过程持续时间的长短,也会影响增加、降低的幅度,但是在连续追加投资的情况下,不可能从根本上改变土地收益增加、不变、降低依次出现的必然性。第二,尽管这一变动规律的典型适用对象是农地,但是也完全适用于非农地。当然,在必要时"产量"应替换为其他形式的产出如产值、纯收益等指

---

① 〔美〕D. 格林沃尔德主编:《现代经济词典》,商务印书馆1981年版,第131页。
② 〔德〕T. 布林克曼著:《农业经营经济学》,农业出版社1984年版,第8页。

标。第三,在这一规律的具体表述上,不宜用"土地肥力"这一概念替换"土地收益"概念,因为,我们在这里是从土地经营的角度考察对土地进行投资与其提供的产出量的对比,而不是考察土地肥力的变化。第四,这一规律既然属于生产经济或技术经济范畴,那么它从本质上来看便与意识形态问题无涉。

土地收益变动规律可通过"经典生产函数"(它反映生产函数的所有特征)加以具体表达(见图 6-1)。图 6-1 表明,经典生产函数可分为三个阶段或区域。第Ⅰ阶段为边际产量(MPP)高于平均产量(APP)阶段。在此阶段中,总产量(TPP)、平均产量一直是增加的,它表明可变投入 X 转变为产品 Y 的平均比率一直是增加的,但是边际产量却由增加转为下降。第Ⅱ阶段开始于边际产量低于平均产量之时,此时平均产量也开始下降;在此阶段结束之时,总产量达到最高峰,即单位面积土地的产量(或产值)达到最高峰,而边际产量却降低到零。第Ⅲ阶段开始于边际产量为负值之时,此时总产量、平均产量也开始下降。进一步,上述情况可通过生产弹性加以表达:

$$\delta p(生产弹性) = (\Delta Y/Y) \div (\Delta X/X)$$
$$= (X/Y)(\Delta Y/\Delta X)$$
$$= MPP/APP$$

在图 6-1 的第Ⅰ阶段中,边际产量大于平均产量,生产弹性大于 1;在第Ⅱ阶段中,边际产量小于平均产量,生产弹性小于 1 而大于 0;在第Ⅲ阶段,边际产量为负值,生产弹性也为负数。当边际产量等于平均产量时,生产弹性等于 1。因此,向单位面积土地投资的适当数量区间为 $0 \leqslant \delta p \geqslant 1$。

在现实生活中,由于向土地的投入存在着一个稳定不变的时期,因而边际产量、平均产量与总产量,在由增加转变到降低的过程中,都不

图 6-1 经典生产函数

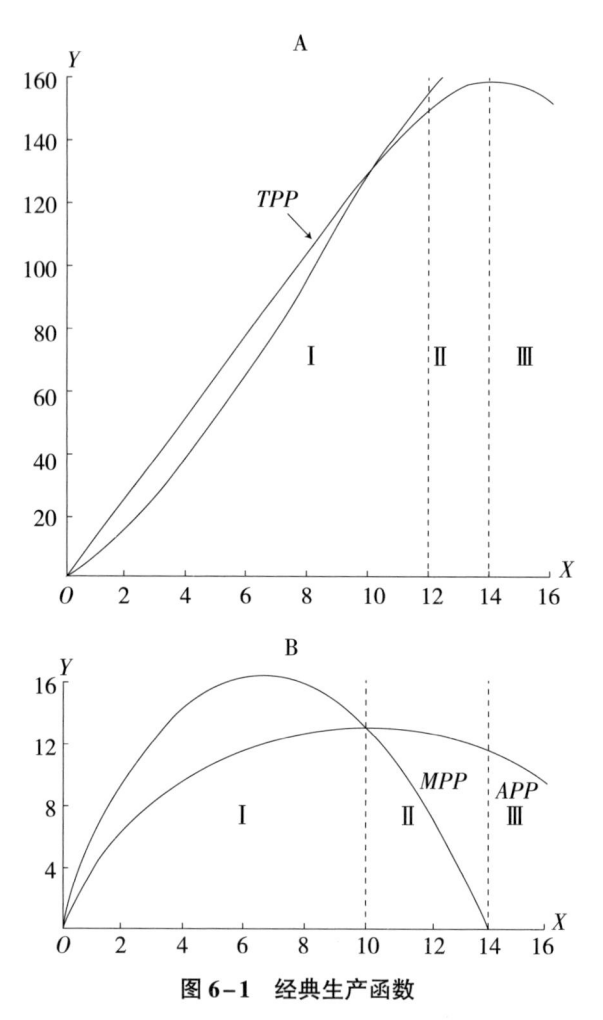

资料来源:摘自[美]J.P.道尔等著:《生产经济学——理论与应用》,农业出版社1984年版,第25页。

可避免地存在一个或短或长的"稳定"时期。这是由土地收益变动规律所决定的土地收益变动的一种具体形式。从而,我们可以说,在现实生活中,单位面积土地收益的变动,存在着提高、不变、降低三种情况和三个阶段。不言而喻,人们所努力追求的是土地收益的提高,至少要保持土地收益不变,而且总是要避免土地收益的降低。一般而言,对于单位面积土地的投资的数量至少要增加到平均产量达到最高之点,并最终停止在总产量的高峰之上。换言之,如果追求单位投资的最高效益,则投资量应以前者为准;如果是追求最高的总产量(即单位土地面积的最高产出),则当然以后者为准。

将以上所述的集约度与土地收益变动规律联系起来看,便会引出土地集约经营中的投资边际问题,即如何掌握土地投资的集约边际的问题,换言之即对土地投资的适合度的问题。集约边际(intensive margin)这一概念,是为进行土地集约经营而专门设定的,是指对于土地进行投资而提高其集约度时所必须注意的一条警戒线——集约度超过此线,必然会招致损失或者不再符合土地经营的目的。同时,还存在着粗放边际(extensive margin)这一概念。虽然从表面上来看是与集约边际相对应的,但是其实质却并非如此。粗放边际实际上是指,从经济效益角度考虑,扩大土地经营的空间范围时所应掌握的边界线。具体而言这是指,一方面可对于原有优等土地进行追加投资,另一方面可将投资转移到区位较差或土质较劣的土地上去,在此种情况下应当如何确定后者的界限,以便使总投资所取得的经济效益为最佳。可见,集约边际是纵向加深投资集约度的界限,而粗放边际则是横向扩展土地经营范围的界限。无论在农地中还是在市地中,都存在这一问题。[1] 值得注意的是,无论是对于土地经济容力的考察,或对于土地收益变动规律的考察,还是对于土地投资集约边际的考察,都是围绕土地集约经营的经济效益而进行的。我们可以毫不夸张地说,提高经济效益是进行土地集约经营的灵魂。

---

[1] 参见林英彦著:《土地经济学通论》,台湾文笙书局1999年版,第523—524页。

第二节　农地集约经营

对于土地集约经营问题的研究起源于农地,然后逐步扩展到市地;至今农地集约经营问题仍然为人们所密切关注。

通常,对于实行农地粗放经营者往往称之为粗放农业,而对于实行农地集约经营者则称之为集约农业。粗放农业的单位面积产量低、收入低,但其纯收入率有时可能比较高;而集约农业的产量高、收入高,但若搞得不好,其纯收入率却可能比较低,从而要更加注意讲求经济效益。

农地集约经营可区分为劳力集约与资本集约两大类。农地的劳力集约经营是指主要通过增加劳动力的投入量而提高农地经营的集约度,而农地的资本集约则是指主要通过增加资本的投入量而提高其经营的集约度。

对于农地的粗放经营与集约经营、劳力集约与资本集约的选择,应因条件而异。通常,在土地少而劳动力与资本充裕的条件下,往往实行集约经营;在土地充裕而劳动力与资本不足的条件下,则实行粗放经营。进一步看,在土地少、资本少而劳动力充裕的条件下,实行的必然是劳力集约经营,而且往往意味着实行传统农业和小规模农业;而在土地多、劳动力少而资本充裕的条件下,则必然是实行资本集约,而且往往意味着实行现代农业和大规模农业。

农地的集约经营与粗放经营问题,同农地的合理利用与不合理利用问题,是否存在着直接的对应关系?对此的回答是,要从客观条件出发,进行具体分析。例如,在土地资源充裕,自然条件较好的情况下,实行农用土地的粗放经营也可取得可观的产量和收益,则此时的农地粗放经营便自然而然是合理的,因为它发挥了自然资源的优势;又如,在土地资源不足而劳动力、资本比较充裕的条件下,实行土地的粗放经营,便很自然地会被认为是不合理的,因为它未能充分发挥劳动力和资本方面的优势以合理利用土地资源。概括而言,既有合理的集约经营又有不合理的集约经营,既有合理的粗放经营也有不合理的粗放经营,不可一概而论。

然而,在人多地少的国家和地区,在农产品的供应紧张或并不充裕的阶段,在由传统农业向现代农业过渡的时期,在由传统社会向现代社会演进的过程中,农地经营由粗放向集约演进,却是一个迈向合理化的趋势。为什么这么说呢?首先,在人多地少的国家和地区,如果不是完全或主要依靠进口来解决对于农产品的需求问题,那么,就不可避免地要通过提高农地经营的集约化水平来提高农产品的自给率;其次,随着整个社会由传统向现代的过渡,农业生产也不可避免地要由传统向现代过渡,以人畜力、传统农艺为主从而至多是以劳力集约为主的农业,必然要逐步向机械化、科技化、信息化的从而是以资本集约为主的农业过渡。

T.布林克曼在论述这一问题时,是从不同的农民的角度进行的,与我们这里论述的角度有所不同,但是基本观点却是相同的。他指出:"实际的农民却往往爱把集约的经营也看作合理的经营。这是和另外一种观察有关的,即由于国民经济继续发展而引起的经营集约性之提高,不能以同一速度传布于一切农业经营上,……在同样的自然条件与交通状况之下,通常总是那些随着时代潮流前进的农民,……能更加集约地去从事耕作。因之,事实上,集约的经营,往往同时也就是更加合理的经营。"[1] 影响农地经营集约度的因素,主要有四个方面:[2] 农地位置、自然状况、国民经济发展状况、农地经营者状况。

---

[1] 〔德〕T.布林克曼著:《农业经营经济学》,农业出版社1984年版,第2页。
[2] 参见同上书,第11—66页。

农地位置对于农地经营集约度的影响，主要是从交通状况对于农地经营的影响方面考虑的，其具体表现主要有以下几个方面：①农地所处的位置如果交通方便、靠近城市和经济繁荣地带，则必然人口密度大，人均农地少而显得珍贵，那么，这种农地几乎是欲粗放经营而不可得；相比而言，如果农地所处位置偏僻，人均农地多而无足轻重，势必要实行粗放经营。②农地所处位置如果靠近市场，则工业性生产资料的价格必然相对低廉而劳动力的价格必然昂贵；加之，越是靠近市场，农产品的价格必然越高，使得农民出卖农产品可取得较高的收入，从而不可避免地会促使农地经营者尽可能采用工业性生产资料而减少劳动力的使用，这就意味着实行农地经营的资本集约。相反，处于偏远之处的农地，便难以拥有"近水楼台"之利。③在经营作物的种类上，靠近市场的农地与边远农地，也大不相同：前者必然以蔬菜、浆果等要求精耕细作的作物为主或以禽蛋乳业为主，而且单位面积的产量、产值、收益的水平也不言而喻地处于高水平；后者则不可避免地经营一般大田作物，其集约化水平当然与前者不可同日而语。

自然状况对于农地经营集约度的影响，主要内容是气候、土质、地貌等因素对于实行集约化的促进或限制，其道理是显而易见的。具体而言，主要是两方面的问题：①有利的自然条件，会明显地促进农地的集约经营，因为只有集约经营才能够充分发掘有利的自然条件的潜力，取得更加丰硕的农业果实，而且在经济上取得丰厚的回报，这一点几乎是不言自明的。如果说，农地的集约度与农地的肥沃度成正比的话，即使算不上一条定律，恐怕例外也是罕见的。②在实际生活中，有时为了改造不利的自然条件而对农地进行投资，实行集约经营，有人称之为"强制性集约经营"。很明显，这样做必然在客观上存在着一个经济界限——以最终提高经济效益为准。

国民经济发展状况对于农地集约经营的影响，表现在许多方面：

①随着人口增加,对于农产品的需要必然增加,从而引起农产品价格上涨。这不仅要求进一步开发边远地区的农地,而且也会促使交通发达地区的农地经营进一步集约化。②国民经济的发展必然引起技术进步。技术进步的结果之一是先进的技术装备的价格下跌而劳动力的价格提高,其进一步的结果便是农地的资本集约度提高而劳动集约度降低,从而意味着农地经营整体集约度水平的提高。特别是,边远地区农地经营的机械化水平会显著提高。③随着国民经济的发展,必然出现农地耕作技术的不断进步,从而促进整个农地经营的进一步集约化。④国民经济的发展,也会促进交通运输业的发展,这自然会促进农地经营集约化水平的普遍提高,特别是原来的偏远地区更是如此。

影响农地经营集约度的最后一个因素是农地经营者的状况。它包括农地经营者的科技水平、管理能力、经济实力、开拓精神、市场观念等等,无须赘述。

第三节 市地集约利用与立体利用

一、市地集约利用概述

城市土地也存在集约利用的问题,其主要内容包括:①避免土地的空闲所造成的"时间性浪费"(土地的无端空闲期间所造成的经济、社会、生态等方面的效益损失);②慎重确定一切用地项目,避免项目不当,建成后利用率甚低甚至长期空置而无法利用或不予利用,造成土地与土地附属物投资的双重性、长期性浪费;③合理确定一切建筑物、用地项目(特别是工厂、办公楼、机关大院、大礼堂、招待所、广场、草坪等)的占地标准,避免盲目贪大求宽,造成土地与投资的双重性、隐蔽性、持久性的浪费;④强化土地立体利用——向空中、地下扩展土地实际利用范围,把一平方米土地当作几平方米来加以利用。

考察和控制城市土地利用的集约度,主要采用两个指标:城市人均占地面积和城市土地建筑物容积率。

中华人民共和国建设部于 1990 年颁布了《城市用地分类与规划建设用地标准》,按照城市的不同规模,将人均用地指标划分为四级,其中最低者为特大城市,人均用地指标为 60.1—75.0m^2,最高者为小城市,其指标为 105.1—120.0m^2。然而,在 1995 年,全国小城市人均建设用地已经达到了 142.67m^2,大大超过了《标准》的规定;在人均建设用地超过 120m^2 的城市中,77% 为小城市,占全部小城市的 66%。[1]

1999 年全国城市土地总平均容积率(城市房屋建筑总面积/城市建成区总面积)为 0.341,其中,上海、北京已分别达到 0.578,0.561;全国各省(自治区)城市平均高者一般为 0.4 左右,低者一般在 0.2 以上。2000 年,全国平均为 0.342,上海、北京分别达到 0.621,0.562,全国其他大城市则一般为 0.45—0.55(如武汉 0.549,深圳 0.546,济南 0.538,青岛 0.534,郑州 0.474,厦门 0.450,石家庄 0.438,大连 0.420);而著名的冰城哈尔滨则超过上海而达到 0.623 居全国之冠。[2] 这表明,增加中国城市土地容积率的潜力是相当大的。如果全国城市土地总平均容积率达到 0.4,便意味着增加 2000 平方公里的建筑面积,这是相当可观的。据测算,如果城市地下空间能够得到比较充分的利用,则可利用面积可达到城市总面积的 50%,这也是不容忽视的。[3]

市地的集约利用,集中体现为市地的立体利用。下面阐述与市地

---

[1] 参见严金明:《城市人均用地指标探析》,载《上海土地》1997 年第 3 期。

[2] 1999 年数据系根据《中国统计年鉴 2000》第 353 页相关数据计算而得;2000 年数据系根据《中国城市年鉴 2001》及各个相关城市的统计年鉴(2001)的相关数据计算而得。

[3] 参见《中国建设报》,1998 年 6 月 4 日,第 1 版,叶如棠讲话。

立体利用有关的主要问题，而且为了叙述上的方便还涉及产权、价格等方面的问题。

二、市地立体利用的含义

市地立体利用的含义是什么？这要从市地利用的二重性谈起。所谓市地利用的二重性是指它具有平面性和立体性。其平面性是指用地项目或整个城市对于土地在平面上的占用和扩展；其立体性则是指用地项目或整个城市对于土地在地上与地下空间上的占用和扩展。实际上，两者是同时并存的；前者是后者的基础，而后者则是前者的延伸。应当强调的是，我们要在市地平面利用的基础上，合理强化市地利用的立体性，努力挖掘地上和地下空间的潜力。

为了进一步明确市地立体利用的含义，确切地考察市地立体利用的状况，有必要明确衡量市地立体利用的指标：

①土地容积率——这是目前采用的指标，它是指在宗地红线以内的总建筑面积相当于宗地面积的倍数，亦即单位面积宗地所容纳的建筑面积，从而是土地的建筑面积负荷率。不过，这一指标只是间接的而不是直接的。

②土地体积负荷率——这是应当设立的一个新指标，是由土地容积率衍化而来的，指的是单位面积宗地所容纳的地上、地下建筑物的体积（立方米）。为了具体起见，不妨进一步区别为地上体积负荷率和地下体积负荷率。

这两个指标，既可作为考察性的，也可作为规范性的。在考察土地体积负荷率时，若仅就地上空间而言，此指标既可按建筑物直接占用的面积即地基面积计算，又可按整个宗地面积计算。后者意味着在考察建筑物所占市地空间时，是不考虑覆盖率的，即一律按覆盖率为100%论。其理由是，宗地上空的无建筑物的空间，实际上是附属于建筑物的。若仅就地下空间而言，由于其未利用的部分仍然具有进一步利用的可能，从而在计算土地体积负荷率时，就应以建筑物直接占用的土地面积为基础。

三、强化市地立体利用的必要性与适度性

土地的立体利用，是现实生活中的客观存在，即使是在农业中也是如此。例如，在农田中，高秆作物与低秆作物相结合，深根作物与浅根作物相结合，以及棚架作物的栽培；在林业中，乔木与灌木相结合；水产养殖中的上中下层鱼类相结合；等等。农地的立体利用，是农业集约经营的重要内容之一，具有重要意义。尽管如此，农地的立体利用毕竟只是属于浅层次的，而市地的立体利用则是属于深层次的。

强化市地的立体利用具有十分重要的意义：①可发挥土地潜力，提高土地利用的集约度——向空中要土地，向地下扩土地，大大节约土地，缓解土地供求矛盾。②改变城市建设的"平摊"状况，提高城市的集聚度，便利人们的活动，取得集聚经济。③使建筑物"上天入地"，增加道路面积，改善交通状况；用挺拔俊秀的大厦装点城市，扩大绿地面积，改变城市面貌，美化城市景观；④有助于解决城市土地供不应求的危机，完善城市功能，改善投资环境，促进城市的持续发展。

国外强化城市地下空间利用的势头引人注目。在一些发达国家的大都市，不仅地下铁道密如蛛网，而且地下停车场、地下商场、地下广场等已经如雨后春笋一般涌现。例如，在巴黎、斯图加特等地已经建有地下步行商业街并与地铁枢纽和火车站相连接；在科隆，可在一个容纳2000人的地下广场举行交响音乐会；在蒙特利尔已经建立了大规模的地下城市，设有商店、饭店、影剧院、会展大厅、住宅等，每天有几十万人进出。[①] 凡此种种，都值得予以重视。

---

① 李俊峰：《地下城市·地下火车站·地下航线》，《中国建设报》，1998年9月7日，第3版。

强化中国城市土地的立体利用，具有现实的必要性。其基本原因在于，中国人多地少，土地资源十分短缺。当然，强化市地立体利用，尤其是强化地上空间的利用，应当是适度的——既不可过低，也不可盲目追求不切实际的高指标。

现在，强化中国城市土地立体利用的问题，已经在一定程度上得到了重视。例如，在旧城改造中，已经普遍拆除平房、低层楼房而代之以多层楼房、高层楼房；在大城市中，立交桥已经日渐增多，高架桥、立体停车场已经出现；地下铁道正在稳步扩展。此外，在中国的大城市中，100米以上的高楼也已屡见不鲜。这些情况都是令人鼓舞的。不过，从整体上看，中国城市土地立体利用的水平仍然是有限的；尤其是，地下空间的利用，依然十分薄弱，亟待加强。

仅就市地地上空间而言，其立体利用的适度性具有微观和宏观两个层次。

市地立体利用的微观层次是指一个宗地或一座建筑物所占土地范围内的，其适度性主要包括技术可行性、经济合理性、安全适用性等三个方面。其中的技术可行性主要包括建筑设计、建筑材料、建筑施工、地基承载力等方面。由于兴建超高层建筑对于技术与材料的要求甚高，单位体积建筑物的投资不菲，因而中国不宜片面强调增建百米以上的高楼，尤其是开发摩天大楼更要适可而止。

市地立体利用的宏观层次则是指在一个开发区、一座城市范围内的，其适度性可分解为人口密度适度、基础设施负担适度、生态环境适度、建筑物疏密高低组合适度等。在以上四项中，前三项是指提高土地容积率要防止造成人口密度过大、基础设施负担过重、生态环境恶化等不良后果；最后一项则是指提高土地容积率要注意保持城市宏观景观的优美并尽可能降低高层建筑物的负外部性（主要指通风、采光、微观景观、生态等方面的负面影响）。从这几方面来看，中国也不宜追求过高的土地容积率。例如，在城市中出现鳞次栉比的高层建筑，对于其本身和相邻的部分住户而言，其主要的负面效应之一就是"阳光贫乏"。这在中国大城市中已经是一个很现实的"城市病"，值得予以重视。从技术上来说，通过光缆将阳光传输到背阴房间，已经取得了令人鼓舞的试验成果，人们期待的是商业化的应用。

至于对于地下空间利用的适度性，则与地上空间相似，不予赘述。不过，利用地下空间要特别注意经济合理性和安全适用性。目前，发达国家大城市地下空间的利用，已经普遍达到了相当高的水平。但是，由于种种原因，塌陷等事故也并非个别，已经引起了人们对于地下空间利用的科学规划、优质施工、严格管理等方面的严肃思考。

四、市地立体权利

既然市地是立体的，则市地权利也应当是立体的。市地权利既然由占有、使用、收益、处分等权能所组成，那么，立体市地的权利也应当由这四项权能所组成。应当指出，明确市地立体权利在土地所有者与土地使用者以及土地使用者与土地使用者之间的合理配置，必然有利于调动相关方面的积极性，从而有利于合理强化土地的立体利用。

首先，就地上立体权利而言。市地使用者所拥有的地上立体权利，由地面向上延伸的高度如何，在中国目前尚无明确规定。不过，在城市的规划管理中，对于建筑物的高度是有所规范的。例如，中国各个城市规划管理局下达给建筑单位的《规划设计条件通知书》中就规定了建筑高度、建筑层数等等。因而，中国城市土地的使用者实际上并不拥有向空中无限开发土地的权利，而是受到政府限制的。不过，目前在这方面所进行的规范还是远远不够的，应予大大加强，主要有以下几个方面：

①地上立体空间的开发、利用,除了要遵守有关土地覆盖率、土地容积率的规定之外,还要专门制定土地体积负荷率。

②除了建筑物本身以外,对于招牌、广告牌、屋顶花园、阳台、空调散热器、广告气球等建筑物以外的立体空间的利用问题,都应当予以重视和规范,以便符合安全、美观、保障公共权利等方面的要求。例如,台湾地区的所谓"建筑法"规定,建筑物不得突出于建筑线(通常指已公布的道路线)之外,违者要处以罚款并令其限期修改,逾期不遵从者,得强制拆除;又如,为了加强绿化,台北市专门规定,可在阳台以外接出 50 厘米的"花台"。诸如此类的具体规范,值得借鉴。

③在立体地役权方面,要作出"允许和不允许"的明确而具体的规定,以便使一切市地立体空间的使用者的权利得以兼顾,公众利益得到保障。例如,中国有关部门有这样的规定:应当保障每一套住宅中至少有一个房间可直接受到阳光照射。诸如此类的规定,应当得到严格执行。

④对于作为市地立体利用的楼房"立体绿化"(以建筑物外墙和屋顶为依托的绿化),予以充分鼓励和支持。

⑤对于地上空间的有偿使用,进行详尽具体的规范,以利于不同地上空间的"地尽其用",并利于社会收益的合理分配。例如,对于合乎规划的楼房"低改高"、兴建立体停车楼等,应当在地价上予以优惠;对于在高楼上设置巨型广告牌,则应从高收取地价,以便与其高效益相适应。

其次,就地下立体权利而言。在中国,如果说对于地上空间权利,国家通过城市规划管理已经进行了一定程度的规范的话,那么,对于地下空间权利则一直缺乏明确的规范和管理。中华人民共和国建设部于 1997 年 10 月 27 日发布并规定于 1997 年 12 月 1 日起施行的《城市地下空间开发利用管理规定》,是关于这一问题的第一个法规。它要求由有关建设单位编制地下空间建设计划,由城市规划行政主管部门进行审查,由市人民政府批准,以避免地下空间利用上的盲目性;还要求本着"谁投资、谁所有、谁受益、谁维护"的原则,"允许建设单位对其开发建设的地下工程自营或转让、租赁"。不过,《规定》并未提到土地地下空间的所有权、使用权以及使用权的流转等问题。近几年来,某些城市已经开展了出让土地地下空间使用权的试点活动。但是,在土地登记时,有的把地下空间使用权也视为一般的土地使用权,有的则把它视为"土地他项权利"。

看来,早日对于市地地下空间权利作出规范是必要的。其内容大体如下:明确城市地下空间归国家所有;由城市规划、建设和土地管理部门规划地下空间的开发;使用地下空间要履行租赁(批租、年租)手续;在实行有偿使用的条件下鼓励转让、出租。

五、市地立体区位

市地存在于立体空间之中,其区位也具有立体性;市地的立体区位是其水平区位与垂直区位的综合体现;市地的立体区位决定着市地的立体利用价值;市地的立体利用价值主要取决于便利性(通达状况)、舒适性(人们居住与生活上的感觉与景观状况)和安全性(发生事故的可能性与安全撤离的可能性)等三要素。

仅就地上立体空间而言,这里提出"市地立体区位利用价值系数"(简称"立体区位系数")这一指标,并设定其为"市地水平区位利用价值差别系数"和"市地垂直区位利用价值差别系数"的乘积。为了大大简化,不妨将市地的水平区位和垂直区位皆仅区分为三等(每等内可细分为若干级),其差别系数分别为1、0.5、0.3,则可得系数示意表(见表6-1)。

表 6-1 市地立体区位利用价值差别系数示意

市地立体区位利用价值差别系数	市地水平区位利用价值差别系数		
	1 等 1.0	2 等 0.5	3 等 0.3
1 等 1.0	1.0	0.5	0.3
2 等 0.5	0.5	0.25	0.15
3 等 0.3	0.3	0.15	0.09

表 6-1 中的差别系数表明，从立体空间的角度来看，不同区位土地的相对使用价值是能够加以量化的，从而可进行相互比较。例如，对于零售商业和服务业而言，其垂直区位使用价值，通常以楼房的 1 层为最高，随着楼层的增加而逐步有所降低；对于居住高层楼房而言，则最高的 1—2 层与最低的几层的使用价值最低，中间的楼层则使用价值较高，而其中的高低适度、朝向与景观良好的若干楼层的使用价值最高。至于如何具体而准确地评定上述的水平和垂直差别系数，已属于土地估价学的范畴，此处不予展开。[①]

六、市地立体空间的价格

既然市地利用本身并不是平面的而是立体的，那么，一切市地价格本质上都应是立体价格。平面地价，实际上就是总地价，可以被看成是对于立体地价的浓缩；立体地价则是平面地价的分割和展开。就一个宗地而言，平面地价与立体地价之间的关系，可通过下式表明：

---

① 在台湾地区，通称楼层立体区位价值为"楼层效用"。例如，台北市住宅管理部门所定楼层效用比率如下：

楼高	一楼	二楼	三楼	四楼	五楼	六楼以上
5 楼式	1.45—1.8	1.1	1.0	1.0	1.0	
7 楼式	1.45—1.8	1.1	1.0	1.0	1.0	1.0
8 楼以上	1.45—1.8	1.1	1.0	0.9	0.8	1.0

（引自林元兴、王靖：《空间价值之评估》，载《上海土地》1994 年第 5 期。）

$$Pm = Pc_1 + Pc_2 + Pc_3 + \ldots + Pc_n \qquad 公式（6-1）$$

在上式中：Pm 为平面地价（即总地价），Pc_n 为第 n 层楼地价（即立体地价）。

当平面地价及建筑物层数为已知时，即可通过市地垂直区位利用价值差别系数求得各个楼层的立体地价。

立体市地的总量是由 M^3 表示的。仅就地上空间而言，一个宗地的立体土地总量如下：

$$立体市地总量(M^3) = 宗地面积(M^2) \times (容积率 \div 覆盖率) \times 平均每层建筑物高度(M)$$

按照此法所求得的立体市地总量，包括了宗地地面以上、建筑物屋顶水平面以下的整个空间。这一空间可一分为二，其一为建筑物本身直接占用的空间，其二为建筑物以外的宗地以上的空间。后者之中尽管并不包含建筑物，但是它是建筑物的附属空间，其空间效应必然在不同程度上影响到建筑物的每层和每套房间。因此，必然要将建筑物附属空间的价格以适当的方式全部分摊到建筑物本身空间价格之中。这一点，对于计算和分析房地产的价格是具有参考价值的。

第七章　土地规模经济

第一节　土地规模经济概述

一、规模经济的概念和范围

对于"规模经济"这一概念可给出两个解释。其一是广义的规模经济，即关于规模的经济问题；其二是"规模效益"，即反映规模与经济效益的关系，往往指较大的经营规模可取得较高的经济效益。本书所说的土地规模经济，既包括前者也包括后者，但是着重并具体进行论述的只是后者。

在西方微观经济学中所说的"规模经济"（economies of scale）即是指规模效益而言。例如，其通常的解释是："由于产出水平的扩大而引起的在长期内产品平均成本的降低。又称长期收益递增。"[1] 西方微观经济学中，还存在着一个与"规模经济"相关联的概念——"规模报酬"（returns to scale），是指："当所有投入物的数量发生变化时产量的变化率。例如当投入量乘以因子2，产量按同样倍数上升时，则规模报酬不变。若产量上升数不足两倍，则规模报酬递减。超出两倍，则规模报酬递增。"[2] 这一概念实际上是给出了考察规模效益大小的一个标准，即通

---

[1]　〔英〕D.W.皮尔斯主编：《现代经济学辞典》，上海译文出版社1988年版，第172页。
[2]　同上书，第525页。

过考察规模变动比例与规模效益变动比例的相对关系,以考察规模效益的大小。

在目前的习用的中文概念中,人们往往并不使用"规模效益"而是代之以"规模经济"。这一概念完全是来源于英文"economies of scale"一词。而且,人们还相应地将"dis-economies of scale"中译为"规模不经济",即过大或过小的规模所形成的"规模负效益"。实际上,如果我们采用"规模效益"一词,会更加得心应手——它既可容纳"规模经济",又可容纳"规模不经济"等等,是外延最广的一个概念。但是,这并不意味着完全废除"规模经济"与"规模不经济"的使用,而是要不拘一格,视情况而宜。

目前人们所使用的中文概念中,还有"规模经营"(指较大规模的经营)、"适度规模经营"(指规模大小适当的经营)等等。至于"经济规模"则是泛指一个经济部门、一个企业、一个城镇等的规模的大小的概念。此外,还有"集聚经济"这一概念,也是与规模经济具有密切联系的。从土地利用的角度来讲,集聚经济是指各种相关的若干经济单位集中在一定的地域(例如城镇、经济开发区、交通枢纽、河流流域等)之内,通过相互协作、相互支持而产生的互补性经济效益。由于这种集聚会形成、扩大或改善某一区域的经济规模,从而是与规模经济紧密相关的范畴。

广义而言,土地规模经济问题可划分为两大方面:其一是土地大规模开发所涉及的种种经济问题;其二是土地规模效益问题,即狭义的土地规模经济问题。

土地的大规模开发或使用,包括诸如经济开发区、城镇、流域、某种作物专门化区域的开发等所涉及的经济问题。土地的大规模开发的突出事例有美国西部农地的大开发、俄国与苏联的远东地区的土地大开发、荷兰的大规模填海造地、中国香港维多利亚湾的填海造地、日本的人工岛屿的建造、中国的东北垦荒以及以沿海地区为主的大规模经济开发区建设等等。土地的这种大规模开发，必然会涉及规划、资金、组织、进度、配套、效益等问题，必须认真对待。如果搞得好，必然会产生积极的经济、社会与生态效益，否则则反之，不可不认真对待。

狭义的土地规模经济问题通常是指一定的经济单位如农场、工厂、居民小区、公园、体育场、村庄等以及城镇内部的开发所涉及的土地经济效益问题。这意味着，尽管它所涉及的面也非常之广，但是本章着重从经济效益的角度加以考察。

二、规模经济的源泉

在这里，以企业为主要对象，考察规模经济的源泉问题，其他方面的此类问题，可依此类推。按照规模经济的源泉，可区分为企业内部规模经济、整个企业的规模经济和地区规模经济三个部分，土地规模经济自然也包括在其中了。

企业内部的规模经济即企业内部各个生产部门的规模经济，其中包括较大面积的土地使得大型机器设备得以充分利用，土地本身的合理利用（如较大面积的土地便于进行合理的轮作倒茬，有利于新耕作技术的试验和推广等），以及较大面积的土地使得劳动力得以合理利用等。尽管这三个方面所产生的规模经济的来源不尽相同，但是，如果仅从土地规模经济角度来看，也都是切题的，即较大面积的土地有利于各种生产要素的充分而合理的利用。

整个企业的规模经济。这是指整个企业的规模较大，其中也包括了土地利用的规模较大，所带来的整体的规模经济。其中包括：购销效益——企业进行大规模的购买和销售，在价格、运费等方面所获得的优惠或效益；资金优势——大企业在信贷方面所具有的优势，以及因资金雄厚而在风险投资、开发性投资等方面所具有的优势；管理幅度优势——大企业的管理幅度大,具有节约管理费等方面的优势;废品、副产品利用——大企业可充分利用废品和副产品;在修理、储存、运输等共同生产部门方面的共性所带来的节约。

地区规模经济。这是指在一个地区内,某一土地利用的项目较大(如棉花集中产区的规模、粮食集中产区的规模),或经济开发区的面积较大,则会给区中的全部企业带来规模效益。从另一个角度来看,由此还可引申出专业化土地利用规模,而以农业土地利用最为典型。所谓专业化土地利用规模,是除了以上所述的大规模专业化地区之外,在中国农村中还存在着土地利用方面的专业户、专业村形态。这种土地利用形态,既具有其专业上的属性,又具有其规模上的属性。任何一个农户,如果进行万物俱全式的经营,则通常很难在任何一个部门上形成较大的经济规模;反之,如果集中人力、物力于个别或一两个经济部门,则必然会形成相对大的经济规模,从而取得规模效益。对于一个村庄来说,其道理也是如此。例如,北京郊区的大兴区就形成了分别以蔬菜、果品、西瓜、禽畜、薯豆为专业的几百个专业村。每一个专业村都是由若干个专业户组成的专业化群体,由小规模专业单位聚合成为大规模的专业单位,这就形成了更大的规模效益。而且,在生产专业化的基础上,进一步形成了物资供应、产品加工和销售方面的专业化服务性组织。

综合以上各个方面可知,较大的规模会使得土地、机器和其他设备、劳动力、管理、科技等一切经济资源得到较为充分而合理的利用,从而取得规模效益。其中,土地的规模,既是其本身得以充分而合理利用从而取得较高经济效益的条件,又是其他生产资源充分利用的必要条件,无论在农业与非农业部门中均是如此。

大规模经济之所以会产生较高的经济效益,究其根源首要的是机器、设备、管理等要素的整体性或不可分割性,尤以机器、设备最为典型。而且,在农业中采用大型机组(由大型拖拉机及其配套作业机所组成的机组)所表现的机组不可分性与经济效益之间的关联性最为突出。如果与大型机组相配套的土地面积足够大,则机组得以充分而有效地使用,便可取得相互配套性的规模效益,反之则形成规模负效益。较大规模的管理机构与较大范围的管理对象相配套,其道理也与此相仿。产生大规模经济效益的另一因素为经济活动中的"门槛机制"——任何经济活动都只有在其规模达到或超过某一个限度(即所谓"门槛")之时,方有可能进行或值得进行。例如,一个企业要自行综合利用其废品和副产品,建立自己的机修厂等等,无不如此。若进一步从实质上进行分析,则门槛机制与不可分性在相当大的程度上也具有同一性,不过二者并不简单雷同。

　　与土地收益变动规律相类似,存在着土地规模效益变动规律。这一规律可表述如下:随着土地经营规模的逐步扩大,土地效益的变动依次出现以下三个阶段:土地规模效益递增、土地规模效益最高、土地规模效益递减。这一变动规律,已在微观经济学中给予了明确的概括,而且几乎在任何一本微观经济学的教科书中都会轻易地查到以单位产品长期平均成本的面貌出现的规模效益变动的"U"形曲线图。据此,若要取得或提高规模效益,过小的经济单位(企业内部单位、企业、经济区等)就应当扩大,直至规模效益最高为止;而过大的经济单位就应当缩小,也直至规模效益最高为止。这种能够取得最高规模效益的经济规模,便是最佳的经济规模或适度经济规模。

第二节　农地规模经济

一、关于农地规模经济的指标

　　就农业企业(或包括农户在内的农业基层经营单位)而言,其规模

经济的主要指标如下:

①土地面积。这是农地规模经济中最主要的指标,而且也是农业生产最主要的指标。这一点是由土地是最基本的农业生产资料,农业生产需要在大面积土地上进行所决定的。不过,土地面积这一指标往往也具有一定的局限性。这是由于,土地的肥瘠不同、各个农业生产部门和不同的农业企业的集约经营水平不同,致使为达到一定的产量、产值所需要的土地面积有所不同,甚至大不相同。

②劳动力数。劳动力数是表示经济规模的仅次于土地面积的重要指标,亦为世界各国所习用。但是,当机械化水平、土地肥瘠程度、土地与劳动力比例("土劳比")、单位面积土地投资水平等指标不同时,仅仅采用劳动力指标往往也难以反映农业经济规模。

③其他投入指标。如拖拉机台数、牲畜头数、投资总额等等,也各自具有其作用和局限性。

以上三项为投入指标。

④产出量(如产量、产值、商品产值等)。这是反映生产成果的指标,能够反映企业的现实生产能力。由于此类指标可克服各种投入指标所不可避免的局限性、片面性,能够综合反映农业的经济规模,因而,目前一些发达国家往往把这类指标作为主要指标。

此外,据经济学家分析,在其他条件大体一致的情况下,农业企业使用的劳动力数与农场的年产值之间是具有相当准确的对应关系的。例如,现阶段在美国农场中,大体上是每销售5000美元,使用标准劳动力0.25人。

在实际工作中,究竟采用哪些指标比较合适呢?由于各种指标各有其短长,其作用、意义各异,因而在指标的采用上应当做到:①全面采用,相互配合,彼此补充;②因企业、因时、因地、因条件、因生产部门而异,突出某个或某几个指标而以其他指标为辅;③如果从生产力组织的角度看企业的规模是否合理,那就要着重采用土地、劳动力、农机、投资等指标,并且要考察"土劳比""土机比"等指标;④在分析企业的经营成果,分析不同规模的农业企业在农业或农业某一部门中的地位、作用、影响时,便应当以产量、产值、商品产量等产出指标为主。

对于"土劳比"(或平均每一劳动力负担的耕地面积)这一指标,有必要加以分析。严格说来,其本身并非反映农业企业经济规模大小的指标,而只是反映农业企业经济规模是否合理的指标。换言之,在其他条件不变时,平均每一劳动力所负担的耕地面积适中,则农业企业(或其内部的生产单位、劳动单位)的规模便比较合理,劳动力的利用便比较充分。因此,从这个意义上来说,"土劳比"(或"劳地比")这一指标甚至比企业的耕地总量还要重要。

二、影响农业经济规模的条件

影响农业经济规模的条件是多种多样的,下面加以具体罗列:

①生产工具。生产工具是反映生产力状况的决定性因素;生产工具的规模又是影响农业企业或其内部生产单位的决定性因素之一。农业企业或其内部生产单位的耕地面积,应当至少能够保证由拥有一整套生产工具的一组劳动者所形成的一个作业班子,能够充分发挥其效能,特别是能够在有限的农时内完成关键性的作业,不误农时。随着现代化拖拉机马力的增大,农业企业或其内部生产单位的耕地面积也应当相应地有所扩大。相反,在以手工劳动为主的情况下,农业企业以耕地面积为尺度的规模并不需要很大。

②土地。在一个地区之内,土地的集中程度、各个地块面积的大小、地形是否平坦、居民点分散或集中、土地的肥瘠等因素,都会影响农业企业的规模。例如,如果土地比较集中,各个地块的面积较大,地

形平坦而便于耕作,居民点比较集中等等,则农业企业的规模必然会较大,反之则必然较小。

③人地比例。一个国家或地区范围内的人地比例或劳地比例,特别是农业人口和农业劳动力与土地的比例,必然会影响到农业经营单位的规模。例如,美、加、澳、新等国人少地多,农场的规模便相当大;日、荷等国则与此相反。中国在实行农户经营制的条件下,人地比例对于农户经营规模的影响,也是十分明显的。

④集约经营程度。一般而言,农业经营单位按土地面积计算的规模与土地经营的集约化水平成负相关。例如,1980年苏联国营农场平均面积为1.7万公顷,其中养羊农场平均为9.46万公顷,而蔬菜农场平均仅0.65万公顷。同时,在实行以劳动力集约为主时,投资少,投劳多,农业经营单位的总面积往往较小,总产值低,但单位面积产量往往较高;反之,在实行以资本集约为主时,投资多,投劳少,农业经营单位的总面积往往较大,总产值较高,但单位面积产量往往较低。

⑤农业经营者的能力。事在人为,因人而异。农业经营单位的主要经营者知识的广度和深度、管理能力、责任心、干劲等差异甚大,从而使得在其他条件不变时,有效的实际经营规模往往相差甚大。

⑥社会条件。指政治、经济、历史等条件,对于农业经营规模所产生之影响。例如,印度所实行的土地继承法规定每个儿子继承一份土地,从而使得农场不断细分而难以扩大;美国农业属于"白手起家"类型,不受旧土地制度的束缚,加之地广人稀,因而其农场规模较大;中国实行按人头平均分配承包土地的制度,必然使得每一户农民所拥有的土地面积不大。

⑦经济制度。是实行个体经营还是实行合作经营,必然使得农业经营单位的规模相差甚大;在实行家庭承包制的条件下,是否实行土地合理流转制度,也会影响实际的土地经营规模。

⑧农业经营单位的外部条件。包括对于农业生产的产前、产中、产后的社会化服务是否发达。农业经营单位的规模，与社会化服务的发达程度成正相关。

⑨国家的政策。国家的价格、税收、补贴及其他相关政策，对于扩大或抑制农业经营单位的规模具有直接或间接的作用。

以上任何一方面条件的改善，都有利于农业经营规模的扩大；诸条件配套成龙地改善，则会产生更加明显的效果。不过，在以上诸因素中，起主要作用的是生产工具、人地比例、集约经营度、外部的经营条件等生产力方面的因素。除了这些因素之外，农业生产所固有的特点（如农业生产的分散性、地域差异性、作业的时序性、作业的运动性等）则是制约农业经营单位的规模，使其不可能像工业生产那样集中的基本因素。

三、中国实行农业规模经营的必然性和渐进性

中国实行农业规模经营具有其客观必然性。在中国农村实行农户承包经营制之后，农业规模经营降低到最低水平。一分为二地看，这种以农户为单位的小规模经营具有其优势和劣势。其优势主要表现在以下几个方面：①以农户为单位进行经营，能够发挥农户所具有的天然凝聚力，较好地调动农民的生产积极性；②以农户为单位的小规模经营，比较适应农业生产所固有的分散性、地区差异性、技术措施多变性等特点的要求，利于因地、因时、因作物制宜地种好、管好、收好作物；③人均负担耕地面积小，利于实行劳动集约经营，节约商品性物资投入，利于增产增收。因此，这种以农户为单位的小规模经营，基本上适合中国广大的生产力水平仍然比较低的地区的实际情况，从而促进了土地生产率的维持和提高。这是应当给予充分肯定的。

然而，农户小规模经营的劣势，也已经在某些地区和单位中开始显

露出来。主要体现在：①农户耕地面积过小、地块分散，不利于调整作物结构，不利于合理灌溉、植保，不利于充分而合理地使用现代化农业机械；②善于经营的农业劳动者，得不到足够的土地，使得其专长得不到发挥，也不利于专业农业劳动者收入的进一步提高；③以非农为主的农户，以农业为副业，往往对于农业实行粗放经营甚至出现了撂荒现象，浪费了宝贵的土地资源。

凡此种种都不利于农业生产的进一步发展，不利于农业的增产增收。因此，从发展的观点来看，为了合理地利用土地、劳力、农机，改善农业技术措施等，适当地扩大过小的农业经营规模，是有其客观必然性的。

不过，这种从长远来看的客观必然性，并不等于现阶段的普遍的必然性。如前所述，农户小规模经营有其优势和劣势。当其优势占主导地位时，就应当在基本维持农户小规模经营的基础上，尽可能采取有效措施兴利除弊；反之，当弊大于利时，则应变革现状，开创新局面。而农户的小规模经营由利大于弊走向弊大于利是渐进的，从而，实行较大规模经营的条件的具备，也是渐进的。

一般而言，实行较大规模经营主要取决于以下条件：①劳地比的降低。所谓劳地比的降低，是指在一定的空间范围内，每一农业劳动力平均负担的耕地面积的增加。这是扩大农地经营规模的前提条件。要降低劳地比，一是要增加可耕地面积，二是要减少农业劳动力。前者只有在有荒可开、有地可造的地方才是现实的；后者则是通过农业劳动力在非农部门就业的增加而实现的，是降低劳地比的普遍的现实的途径。②农业机械化水平的提高。农业机械化水平的提高，必然要求扩大土地经营面积。③农业经营者素质的提高。大规模经营与小规模经营相比较，自然要求经营者具有较高的素质。④农业社会化服务的加强。较大规模经营的成功与否，在相当大的程度上取决于农业产前、产中、产后的社会化服务的水平。除了以上四个方面以外,还有农村内外的其他条件直接或间接制约或影响农业较大规模经营的产生和发展。例如,人口的增长制约着劳地比的变化;农产品和农用生产资料的价格影响着务农的比较利益;土地制度制约着土地流转;国家和乡镇企业的补农、建农举措影响着农业扩大再生产的能力;等等。

简言之,农户小规模经营由利大于弊走向弊大于利是渐进的,实行较大规模经营的各项条件的具备和完善是渐进的,这两方面的因素决定了农业的较大规模经营的进程必然是渐进的。

进一步看,中国农业较大规模经营的渐进性,主要有以下几方面的含义:①就全国而言,由农户小规模经营过渡到较大规模的经营,是一个相当长的过程,不可能在短期内一蹴而就——这主要是由相关条件只能逐步具备所决定的。②由于全国各个地区、各个社区、各个单位的经济、自然、组织、思想等条件的巨大差异,由于各种条件的改变的不平衡性,规模经营出现的先后、发展速度等,肯定是不平衡的。因此,如果说目前全国普遍实行规模经营是不现实的,并不意味着某些地区、某些社区和单位也不具备先行一步的条件。③规模经营的出现,不可能是在各种条件完全具备之后。事实上,这些条件只能是在规模经营的发展过程中,彼此相互促进,逐渐完善,逐渐提高。④已经开始实行规模经营的地区、社区和单位,其规模的大小、投入的内含、规模效益等,都有一个由低到高的发展过程。

农业规模经营的渐进性,并非是中国的特有之物,美国及西欧各国的史实可作为例证。美国农场总数在1935年达到最高峰,为681.2万个,每个农场平均面积为155英亩,此后,农场总数逐年减少,农场规模逐年扩大。到1980年,农场总数降低到242.8万个(大约相当于1935年的37%),平均规模扩大到429英亩(相当于1935年的277%)。而1935年和1980年美国农场土地总面积分别为10.22亿英亩和10.42亿英亩,基本相等。这表明,自1935年至1980年,美国农场规模经历了长达45年的演变,才逐渐实现了美国式的农业规模经营。而且,自1980年以来,这种格局并未发生明显变化。[①]那么,如果中国农业的规模经营也要经历几十年的历程,岂不是很自然的吗?

下面通过分析性指标来说明中国农业劳动力离农程度与农业规模经营之间的相互关系问题。

①农业劳动力必要离农率。在一个社区内,为达到农业劳动力满负荷,需要离农劳动力达到一定的比例,这一比例可称之为"农业劳动力必要离农率",即"农业劳动力剩余率"。其具体表达如下:

$$农业劳动力必要离农率(\%) = \left(1 - \frac{满负荷所需农业劳动力}{现有农业劳动力总数}\right) \times 100$$

上式表明,一个社区内剩余的农业劳动力全部离农之后,留农的劳动力即可达到满负荷,只不过是在手工劳动的条件下,所需的留农劳动力较多,而在机械化条件下则较少。在其他条件不变时,一个社区内的农业劳动力必要离农率与劳地比成正比,即与劳均负担耕地面积成反比。中国各地区、各社区的劳地比不同,农业劳动力的必要离农率也不同,因而就不可能为全国规定出一个统一的必要离农率。

②留农劳动力平均负担农地增加率。在部分劳动力离农之后,留农劳动力平均负担农地面积会增加,其增加率如下式所示:

$$留农劳动力平均负担农地增加率(\%) = \left(\frac{1}{[1-农业劳动力离农率(\%)]} - 1\right) \times 100$$

[①] 参见周诚:《美国农场制度剖析》,《农村发展探索》1984年第8期;其修订稿载周诚著:《农业经济研究》(中国人民大学农业经济系,2000)。

例如,当农业劳动力离农率为10%时,留农劳动力平均负担农地增加率为11%,这是很不明显的;但是当前者达到30%时,后者就达到43%,这就很明显了。这也说明,留农劳动力的平均土地经营规模的扩大也是渐进的,是由不明显到明显的。

③受地者承包地增加幅度。当部分农业劳动力离农之后,其所承包的农地通常并非平均地分摊到每个留农劳动力之手,而是为少数种田能手所接收,从而形成较大的经营规模。受地者承包地增加的幅度如下式所示:

$$受地者承包地增加幅度(\%) = \frac{离农劳动力占总劳动力的比重(\%)}{受地者占总劳动力的比重(\%)} \times 100$$

若离农从事非农劳动的人仅占某社区全部劳动力的20%,这个比例并不算大,但若其承包地由相当于总劳动力10%的留农劳动力接收,则接受者的承包地便将扩大2倍,这就相当可观了。

以上三个指标所反映的都是农业中土地规模经营状况变化的数量关系。我们既可通过它们来考察两个时点之间已经发生的土地规模经营状况的变化,又可估算今后某个年度土地规模经营变动的状况。简言之,以上三个指标都可反映土地规模经营的渐进性。

四、农业规模经营的两个基本阶段

农业生产力的发展,大体上经历人畜力和机械化这两个基本阶段。在这两个阶段中,相应地会有不同特征的农业规模经营。

在农业生产的人畜力阶段中,关键在于充分发挥劳动力的作用;而在农业生产的机械化阶段中,关键在于充分发挥农机的作用。

在前者,为了充分发挥劳动力的作用,就要使农业劳动者负担足够面积的耕地,形成"劳动力的耕地满负荷"。这一满负荷即每一标准农业劳动力平均负担的耕地面积的最适量。低于此量者为"劳动力欠负荷",超过此量者为"劳动力超负荷"。在以人畜力为主的条件下,劳动力负荷是否最适,意味着劳地比是否最适,从而涉及能否使劳动力和土地都得到充分而合理的利用。

通常,劳动力并不是孤立地从事生产活动的,而是由一定数量的劳动力,配合以一定数量的牲畜、农具,组成一个作业班子,从事从备耕到收获、储藏的一系列作业。这样一个作业班子需要配备一定面积的土地,以便形成"作业班子满负荷耕地规模"。在这里,作业班子满负荷耕地规模(面积)=作业班子劳动力数×劳均满负荷耕地面积。之所以要求按作业班子来确定劳动力满负荷规模,是由于以劳动力为核心所组成的作业班子,在相当大的程度上具有不可分性。这种不可分性意味着,如果这个作业班子在大部分田间作业中被拆散,那么,作业就不可能正常地进行。所以,一个作业班子应当被当作一个整体来看待。当其他条件不变时,作业班子满负荷规模便是适度规模。

通常,在以人畜力为主的条件下,两个主要劳动力加上一两个辅助劳动力,就劳动力而言,即可组成一个进行独立操作的田间作业班子。从而,一个普通农户,就能够组成一个独立的作业班子。假设在某地,劳动力满负荷耕地面积为10亩,那么,20亩耕地就是一个作业班子即一个普通农户的满负荷耕地面积。如果一个拥有两个主要劳动力的农户,分到15亩承包地,即低于满负荷25%,则劳动力得不到充分利用;如果分到40亩承包地,即超过满负荷100%,则在不请帮工或雇工的条件下,就难以保证土地的正常经营。

目前在中国农村中的普遍问题是,务农劳动力严重过剩,劳动力欠负荷,需要通过"农转非"来解决此问题。在一个社区内,为达到农业劳动力的耕地满负荷所需要的劳动力离农率,等于农业劳动力剩余率:

$$农业劳动力剩余率(\%)=(1-\frac{耕地满负荷所需农业劳动力}{现有农业劳动力总数})\times 100$$

若某社区劳动力剩余率为40%,则该社区农业劳动力离农率达到40%时,农业劳动力的剩余率即为零。全国各个地区、各个社区的农业劳动力剩余率是不相同的,因此,认为只有农业劳动力的离农率达到60%—70%时,才能够实行农业规模经营的流行说法,是完全不能成立的。何况,不管一个社区的农业劳动力剩余率是多少,哪怕是只有少数人离农,就会使另外少数劳动力的耕地负荷有所提高。这也说明了做到农业劳动力满负荷的渐进性。

当农业生产由以人畜力为主过渡到以使用农机为主时,决定农业经营规模的关键因素就不再是由劳动力为主所组成的作业班子,而是由动力机和作业机组成的作业班子。这是由于,不仅单个农机具具有不可分性,而且更为重要的是一个机组在相当大的程度上也具有不可分性——只有不同的动力机及与之相配套的作业机发挥其整体的和综合的作用,才能够完成从备耕到收贮的全部作业。因此,应当按照机组的作业效率来确定"机组作业班子满负荷规模"。这样,与机组相结合的劳动力满负荷问题,便包含在其中了。

从劳动力满负荷到机组满负荷,都是以生产力要素的合理组合为坚实基础的。生产力诸要素的合理组合,使之在质态上互相适应、在量态上比例恰当,就为农机、劳力、土地的充分而合理利用创造了起码的条件,为规模效益奠定了基础。

发达国家的农业规模经营,事实上也是经历了劳动力满负荷和机组满负荷这两大阶段的。不过,在欧美都明显地存在过一个畜引机械化阶段。

中国农业的规模经营需要由劳动力满负荷阶段向机组满负荷阶段发展,进一步说明了规模经营的渐进性。由于中国农业剩余劳动力较多，人口增长较快，非农业部门吸收农业剩余劳动力的速度较慢，农机工业在品种、质量、数量、价格等方面难以较快、较好地满足农业方面的需要，看来，中国大部分地区、社区要在较长的时期内处于逐步实行"劳动力满负荷规模经营"的阶段。当然，由于发展不平衡，两种满负荷规模经营会在相当长的时期内同时并举。

五、现阶段中国实行农业规模经营的组织形式

从整体上来看，现阶段中国实行农业规模经营的组织形式，是在集体经济与家庭经济同时并存的基本格局之下的。其具体的形式可区分为以下五种：

①独户规模经营。其主要形式是独户家庭农场；其最基本的特征是以家庭为核算单位，独立自主地进行经营。其中既包括以机械化为主的，又包括以手工劳动为主的；既有以家工为主的，又有以雇佣劳动为主的。

②多户联合规模经营。其中又可区分为两种具体形式：一是各个农户依然作为独立核算单位，彼此之间在产前、产中、产后的一些环节上进行互助合作；另一种是，各个农户在土地经营权上进行股份式联合，甚至扩大到资金、设备、技术等方面的股份式联合。

③集体规模经营。其中有的属于在实行包干到户时保留下来的集体农业专业队，有的则是乡村工业企业附属的农业专业队或"绿色车间"。

④双层规模经营。这是指，一方面，社区中的一部分农户（如种田能手、种田专业户）实行较大规模的经营，形成经营大户；另一方面，社区集体经济强化对这些经营大户在产前、产中、产后的服务，从而形成农户与集体二者共同进行规模经营的局面。其中，以前者为基础，以后者为辅助。

⑤社区服务性规模经营。所谓社区服务性规模经营,与前述四种形式的规模经营都不相同。前四种无论其规模大小,都是在一定的组织(如一个家庭、若干家庭、专业队等)范围内进行的,而最后这一种却并不存在专门的规模经营组织,而是把社区的服务活动本身视为一种规模经营活动。这种形式表明,农业的规模经营活动本身是具有可分割性的。农业生产的产前、产中、产后的各项活动,往往既可以小规模的农户为单位分散地进行,又可以大规模的社区为单位集中地进行;前者不属于规模经营的范围,而后者却属于规模经营的范围。

在以上各种形式的规模经营中,集体规模经营属于极少数,而且也很难扩展,而独户和联户规模经营尽管是大有可为的,但是其所要求的条件并非短期内得以普遍具备的,从而只能是依据条件逐步扩展。至于双层规模经营和社区服务性规模经营,事实上正是现阶段中国农业规模经营的主要形式。采取这两种形式,不要求作为现阶段农业经营主体的农户发生任何制度性的变化,所要求的条件相当宽松,而却能够产生切实的效果,从而应当普遍予以重视。

无论采取何种形式的农业规模经营,成功与否的最终标志是规模效益。现阶段衡量中国农业规模经营效益的指标包括土地生产率(单位面积产量或纯收益)、劳动生产率(单位劳动力或单位劳动日产量或纯收益)和资金生产率(单位投资产值或纯收益)三大方面。三者得以兼顾,自然最佳;若难以兼顾时,则以追求何者为主,自然由主客观条件而定。例如,通过扩大荒闲土地的利用,即使是实行粗放经营,单位面积产量不高,也能够取得合算的资金生产率;通过雇用廉价劳动力,进行劳动力集约经营,往往可在较大面积的园艺作物上取得高产量、高收入;为在大面积耕地、收割等作业上抢时间而雇用农机,也可做到收大于支;等等。

第三节 市地规模经济

一、市地规模寓于城市规模之中

市地规模问题与农地规模问题大不相同。如前所述，在农村中农地规模即使用农地的单位的农用土地规模，而且通常以所使用的农地面积的大小作为各个单位的主要指标。在这里，农地是农业生产最基本的生产资料，它与农业生产的运行及其效率具有最为直接和最为密切的关系，从而使得农地规模问题具有极其丰富的内容。然而在城市中，市地规模虽然也与城市经济效益具有密切关系，但是通常却并不以城市土地面积作为城市规模的指标，而是以人口数量作为城市规模的指标。在有关城市规模的文献中，最常用的指标之一是"城市人均占用土地面积"，但是这一指标并不是关于城市规模的指标，而是反映城市用地的节约与浪费状况的指标。

那么，城市规模中究竟是否包括土地利用规模呢？回答当然是肯定的。在城市规模问题中，在"城市规模大→人口多→土地规模大（即土地面积大）→人均用地少（用地效益高）"的诸环节中，城市土地规模是不可或缺的。本书作为土地经济学教科书，为城市土地规模问题在城市规模问题中争得一席之地是理所当然的。实际上，即使人们不直接提到城市土地规模问题，它在客观上存在并发挥着作用，也是确定无疑的。表7-1以实际数例分析了城市规模中的市地规模。

表7-1 1996年中国城市规模与市地规模

按人口数量划分的城市等级	① >200万	② 100万—200万	③ 50万—100万	④ 20万—50万	⑤ <20万
城市数目	11	23	44	195	393
年底人口总数（万）	5411.8	4099.7	4299	15552.9	22148
土地总面积（万平方公里）	3.2	3.6	7.0	40.1	120
GDP（亿元）	8557.2	5926.7	5614.7	13064.8	13910.8
城均土地面积（平方公里）	2909（100%）	1565（53.8%）	1590（54.3%）	2056（70.7%）	3053（105%）
单位面积人口（人/平方公里）	1691.2（100%）	1138.8（67%）	614.1（36%）	387.8（23%）	184.6（11%）
单位面积GDP（万元/平方公里）	2674.1（100%）	812.6（30.4%）	802.1（30%）	325.8（12.2%）	115.9（4.3%）

资料来源：《中国统计年鉴·1997》，第331、338、339页。

表7-1的数据表明，在按人口数量划分的各个等级的城市中，"单位面积人口"和"单位面积GDP"呈现逐级递减态势，城市土地利用的规模效益趋势是明显的。但是，"城均土地面积"的数值却形成由递减到递增的走势，因而使得单位面积指标在不同程度上失真。从本质上来看，这是由于④⑤两个等级的城市占用的土地面积过大、存在土地浪费所致。

由以上所述可知，在以下的部分中无论是否直接谈到城市土地规模问题，其内容都寓于其中了。

二、扩大城市规模的动力

由于具有扩大的动力，城市规模趋于扩大。城市规模的扩大具有内部与外部两方面的动力。

城市规模扩大的内部动力是取得规模效益和集聚效益，此二者既有区别，又具有密切联系。城市规模的扩大，主要表现在人口、土地面积、GDP 等的增加等方面；而城市集聚程度的增加则主要表现在同一种类与不同种类的经济与社会单位在同一城市中的数量上的增加方面——所谓集聚实际上就是经济与社会单位在地域上的集中。城市规模的扩大必然伴随着城市集聚程度的增加，反之亦然。从而，城市的规模效益和集聚效益，尽管在理论上、本质上是不同的，但是在实际的生活中却是血肉相连、难以区分的。因此，本节在以下的叙述中，除了在确有必要的情况下分别提到二者之外，往往将城市集聚效益隐含于城市规模效益之中。

具体而言，城市规模的扩大具有以下的作用和意义：①从企业本身来看，可扩大各种企业的规模，使其取得相应的规模效益。②从各个企业的相互关系上看，各类企业可得到集聚，可使得各个企业互为市场，从而加强各个企业之间的协作，提高生产社会化的水平；也可使得各类企业得以配套，形成大规模的联合企业或者产生类似的效应，显著提高各个经济部门的效率。③从城市基础设施、公用事业和第三产业的发展上来看，可使得其种类更加齐全、规模得以扩大、设施趋于完善，从而更好地为城市经济活动和市民生活服务；④从人力资源上来看，可使各类人才集中，可更好地满足各个部门和单位的需要，并可使它们彼此互相学习、互相竞争、互相促进，从而使得人力资源发挥更大的作用。

城市规模的扩大，还有其外部动力。所谓外部动力，是指一个城市的周边地区、一个城市影响范围内的小城镇以及与一个城市关系密切的兄弟城市，对于该城市的发展在客观上的促进。对此不予详述。

三、影响城市规模的因素

影响城市规模的因素多种多样，下面对于其中主要的因素予以简介：
①区域因素和城市职能。在一个较大的区域范围内，必然在客观

上形成由大中小城市组成的城市体系,彼此密切联系、合理分工。这一体系是该地区的各种自然、经济、社会等条件的产物。每一个城市的规模,都不可避免地要受到这一体系的制约,并在其中寻找到自己的适当的位置。各个城市在国民经济中所担负职能的不同,会直接影响一个城市的规模。例如,一个多功能的中心城市的规模必然大于一般城市,一个综合经济中心城市的规模必然要大于专业中心城市,等等。

②地理位置。城市所处的地理位置对于城市规模所产生的影响,主要表现在以下两个方面:其一是城市发展的资源后备状况,这是决定城市规模容量的基础性因素。其中,首要的是土地资源。任何一个城市要扩大其规模,都需要附近的一定面积的后备土地资源的支持,这是毋庸置疑的。尽管通常把人口规模作为城市规模的主要标志,但是人口必须以土地为载体;若土地资源不足,人口的增加最终会遭遇强制约束。其次是水资源。水资源对于城市生产和生活的严格制约,早已是不争之理,不必赘述。其二是城市的通达状况。形象地讲,这是指城市所处的位置是否四通八达。尽管现代航空业的发展已经可以使地球上任何一点与其他各点之间的往来畅通无阻,但是以车船为载体的人与物的流动仍然是主体,而且只有这种流动会更强有力地影响城市的规模。

③城市基础设施。这是仅次于土地、水资源等城市规模容量的基础性因素的次级因素。城市所能够容纳的人口、各种经济和社会单位的数量和规模以及整个城市生活的质量,除了土地面积、水资源供应量之外,就要取决于城市基础设施的种类、配套、数量和质量了。如果城市基础设施状况滞后于城市规模,那么,城市的规模效益便会大打折扣。现代"城市病"(城市生活中的种种弊病)之由来,除了城市规模过大之外,主要是由于基础设施的落后。在城市的各种基础设施之中,交通系统乃是重中之重,而道路系统又是其核心。一个城市的正常

运行,能源、通信是不可或缺的基础;一个城市的经济和社会生活的活跃,则以作为城市动脉的交通系统为基干。

除此之外,还有人口、气候、地形、地质(地质状况影响地上与地下空间利用的集约度,从而影响城市规模)、地下资源(地下资源状况影响以采矿为主业的城市规模)等因素。

四、城市规模中的效益与成本

在城市规模中,一方面存在着效益问题,另一方面又存在着成本问题,有必要对于二者及其相互关系加以分析。

从个人的角度来看,与城市规模相关的效益主要表现在两个方面,即直接货币收入(如工薪收入)和享用公共设施受益。就前者而言,个人的平均收入水平是与城市规模俱增的,换言之,个人的平均收入是城市规模的函数。就后者而言,个人从城市公交、商业、文化、医疗、体育等公共设施方面的受益,也是随着城市规模的扩大而同步增长的。从个人的角度来看,与城市规模相关的成本负担主要是场地费用(主要体现在房地产价格与租金上)、通勤费用、外部成本等。从厂商的角度来看,与城市规模相关的效益主要表现在单位投资产出率方面(其具体指标主要是投资利润率),与城市规模相关的成本负担主要是工资、场地费用、外部成本等。

从整个城市的角度来看,城市规模的扩大会取得规模效益和集聚效益,主要表现在单位面积产出和人均产出上;而规模扩大所需要付出的成本则主要包括"门槛"成本、疏解成本和外部成本。其中的"门槛"成本是指,城市基础设施的建设,不可能是细水长流式的,而是要在一定阶段内集中投入一大笔资金,使之跨过一个"门槛"或"台阶",这样就会为城市规模的有效扩大创造前提条件。从长时期来看,在一个城市的发展过程中,要跨越几个"门槛"或上几个"台阶",每一次都要付出相应的成本,而且逐步提高。在两个"门槛"之间,城市的发展所需投资比较低,发展比较迅速,而遇到下一个"门槛"时便又需要支付一大笔投资,从而形成波浪式的投资和波浪式的发展。其情形如图7-1所示。

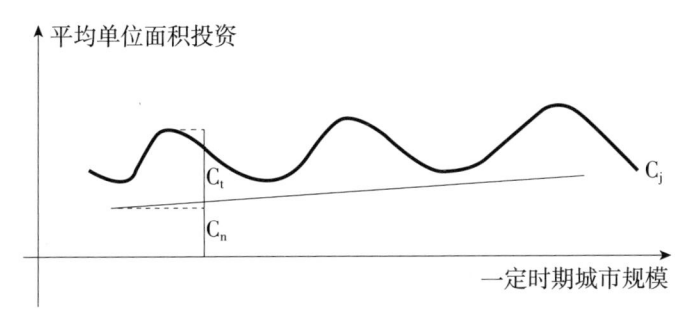

图 7-1　城市发展中的"门槛"成本

注：C_n 代表正常的扩建成本，C_t 代表"门槛"成本，C_j 代表跨越逐个"门槛"的成本。

资料来源：摘自张仲敏主编：《城市建设经济学》，中国财政经济出版社 1990 年版，第 106 页。略有改动。

其中的疏解成本是指当成本的"门槛"难以跨越时,部分居民和单位被迫迁出某一城市,公私各方所付出的代价。它是"门槛"成本的另一表现形式。

其中的外部成本即外部负效益,如污染（含"三废"污染、声光烟污染等）、遮光、交通拥堵、生态恶化等一切由于城市扩大而带来的"城市病"给人们造成的损失,以及因克服外部负效益即防治"城市病"而增加的支出。

为了确定最优城市规模,就要进行"成本-效益分析"。这一分析法的具体内容是,随着城市规模的扩大,企业的平均效益曲线的走势是由低到高再到低；企业的平均成本曲线的走势是由高到低再到高；而在两个曲线交叉之处,即企业成本相对最低和企业效益相对最高之处,此时的城市规模便是最优城市规模（optimal city size）（见图 7-2）。

成本/效益

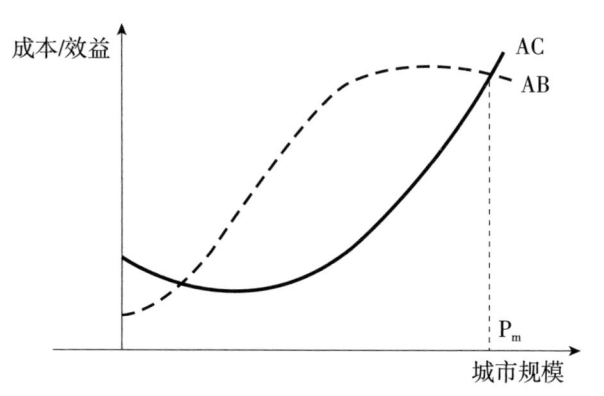

AC
AB

P_m
城市规模

图 7-2　城市规模与企业成本-效益分析

企业的平均成本 AC 随着城市规模的扩大,先是下降然后上升;企业的平均效益 AB 随着城市规模的扩大,先是上升然后下降。AC、AB 的右侧交叉点,是城市最大生存规模。

资料来源:摘自张仲敏主编:《城市建设经济学》,中国财政经济出版社 1990 年版,第 108 页。

图 7-2 是城市规模与企业成本-效益关系的分析,此外,还可对城市规模与个人费用-效益进行分析(见图 7-3)。

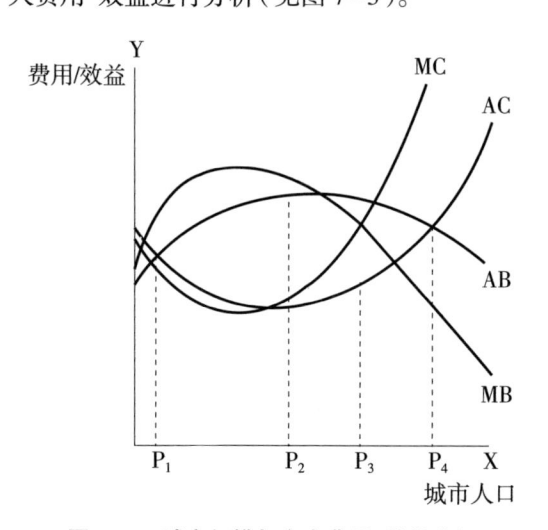

Y
费用/效益

MC
AC
AB
MB

P_1　P_2　P_3　P_4　X
城市人口

图 7-3　城市规模与个人费用-效益分析

资料来源:摘自〔英〕K.J. 巴顿著:《城市经济学》,商务印书馆 1984 年版,第 92 页。

在图 7-3 中，AB 是合并平均效益曲线，表示人均效益随城市扩大而变化的情况，其走势是开始时迅速增长，后来上升趋势减弱，最后下降；MB 是边际效益曲线，表示城市每一新增成员所获得的效益；AC 是城市平均生活费用曲线，它随城市规模的扩大而呈现高—低—高的走势；MC 是边际费用曲线，其走势与 AC 相似；P_1 是城市最小合理规模；P_2 是平均每人效益最高的城市规模，此时 AB 与 AC 之间的差距最大，但 MB＞MC，城市人口仍然会增加；P_3 为城市总效益即社会效益最高时的规模，但由于 AB＞AC，对于个人仍然具有吸引力，城市人口仍然会增加；在 P_4 处，AB＝AC，如果继续增加人口便会超出城市规模效益的上限。

第三编　土地财产经济

土地财产经济是土地经济学三大板块之一（另两个板块为土地资源经济和土地资产经济），其研究对象是作为财产的土地，主要包括土地财产所有制、土地财产使用制与土地财产国家管理制等内容。为了行文上的简便，往往把"土地财产"径称为"土地"。

第八章　土地财产经济概论

第一节　土地财产与土地财产权利的基本概念

一、土地财产、土地财产权及其相互关系

本书借鉴新制度经济学及相关学科的基本理论框架和概念，自成体系地论述土地财产经济问题。在本节中，对于有关土地财产经济的主要概念加以叙述。其必要性在于：第一，相关的概念较多，对于其异同往往认识不一；第二，这些概念往往既涉及经济学又涉及法学，易于产生混乱；第三，一些概念既涉及一般经济学又涉及新制度经济学，其来龙去脉、相互关系往往不易理清；第四，目前采用的概念与过去习用的"土地制度"有同有异。总之，作为一本教科书，如果不对这些概念在本节有所交代，以下各节就会难以叙述和理解。

土地财产。要研究土地财产（land property），首先要搞清什么是财产（property）。江平主编的《现代实用法律词典》对财产的界定是："一般指金钱和物资，也包括财、物方面的民事权利和义务。可分为：有形财产（又称"有形物体"），如金钱、物资；无形财产（又称"无体物"），如物权、债权、著作权等。也可分为：积极财产，如金钱、物资及各种财产权利；消极财产，如债务。"[1] 据此不妨认为，土地财产有狭广之分。

---

[1] 北京出版社1998年版，第28页。

狭义的土地财产即有形土地财产，亦即土地实物；广义的土地财产则除土地实物之外，还包括有关土地的民事权利和义务。当需要严格区别土地财产和土地财产权之时，对于"土地财产"应取狭义，反之，则可取广义。而且，必要时应对于所述"土地财产"系狭义或广义，加以说明。

土地财产权。首先要明确什么是"财产权"。在中文中，"财产权""财产权利""产权"（property rights）这几个概念完全同义，其差别仅仅是文字表达上的繁简而已。

两本权威性工具书对于财产权的界定如下：《中国大百科全书·法学》一书的"财产权"条："人身权利的对称，即民事权利主体所享有的具有经济利益的权利。它具有物质财富的内容，一般可以货币进行计算。财产权包括以所有权为主的物权、准物权、债权、继承权以及知识产权等。……财产权是一定社会的物质资料占有、支配、流通和分配关系的法律表现。"[1]《牛津法律大词典》一书的"财产权·财产"（property）条："财产权是指存在于任何客体之中或之上的完全的权利，包括占有权、使用权、出借权、转让权、用尽权、消费权和其他与财产有关的权利。"[2]此外，法学家江平主编的《现代实用民法词典》也指出：财产权是"指具有物质财富内容，直接和经济利益相联系的民事权利。属于这一类的权利有所有权、其他物权、债权、继承权、版权和专利权、商标权等"[3]。根据以上定义，可给出土地财产权的简要定义如下：土地财产权是泛指一切具有物质财富内容、反映经济利益的土地权利。

土地财产与土地财产权的相互关系。从这一角度看问题，意味着认定土地财产的含义是狭义的。这一相互关系，若是用法律术语来确

---

[1] 中国大百科全书出版社 1984 年版，第 33 页。
[2] 光明日报出版社 1998 年版，第 729 页。
[3] 北京出版社 1988 年版，第 31 页。

切地表达便是:"财产"是"财产权"的客体。《中国大百科全书·法学》一书中的"权利客体"条明确指出,权利客体(object of right)是"指法律关系中权利主体间权利和义务所指向的对象,即法律关系的客体。又称权义客体,是法律关系构成的要素之一"。可见,作为权利客体的并非权利和义务本身。该条文指出的权利客体包括三大类:①"物。亦称标的物。指在法律关系中可作为财产权对象的物品和其他物质财富。"②"行为。作为法律关系客体的行为,包括一定的作为或不作为。"③"和人身相联系的精神财富。如发现权、发明权等权利的客体是发现和发明。"[1] 此外,如著作、专利项目等则是著作权、专利权的客体。

进一步看,一方面,人们对财产的拥有状况反映人们之间的财产关系(生产关系的主体部分),属于经济基础范畴;另一方面,人们对财产权的拥有状况反映人们之间的法律关系,属于上层建筑范畴。因此,"财产"与"财产权"的关系,无非是同一事物的经济关系与法律关系的反映而已。换言之,两者是一个统一事物的不同方面,从而具有同一性。

二、土地财产经济与土地产权经济

"经济"一词的一般含义是生产关系与生产力的运行,"土地经济"的一般含义也是如此。但是,土地财产问题却只涉及生产关系问题而不涉及生产力问题。至于土地财产权利,则是土地财产关系(生产关系)的法律表现,归属于上层建筑。可是,它为什么又会成为经济问题呢?经济问题与法律问题、经济基础问题与上层建筑问题,是如何相互兼容的?

---

[1] 中国大百科全书出版社1984年版,第486页。

这一问题的答案如下：第一，一般而言，经济问题与法律问题分属不同领域，二者泾渭分明，互不相涉。然而"财产"与"财产权"问题应属例外。二者只不过是同一事物的两个不同侧面；实际生活使得二者难以截然分开。第二，二者的关系是如此紧密，以致在实际生活中不仅出现了"财产法学"，而且出现了"产权经济学"。顾名思义，这一经济学是研究产权经济问题的，是从经济利益的角度研究对财产的占有、使用、收益、处分等方面问题的经济学。第三，产权经济学并不是从法学的角度，而是从经济权利、经济义务、经济关系的角度来研究产权问题的，因而，产权经济学中的"产权"，实际上已经被当作经济学的要素而加以研究——这就是产权经济学的实质。

产权经济学又是新制度经济学的组成部分。新制度经济学把法律、法规等视为约束人们行为的正式制度，产权正是通过正式制度而得到体现的。

根据以上所述，则"土地财产经济"与"土地产权经济"便只是对同一事物从不同角度的表述而已。因而，通常所说的"土地制度"，便既包括土地财产制度，又包括土地产权制度。

第二节 土地财产制度基本原理

一、土地财产制度的概念

在本章的第一节中，已经对财产和土地财产权的概念作了解说，在此基础上再对"土地财产制度"加以解说。为此，首先要对"制度"予以简明界定。一般而言，制度是人们行为的规范，是约束人们相互关系的规则的集合，普遍存在于人们活动的一切领域。我们这里所说的"土地财产制度"，其全称应是"土地财产经济制度"，是约束人们在土地财产的占有、使用、收益、分配等方面的经济关系以及国家与土地所有者、使用者经济关系的基本行为规范或基本规则。

土地财产制度是整个土地经济制度的组成部分。就土地经济学的三大板块而言，除了土地财产经济制度而外，还有土地资源经济制度、土地资产经济制度。土地财产经济制度所涉及的是关于土地所有、使用及国家管理方面的制度。

二、土地财产制度的构成

在此，首先对制度的构成加以简介，然后再具体叙述土地财产制度构成的问题。制度是由正式制度与非正式制度所构成的。正式制度是指人们有意识制定的，包括政治、经济、文化、军事等方面的制度。其具体形式包括由宪法、法律、法规、规章等所体现的制度。这些制度的约束是硬性的，是要强制执行的。此外，双边或多边的契约，在执行上也具有强制性，从而也应列入正式制度的范围。当然，契约只能约束当事人，并不具有普遍意义。

正式制度主要从以下几个方面规范人们的行为：①规定人们"行"（允许）"止"（禁止）的范围，即对于人们的行为空间加以界定；②在可行的范围内，规定相关人员、单位的权利与义务及分工合作；③对人们的行为进行奖罚以体现鼓励和限制。

至于非正式制度，概括而言是指社会意识形态，包括人们在政治、经济、法律、哲学、伦理、宗教、文学、艺术等方面的观念的集合，是支配人们行为的非强制性准则。此外，人们的风俗、习惯，即长期形成的思维和行为定式，往往也具有非正式制度的特征。

正式制度与非正式制度具有密切关系，其具体表现如下：①正式制度要以非正式制度中的社会意识形态为基础，否则将是无本之木、无源之水，不仅难以落实，更谈不到完善；②非正式制度要以正式制度为保障，否则难以延续、改善和强化；③若二者相契合便会产生积极作用，否则便会产生消极作用。因此，在制度的运行和变迁中，要特别注意二者的相互关系问题。

以上一般理论，在土地财产经济制度领域中自然也是适用的，即土地财产经济制度也包括正式制度和非正式制度两大方面。关于土地财产经济的正式制度即关于土地所有制、土地使用制、土地国家管理制等方面的由法律、法规等正式文件所界定的制度。至于关于土地财产经济的非正式制度，则是相关的理论、观念、习惯等等。例如，与中国土地公有制相适应的土地理论、观念便是关于巩固土地公有制的理论、观念；如果要改变现行的土地制度，就必然首先要在理论上、舆论上造声势，而且在改制后继续巩固这方面的阵地。

以上是按制度的性质而划分的土地财产制度的构成，任何制度概莫能外。至于土地制度本身，则按其涉及的土地财产的主要方面而区分为土地所有制、土地使用制和土地国家管理制三大部分。

三、土地财产制度的功能

一切制度都具有两大基本功能，土地财产制度也不例外，这就是保障功能和激励功能，其他的功能都是这两大功能的派生物。

土地财产制度的保障功能（含保险功能），基本体现在两大方面：其一是保障土地财产制度的正常运行——例如，使中国城镇土地国家所有制及与其相适应的土地使用制得以正常运行；其二是保障经济利益的合理分享（含利益分配功能）——例如，在土地国有制条件下，使国家和公私土地使用者的利益得以分享；在土地集体所有制的条件下，使集体经济及其成员的利益得以合理分享。就土地财产制度的激励功能而言，则主要是指在物质利益上进行激励，使土地所有者、使用者能够合理分享土地的经济收益。在土地制度的两大功能之中，关键在于落实保障功能;只要保障功能得以落实,激励功能的落实往往就水到渠成了。

除了上述基本功能之外,还有在此基础上派生的功能。其中包括协调功能——在充分发挥保障功能与激励功能,保障各有关方面的基本利益而且能够调动其积极性的条件下,各有关方面的关系自然易于协调;还包括抑制(约束)功能——派生于激励功能的反向功能。

土地财产制度的功能,首先是规范和调节人与人之间的关系,然后在此基础上规范和调节人与物以及物与物之间的关系便是顺理成章的。因此,人们经常提到的资源配置功能,便是调节人与人之间关系的激励功能和保障功能的派生物。

土地财产制度的功能结构如图8-1所示。

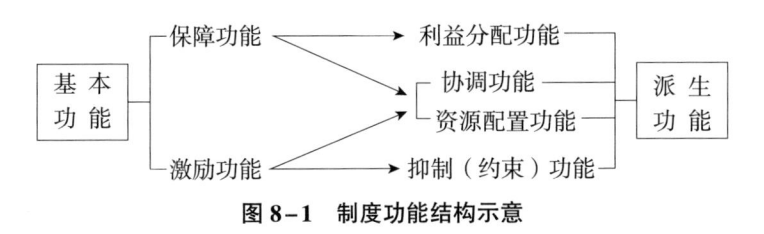

图8-1 制度功能结构示意

四、土地财产制度的有效性和稳定性

任何能够正常运转的制度都具有有效性与稳定性这两个基本属性,土地制度也不例外。

所谓土地制度的有效性是指它能够适应客观条件,从而能够正常地运转,发挥其应有的各种功能。换言之,土地制度作为一种开放系统,在正常情况下能够同外部环境进行信息、物质等方面的交换,以维持自身的生命力。土地财产制度拥有有效性的条件之一是其实际性,即制度能够在客观世界中实现自己而不是有名无实;条件之二是制度本身具有自我调节机制。

所谓土地财产制度的稳定性是指该制度能够在客观条件无明显变化的条件下,得以持续地、正常地发挥作用。一项制度具有稳定性的基本前提条件是具有有效性。一项有效而稳定的制度,在其实际运行中必然会产生优势惯性,即自我优化机制。此项机制的主要表现是:①启动成本分摊。在制度启动时必然产生一笔启动成本,这一成本会在制度运行中逐步分摊到日益增多的对象身上而使单位成本不断降低。②产生协调效应。在一项制度实施的过程中,与它相适应的次级制度必然随之而出现并形成配套成龙的效应。当然,一项不良的土地制度的存在,也必然会形成劣势循环,并最终会导致该制度的破败。

中国的实践证明:过去的农村土地集体所有、统一使用制不能正常地运转,不具有有效性从而不具有稳定性;而农户承包制则恰恰相反,从而具有有效性和稳定性。

五、土地财产制度的变迁

制度变迁即制度的更迭,这是任何制度都会碰到的问题,土地财产制度当然不会例外。"土地改革"是人们很熟悉的概念。从土地财产经济的角度来看,其实质便是土地财产制度改革或土地财产制度变迁。

(一)土地制度变迁的诱因

在何种情况下会发生制度变迁?是在既有制度不能满足客观需要之时,即制度供求失衡之时。概括而言,制度变迁的诱因无非是两个:效率诱因和公平诱因。

首先谈谈效率诱因。若现有制度已经取得了各项投入要素的全部收益,现有制度就处于良好状态。此时,制度的变迁不会给任何人带来新的收益,当然就不会出现变更制度的客观需要,即处于制度供求平衡状态。反之,若客观条件的变化使获得潜在收益的可能性增加,而且预期会超过制度变迁所付出的成本,就必然会诱发制度变迁。

其次谈谈公平诱因。尽管在不同社会、不同时期、不同制度条件下的公平观有所不同,但是,任何一项制度都要符合特定时间、特点地点、特定条件下的公平要求,则是无可置疑的。仅仅从奴隶要求解除人身奴役,农民要求有地可种,工人要求取得合理报酬,厂商要求进行公平竞争等方面来看,便可证明公平也是人类社会所不懈追求的目标之一,从而理所当然地会成为制度变迁的基本诱因之一。仍以农村土地制度由集体所有、统一使用的制度过渡到农户承包制为例。前者,只有表面上的平等,而在实际上却难以公平地实现劳动者的各尽所能、按劳付酬,从而谈不到效率,而后者却因体现了公平而较好地调动了农户的积极性而大大提高了效率。

(二)土地制度变迁的类型

土地制度变迁有哪些类型?如果从领导与被领导的关系来看,大体可归纳为以下三种:

①自发型变迁。其特征是,由少数个人或经济单位等,超出现行法律、法规、政策的范围,自发地进行的制度变迁。其基本目的在于消除现有制度的缺陷,提高制度效益。就微观层次而言,其效益当然会是正面的;但是就宏观层次而言,则有时会是负面的。例如,在人多地少的国家和地区中的农地自发地转为非农用地的问题,往往可列入此类。

②强制型变迁。指由国家通过法律、法规、政策等而强制进行的变迁。向社会提供制度是国家的基本职能之一,它可弥补制度供给的不足,纠正不良的制度安排,改善经济的运行。通常,在方向正确、处置得当时,这种强制型制度变迁具有规模大、进展快、成本低等特点。然而,若反之,其危害也大。

③劝导(诱导)型变迁。由中央、地方政府或社会团体、民间组织发动,鼓励人们接受但并不强制进行的制度变迁,它处于自发型与强制

型之间。它适合于对良性自发型的制度变迁予以引导和规范,也适合于对无把握的强制型制度变迁予以弱化。

以中国农村土地财产制度变迁为例。建立高级农业生产合作社、农村人民公社,实行土地集体所有制,属于土地制度的强制型变迁,而实行土地的农户承包制则是由初期的自发型变迁逐步转变为劝导型变迁。

本节所论述的大部分,就其基本精神而言也适用于土地产权制度。

第三节 土地产权制度概述

一、土地产权制度的概念

土地产权制度是法定的土地财产权利,是土地财产在法律上的肯定或土地财产的法律存在形式,可简称为土地法权,它属于上层建筑范畴。在中国,要对"法律"作广义理解——除了正式的法律、法规外,政策也具有强制性,也必须遵循。

土地产权在一个国家的经济生活中是一个重要因素。通过土地产权,社会成员之间、社会组织之间、各级政府之间的土地财产关系得以确定。同时,法律的强制性,也表明了产权对于一个国家的社会生活、政治生活具有重要意义。

土地产权由三要素构成:①土地产权主体——土地产权的拥有者,包括个人、小组、集体、企业、社区、国家等。②土地产权客体——土地财产关系客体,即土地产权本身,包括所有权、使用权等。③土地产权束——土地产权的整体组成以及不同产权主体所拥有的产权客体的具体组成。

那么,土地产权是如何组成的,即土地产权束的内容如何?国内外学者对此的认识很不一致。就国内学者的观点而言，大体有以下几种：其一是，土地产权等于土地所有权。其二是，土地产权等于土地财产支配权，与所有权、经营权是并列的。其三是，在土地权利中，一种是土地所有权，另一种是土地产权；土地产权包括土地使用权、收益权和处分权。与此相类似的提法是：土地制度包括土地所有制和土地产权制度，前者主要解决土地由谁所有的问题，后者主要解决土地如何使用的问题。而且，持这种提法的人还都认为，由于实行了土地国有制和土地集体所有制即实现了土地公有制，土地所有制的问题就得到了解决，现在需要解决的是在土地公有制条件下的土地使用、收益等问题，即土地产权问题。

如何看待这些观点呢？正如本章第一节引用的《牛津法律大词典》的"财产权·财产"条所指出的那样，"财产权是指存在于任何客体之中或之上的完全的权利"，据此，可以认为，土地产权就是有关土地这种财产的一切权利的总和；土地所有权、使用权、收益权、处分权等，都自然而然地是土地权利的组成部分；一切把土地产权看成是土地财产权利的一部分的观点都是片面的。既然如此，也就可以把土地产权理解为由各个单项土地权利所组成的土地权利束（the bundle of rights in land property）。其中，每一个单项权利，就是权利束中的一根"权杖"（property stick），这些"权杖"会以不同的方式组合，形成二级甚至三级权利束，分别掌握在不同的产权主体（法人和自然人）手中。①

二、土地产权的种类

依土地产权主体的不同，即依据土地所有制，土地产权分为私有土

---

① 参见〔美〕R.T. 伊利等著：《土地经济学原理》，商务印书馆1982年版，第163—164页；〔美〕R. 巴洛维著：《土地资源经济学》，北京农业大学出版社1989年版，第247—248页。

地产权（如地主、个体农户的土地产权）、共有土地产权（如我国农村的社区集体所有土地产权）、国有土地产权等；在此基础上，依据土地产权束的拥有状况，可区分为土地所有者产权、土地使用者产权（如农民拥有的土地承包权、市民拥有的房基地使用权、企业拥有的国有土地使用权等）、土地管理者产权以及公共产权等。

公共产权与农村社区集体经济内部成员的土地使用权不同。后者是在一个特定的范围内、由特定的成员所拥有的排他的使用权，简言之，即由特定人群使用的特定土地的产权；前者则是，由非特定人群使用的特定土地的产权，即向一切人开放、允许一切人使用的特定范围的土地的产权。这种公共使用土地，又分为两大类。一类是社会福利性用地，供人们无偿、任意使用，如绿地、水面、广场、灯塔、气象服务等所占用的土地，属于公共产品（public goods）；另一类设施尽管也完全向公众开放，但却是有偿、有限制使用的，如商场、影院、学校、公交设施等，其所占用的土地，并不属于公共产品。此外，还有介乎两者之间的准公共产品，如道路、水利设施等所占用的土地。

三、土地产权制度的功能

土地产权制度的基本功能、派生功能等，与土地财产制度相同，此处仅谈其具体功能。有一种观点认为，产权具有经济、社会、生态、政治等方面的功能。其中，经济功能不必解释；社会功能主要是指为社会的延续提供保障；生态功能主要是指保障资源的可持续利用；政治功能主要是指财产权是政治权力的基础，财产权是社会秩序的组成部分。[1]

---

[1] Franz Von Benda-Beckman：《产权和土地产权改革：产权理论及其在土地产权改革中的应用》，见曲福田等著：《中国土地制度研究》，中国矿业大学出版社1999年版，第290—293页。

本书则仅论述其经济功能,大体有以下三点:

①为土地市场提供前提——提供进行市场交易、建立市场秩序的基础性条件。土地市场交易本质上是土地产权的交易,但是也伴随着物的交易(前者不可能完全脱离后者),从而,只有建立、健全土地产权制度,才有可能建立、健全土地市场制度。这是土地产权制度的基本经济功能。其具体内容包括:通过规定进入土地市场的土地产权主体的资格、权利、义务等,保障合格者上市;通过规定进入土地市场的土地产权的资格并调节其价格等,保障交易对象在土地市场中的正常流转;等等。

②降低交易费用。当土地产权界定不当时,交易成本会很高,影响土地产权交易的正常进行。此时,重新界定土地产权以便降低交易成本,就很有必要了。例如,如果在实行农村家庭土地承包制时,对于集体经济与家庭双方的产权界定不清,必然会引发无穷无尽的纠纷,即大大提高交易费用。反之,则可大大降低交易费用——扩大而言,即降低制度运行费用,提高制度运行效益。

③克服外部性。经济生活中的外部性是指,某个或某些人(或单位)的经济效益函数的自变量中包含了他人的行为,换言之,即是一方对另一方在经济上造成或正或负的影响而不能得到补偿或惩罚。这种外部性,既可通过政府出面强制地解决,也可通过道德的教化来解决,但是通过完善土地产权制度而完善土地市场交易,却可收到无可替代的、事半功倍的作用。

从产权的角度来看,外部性的出现,根本的原因在于产权界定不清,造成有关方面的权利与责任不清。例如,为防止工厂的"三废"对农田的污染,可通过政府收取污染费的途径以遏制"三废"的排放,也可伴之以对工厂的思想教育,除此而外,若通过法律规定农田使用者拥有免除污染的权利,工厂排污必须进行如实赔付,效果就会更加显著。

在后一种情况下，农地使用者便会更加积极、更加严格地监督工厂的排污，并依靠法律索赔，从而迫使排污的工厂更加严格自律。

四、界定土地产权的原则

此处分别从产权主体、产权客体等最重要的方面提出界定土地产权的最基本要求。

①土地产权主体适当分解的原则。产权主体不仅因经济制度而异，也因不同的经济体制而异。例如，在封建土地制度下，涉及土地产权的主体有地主、富农、中农、佃中农、下中农、贫农等，分别是土地所有权、土地代管权、土地自有自营权、土地租入经营权等的主体。在社会主义市场经济条件下，在国有土地范围内，土地产权主体则有国家、厂商、事业单位、住宅所有者与使用者等等。所谓土地产权主体的适当分解，是指要切合经济生活的客观实际，明确相关主体之间的权利界区，以便做到各主体之间的矛盾最小。例如，在社会主义市场经济条件下，国有土地使用者主体，具体划分为有偿使用者和无偿（低偿）使用者，就是切合实际的。显然，土地产权主体的划分，是土地权能划分的前提条件。

②土地产权客体适当分解与适当配置的原则。土地产权客体即土地产权，客体是相对于主体而言的。所谓"适当分解"，是指其分解既符合已分解的产权主体之间分权的需要，又能够使每一单项权能的内涵明晰，各个权能之间的界限清晰，彼此之间既相互区别，又相互衔接，不致相互脱节或混淆；所谓"适当配置"是指各个单项权能在不同的产权主体之间的合理配置，使得不同主体的产权界限清晰。例如，在实行土地所有者权利与使用者权利分离的条件下，国有土地所有者保有土地的最终处分权，即保有在合同到期时收回已出让的土地权利的权利，土地使用者保有的土地使用权的出租、转租、抵押等权利，则是

不损害土地所有者权利的部分的、一定时限内的处分权。土地产权的这种分割和配置,就应当被认为是适当的。

很明显,适当的主体并且各自拥有适当的土地产权,是进行正常的土地产权交易的基本条件——既明确了产权交易的主体,又明确了产权交易的客体。这样做,也符合经济生活中"矛盾最小"原则的要求,使产权主体在产权配置方面的矛盾最小。

③土地财产权利与义务对称原则。即权责对称原则,所得与付出对称的原则。这意味着,享有一定的产权,就要尽相应的义务,做到权利不被侵犯,义务不得逃避,从而使得产权关系正常化。例如,土地所有者享有土地出租权及收租权,那么,就要相应地尽提供土地使用权的义务;土地使用者取得土地租赁使用权,就要相应地尽如期、如数交纳地租以及保护土地等方面的义务。土地权利与义务的对称,还涉及外部性内部化的问题,即解决在土地利用上的无偿受益与无端受损的补偿问题。

④制度效益最大原则。这一原则要求,任何一项产权制度,都应既有利于最大限度地降低其制度运行费用(简称制度费用),又有利于最大限度地提高其制度运行收益(简称制度收益)。收益与费用之比即为效益,只有既提高收益又降低费用才能提高效益。例如,由城镇国有土地的无偿或低偿使用制改变为有偿使用制,固然会增加运行费用,但却能更大幅度地增加运行收益,因而其制度效益会大大提高。

五、土地产权束的构成

土地产权是由层次不同的多种权能构成的,形成具有多层次、多权能的土地产权束——从形象上来看,可称之为"土地产权树"(见图8-2)。

图 8-2 是现阶段中国国有土地产权束的示意。它分为四个层次：第一层次包括全部土地产权；第二层次将全部土地产权分解为三大部分；第三层次是第二层次的具体化；第四层次则是对第三层次中的土地处分权的具体化。它具有以下四个特点：第一，它反映中国国有土地产权体系中三个主体并存、三者各自拥有自己的产权束的特征。第二，土地所有者产权束居于核心地位，土地宏观调控者产权与土地使用者产权都是对土地所有者产权的分割。其中，土地所有者产权具有原生性，而土地宏观管理者产权与土地使用者产权都具有次生性——无论是国有土地或集体所有土地都是如此。第三，土地宏观管理者对土地所有者产权束的分割具有强制性，而土地使用者对土地所有者产权束的分割则具有契约性。

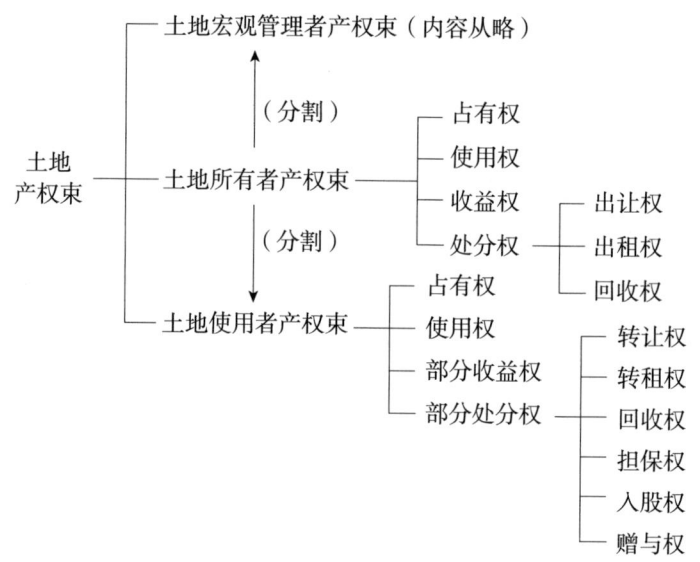

```
                    ┌─土地宏观管理者产权束（内容从略）
                    │        ↑
                    │     （分割）       ┌─占有权
                    │        │           ├─使用权
土地    ┌─土地所有者产权束──┼─收益权
产权束─┤                    │           └─处分权─┬─出让权
                    │     （分割）                ├─出租权
                    │        ↓                    └─回收权
                    │                   ┌─占有权
                    │                   ├─使用权
                    └─土地使用者产权束─┼─部分收益权
                                        └─部分处分权─┬─转让权
                                                     ├─转租权
                                                     ├─回收权
                                                     ├─担保权
                                                     ├─入股权
                                                     └─赠与权
```

图 8-2　中国国有土地产权束示意

本书在构建中国土地产权体系时所遵循的思路是：

第一，对于土地产权既从经济学的角度进行探索，又从法学的角度进行探索，并把二者紧密地结合起来。这是由于，土地产权问题既是经济问题又是法学问题。从土地经济学的角度研究土地产权问题,意味着:土地产权本身是经济权利,其设置、分割、落实,体现着土地产权主体之间的经济关系。作为新制度经济学分支的产权经济学,正是经济学与法学相结合的产物。本书关于土地产权的一切论述,实际上都是以产权经济学的基本理论为指导的,并在此基础上对土地领域产权问题进行具体的探索。当然,这并不意味着"违法"或"非法"(这里的"法"指法学、法理)。恰恰相反,在从经济学角度研究土地产权问题时,应当力求应用法理并做到相互结合,相得益彰。因为,从应用的角度来看,二者并不是非此即彼或各行其是的。

第二,在设计土地产权构成时,回避物权与债权的区别与联系之类的问题。其理由是,从民法学理论的角度来看,物权与债权的性质和特征是不同的、不可混淆的,然而,在设置土地产权的权能时,若忽略物权与债权的区别但并不特意将二者相混淆,恐怕也是站得住脚的。为什么?这是由于关系到土地经济运行的土地产权的具体权能的设置与分割,其关键在于内涵明确,彼此之间的界限清楚,不至于互相混淆和脱节,而并不在于着意对何者属于物权及何者属于债权加以严格的界定和区分。何况,债权物权化几乎已经是公认的世界性潮流了。当然,这并不意味着在本书中完全不提物权与债权问题。

第三,不是着眼于土地所有权与土地使用权的"两权分离",而是着眼于土地所有者产权与土地使用者产权的"两权分离"。其理由是,产权的分割从来都是在不同产权主体之间进行的,若脱离产权主体,则作为客体的土地所有权与土地使用权的划分,岂非无的放矢或隔靴搔痒吗?何况,土地使用者从土地所有者手中所分割的,远不仅仅是土地使用权。

有关土地产权体系各个层次中的具体问题,将在以后的有关章节中叙述。关于中国农村集体土地产权束的剖析从略,读者可举一反三。

第九章 土地所有制与土地所有权[①]

第一节 土地所有制

一、土地所有制的概念和类型

土地所有制（land-ownership system）即土地财产的归属制度。从这个意义上来说，不同的土地所有制，意味着土地财产归属于不同的土地所有者，而且，不同的土地所有者（land owner，land holder）的性质，决定了不同土地所有制的性质。进一步可从语法上来分析："土地XX所有制"中的"XX"（所有者）是以名词作为定语，表示对于中心词（所有制）的领有，但是省略了作为结构助词的"的"字。[②] 例如，"土地国家所有制"意味着土地财产归属于国家。在不致发生歧义时，对于土地所有者可径称之为"地主"（landlord）。

土地所有制的类型，可按多种标准划分，但主要是按土地所有者的不同而划分。按照作为自然人和法人的土地所有者的不同，除了只存在于原始社会的部落（由氏族公社所组成）所有制和农村公社（又称农业公社、村社）所有制之外，可区分出以下几种主要的土地所有制：

[①] 本章是在笔者主编的《土地经济学》（农业出版社1989年版）的第6章第3节和第4节的基础上改写、充实而成的。

[②] 参见吕冀平著：《汉语语法基础》，商务印书馆2000年版，第78、245页。

①土地个人所有制(personal land-ownership system),即土地财产归属于个人或以个人作为土地财产主体的制度。具体地说,这里的"个人"包括奴隶主、封建地主、封建领主、资本家、农民、小商贩、小手工业者、职员等等,甚至也包括国王。土地的个人所有制的初始形态为奴隶社会中的自由民土地所有制,后来则以封建社会和资本主义社会中的地主土地所有制、资本家土地所有制、个体农民土地所有制为主要形态。进一步,还可对于土地个人所有制加以分类,例如,可按其拥有土地面积的大小而区别为大土地所有制和小土地所有制,也可按土地所有者的阶级性区别为剥削者土地所有制和劳动者土地所有制。

②土地家庭所有制与土地家族所有制[①](family land-ownership system, clan land-ownership system)。土地的家庭所有制,首先是指核心家庭土地所有制即夫妻共有制,其本质接近个人所有制;其次是指扩大的家庭(extended family)土地所有制——在儿子自立门户时可分得部分土地及其他财产。土地的家族所有制则是以大家庭为单位的全体家庭成员的共同所有制,土地一般不会成为个人财产,而以家长作为代表和管理者,从而与个人所有制具有很大的区别。世界上的许多民族,在历史上都长期存在着土地家庭所有制,并且在法律上得到承认,至今在个别地方依然保留着。中国封建社会中的土地家庭所有制,属于扩大的家庭土地所有制,并非家族土地所有制。

③土地共同所有制(joint land-ownership system),即土地财产属于若干人共同所有的制度,其具体形式多种多样。例如,我国农村社区土地集体所有制,其土地属于行政村或村民小组全体农村居民共同所有,不得分割为个人所有,但是,无论是由集体统一使用还是由农户或农民个人分散使用,都不影响其共同所有的性质。又如,属于股份公司所有

---

① 参见王卫国著:《中国土地权利研究》,中国政法大学出版社1997年版,第54页。

的土地,即属于全体股东所有,也不得分割;实际上,可径称之为土地公司所有制。此外,若一座建筑物的不同部分分别为不同所有者所有,则整个建筑物的地基及其附属土地便相应地分属于该建筑物的不同所有者,每个所有者按一定的标准拥有一定的份额(往往称为建筑物的土地"持分"所有),但是实际上不可能分割使用。

④土地政府所有制(government land-ownership system),即土地财产属于各级政府所有的制度。例如,美国的联邦政府及各州、市、县政府都分别拥有其土地;其所有权明确而具体,可相互买卖、租赁,但是不得依靠权力而调拨。又如,日本称各级地方政府所拥有的土地为公有土地,但是其具体情况与美国相似。

⑤土地国家所有制(state land-ownership system),即土地财产属于国家所有的制度。一般而言,在社会主义国家中,全部或部分土地归国家所有。例如,苏联在"十月革命"胜利后,实行土地国有化,全部土地归国家所有。中华人民共和国成立之后,城市土地逐步实现国有化;农村中除了已经归农民所有的土地外均归国家所有;森林、草原、荒地、沙漠、河流、湖泊等等也均为国有土地。在中国历史上,在奴隶社会和封建社会都存在过土地国有制。目前,在资本主义国家中,也存在着土地国有制——有些国家称中央政府所有的土地为国有土地(如日本、新西兰等)。

土地的政府所有制与土地的国家所有制,在称呼上往往有所交叉,似乎存在一定程度的混乱。实际上,国有土地必然归中央政府管辖,那么,称之为中央政府所有的土地,未尝不可;反之,将中央政府所有的土地称之为国有土地,也未尝不可。此外,在某些情况下,土地国有制也被称为土地全民所有制。实际上,并不是任何国家或任何中央政府,在任何情况下总是能够代表全体国民或人民的;换言之,二者的利益并不总是一致的。因此,使用"土地全民所有制"的称呼,往往并不确切。

对于土地所有制,还可按其性质加以分类。主要的是区分为土地私有制与土地公有制。土地的个人所有制,当然属于私有制,而土地的共同所有制则应按其共有的土地本身的性质区分为私有制或公有制。例如,在房地产为私产的条件下,土地的持分共同所有制的性质当然是私有制;而我国农村社区成员所共同拥有的土地,其土地制度的性质当然是公有。至于土地的政府所有制与土地的国家所有制,自然应视为土地公有制。这是由于,尽管不同的政府与国家的阶级本质不同,但是,任何政府与国家都必然要承担以其土地为载体的公共事务,发挥土地的社会保障功能等。

英国和英联邦中某些国家和地区的现行土地所有制的提法,往往使人们感到困惑。例如,在英国,至今仍然宣称"全国土地仅仅属于英王所有",对此,究竟应当如何理解呢?实际上,英国自1066年建立诺曼封建王朝以来,就宣布全国土地仅仅属于英王(the Crown)所有(实际为国家所有),个人和私有机构只能使用土地。然而,其实效仅限于封建王朝时代。当时,英王将其绝大部分土地无限期地分封给封建贵族使用。随着英国封建控制的瓦解,这些土地便逐步成为新型贵族和新兴资产阶级的"永业财产"(freehold estates,或直译为"完全保有财产")。这种经过演化的财产制的实质为土地私有制,永业财产主实际上就是地主;此时的"全国土地仅仅属于英王所有"已经是徒有其名而无其实。这种提法之所以延续下来,仅仅是由于英国在资产阶级取得政权后实行君主立宪制,保留了作为国家象征的英王而已。从地主手中租得的土地,则称为"租赁财产"(leasehold estates,或直译为"租赁保有财产")。目前,英国土地的90%为永业财产。[①] 作为英联邦成员国的加拿大,其现行土地所有制在提法上与英国完全相同。

---

① 参见李焕俊主编:《考察与借鉴》,中国大地出版社1996年版,第756—757页。

回归前的香港土地所有制也比较特殊。其中,港岛和南九龙的土地为英国通过武力从中国强占而得,故与英国本土不同,被宣布归港英政府所有;北九龙和新界的土地系英国强制从中国租借而得,港英政府宣布视同"官地"对待。从而,回归前的香港土地,全部属于港英政府所有。香港回归中国之后,其全部土地在名义上为国有,实际上归香港特区政府所有。

现代资本主义国家中的土地所有制,按私有与公有的比重,可划分为两种类型,即以私有为主和以公有为主。现阶段,以私有为主的代表性国家及其私有与公有土地所占的比重分别为:英国90%、10%,日本70%、30%,美国60%、40%;以公有为主的代表性国家及其公有与私有土地所占的比重分别为:加拿大90%、10%,新加坡80%、20%,泰国60%、40%。不过,前一种类型代表了大多数资本主义国家,后者则是少数特例。[1]

本来,在资本主义条件下实行土地国有制与土地使用权的商品化相结合,可符合土地利用的高度社会化、商品化的需要,不失为一种行之有效的土地所有制。而且,早期的资产阶级思想家也曾经认为"土地私有制不公道"(托马斯·斯彭斯),"在他们眼里,土地所有者只是整个资产阶级生产进程中一个无用的累赘"[2]。不过,这只是理论上的分析。在实际的经济生活中,由于资产阶级担心土地国有化会波及整个资本主义私有制,因而在资本主义世界中并未采用土地国有化的政策,而是采取了加强对土地私有制的监管的政策,以便兴利除弊,使其与整个社会经济的高度商品化相适应。这样,从整体上来看,在资本主义国家中,土地所有制以私有为主而以公有为辅,便是很正常的。至于少数特例,则是由特殊情况所致。其中,占加拿大国土90%的公有土地中

---

[1] 数据均来源于前引书《考察与借鉴》。
[2] 《马克思恩格斯全集》第4卷,第187页。

的 40% 为联邦政府所有，其中的绝大部分均在北纬 60 度以北，系常年冰天雪地的不毛之地，私人自然对它不感兴趣，从而不得不归国家所有；90% 中的 50% 则为各省政府所公有，加上联邦政府所有的一小部分公有土地，其主要用途为：国家公园、野生动物保护区、军事用地、港口、机场、办公楼用地等。新加坡是一个城市国家，土地十分珍贵。为了保障建设用地之需，该国政府采取了有偿收购私有土地以增加国有土地的政策，从而使得该国的国有土地所占比重很大。不过，这也是一种特殊情况。

二、土地所有制的产生和变迁

在人类社会的初期，地旷而人稀，生产极端落后，人们以采集、渔猎为生，根本谈不到土地所有制问题。到了游牧时代后期，形成了循环轮牧的天然草地利用制，于是各个部落之间，逐渐确定了自己使用土地的范围，从而出现了土地所有制的萌芽，即原始共产主义社会中由氏族公社所组成的部落的土地所有制。其基本特征是，在每一个部落范围内的土地（其中包括居住用地、农耕用地、牧场、森林、池沼、荒地等），均归该部落全体成员共同所有，分别由部落中的各个氏族公社共同使用并共同享用其产品。出现这种土地所有制的条件，既是生产力的一定程度的发展，又是生产力水平极端低下，使得人们既不可能以个人或家庭为单位生存，又因无剩余劳动可言而不可能剥削他人的劳动。

到原始社会末期，来自不同氏族的个体家庭逐渐按地域结合形成村社（或农业公社）。"农业公社时期是从公有制到私有制，从原生形态到次生形态的过渡时期。"[①] 村社范围内的土地归全体成员共有；耕地由村社分配给各个家庭使用，并定期实行重新分配；牧场、荒地、水

---

① 《马克思恩格斯全集》第 19 卷，第 435 页。

源、森林则共同使用;住宅、农具、牲畜、生产物等归各个家庭私有。由于耕地归各个家庭分散经营,重新调整耕地往往受阻而不能定期进行,最终形成了各家各户长期使用制而不再变动,并进而实行世袭使用制。随着村社内各个家庭经济的发展,私有制就逐步代替了公有制而导致了村社的瓦解。正如恩格斯所说,"一切文明民族都是从土地公有制开始的。在已经经历了一定的原始阶段的一切民族那里,这种公有制在农业的发展进程中变成生产的桎梏。它被废除,被否定,经过了或长或短的中间阶段之后转变为私有制"[①]。

原始社会的氏族土地所有制、村社土地所有制瓦解后,出现了奴隶主土地所有制。其基本特征是奴隶主(单个的奴隶主或奴隶主阶级——奴隶主国家)占有土地并占有奴隶及其绝大部分生产物。奴隶主土地所有制,在不同的国家、地区和时期,具有不同的形式。如古罗马和古希腊雅典型奴隶制的特点之一是奴隶主私人拥有土地,使用大量奴隶,经营大规模的奴隶主庄园。古罗马城邦本来是建立在氏族公社瓦解之后的小土地所有制基础上的,但由于战争、瘟疫使得广大的农村人口急剧减少,土地荒芜,侵占公有土地并兼并小土地所有者的奴隶主庄园得以兴起。而古希腊斯巴达型的奴隶制则是土地归奴隶主国家(即奴隶制城邦)所有,分给居于统治地位的斯巴达人使用。作为奴隶阶级的希洛人,是国有的奴隶,进行土地耕作并向作为奴隶主阶级的斯巴达人交纳实物租税。土地和奴隶都不得买卖、转让,但可世袭传给后代。中国古代的夏、商、周时代的奴隶主土地所有制的具体形式,也是奴隶主国家所有制,其具体形式为"井田制"。在井田制中设有"私田",由奴隶自行经营;井田制中设有"公田",由奴隶共同经营(提供劳役地租),其收获物全部归奴隶主。

[①] 《马克思恩格斯选集》第3卷,第178页。

封建主义土地所有制是以封建剥削关系为基础的土地所有制,是在奴隶主土地所有制崩溃的基础上形成的。在欧洲,封建土地所有制的主要形式是封建领主所有制。在这种制度下,国王是最高层的土地所有者,把土地分别分封给各级封建领主。受封的领主没有土地所有权而只有使用权和收益权,可世袭占有和收取地租。在土地的封建领主所有制的基础上实行农奴制,农奴对封建领主具有人身依附关系,世世代代被束缚在由农奴主分给他们的份地上,向封建领主交纳劳役地租及贡物、捐税、罚金等。封建领主对农奴,除了不能任意屠杀外,可任意惩罚、买卖、转让和没收其财产。在另外一些国家中,封建土地所有制的具体形式则不是封建领主所有制而是封建地主所有制。在封建地主所有制条件下,地主土地的来源除了分封以外,购买日益成为主要的形式。封建地主拥有相对完整的土地所有权,可出租、出卖、抵押、赠送、自行经营等。不过,绝大部分封建地主不是实行自营,而是将土地出租,坐收地租之利。中国是长期实行封建地主土地所有制的最典型的国家。

在奴隶社会和封建社会中,城镇中的土地所有制与农村中的土地所有制大体相仿。城镇中的土地主要归奴隶主或封建主、大工商业者所有,而且往往是与房屋的所有权合一的。一般个体工商业者、普通市民,则有一部分拥有自己的房屋及其地基,另一部分则无房、无地,只能靠租入;至于手工业工人、店员等则绝大部分无屋无地或有屋无地。

资本主义土地所有制是对于封建主义土地所有制的否定的产物。资本主义社会土地所有制的核心是以资本主义剥削关系为基础的土地私有制,即凭借土地所有权从雇佣工人所创造的剩余价值中攫取超额利润(地租)的土地所有制形式。这种土地所有制,是土地私有制的最完整、最典型的形式,即土地高度商品化,土地可以相对自由地使用和处置。

社会主义土地所有制是在无产阶级掌握政权的条件下实行的土地归国家所有以及归部分劳动者共同所有的制度。前者称为土地的国家所有制，后者称为土地的集体所有制，统称为土地的社会主义公有制。社会主义土地公有制，在人类历史上首先是在苏联出现的。俄国在"十月革命"以后，颁布了《土地法》实行土地国有化，将全国土地收归国有。第二次世界大战后，在东欧和亚洲陆续建立了一系列社会主义国家，出现了大同小异的、公有化程度不同的社会主义土地所有制。在中国，通过土地改革，废除了封建土地所有制，实现了"耕者有其田"——农民土地所有制，嗣后又在农业合作化运动中，将农民入社的土地收归集体所有，形成了土地的集体所有制。在社会主义国家中，城市土地的社会主义所有制形式是国有制。城市中的土地私有制，除了苏联等国家是在革命后立即宣布全部收归国有外，其他的社会主义国家则是分期分批地实行国有化的，东欧某些国家甚至始终允许宅基地私有。由于国内和国际上错综复杂的因素的综合作用，社会主义事业在苏联和东欧遭到失败，这些国家中的社会主义土地公有制也随之逐步瓦解。

社会主义土地公有制，既利于发挥土地的社会保障功能，又符合土地利用高度社会化的需要。但是它的建立应是逐步的、与生产力发展状况相适应的。同时，要使社会主义土地公有制适应发展社会主义商品经济的需要，就必须使土地使用权高度商品化。

三、土地所有制的特征

在简略地介绍了土地所有制的类型与变迁过程之后，下面在此基础上对于土地所有制的一些特征加以分析：

第一，土地所有制同整个社会经济形态一样，是由低级向高级发展的。从原始共产主义社会开始产生土地所有制直到社会主义社会,土地所有制的形态不断演变。这种演变,从根本上来说是人类社会生产发展的结果,是在生产力发展的基础上而产生的生产关系的变革的表现,具有其必然性,是不以人们的意志为转移的。因此,如果脱离开历史条件而抽象地论说不同的土地所有制孰优孰劣,是没有意义的。

第二,在不同社会经济形态中,土地所有制的主导形态与辅助形态往往是同时并存的。换言之,在每一个社会经济形态中,都必然存在着与该社会经济形态相适应的、具有主导作用的土地所有制形态,但是同时也在不同程度上存在着附属于该社会经济形态的辅助性的土地所有制形态,而不可能是纯而又纯的。存在着这种状况的基本原因是,一方面,任何一个脱胎于旧经济形态的新经济形态,总是不可避免地在一个相当长的时期内、在不同程度上保留着前者在土地所有制方面的残余;另一方面,随着生产力的发展和社会经济生活的演变,新的土地所有制的萌芽也必然会出现。

第三,土地所有制的演变的总趋势是由私有制到公有制。从原始公社的土地公有制到社会主义社会的土地公有制之间,存在着奴隶社会、封建社会和资本主义社会中以土地私有制为主导的土地制度。这一过程表明,原始的土地公有制是生产力极端落后的必然产物,而社会主义社会的土地公有制则是生产力高度发达和土地利用社会化的必然产物。即使是在奴隶社会和封建社会中在不同程度上存在的土地国有制,也只是社会生产力不发达的产物。例如,在社会生产力落后的条件下,将无主、撂荒的土地收归国有然后分配给无地饥民耕种,不失为一种切实之策,而且,这种土地国有制的本质不过是皇帝或国王的私有制。但是,高度发达的生产力本身,并不会自然而然地导致土地的公有化,而是要仰赖于生产力发展所导致的制度变迁。现代资本主义社会的部分土地公有制,便是适应于生产力高度发达和土地利用高度社会化的必然产物。正如R.T.伊利等所说,土地所提供的某些服务对公众是那样重要,以致提供这些服务的土地应当归公。①

第四,土地所有制的变迁必然包含人际关系中的观念与规则的变迁。例如,由杀戮战俘到以战俘充当奴隶,从任意宰割农奴到解放农奴,从农民对于封建主的人身依附到人身自由,从封建剥削过渡到资本主义剥削,诸如此类的变迁都是与土地制度的变迁相辅相成的。

第五,在各个社会经济形态中都在不同程度上存在着个体土地所有制。从奴隶社会到资本主义社会中,都存在着"个体农民土地所有制",往往也叫作"农民小土地所有制"。这种土地所有制是指土地归农户所有、自耕自种的一种制度。一般说来,这种农民既不受地租的剥削,也不受撤佃的威胁,具有合理利用土地的积极性。在奴隶社会中,这种小土地所有者既不是奴隶主也不是奴隶而是自由民(不过,在某些国家中或某些情况下,自由民并无土地所有权而仅有土地使用权)。在封建社会中,他们的典型存在形式是自耕农中的中农;在资本主义条件下,其典型形式则是以自有土地和自食其力为主的中等农户,即典型的家庭农场。在社会主义条件下,在土地改革以后的相当长的时期内仍然存在个体农民土地所有制,应当是很正常的。此外,还存在着小手工业者、小商人、小市民的个体土地所有制,不过并不占重要地位。

一般而言,无论在什么社会,农民土地所有制都是不稳固的。因为,在剥削阶级统治的社会中,个体农民是奴隶主、封建地主、资本主义大农场主的兼并对象,而且它们不可避免地会出现两极分化,然而,以小土地所有制为特征的小农经济却不会自然而然地走向灭亡。这主要是由于,既存在着小农经济的不断破产,又存在着部分经济地位低于他们的经济成分上升为小农经济以及部分经济地位高于他们的经济成

---

① 参见〔美〕R.T.伊利等著:《土地经济学原理》,商务印书馆1982年版,第181页。

分不断下降为小农经济。在社会主义社会中,个体农民土地所有制尽管也是不稳定的,但在社会主义国家的指导和帮助下,在国营和合作经济的引导和协助下,却可以成为社会主义经济的必要的补充,从而在相当长的时期内存在,并逐步地过渡到土地合作制或土地集体所有制。

第六,农地所有制是整个土地所有制问题的重点。在一切社会经济形态中,农村土地所有制问题都比城市复杂,因而土地所有制问题的重点往往都在农村。农地所有制问题,不仅直接关系到农民的福祉而且关系到整个社会的兴衰与安危;不仅涉及农民土地拥有状况的演变及其相关问题,而且还涉及农地转变为非农地中的种种问题。

第二节 土地所有权

一、土地所有权与土地所有制

土地所有权(land ownership[①])是物权中的一种,其主体是土地所有者,客体是土地。土地所有权是土地所有制在法律上的表现;土地所有制是土地所有权的经济基础。可以说,土地所有制是一种经济制度,反映经济基础方面的关系;土地所有权则属于法权制度,反映上层建筑

[①] 在这里要顺便指出,土地经济中的专门术语的中英互译,难度是相当大的,应当予以认真对待。在英译汉中,"ownership"一词既是"所有制"又是"所有权",但是在汉译英中若完全不加区别,便会显得很不确切。为此,在本书中采用了社会上的一种译法——将"土地所有制"译为"land-ownership system"。不过,F.Dovring 在其所著的 *Land Economics* 一书中则采用了 "land institutions" 这一概念,据此,则"土地所有制"的英文对等词则应为 "land-ownership institution"。此外,英文 "land tenure" 一词,就有"土地租佃""土地占有制""土地产权"等相去甚远、使人无所适从的中译,而 F.Dovring 则明确地指出它包括 "ownership"(所有制、所有权)和 "tenancy"(租佃、租佃制)两个内容,据此则不妨中译为"土地保有"或"土地保有制"。在本书中并未列出"土地保有制",但是其相关内容已经全部包括在"土地所有制"和"土地使用制"等部分之中了。

方面的关系。前者是本源,后者则是其表现,具有从属性。从某种意义上来讲,存在着两种土地所有权:一种是法律形态的土地所有权,即由法律确认的土地权利;另一种则是经济形态的土地所有权,即在经济上能够得到实现的土地权利。然而从本质上来看,这并不是两种土地所有权,而只是同一事物的不同方面——后者只不过是前者在经济上的实现而已。

严格地说,土地所有权是在一定的土地所有制的基础上产生的,是对既定的土地所有制的规范、确认和保护,是为一定的土地所有制服务的。然而,土地所有权的确立,却又在一定程度上具有相对独立性,会反作用于土地所有制。不仅通过土地所有权的实现可促进土地所有制的巩固和发展,而且有关权力部门可以通过法律、法规的制定和修改,改变土地所有权的具体内容,从而使所有制的内涵发生变化。当旧的土地制度崩溃或消失之后,新的土地所有制建立,则旧的土地所有权也随之而消失,需要通过立法的形式确立新的土地所有权,以适应并确认、保护新的土地所有制。

名义上的土地所有制与实际上的土地所有制,名义上的土地所有权与实际上的土地所有权以及土地所有制与土地所有权,都会发生背离。例如,土地的国家所有制,可能在实际上蜕变为土地的单位所有制、个人所有制;农村社区的土地集体所有制,可能在实际上蜕变为农户或农民个人所有制。这类问题,一般而言需要通过强化法治、严格维护现有的土地所有制和土地所有权来解决,但是其中有些则需要通过适当调整土地所有制和适当改变土地所有权的具体内涵的途径来解决。

二、土地所有权的基本属性

土地所有权具有以下基本属性:

①土地所有权行使的绝对性。这仅仅是与债权相对而言的。债权

的行使必须以债务人的积极协助(即履行债务)为条件,而土地所有权与一切财产所有权一样,不需要他人的协助即可实现。因此,在法学上把债权称作相对权,把所有权称作绝对权。但这里所说的"绝对",并不意味着土地所有权是不受任何限制的。

②土地所有权行使的排他性。排他性即法学上的"独占性",这意味着其他人不得干涉土地所有者行使土地所有权。正如马克思所说,"土地所有权的前提是,一些人垄断一定量的土地,把它作为排斥其他一切人的、只服从自己个人意志的领域"[①]。对于土地所有权来说,这种排他性同时也就意味着土地所有权的垄断性。马克思指出:"土地所有权的垄断是资本主义生产方式的历史前提,并且始终是它的基础,正像这种垄断曾是所有以前的、建立在对群众的某种剥削形式上的生产方式的历史前提和基础一样。"[②] 之所以会形成这种垄断性,则是同土地的稀缺性密不可分的。

③土地所有权权能构成的充分性(全面性)。这意味着,土地所有权是一种充分的、全面的物权,包括从占有到处分的全部权利;相比而言,土地的地上权、地役权、抵押权等物权,都只是对土地的部分权利。

④土地所有权权能组成部分的可分离性和可复归性。这些组成部分(如使用权等)可与土地所有权相分离。但只要取得一定的补偿,或限定一代的期限,则所有权就不会丧失,而且可以复归于所有者。这种分离与复归,正是土地所有者行使土地所有权的一种表现。

三、土地所有权的基本权能构成

土地所有权通常由占有权、使用权、收益权、处分权等四项基本权能构成。下面分别加以具体介绍:

[①] 《马克思恩格斯全集》第 25 卷,第 695 页。
[②] 同上书,第 696 页。

①土地占有权。指依法对土地进行实际支配、控制的权利。土地占有权可由土地所有人行使，也可根据法律、行政命令或依土地所有人之意志由他人行使。所以说，土地所有权与土地占有权既可结合又可分离。土地由非所有者占有中的合法占有，是指符合有关法律、法规的规定，并通过签订契约等形式经土地所有者认可的占有，对此应给予承认、保护；其中的非法占有则是不符合有关法律、法规的规定等而进行的恶意占有（明知故犯）或非恶意占有（不知而犯），对此应加以纠正、取缔。一般而言，不宜对非法占有土地加以放纵，使之在事实上取得土地占有权甚至所有权。土地占有权又可细分为若干具体权能：在时间上分为长期占有权和短期占有权；在空间上（仅指市地）分为地面、空中、地下占有权；在报偿上分为有偿占有权和无偿（低偿）占用权。

②土地使用权。指依法对土地进行实际利用的权利。土地使用权与土地所有权既可结合又可分离，它与土地占有权的关系也是如此。占有是使用的前提，使用则通常是占有的必然结果。与土地占有权相对应，土地使用者所拥有的土地使用权也可按时间、空间、报偿而细分为若干具体权能。此外，地役权应属土地使用权范围。对于供役地而言，这种权能实际上是将土地使用权对相邻宗地的所有者、使用者作部分让渡；对于需役地而言，实际上是从相邻宗地的所有者、使用者手中取得一部分使用权。这种产权的出让与取得，既可是有偿的，也可是无偿的，完全视情况而定。

③土地收益权。指依法收取土地所产生的自然或法定孳息和利益的权利。包括收获土地上生长的农作物，收取出租土地的地租等。土地收益权中收取农作物的权利归土地使用者行使，收取地租的权利则一般归土地所有者行使。在土地转租等条件下，土地占有者、使用者可拥有取得部分地租的权利。

④土地处分权。指依法处置土地的权利。包括出卖、出租、赠送、

遗赠、抵押等等具体权能。通常由土地所有人行使,在某些情况下可由土地所有人授权土地的使用者行使部分处分权(如国有土地的使用权由使用者转让给他人)。以现阶段中国城市土地为例,其处分权可具体分割为:出让权——土地所有者出让其土地产权的权利;转让权——土地使用者、承让者转让其土地产权的权利;出租权——土地所有者出租其土地产权的权利;转租权——土地使用者(承租者)转租其土地产权的权利;回收权——土地所有者、使用者在合同期满后回收其所出让(租)、转让(租)土地产权的权利;担保权——土地所有者和土地使用者以其土地产权为担保以取得抵押贷款的权利;入股权——土地所有者和土地使用者以其土地产权作价入股以取得收益的权利;赠与权——土地使用者将其所拥有的土地产权赠与他人的权利,其中包括遗赠权。

占有权、使用权、收益权、处分权四种权能,构成土地所有权的完整的权能结构。如果说土地所有权是一级权能,则占有、使用、收益、处分等权利则是二级权能。二级权能具有相对的独立性,它们在一定条件下同一级权能相分离时,一级权能不会因此而丧失。其条件是拥有二级权能者对土地所有者尽一定的义务或在一定期限后将分离的二级权能回归于土地所有者。

四、土地所有权的取得与保护

土地所有权的取得方式有二。一种为原始取得,即直接依靠法律、法规的规定而取得,如革命性没收(如没收地主的土地分给农民,没收旧政权之土地归新政权所有等),或产权转移(如通过宪法、法令宣布全部或某些土地为国有或私有),国家依法根据实际需要而征收(无偿)或征用(有偿)个人或集团的土地为国有。原始取得是以政权的强力为后盾的,其基本特点在于强制性,即不是以土地所有者的意愿为根据的。另一种为传来取得,即通过他人土地的出卖、赠送、遗赠等方式而有偿或无偿取得土地所有权;其基本特征是非强制性的,是以土地所有者的意愿为根据的。

对土地所有权的保护,包括采取下列措施:确认土地所有权;确认对土地所有权的侵犯状况;采取措施停止对土地所有权的侵犯——消除对于土地所有者行使所有权的妨碍,赔偿损失,恢复土地原状,退还土地等。只有土地所有权得到保护,才意味着它具有现实性、有效性,从而才能够谈得上土地制度是否有效的问题。

五、现阶段中国土地所有权的特点

与一般财产制度不同的是,土地财产制度是国家基本制度的组成部分。在现阶段的中国,一般财产所有权是以民法为直接法律渊源,而以宪法中的公民财产权条款和各种经济组织条款为间接法律渊源的,至于土地所有权则不仅以民法为直接渊源,而且以宪法中的土地条款(第十条)为直接渊源。现阶段的中国土地所有权是以维护符合社会利益的土地归属秩序、利益秩序和流转秩序为目的的。它从而具有以下四个特点:①土地所有权主体的特定性——土地只能是归国家和农村集体经济所有,其他的民事主体,不能成为土地所有者。②土地所有权交易的限制性——中国法律规定,对于土地所有权不能以任何形式交易,能够进行交易的只是土地使用权。③土地所有权权属的高度稳定性——以上两点直接决定了中国土地所有权权属的高度稳定性。④源于土地所有权的土地使用权的相对独立性——在上述条件下,土地使用权的相对独立性便具有极端重要性,是在保持土地所有权不变的条件下搞活土地产权关系的关键性环节。①

---

① 参见王卫国著:《中国土地权利研究》,中国政法大学出版社 1997 年版,第 53 页。

尽管如此,关于中国的农村土地集体所有权的非交易性,仍然是有探索余地的:①在农村集体经济之间进行农地所有权的交易——它并不会改变土地的集体所有权的性质,只不过是在不同的集体单位之间进行余缺调剂而已——应当是不成问题的;②在市场经济条件下,国家对于农村集体经济土地的征用,应当是一种特殊的市场行为而不应当是一种单纯的行政行为;从而,"征用"理应改为"征购"——就其强制性而言是行政行为("征"),而就其价格而言则应是市场行为("购")。

第十章　土地使用制与土地使用权[①]

第一节　土地使用制

一、土地使用制及其与土地所有制的关系

土地使用是以法律和契约等为基础的,在经济和法权上都有一定限制。土地使用,除了在不存在土地所有权的地方和时候以外,从来都不是自由的、任意的,而是由土地所有者与使用者按照一定的规范来确定双方的权利和义务的一种经济行为,而这种行为又是受到国家的干预和调节的。土地使用制(land-use system)指人们在使用土地上所形成的制度性的经济关系,是土地制度中仅次于土地所有制的重要组成部分。它涉及土地所有者与土地使用者,涉及双方的权利、义务以及国家对土地使用的管理。

尽管土地使用权是土地所有权的组成部分,但由于土地使用问题具有相当大的独立性,从而使得土地使用制可作为一个相对独立的制度而存在。只有既研究土地所有制,又研究土地使用制,才能够对土地关系有较全面的认识。

在每一种土地所有制的条件下,都存在着相应的土地使用制及其

---

① 本章是在笔者主编的《土地经济学》(农业出版社1989年版)第6章第5节的基础上补充、修改而成的。

具体表现形式。从某种意义上来说，土地所有制是通过土地使用制而得到实现的——土地使用制是土地所有制的内在特征的重要表现形式。实行恰当的土地使用制又是土地所有制借以巩固和发展的重要途径。换句话说，土地所有制总是力求通过恰当的土地使用制使自己得到实现、巩固和发展。这是存在于任何社会、任何土地所有制条件下的一个普遍的规律。进一步看，土地所有制总是趋向于通过使用制来取得最佳的"拥有效应"，实现收益最大化。如果难以达到此目的，则表明二者之间存在着较大的矛盾，则不是需要变革土地使用制，就是需要变革土地所有制——这意味着调整土地所有与土地使用之间的关系。二者的关系是否协调的标志是，是否能更好地促进生产力的发展，促进经济效益的提高。

二、土地使用制的类型及土地所有者与土地使用者的关系

就所有权与使用权两者之间的关系而言，土地使用制度可大致区分为所有权与使用权相结合及所有权与使用权相分离两大类。前者包括自耕农、经营地主、实行集体经营的农村社区集体经济等；后者则包括佃农、实行承包制的农村社区集体经济等。就土地所有者与土地使用者之间的经济利益关系而言，又可分为土地所有者与土地使用者双方的根本利益是对立的与双方的根本利益是一致的两大类。

在土地所有权与土地使用权分离条件下的土地使用制，可大体上划分为无偿（或低偿）使用制和有偿使用制二大类别。从原则上来讲，土地无偿使用制，不可能存在于土地私有制的条件下。换言之，只有在土地公有制的条件下，才可能出现土地的无偿使用。社会主义条件下土地的无偿使用制，已被事实证明是有害的，即不利于土地的充分而合理的利用。例如，城市建设中对土地的多占少用、早占晚用、占而不用等等，就与土地的无偿使用有密切关系。

在土地所有权与使用权分离的条件下所实行的土地的有偿使用制，无论其具体形式如何，一般说来，实质上都意味着实行土地租佃制或租赁制。①土地的租佃关系的性质，因社会性质、土地所有制的性质而异；它反映着不同的阶级关系和产品分配关系。在封建社会中，土地的租佃关系决定了土地所有者与使用者之间的封建主义性质的地租关系。这种地租往往占有土地使用者所创造的全部剩余劳动甚至部分必要劳动。在资本主义社会中，土地租佃制度反映了土地所有者与使用者之间的资本主义性质的地租关系——地租的本质为超额利润。在社会主义条件下，个人和单位使用国有土地，反映了社会主义的地租关系——地租的本质为社会主义超额利润。

在中国农村社区集体经济内部实行承包制，由其成员（个人、家庭或小组）承包经营集体所有的土地，与租佃制、租赁制不同。这是由于，中国农村社区的土地集体所有制，本质为按份共有制，从而每一个成员都享有一份土地权利，并负有向集体上缴承包费（其一般内涵为公积金、公益金、管理费）的义务。当然，承包制与租佃（赁）制也在一定程度上有相似之处。

无论土地所有者与使用者根本利益是否一致，二者之间存在着利益矛盾，这是普遍的。土地使用制度的确立，首先都离不开最大限度地维护和巩固土地所有者的利益。例如，在封建地主经济条件下，通常地主之所以把土地分散出租给佃户经营，自己坐收地租之利而不是自己进行经营，就是因为这样既可避免亲自经营所承担的种种风险，又可获得高额地租，并且这种"出租土地，收取地租"的制度又是得到政权保护的，因而更加保险。又如，在资本主义条件下，土地所有者之所以往往把土地出租给农业及其他各产业的使用者而不是自己直接使用，其

---

① 这里所说的租佃制或租赁制是广义的，泛指一切由土地所有者向土地使用者有偿提供土地使用权的交易行为。

原因也与封建地主出租土地相似。可见,在上述情况下,如果保障土地所有者稳定地获得地租,使土地所有权在经济上切实得以实现,则土地所有权与使用权分离,往往更有利于土地所有制的巩固和发展,从而对土地所有者更加有利。

不过,在上述条件下,也不可避免地要顾及土地使用者的利益。土地所有者与使用者(通常是出租者与承租者)之间必然会围绕租期长短、地租高低之类的具体使用条件而进行交易。在这一交易中,土地的供求状况,整个国家就业的多种可能性,当权者全面权衡利弊得失而推行的土地政策等,都会对土地使用制发生实际的影响。例如,租期的延长、地租的降低,尽管不利于土地所有者,但如果由政府出面诱导或强制实施,其目的无非是缓和双方的矛盾,以利于巩固土地制度和整个经济制度。因为,只要土地租佃制本身还基本上适合客观条件,还没有发展到需要从根本上加以变革的地步,客观上就要求在原有的框架内,寻求兼顾土地所有者与土地使用者双方利益的途径,以便使这种土地使用制能继续运转。

在从奴隶社会到资本主义社会中,公有(即国有、各级地方政权所有)的土地,其所有权与使用权往往也是分离的;公有的城乡土地可租给私人经营,实行"公有私用"。在这种情况下,各级政府实际上是在维护统治阶级根本利益的条件下调节私人利益和公众利益的。例如,在国有土地上建设私人经营的铁路,一方面铁路部门要向政府当局缴纳各种租税费,另一方面政府有关部门往往要干预和控制运费,以调节各方面的利益。

在社会主义条件下,与前社会主义的不同之处在于国有土地是由代表全体劳动者利益的各级政府来行使土地管理权的;土地所有者与使用者的根本利益一致的最典型情况,只有在这种所有制的条件下才会产生。在这种情况下,调节土地所有与土地使用关系的基本原则应是在不损害土地国有制的前提下,协调整体利益和局部利益。这时,正确地确定双方的权利和义务,应是既能保证国家从土地使用者手中取得适当的土地使用费,以满足公共性的需要,又能保障土地使用者的必要的经济利益。这样,归根到底会维护和巩固社会主义土地国家所有制。此外,土地使用者不违反国家有关的土地法律、法规、政策,注意土地的用养结合等等,都是不言而喻的。

在实行各种类型的土地租佃制、承包制时,都要签订一定形式的契约。现阶段中国农村实行包干制时,则签订承包合同,它与土地租佃契约具有相似的作用。土地租佃契约一般应包括租佃双方的权利和义务,如租佃期限和撤佃条件,地租的数额及欠租的处理,对地力保持的规定及土地改良费的补偿,任何一方提前中止契约所应承担的责任,租佃契约或承包合同的内容不允许违反国家的法律、法规和政府的政策,应经过权威部门公证并应由有关方面保证契约的有效性。现阶段,中国城乡土地使用的履约、合同的严肃性,应通过加强法制的途径得到充分维护;任意毁约的现象应得到有力的制止。

三、土地所有权与土地使用权分离制度的极端形式——永佃制

在土地所有权与土地使用权分离的制度中,存在着一种极端形式——永佃制,即佃户拥有永久租佃某块土地权利的土地使用制度;从土地产权的角度来说,即佃户拥有永佃权(emphyteusis)的制度,此时佃户即永佃权人。永佃权为用益权的一种。

关于永佃权的规定,最早见于罗马民法,当时的永佃人系依附于土地的佃农(农奴)。欧洲大陆的一些国家(如德国、意大利、西班牙、葡萄牙等)和日本等均在法律上承认永佃制。中国的永佃制,看来并非来源于罗马法——自宋代就开始出现永佃制,明清则日益发展。在原国民政府统治时期,在江西、安徽、江苏、浙江、福建等地永佃制仍颇为

盛行。在中国共产党领导的土地改革运动取得胜利后，永佃制便在中国大陆消失了。

永佃制的基本特征是土地所有权与土地使用权彻底、永久分离。在这种制度下，土地分为"田底"与"田面"两部分，前者归地主所有，后者归佃户所有，即地主拥有田底权，佃户拥有田面权。地主、佃户可分别处置田底和田面。地主承担纳税的义务；向农民收租（称"大租"），其租额较一般田地为低；可出卖田底；可向佃户购回田面；除非佃户欠租达到法定的或双方约定的年限，地主不得随意撤佃；不得干预土地使用。田面由佃户永久使用，可遗赠、出卖、出典、出租（其地租称"小租"，但也有严格禁止出租者），也可放弃；可向地主请求减免地租；当地主出卖田底时，拥有其田面的佃户相应地拥有优先购买权。田面价格一般低于田底价格，但是，在经济发达、人口密集的地区，也有田面价格高于田底价格者。

这种制度是在一定的条件下产生的。这些条件主要的是：①在灾荒或战争之后，大量田地荒芜，地主为了诱使农民垦复土地，放弃田面权；②贫苦农民被迫出卖土地时，保留田面权以便维持生计；③佃户在使用土地的过程中，通过改造土地，使劣地变良田，因而从地主手中取得田面权；④佃户因预付较多的地租而取得田面权。

总的说来，这种土地租佃制是土地所有者与土地租佃者之间的矛盾斗争的产物。有地农民被迫出卖田底权而仅仅保留田面权，无疑是处于困境之时的一种无奈的退让；无地农民从地主手中取得永佃权，则是地主阶级被迫向农民作出的让步，是农民在同地主阶级进行经济斗争中所取得的一个胜利。例如，太平天国农民革命斗争的成果之一，就是江浙地区有不少农民取得了永佃权。[①] 然而，地主阶级之所以作出这

---

① 许涤新主编：《政治经济学辞典》（上册），人民出版社1980年版，第257页。

种让步，也是与当地商品经济比较发达有关的——在这种情况下，地主往往兼营工商业，而农民往往也可兼业甚至弃农而他就。在旧中国，永佃制主要发生在江南，便是有力的证明。

从永佃制中能够推导出的一个重要的理论判断是：实行永佃制意味着土地所有者的土地所有权的权能结构中占有权、使用权以及部分收益权、部分处分权的永久出让，从而使土地使用者拥有较多的土地权利。永佃制同任何土地所有制相结合，都意味着土地所有权由土地所有者向土地使用者手中的部分转移；至于转移的程度，则依永佃制的具体内容而异。

佃户拥有永久即无限期的土地使用权，是永佃制的最根本的特征。如果租期长达几十年但并非是无限期的，那么，这种租佃制至多可被称为"长佃制"，若被称为"永佃制"便显得牵强。现阶段中国农村中长达30年不变的农户土地承包制，并不具有永佃制的特征，只能算是一种长佃制。目前，确实有把它转变为永佃制的设想，这在本质上意味着向农地私有制靠拢。究竟其利弊得失如何，尚待深入论证。

第二节　土地使用权

一、土地使用权的性质和特征

土地使用权（land-use right）是土地使用制在法律上的表现，是行使占有权的形式之一，又是实现部分收益权的条件之一。作为一种独立权利形态而存在的民事权利，土地使用权的基本性质可通过以下的表述加以概括：土地使用权是一种物权，是在他人所有物上设定的他物权，是以物的使用、收益为目的用益物权。土地使用权具有一系列特征；通过对于这些特征的简要描述，人们便能够比较深刻地认识土地使

用权：①

①土地使用权的派生性和独立性。这意味着,土地使用权是由土地所有权派生而来的一种土地权利。它不仅含有占有、使用、收益等权能,而且还包含部分处分权,从而具有相对独立性。

②土地使用权的依法从属性。这一点是指,土地使用权的发生以土地所有权人行使所有权为前提,其存续受所有权的制约。例如,土地使用权的发生,需要由土地所有权人设定;获得土地使用权者,必须相应地尽一定的义务(如缴纳相关的税费、保护土地、不得任意改变土地用途);等等。

③土地使用权的直接支配性。土地使用权是直接附属于标的物(土地)的,因而,土地使用权人,能够直接占有和使用该物。而且土地使用权的直接支配性,还使得土地使用者拥有排他的权利,即排斥他人在无其他法律根据并未经土地使用权利人许可的条件下对于标的物实施占有、使用、收益和处分等行为。

④土地使用权的可转让性。土地使用权人不仅可自行支配作为标的物的土地,而且可依法将土地使用权转让给他人。这一点也进一步表明,土地使用权是一种独立的产权。

⑤土地使用权的有限期性。经由法律规定土地使用权的年期表明,土地使用权人所拥有的土地使用期限并非是无限的,而且在特殊情况下,土地所有者还可依法提前收回。当然,存在土地的"永佃"问题,但这并不是土地使用权中的一般性问题。

二、土地所有者与土地使用者之间的土地产权分割

本节从本部分开始,主要是针对社会主义市场经济而言的。

---

① 参见王卫国著:《中国土地权利研究》,中国政法大学出版社1997年版,第139—148页。

在土地所有者与土地使用者分离时,土地使用权实际上就是土地使用者从土地所有者手中分得一部分土地产权。因此,这里应当讨论的是,当土地所有者向土地使用者出让土地产权时,两者之间的产权如何分割的问题。

这首先涉及土地所有者向土地使用者究竟能够出让什么产权,而这又涉及土地所有者必须保留什么产权。实际上,土地所有者只要保留收租权(部分收益权)并保留回收权(部分处分权),那么其余的产权均可出让。保留了收租权,就意味着土地所有权在经济上得以实现;保留了回收权,就意味着已出让的全部产权得以复归,就不会丧失其所有权。因而,土地回收权,尽管只是处分权的一部分但却是基本处分权。于是,收租权、回收权就形成了土地所有者的"保留产权束"。

这样,土地所有者能够向土地使用者出让的土地产权就包括占有权、使用权、部分收益权、部分处分权,从而形成了土地所有者的"可出让产权束"。这也就是土地使用者的"可获得产权束"。其中土地占有权是前提性权利,要拥有土地使用权首先就要拥有土地占有权。取得土地的部分收益权,通常是土地使用者的必然追求。至于土地使用者进一步拥有部分土地处分权,即将其所拥有的土地产权(指占有权、使用权、部分收益权)进行转让、转租、回收、担保、入股、赠与的权利(亦称经营权),则是土地使用者作为市场主体之一的必然要求——尤其是在社会主义条件下,非如此不足以适应社会主义市场经济的客观需要。

三、土地使用者的付偿状况与获权状况的关系

土地使用者可获得的产权固然是明确的,但并非任何土地使用者均可无条件地获得土地所有者全部可出让的土地产权。

就市地而言,土地使用者分为两大类,一是无(低)偿使用者,二是有(足)偿使用者。前者所获得的土地产权是低水平、窄范围的,后

者则是高水平、宽范围的。与后者相比较,前者的土地产权的转让、转租就必然要受到限制(例如,至少要以转让、转租所得的大部分用于补交出让金或租金);在行使担保、入股权等方面则要受到更加严格的客观经济限制(土地使用权拍卖金额用以抵交土地出让金后的余额方可作为担保金额,而这一余额是有限的;入股以后所获得的红利和股息首先要用于补交土地出让金,其余额也就很有限了),而且不可能拥有赠与权。概括而言,两类土地使用者所获得的土地产权的差别集中表现在土地收益权尤其是土地处分权上。土地使用者所获得的土地产权的宽与狭从根本上取决于所获得的土地处分权的宽与狭。因此,土地处分权在整个土地产权中具有举足轻重的地位。

由以上所述可知,土地使用者的付偿状况、获权状况与收益状况是紧密相关的,而且这也表明土地产权的分割伴随着相应的地租与地价的分割,即一定的产权要求一定的地租、地价。这正是土地产权交易的正常运行状况。

就农地而言,社区集体经济组织是农地所有者,拥有土地的占有权、使用权、收益权、处分权;农民或其他合格者可通过承包或租赁等形式在一定时期内从土地所有者手中取得部分土地产权,包括占有权、使用权、部分收益权、部分处分权。其中,部分处分权的内涵与市地有所不同,但也极为重要。

显然,土地所有者所出让的实际上并不仅仅是单纯的土地使用权,而是一束产权。这意味着土地所有者的相当大部分产权的出让。这样看来,无论就国有土地而言或就农村集体所有土地而言,与其说目前中国实行的是土地所有权与使用权的两权分离制,不如说实行的是土地所有者产权与土地使用者产权的两权分离制。后者可能更加形象和更加确切。

尽管是实行土地所有者与土地使用者的两权分离,但是土地所有者产权与土地使用者产权却并不是平行的——后者是分割或派生于前者的。土地所有者拥有的产权类似于英美法系中的属主权(absolute title),而土地使用者所拥有的土地产权则类似于该法系中的业主权(leasehold title)。进行这样的对比,有助于进一步深刻认识现阶段中国土地产权制度中的"两权分离"。

四、土地使用权与地上权

中国的土地使用权与大陆法中的地上权(superficies)是相似而并不相同的土地权利,对此有必要加以辨析。

地上权即在他人土地上建筑、植树的权利(建筑指建造住房、厂房、堤坝、沟渠等固定于土地之上的设施;植树指种植需要长期营造的竹木等)。地上权具有物权性质和物权的一切法律特征,不需要他人的协助就能实现;地上权具有长期性的特征,这种土地用益关系需要长期稳定下来;地上权的设定,既可是有偿的,也可是无偿的;在地上权存续期间,地上权人拥有对于土地的占有、使用、收益权,并拥有对地上权本身的处分权。[①]

在我国学术界中,对于土地使用权与地上权的相互关系及其异同有不同看法。有人认为,我国的法律实际上承认地上权的存在并直接利用地上权概念解说土地使用权;有人认为,可用地上权概念取得或涵盖土地使用权;有人则认为,土地使用权不仅在内容上可涵盖地上权,而且比地上权更具灵活性,对于土地使用者的保护更加充分。

对此,可从以下三方面进行分析:①地上权是在大陆法系对于不动产实行"地上物属于土地"的附合原则的情况下,为保障人们保有和享用建筑物、构筑物的权益而设立的。而在中国,对于建筑物和构筑物则一向实行"谁投资,谁所有"的原则,对于建筑物等的所有权给予了充

[①] 江平等主编:《现代实用民法词典》,北京出版社1988年版,第60—61页。

分的保护,从而不存在另设地上权而加以保护的必要。②在大陆法系中,地上权并不具有实现土地产权流转的功能,而土地所有权则是土地产权流转的主要载体。而在中国,在土地所有权不可能进入市场的条件下,土地使用权则是实现土地产权流转的唯一载体。③土地使用权是中国土地产权体系中极其重要的组成部分,是在中国的特定条件下创建的新型土地产权;尽管它与地上权具有相似之处,但是二者从法理的本质上来说却是不同的。①

五、相邻土地使用关系与地役权

相邻土地使用关系是发生在土地相邻的权属单位之间的特殊的土地使用关系。相邻土地使用关系主要包括以下方面:(1)通行:如相邻一方的土地或建筑物因自然或人为的原因而处于邻人土地的包围之中或与主要通道相隔离,邻人应允许其通行;历史上形成的通道,土地的权属单位不得任意阻断,必要时须征得邻人同意。(2)用水、排水:包括允许按照自然流向而流动的河水及地面径流通过自己的土地;流水水域的有关方面,应共同使用、合理分配水源;允许邻人按合理的流向排水。(3)环境保护:相邻人有权要求另一方制止"三废"等有毒有害物体侵入。(4)管线设置:允许电线、水管、天然气管道通过邻人土地。(5)防险:相邻人有权要求另一方不在己方的建筑物下或附近挖掘地道等;有权要求拆除危房、危墙等。(6)采光:相邻人有权要求另一方的建筑不影响己方已建成房屋的采光。以上这些归纳起来无非是两大类:一是允许邻人对自己土地的合理使用;二是拒绝或制止邻人对自己土地的不合理使用,或排除负外部效应。

从法律上来看,这种对于相邻土地使用的权利被称为地役权

---

① 参见王卫国著:《中国土地权利研究》,中国政法大学出版社1997年版,第148—151页。

(praedial servitude)，应在法律上对其作出明确的规定，以免出现纠纷时难以解决。《中华人民共和国民法通则》规定:"不动产的相邻各方，应按照有利生产、方便生活、团结互助、公平合理的精神，正确处理截水、排水、通行、通风、采光等方面的相邻关系。给相邻方造成妨碍或者损失的，应停止侵害，排除妨碍，赔偿损失。"(第八十三条)无疑，今后宜作详细、具体的规定，以利于更好地执行。

附录：关于土地他项权利

土地他项权利这一概念，最早见于中华民国于1930年公布的土地法:"土地所有权以外设定他项权利之种类，依民法之规定。"中华人民共和国成立之后，在国家土地管理局于1989年制定的《土地登记规则》中首次明确:"土地登记是依法对国有土地使用权、集体土地所有权、集体土地建设用地使用权和他项权利的登记。"(第二条)"本规则所称的他项权利系指与土地使用权、所有权有关的各项其他权利。"(第四十八条)土地他项权利的具体项目则包括:抵押权、租赁权、地役权、耕作权(指对国家征而未用或用而有余的土地，农民得无偿、无限定期限地进行耕作的权利)、借用权(指对于国有划拨土地，通过协议而在持有单位与用地单位之间进行借出与借入的权利)、空中权、地下权等。[1] 实际上，土地他项权利完全包括在完整的土地权利束之中，是土地所有权、土地使用权的具体组成部分或具体表现形式；换言之，从本质上看，它们并非是土地所有权、土地使用权以外的土地权利。以上所列的七种土地他项权利之所以要单独进行登记，完全是其内容比较特殊所致——不如此不足以具体反映、保障和监督土地权利的正常运行。

---

[1] 参见向洪宜主编:《中国土地登记手册》，改革出版社1994年版，第13—15页。

第十一章　土地财产的国家管理制[①]

土地财产的国家管理是指中央与地方二级政府,即中央与地方二级国家管理机关对于土地财产的管理。国家对于土地的管理,除了土地财产管理之外,还包括土地资源管理、土地资产管理,后二者中的一般问题在此一并叙述,其中的具体问题则在其他相关章节中叙述。

第一节　土地所有权的国家限制

一、土地所有权的国家限制的必要性

土地所有权虽然是一种排他性的专有权利,但这并不意味着它不受到社会的限制即干预。土地所有权的社会限制,具体表现为土地所有权的国家限制,即社会通过国家来行使其对土地所有权进行限制的职能。土地所有权的国家限制是土地的国家管理的基本方面之一。

一般而言,自出现土地所有权和国家以来,在任何社会中都存在着土地所有权的国家限制,只不过是限制的方面、方式、程度等不尽相同而已。而且,尽管有史以来国家对土地所有权限制的深度和广度有所不同,但从发展的总趋势来看,是趋于强化的。尤其是,对于土地私有权的限制最为典型。

---

① 本章是在笔者主编的《土地经济学》(农业出版社1989年版)第6章第6节、第11章第5节的基础上充实、改写而成的。

土地所有权为什么要受到国家代表社会所给予的限制？这是有其客观必要性的。其原因之一在于土地的特性，即具有极端重要性和稀缺性，是人类社会生活的基础，因而使得土地资源的开发和利用具有社会性，从而使得社会不得不对土地的所有权给予不同程度的限制。其原因之二是任何一个社会的统治阶级，为了要巩固其统治，维护其自身的经济利益，就要对土地所有权的权能给予不同程度的限制；同时，也要从维护其统治出发，调节社会上围绕土地所有权而产生的种种矛盾，使之尽可能符合于统治阶级所规定的社会生活秩序。以上这两方面的原因几乎是同等重要的。土地所有权通过国家政权的适度限制而实现，这是土地经济中的规律之一。

土地所有权的国家限制，是以国家立法为依据和主要手段的；其限制的方面则包括土地所有权权能的四个组成部分，即土地占有权、使用权、收益权、处分权。土地所有权国家限制的实施，构成土地的国家管理活动的重要组成部分。

二、土地所有权国家限制的主要内容

土地所有权国家限制的主要内容，可从土地占有权、使用权、收益权、处分权四个方面来分别论述：

①对土地占有权的限制。例如，历史上为抑制豪强兼并土地而由国家对土地拥有量的最高限作出规定——其目的在于防止土地集中于少数人手中，形成国家难以控制的力量，危及统治阶级的利益；防止土地占有过分集中而贫苦农民生活无着，从而不利于政权的稳定。又如，为防止农场土地过于分散而不利于规模经营的形成和发展，一些国家规定了限制农场土地分割细碎，鼓励土地经营适当集中的政策和措施。再如，为节约用地，国家规定了各项用地的定额、控制指标和严格的审批手续等。

②对土地使用权的限制。土地使用不得妨害他人(如邻人)对于其土地的利用,不得损害他人利益;土地使用要服从统一的规划、管理和调节。例如,土地使用要服从地役权的有关规定并要符合生态平衡、环境保护、水土保持等方面的需要;要执行国家土地利用的统一布局,不得乱占滥用。

③对土地收益权的限制。例如,为使土地使用者获得必要的经济利益以便稳定社会秩序或促进社会生产力的发展,自古以来就存在对地租量的国家限制;为避免地价暴涨而损害公众利益,由国家对地价给予限制或通过征收土地交易税、土地增值税而对土地所有者的收益给予限制。

④对土地处分权的限制。即对土地租赁、买卖、赠送、抵押等权利的限制。例如在奴隶社会,为保障土地的国家所有制,只允许占有和使用国有土地而不允许买卖;现今,中国为保障国有土地不受侵害,也规定土地所有权不准买卖。再如,为促进土地集中经营,形成规模经济,某些国家规定农村土地实行单嗣继承制;某些国家还规定,对于拟出售的小型农场国家有优先收购权,经国家收购后再出售给有生命力的农场。

由以上内容可知,土地所有权的国家限制的动因,既具有阶级性又具有社会性。在认识这一问题时,只有注意这个两面性,避免片面性,才能够得出正确的结论。

三、土地所有权的国家限制对于土地所有制性质的影响

土地所有权受到国家的不同程度的限制,是正常的还是不正常的? 会不会导致土地所有制性质的变化? 这些都是人们难免会提出的问题。

一般而言,国家对土地所有权进行某些限制是不可避免的,因而

应当认为是正常的现象。相反,如果国家不对土地所有权进行任何干预,倒是令人难以理解的。至于说某一项限制措施是否得当,则只能从当时、当地的具体条件和客观效果出发,进行具体分析,探索其利弊得失,而不宜抽象而论。

国家对某种土地所有权进行的限制即干预,一般说来并不会导致该土地所有制的质变。只是,其中的某些限制,在某种程度上对该种土地所有制注入某种土地国有制的因素,使之在某种程度上具有国有土地的某些特征而已。有人认为,由于国家对现阶段中国农村的土地集体所有制干预过多,已使之名存实亡,基本上变为土地国有制;还有人认为,由于国家有权对土地的集体所有权进行某些干预,就意味着国家对集体所有的土地拥有最终所有权;或者认为,国家的此种干预意味着用政权去代替产权。这些观点的要害在于不明白,国家有干预经济生活的职能但并不意味着所有权归属的变化和以政权取而代之。按照土地"产权束"理论,国家从土地所有权"产权束"中抽走一小部分"权杖"并不会导致整个"产权束"的失散。在现阶段中国农村中,农民向集体经济承包土地要付出承包费,国家征用土地要支付补偿费、安置费等,都表明土地集体所有制在经济上的确实存在。

基本的结论是:古今中外,一切非国有土地的所有权都因不可避免地受到国家的种种限制而变得不那么完整、不那么纯粹是必然的,但是这并不意味着非国有土地所有制的变质。

四、土地产权在土地所有者与土地宏观管理者之间的分割的实质

国家对于土地所有权进行限制,意味着国家作为国民经济的宏观管理者对土地所有者的产权作一定的分割。这一分割的实质如何呢?

在这里,有必要对土地宏观管理所涉及的"权"的问题,在本质上

作进一步的分析。这一问题集中表现在："土地宏观管理权"究竟是财产权利还是政治权力？若属于后者，就不宜把它与土地所有权、土地使用权并列。对于这一问题，可从以下几个方面来加以认识：

①国家对于土地所有权的分割，与直接依靠政治权力而进行的征税、征用土地等政府行为，在本质上有所不同。当然，土地宏观管理者之所以拥有宏观管理权，是由于它掌握着政治权力。因此，应当区别"土地宏观管理权"与"土地宏观管理者产权"——土地宏观管理者从土地所有者手中分割而来的土地产权。

②代表国有土地所有者的政府部门，通常是土地管理部门，而代表土地宏观管理者的政府部门，则包括规划、计划、土管、物价、税务等多个部门。

③依据某种产权理论，国家拥有土地的"高级所有权"即"上级所有权"——土地的大部分支配权和管理权；个人拥有的土地所有权称"下级所有权"——土地的大部分使用权和收益权。这种观点对于考察国家对集体经济土地产权的分割，倒是很有参考价值的。[①]

就国有土地而言，由于国家既是土地所有者又是土地宏观管理者，所以可在组织上把二者看成是合一的。但是，二者所拥有的产权，在性质上又是不同的，从而又可在本质上把二者看成是独立的。在中国的条件下，判定二者是独立的可能更切合实际。例如在中国，批出土地、收取地租等等，自然是属于土地所有者的产权；而规定国有土地所有权不得向社会提供，当国有土地使用权向社会提供时，在数量、用途及条件等方面要予以限制，以及可根据公共需要而提前收回土地等，就不是土地所有者的产权，而是国家作为国民经济宏观管理者所拥有的产权。当然，土地产权在土地所有者与土地宏观管理者之间的分割，在国有土

---

① 参见史尚宽著：《物权法论》，台湾荣泰印书股份有限公司，1957年，第1—6页。

地方面,是比较特殊的、不太典型的。但是,我们不应因此而全盘否定在国家与土地所有者之间存在着土地产权的分割问题。

第二节 土地的基层管理、部门管理与国家管理

在整个土地管理体系中,因管理者、管理范围的不同而区分为基层管理、部门管理和国家管理等三个领域。

土地的基层管理指土地权属单位(即土地所有单位及基层使用单位)对自己所有的土地(如中国农村社区集体经济的土地)或自己所使用的土地(如中国城镇用地单位使用的国有土地)的所有权或使用权的维护、行使,对土地资源的保护、利用以及土地收益的取得和分配等方面的管理活动。土地的部门管理,即按不同产业部门划分的土地管理。其中包括国民经济中工业、农业、商业、运输、建筑等部门以及军事部门,各自对其所属的基层单位的土地的权属、利用、收益等方面所进行的检查、监督等管理活动。

土地的国家管理,指从中央到地方各级政府对土地所进行的统一管理。此项管理由各级政权中的土地管理部门代表国家而进行。其职能包括三大方面:一是土地资源管理,包括编制和执行土地利用总体规划和土地利用的年度计划,进行土地利用监督和用地控制,协调部门用地等,其任务在于最大限度地合理利用全国土地资源,满足整个社会的需要;二是土地财产管理,即对土地所有权及其权能构成包括占有权、使用权、收益权、处分权等的确认、保护、分割、调整等,以利于维护、巩固和发展一定社会中的土地所有制;三是土地资产管理,即对地租、地价、地信(土地信用即土地金融)、地税进行调节,以便调整各个相关方面的土地收益关系。

土地管理体系中的上述三个组成部分,具有不同的特征。土地的

基层管理和部门管理，就管理范围和管理职能而言，具有局部性——或限于土地权属单位内部或限于专业部门内部，而且往往是偏重于土地资源利用管理，而土地的国家管理，则具有超部门性和全面性。这三个组成部分，具有密切的关系：土地的国家管理统辖着土地的基层管理和部门管理；土地的基层管理和部门管理，则既是土地国家管理的基础，又是其某种程度上的补充和延伸。国家管理的某些方面可通过部门管理而落实，国家甚至可授权、委托某些部门去行使某些管理职能，但是，部门管理却不可能取代国家的统一管理——这是由部门管理本身所固有的局限性所决定的。在任何社会中，都存在着土地的基层管理和部门管理，但是却不一定都存在土地的国家统一管理。随着生产社会化水平的提高，随着人们对土地需求的日益增长，随着社会生活中围绕着土地资源、土地财产权和土地资产而产生的矛盾日益突出，土地的国家管理的重要性也就日益显露。

就是否实行土地的国家统一管理而言，目前世界各国的基本情况是：在实行土地公有或以土地公有为主的社会主义国家中，为了管好、用好公有土地，往往是实行土地的国家统一管理或者是在理论上倾向于实行土地国家统一管理的；在资本主义国家和地区中，地多人少、土地供求矛盾并不突出的国家和地区，不实行而且在理论上也并不倾向于实行土地的国家统一管理，以加拿大、澳大利亚、美国等最有代表性；反之，在地少人多、土地供求矛盾比较突出的国家和地区，则实行土地的国家统一管理而且在理论上也倾向于此，其中以日本最为典型。

就中国而言，在1949—1985年期间，土地问题一直未受到重视，自然而然地实行着土地的城乡各个部门的分散管理。这将近40年的土地分散管理，伴随着土地的无偿使用，其所产生的严重后果是，各个部门各自为政，不约而同地分享土地"大锅饭"的权益，土地资源滥用、浪费惊人。正是在这样的历史背景下，1986年3月中共中央、国务院发布了

《关于加强土地管理,制止乱占耕地的通知》,同年6月六届全国人大常委会第十六次会议通过并公布了《中华人民共和国土地管理法》(后来在1988年作了修正,在1998年作了修订),而且于同年8月成立了国家土地管理局,以强化土地管理,并开始实行全国土地的统一管理。

从中国自1986年以来实行土地的国家统一管理的实践之中,至少可概括出以下三点理性认识:

①针对中国人多地少、土地资源极其珍贵的国情,在社会主义市场经济的条件下,必须由国家权威机构出面进行统一管理,有计划地调节供需,协调关系,解决矛盾,以避免市场失灵的弊端。其中包括调节全国及各级行政区内部的土地供求矛盾,控制非农占地以保障农业生产,协调各部门对土地的需求等等。

②适应社会主义市场经济中土地商品化流转的需要,加强土地的财产和资产管理(包括地籍管理、地价管理、土地金融管理等等),是国家机关不可推卸的职责。这一职责由代表国家的国务院土地管理机构去履行,是名正言顺的,而且是最具有权威性的。

③在强化国家统一管理的前提下,充分发挥部门管理、基层管理的积极作用,是正确处理三者关系,管好用好全国土地的必由之路。此外,还需要国家各级有关部门如规划、计划、城建、财税、公安、司法、文教等部门与之相配合,做到行政、经济、法律、思想诸环节紧密结合,才能收到事半功倍、相得益彰之效。

第三节 中国土地国家管理权在中央政府与地方政府之间的分割

土地的国家管理问题,不仅涉及各部门之间的分权问题,而且涉及中央政府与地方政府之间的分权问题。本节就此问题进行论述,意在利用实际信息从学术上探索土地经济理论问题,而并不是企图提供实用性"药方"。

一、中央政府与地方政府的土地管理权力的配置模式

在中央政府与地方政府之间配置土地管理权力,可能采取的模式无非是三种,即"中地分权"(中央与地方政府分别拥有部分土地管理权力)、"地方分权"(地方政府分得全部或绝大部分土地管理权力)、"中央集权"(中央政府集中全部或绝大部分土地管理权力)。

那么,如何选择这些模式呢?在这里不妨提出三项基本依据:第一,合理配置权利(力)。在这里,把中央与地方关系的实质看成是土地权利(力)在中央政府与地方政府之间的配置,即两者分别拥有哪些权利(力)、不拥有哪些权利(力),以便做到合理分权。合理分权意味着双方各得其权,既利于落实,又利于改善土地管理。第二,兼顾双方利益。在土地管理问题上,权利(力)的问题总是脱离不开利益问题的。因此,正确处理中央与地方之间的关系,不仅要"合理分权",而且要"合理分利",即合理地兼顾中央与地方的利益,使之各得其利,公平合理。第三,合理用地,持续利用土地。正确处理中央与地方的关系,合理地管理土地,其终极目的在于充分而合理利用土地,有效地保护耕地,实现土地资源的可持续利用。显然,以上三条也就是衡量任何一种模式优劣的标准。

二、现阶段中国土地管理体制中的中央政府与地方政府关系

首先考察一下由《中华人民共和国土地管理法》(1988,以下简称《土地法》)和《中华人民共和国城市房地产管理法》(1994,以下简称《房地产法》)等所规定的中央政府与地方政府的土地管理权限关系,着重从国有土地的增量权、国有土地投放权、土地收益支配权的配置上

来考察:

①关于国有土地增量权。所谓"国有土地增量"是指国家通过征用,变农村集体经济组织的土地为国有土地。《土地法》(1988)第二十五条规定:征用耕地1000亩以上由国务院批准;征用耕地3亩以上、1000亩以下,由省、自治区人民政府批准;征用耕地3亩以下,由县人民政府批准。可见,国有土地增量的批准权位设置较高,主要为国务院和省级政府,但是也为县级政府留有余地。

②关于国有土地投放权。其中包括出让和划拨土地使用权。关于出让土地使用权,《中华人民共和国城镇国有土地使用权出让和转让暂行条例》(1990,以下简称《条例》)第十条规定:土地使用权出让的地块、用途、年限和其他条件,由市、县人民政府拟定方案,按国务院规定的批准权限批准。《房地产法》所增加的规定是,在第十条中指出:县级以上地方人民政府出让土地使用权用于房地产开发的,须根据省级以上人民政府下达的控制指标拟订年度出让土地使用权总面积方案,报国务院或省级人民政府批准。可见,《条例》和《房地产法》所规定的出让土地使用权的批准权位也是比较高的,也是国务院或省级人民政府。尤其是,《房地产法》进一步强调了要执行省级以上人民政府下达的出让土地使用权总面积控制指标,可谓相当严格。

关于划拨土地使用权,其批准权限在《条例》中无规定,在《房地产法》的第二十三条中则明确规定"由县级以上人民政府依法批准划拨"。可见,关于土地使用权划拨权限的规定是相当宽松的。

③关于出让土地收益的支配权。有关法规规定,出让土地收益的绝大部分,归县级人民政府支配。《条例》第五十条规定:"土地使用权出让金列入财政预算,作为专项基金管理,主要用于城市建设和土地开发。"《房地产法》第十八条规定:"应当全部上缴财政,列入预算,用于城市基础设施和土地开发。"

分析以上几个方面可知，在执行原《土地法》(1988)时，中国土地管理体制中的中央与地方关系，基本上属于"中地分权"模式。这一模式的设计目标是，中央或省级政府控制国有土地增量和出让量，以便达到合理用地、保护耕地的目的；地方政府得到经济实惠，以利于改善城市基础设施和土地开发。然而，实际执行的状况却是，越权征地、化整为零征地、多征少报，越权批地、多批少报等相当普遍，且屡禁不止。何况，现有法律、法规中对于划拨土地使用权的约束相当宽松，无疑是给土地使用权的投放开了一个口子，致使现阶段土地投放量之中的绝大部分依然是采用划拨形式而不是采用出让形式，从而为隐形市场提供了温床。

其结果是，国务院和省级政府的高位批准权在相当大的程度上被架空；中央和地方分权蜕变为中央失权、地方擅权，正确处理中央和地方关系的预期目标未能实现。中央政府年年大声疾呼要保护耕地，合理投放土地，但收效却并不理想，每年净减几百万亩耕地的势头并未得到削弱。

若从产权的角度来看可发现：第一，地方政府拥有对土地的实际占有权，中央政府鞭长莫及，从而使其进一步扩张到在一定程度上拥有实际上的处分权；第二，地方政府拥有批出土地的收益权，极大地刺激了征用农地、批出土地、以地生财的积极性，于是，"以地生财"便成了不少地方政府管理土地所遵循的最主要的准则。

总之，"中地分权"模式未能正常运转，未能达到预期目标。针对这一情况，人们发表了不少议论，不妨略举数端：

——现行体制的弊端是："土地管理部门职能分散，国家土地管理权力弱化，宏观调控能力不强"，因此，"要强化中央政府统一管理全国土地的职能和国有土地产权代表的主体地位"。[①]

---

① 《中国土地》1996年第7期，第8、13页。

——"解决城市建设与农业争地的矛盾,必须从规范政府尤其是从各级城市政府行为入手。"在土地管理上要"实行垂直领导或双重领导体制"。①

——"现有的土地管理体制未能真正体现'土地国家所有',未能充分体现出中央对国有土地的处置权和相应的收益权。目前,土地的审批、耕地的占用、土地收益的收取等大部分权力集中在市、县政府手中。……因此,需要对现行的土地管理体制进行改革,将土地处置权、收益权适当集中,使中央具有与宏观调控能力相适应的权力与财力。"②

——"目前中国整个经济体制改革的总方向应该是强化市场,但对土地这种本质上是公共财产(在我国名义上也是公共财产)的资源,则应该强化政府的宏观调控的职能。"③

1998年8月全国人大常委会对原《土地法》(1988)进行了修订,形成了新《土地法》(1998),对于中央政府与地方政府之间的土地管理权限关系作了大幅度调整,大大强化了高层政府的权限而削弱了省以下政府的权限。在这里着重通过对新《土地法》中有关国有土地增量的规定而加以说明。①大大强化了国务院的权限:例如,新《土地法》第四十四条规定,省级政府批准的道路、管线工程和大型基础设施项目等等,凡涉及农地转用者,一律由国务院批准;第四十五条规定,征用基本农田、基本农田以外耕地超过35公顷的,征用其他土地超过70公顷的,由国务院批准。②进一步强化了省级政府的权限:国有土地的增量,除了由国务院批准者外,一律由省级政府批准,取消了县级政府的相关权限。

---

① 《中国土地》1996年第5期,第5、16页。
② 同上书,第4期,第30页。
③ 同上书,第3期,第23页。

此外,新《土地法》第五十五条还规定:"新增建设用地的土地有偿使用费,30%上缴中央财政,70%留给有关地方人民政府,都专项用于耕地开发。"这一变化若能切实落实,必能有效地遏制一些地方政府"以地生财"的势头,从而有利于保护农地。

不妨认为,新《土地法》(1998)在实质上体现了"以中央集权为主、地方适当分权"的指导思想,较之原《土地法》(1988)大大强化了土地管理的中央集权。

三、进一步完善中国土地管理体制中的中央政府与地方政府之间权限配置的设想

如何进一步完善中国土地管理体制中的中央政府与地方政府之间的权力配置关系呢?至少从理论上可对"严格中央集权制"和"地方政府受权代管制"这两个模式予以探讨。在这两种模式中,从根本上来说,依然是兼顾中央与地方两方面的"权"和"利",只不过是具体表现形式不同而已。

(一)关于严格中央集权制

可设想的模式之一是严格中央集权制,即进一步强化土地管理的中央集权制。提出这一设想的基本背景是,2002年4月2日国土资源部发出的《土地资产管理"十五"计划纲要》中所指出的,中国土地管理工作存在的亟待解决的问题之一是,"地方政府行为有待规范,超越范围划拨供地行为时有发生,随意减免地价现象仍然存在,土地收益流失较为严重"[①]。下面,对于实行这种严格中央集权模式提出基本设想以供探讨。

(1)关于征用农地

①在实行严格中央集权模式的条件下,征用农地权即国有土地

---

① 《国土资源通讯》2002年第5期,第11页。

增量（扩量）权完全归中央政府所有。这意味着，任何一级地方政府都不再拥有土地征用权、审批权。这样做必将有效地控制农地转用。②将农地"征用"改为"征购"。其中的"征"意味着具有强制性，即农村集体经济组织必须服从国家的需要；其中的"购"则意味着要符合市场供求规律。征购价不应再是低于市场的、由政府单方面强加于农村集体经济组织的补偿标准，而是由评估机构评出的"农地市价"。按照这一价格征购，就意味着政府付出足额的农地市价，在经济上不再占有农民应得的收益。③征购价格应由征购者支付，即由中央政府支付。原《土地法》（1988）第二十七条、二十八条关于"国家建设征用土地，由用地单位支付土地补偿费"、"安置补助费"的规定，在市场经济条件下应理解为对用地单位应支付的土地出让金的预付。换言之，从理论上来看，不应当由用地单位替代土地所有者支付土地所有权价格。

（2）关于国有土地使用权投放

在土地国有条件下，土地使用权一级市场自然应该由国家垄断。任何单位、个人，都只能在土地市场上获得土地，地方政府也不例外。只有这样，才能够有效地制止国有土地使用权的过量和低价投放。

（3）关于出让国有土地使用权收益的分配

土地批租、零租的收益中的绝大部分由地方政府支配，这是缺乏理论根据的、是不合理的。相反，若认为国有土地收益应全部归国家所有，也只是从概念出发而不是从实际出发的。出让国有土地使用权收益的分配，应符合这些要求：①扣除（即弥补）农地征购费和土地开发费后求得可分配额；②地方政府所应分得的土地收益，从地租理论上来看，应是地方以及当地的公、私单位投资所形成的各种固定资产对土地的影响而形成的级差地租Ⅱ；③除此以外的全部土地收益皆应归中央政府所有。

(4)关于国有土地收益的使用

就中央政府土地收益的使用而言,仅仅用于土地开发的提法是不够用的。除了弥补农地征购等项费用外,依次用于以下各项恐怕是更为合理的:

①基本农田保护。在实行严格中央集权模式的条件下,保护基本农田也应是有偿的,以便从经济上维护地方政府和农村集体经济组织的利益。从国有土地收益中支付这笔费用,正符合"取之于土,用之于土"的精神。

②新耕地开发。为了要保证耕地增减的动态平衡,在征购农地之后必然要开发相应数量的耕地(含复垦废弃地)。使用土地收益去开发新耕地,也是名正言顺的。

③支援商品农产品基地。既然国有非农土地的来源是农地,那么,用非农地的收益去"反哺"农业生产,就是理所当然的。尤其是,由国家统一掌握土地收益用于支持那些商品农产品基地面积大、对国家贡献大的地区,使之得到公允补偿,是必要的。

④支援当地进行城市基础设施建设。这是指在那些取得土地收益较多的县(市),除了地方分得适当比例的土地收益外,国家还应给予支持,以便使之取得较大的经济效益。不过,这种"支援"最好是采取低息、长期贷款的形式进行,而不是无偿支援。

概括而言,按上述四个方面的要求征购农地、投放国有土地使用权、分配和使用土地收益,只有在实行严格中央集权的模式时才能够顺利办到,而且能有效地克服种种弊端,切实做到"以土养土"。至于地方政府分得的土地收益,当然要"用于城市基础设施和土地开发"。

此外,落实严格中央集权模式,由中央到地方的土地管理部门实行单线、垂直、统一领导,是其组织保障。而且,实行严格中央集权模式,还有利于排除地方保护主义等因素的干扰,更有效地强化土地管理系统的检察工作。

(二)关于地方政府受权代管制

与上述模式截然不同的模式是国有土地的"地方政府受权代管制",即土地国有制不变,由中央政府委托地方政府(县、市)代为管理的模式。其基本特征是,中央政府不再向地方政府下达农地占用控制指标和国有土地投放量指标,而是完全由地方政府掌握。国家主要采取两项经济措施进行调控:其一是按照地方政府实际占有的国有土地面积征收相对固定的、较高的国有土地占有税(或称"土地占有费"),以便通过这一经济杠杆约束地方政府扩大征用农地和低价批出土地;其二是由中央政府向地方政府按面积和质量支付基本农田保护费,然后地方政府向农村集体经济组织支付适当低于前者的基本农田保护费,从而意味着中央政府从地方政府手中购买了农地开发权,地方政府又从农村集体经济组织手中购买了农地开发权。除了经过中央政府批准并退还基本农田保护费即从中央政府手中购回农地开发权外,地方政府不得占用基本农田而进行非农产业开发。

看来,通过国有土地占有税和基本农田保护费这两个经济杠杆来调控国有土地的增量和投放,较之以行政手段为主,可能是成本低而效率高的——地方政府必然要认真衡量国有土地增量与投放之间的经济得失而谨慎从事,中央政府的土地管理成本必然大大降低。至于全国各地土地利用状况的变化,完全可通过卫星遥感监测而确切掌握;这正是:"天眼"明察秋毫,地况了如指掌。[①]

[①] 参见《中国国土资源报》2000年7月14日第1版及2002年3月25日第1版消息。

第十二章　农村土地财产制度

农村土地财产制度往往简称为农村土地制度。其内容主要包括农村土地所有制、农村土地使用制、农村土地的国家管理制，不过，在本章中只是在必要时对于后者略有所涉。

第一节　原始社会农村土地财产制度[①]

民族学家L.H.摩尔根（Morgan），以进化论的观点，根据生活资料生产的进步状况划分了人类由蒙昧时代经过野蛮时代到文明时代的发展阶段。其中的蒙昧时代始于人类社会产生，终于氏族和部落的形成；野蛮时代始于氏族制度的全盛时期，终于原始社会的瓦解和向奴隶社会的过渡。

恩格斯在《家庭、私有制和国家的起源》一书中，根据摩尔根的论述把蒙昧时代划分为三个阶段。在其低级阶段，人们处于原始群状态，以采集为食，群居为生，还谈不到任何财产问题。其中级阶段处于旧石器时代，有了狩猎活动，母系氏族公社取代了原始群，土地等自然资源开始成为氏族公社的财产。其高级阶段处于新石器时代，氏族组织有了进一步发展——由氏族组成了部落，土地等自然资源便成为部落的

---

① 参见许涤新主编：《政治经济学词典》（上册），人民出版社1980年版，第151—181页；刘克祥著：《简明中国经济史》，经济科学出版社2001年版，第1—6页。

财产。恩格斯还把野蛮时代也划分为三个阶段。其初级阶段是氏族制度的全盛时期，在此期间出现了原始畜牧业和原始农业，使得土地财产问题更加重要。其中级阶段出现了第一次社会大分工——畜牧业从农业中分离出去；父系氏族公社逐步取代母系氏族公社，然后逐步形成了一夫一妻制家庭，而且逐步形成家族公社，取代氏族公社成为土地的所有者，土地财产是其财产的最重要的部分。在其高级阶段，出现了由在一定地区内的一群家庭组成的农村公社并成为土地等自然资源的所有者；氏族公社消亡，个体家庭逐步成为社会基层经济单位；原始社会瓦解，向奴隶社会或直接向封建农奴制过渡。①

对于原始社会的土地财产制度问题，主要可从以下几个方面加以认识：

①土地制度是从无到有、从随意到正规、从松散到严密地发展起来的。这反映了土地在生产、生活中的重要性以及土地稀缺性的日益显露。在原始群时期，地广人稀，土地的重要性、稀缺性都未显露，根本谈不到土地财产制度。当出现了原始畜牧业之后，就逐步出现了在一定范围内的草地上进行循环轮牧的问题，这就是土地财产制度问题的嚆矢。就农业用地而言，在出现了原始农业之后，以及后来出现了以经营农业为主的氏族和部落之后，耕地的制度问题就显得很突出了。而且，与耕地相关的其他土地如山林、草原、沼泽、村庄等的财产问题也显得更为重要了。

②在原始社会中实行的是土地公有制，这是由当时的生产力水平所决定的。在原始社会中，生产力水平极为低下，人们既不可能以个人和家庭为单位生存，又因无剩余劳动可言而不可能剥削他人，从而，全部的生产资料和产品，在一定的社会组织的范围内，除了归全体成员共

---

① 参见《马克思恩格斯选集》第4卷，第17—23页。

同所有、共同使用、平均享用之外,别无其他选择。

③随着社会生产力的发展,以家庭为单位从事农业生产成为可能,剥削他人的剩余劳动也成为可能。于是,原始社会的土地财产制度逐步瓦解。

从原始社会的起始到瓦解,先后出现过大小不同、性质各异的社会与经济组织,它们在土地财产制度中扮演着不同的角色。

首先是原始群。它是由几十个男女原始人组成的初级社会群体,集体进行采集、狩猎活动,实行群内杂交;原始群始于人类的产生,终于母系氏族公社的形成。此时,人类只是利用现成的衣食之源,几乎不存在任何财产问题。

其次是氏族公社。当原始群由群内杂交逐步过渡到"群外婚姻"之后,即逐步明确了"族"的界限,从而产生了氏族。氏族是以血缘关系结合起来的原始社会群体,后来人们按其性质命名为氏族公社。氏族公社是当时基本的社会组织和经济组织。其最初形态是母系氏族公社,其继起形态是父系氏族公社。每个氏族都有自己的名称和标志(图腾)。氏族会议是其民主权力机构,酋长是民选的首领。当时人们以石器、弓箭作为生产工具,这就表明了其生产力的低下,也表明进行集体劳动和实行以土地为主的生产资料和劳动产品的公有制的必然性。

在氏族公社时期,还存在着其联合组织。其一是以直接血亲关系为基础的几个氏族结合而成的集团——胞族,其二是以血缘关系为基础的氏族或胞族所形成的联合体——部落(一般而言,胞族是氏族与部落之间的中间环节),其三是由几个部落所形成的部落联盟(其主要作用在军事方面)。此外,在氏族公社内部还存在着以婚姻和血缘关系而形成的群体——家族公社(或称家庭公社):在母权制氏族公社内存在着母系家族公社,在父权制氏族公社内存在着父系家族公社。这样,如果不计在经济上作用不大的胞族和部落联盟的话，在氏族公社时期就存在着以氏族公社为核心的"部落-氏族公社-家族公社"三级经济组织结构。

在氏族公社时期的土地制度的大体状况是：①部落拥有土地所有权，部落之间为无主土地，起隔离、缓冲的作用；②由部落将土地交给氏族公社使用，即以氏族公社为单位进行土地经营，并逐步发展为氏族公社所有；③在氏族公社内进一步出现家族公社之后，氏族公社便进一步将土地分配给家族公社使用，后来即逐步发展为家族公社所有。此时，猎场、林地、边远地、瘠薄地等一般属部落、氏族公社所有，已开垦、利用的农地，一般归家族公社所有和使用。

继氏族公社之后是农村公社时期。农村公社（又称农业公社、村社）是原始社会末期，由定居在一定地域之内的、来自同一氏族和不同氏族的家庭所组成的地域性组织，是由公有制走向私有制的过渡性组织。在农村公社时期，土地归公社所有，其中的耕地分配给各家庭使用，森林、草原、水源等共同使用，牲畜、农具、住房等归各家各户私有。农村公社时期的土地制度，可概略地描绘为：土地公有，按人分配，定期调整，合理搭配，按户经营。其中的"按人分配"，基本上是均等分配，但是往往因辈分、劳力的不同而有所差别。其中的"定期调整"，最初是以一年为期，后来则变为几年一期，直至停止调整（这种状况往往持续到奴隶社会）。其中的"合理搭配"是指，在家族之间定期调换耕地，在各个家庭之间平均分配土质不同的土地，按土质的不同而折合为不同的面积（即瘠地面积大，肥地面积小），其目的在于力求均等。马克思在谈到这一状况时指出："农业公社的社员并没有学过地租理论课程，可是他们了解，在天然肥力和位置不同的土地上消耗等量的农业劳动，会得到不等的收入。为了使自己的劳动机会均等，他们根据土壤的自然差别和经济差别把土地分成一定数量的地段，然后按农民的人数把这些比较大的地段再分成小块。然后,每一个人在每一块地中得到一份土地。"①

就中国而言,据考证"井田制"便是原始社会末期农村公社时期直至奴隶社会期间的农村土地制度的具体形式。中国古代文献表明:"黄帝始立邱井之法,井分四道,八家处之,其形井字,开方九焉。"(《玉海》卷176引《李靖对问》)《孟子·滕文公上》中说:"方里而井,井九百亩,其中为公田。八家皆私百亩,公事毕,然后敢治私事。"马克思指出:"如果你在某一个地方看到了有垄沟痕迹的小块土地组成的棋盘状耕地,那你就不必怀疑,这就是已经消失的农业公社的地产。"②在"井田制"条件下,"公田"由各个农户共同耕种,其收入满足公共需要(如公共管理、防灾等等)。

西欧中世纪的农村公社称为马尔克(德文Marke),最初由血缘关系较近的氏族集团结成,以后逐步变为地域性组织。每个马尔克由若干个村落所组成;大部分土地公有,其成员拥有宅旁园地的所有权;一般曾长期实行耕地每年或数年平均分配的制度,到后来则实行世袭使用但不得转卖、转让的制度;最后则变为"自由地"——私有财产。这种组织在法国北部、英国、德国及斯堪的纳维亚半岛等地也曾长期存在。到了8—9世纪,封建庄园兴起,马尔克变为农奴公社,成为封建庄园之组成部分,到中世纪末消亡。

俄罗斯的农村公社称为密尔(俄文Мир),存在于15世纪至20世纪初。早期是血缘性组织,后来变为地域性组织。1861年俄国实行"农民改革"之后,密尔变为官办的"村团"——政府把份地交给密尔,再由密尔分给农民耕种。在密尔中,既有实行份地定期再分配的,也有固定不变的;其成员不得自由退出。在密尔中,既有贫农,又有富农,本质上

---

① 《马克思恩格斯全集》第19卷,第452页。
② 同上。

相当于半封建庄园。1906年官方实行农村资本主义式的改革,对密尔予以打击,但它并未消亡,直至十月革命后实行土地国有化才被取消。

第二节　奴隶社会农村土地财产制度[①]

奴隶社会亦称奴隶占有制社会,是人类历史上第一个人剥削人的社会。它以奴隶制生产方式或称奴隶占有制生产方式作为主要的社会基础。这种生产方式以奴隶主占有全部生产资料、占有和剥削作为生产者的奴隶为主要特征。

奴隶制产生于原始社会末期。当时生产力有了一定的发展,出现了剩余劳动,把战俘作为劳动力较之杀掉有利,于是出现了奴隶。奴隶的其他来源是:自耕农、小手工业者由于负债而沦为奴隶,称为债务奴隶,这是西欧奴隶制形成时期奴隶的主要来源;被判服刑者也会成为奴隶(如古罗马有此规定);奴隶与奴隶生育的子女,也是奴隶;等等。奴隶是被统治阶级,仅能得到维持生命的最低限度的生活资料。

在奴隶社会中,奴隶主是统治阶级,他们拥有一切生产资料和生活资料。在西欧,奴隶主包括国王、贵族、军事首领、农庄主、作坊主、矿山主、僧侣、大商人、高利贷者等等;在实行土地国有制的地方,一切占有土地并剥削奴隶的人,都是奴隶主。

奴隶制度的初始形态是"家长奴隶制"——在少数富裕的父系家庭中使用少量奴隶;氏族酋长、军事首领也利用职权以战俘作奴隶。随着使用奴隶的普遍化,整个原始社会过渡到奴隶社会。全世界绝大多数民族经历过奴隶制度,但是也有由原始社会直接进入封建农奴制社会的。

[①]　参见高德步等编著:《世界经济史》,中国人民大学出版社2001年版,第15—70页;许涤新主编:《政治经济学词典》(上册),人民出版社1980年版,第183—202页。

在不同的国家、地区，奴隶制度的具体形式有所不同。有的以国有经济面目出现，有的则形成城邦奴隶主大庄园经济、寺院大地产经济等等。下面以土地财产制度为核心，对不同类型奴隶制度的有关问题加以简要介绍和剖析。

古希腊奴隶制是发达的奴隶制的典型之一。古代希腊包括希腊半岛、爱琴海各岛和小亚细亚西海岸。公元前8—公元前6世纪，在此地区形成了数以百计的奴隶制城邦——由一个城市及其周围的农村构成的奴隶制国家。雅典和斯巴达是两个最大的城邦，前者代表工商业类型，后者代表农业类型。公元前7世纪，斯巴达人入侵拉哥尼亚平原，把原有居民中的大部分变成了奴隶，称希洛人。斯巴达实行军事奴隶主贵族专政，土地和奴隶都归国有。全国土地分给全体公民，不得买卖、转让或分割继承。全体希洛人被固定在份地上，按规定数量把收获物交给占有份地的主人。在希腊的其他城邦中，有些采取斯巴达那样的土地制度，有些则实行贵族田庄制度，在田庄中使用奴隶。到公元前2世纪中期，希腊各城邦被并入罗马。

古罗马奴隶制是发达的奴隶制的另一典型。早期的罗马是由意大利中部的一些部落联合、归并而形成的城邦，在公元前8—公元前6世纪完成了由氏族社会到阶级社会的过渡，建立了奴隶制国家。公元前510年左右成立了奴隶制贵族共和国。古罗马在很长的时期内实行土地国有制，分配给个人使用。公元前111年罗马共和国土地法承认了私人占有土地的所有权，并逐步形成中小土地所有者与大土地所有者并存的局面。到罗马共和国瓦解而罗马帝国形成之后，大土地所有者的势力日益壮大，形成奴隶制大庄园（拉丁文latifundium）。这些庄园建立在皇帝的领地、寺院和私人大土地所有者的土地之上，利用廉价的奴隶劳动经营农业而具有较强的竞争力，使得中小土地所有者备受排挤，遭到兼并，而且往往被迫求得其庇护（小农将土地所有权交给大土地所有者，自己保留使用权，以便逃避苛捐杂税等）。

在中国，始于原始社会末期的特殊的土地制度——井田制，延续到奴隶制社会又成为中国奴隶社会的土地制度。在原始社会末期，氏族贵族逐步掌握了财产权利和政治权力，并且在互相兼并的战争中形成了大规模的奴隶制国家，而且在国家这种大范围内形成了基本统一的土地财产制度——土地的奴隶主国家所有制，并且在夏、商、西周三个朝代（简称"三代"）中得以长期持续。以基层的井田制形式出现的中国奴隶社会土地制度，具有以下特征：①土地财产权利的三层分割：国家（即天子）拥有土地所有权；各级贵族奴隶主（诸侯、卿、大夫等）通过分封而拥有土地占有权；农村公社拥有土地使用权。受天子之封的诸侯，除了自己直接占有一部分土地之外，将其余的再分封给卿、大夫、士等。各级的土地一律不得买卖，即"田里不鬻"。同时，奴隶也归天子所有并分给各级奴隶主使用。②土地使用权主要在农村公社之中。农村公社本来是原始社会的基层组织，但是在渐进的社会制度变化中，这一组织并未消灭，只是蜕变为奴隶社会的政社合一的基层组织。③"助耕公田"是奴隶社会井田制的主要剥削形式。在井田制条件下，受奴隶主剥削的奴隶有两种类型，一是具有一定的独立经济但人身被占有的东方型奴隶，二是没有独立经济的劳动奴隶即古典型奴隶，但主要的是前者，即拥有自己的"私田"而又要在"公田"上进行无偿劳动即进行"助耕公田"的奴隶。至于劳动奴隶，则没有私田，完全在主人的田地里耕作。奴隶主对于这两类奴隶都拥有大权，可作为赏赐品、殉葬品使用，可作为商品买卖。

在奴隶社会中的自由民，是指除了奴隶以外的居民。其上层包括奴隶主阶级成员，其下层主要包括个体农民、手工业者、小商人等。个体农民中既包括自耕农也包括佃农，在奴隶社会中只占辅助地位。个体农民与奴隶往往会在一定的范围内互相换位。

在罗马奴隶社会后期,由于奴隶起义、逃亡而使得大庄园无利可图,奴隶主被迫改变剥削方式。他们把大块土地分割为小块,一部分交给奴隶经营,他们征收一部分收成,并允许奴隶有自己的家室——这种被束缚在土地上的奴隶被称为佃隶;另一部分则出租给自由农民,这种农民被称为隶农,他们受到奴隶主的严格约束和剥削,成为其附庸并成为罗马帝国末期的主要农业劳动者。隶农阶层的形成,标志着封建生产关系的萌芽。

第三节 封建社会农村土地财产制度[①]

封建社会是以封建生产方式为主要基础的社会,是人类历史上第二个人剥削人的社会。封建生产方式是以封建领主(农奴主)阶级剥削农奴或封建地主阶级剥削农民为基础的物质资料谋得方式。封建土地财产制度是封建领主阶级或封建地主阶级依靠对土地的拥有而剥削农奴或农民的制度。封建土地制度一般是在奴隶主土地制度瓦解的基础上形成的,也有的是在农村公社瓦解之后直接形成的,即未经过奴隶制度而直接进入封建制度。

一、封建领主土地财产制度

封建领主土地财产制度的内容相当复杂,以西欧封建制国家最为典型。封建领主土地制度以封建领地制、农奴制和封建庄园制为基本内容,以政治统治权、土地所有权与生产经营权合一为基本特征。[②] 封

[①] 参见朱寰主编:《亚欧封建经济形态比较研究》,东北师范大学出版社1996年版,第49—95页;高德步等编著:《世界经济史》,中国人民大学出版社2001年版,第80—92页,115—133页。

[②] 参见张家庆主编:《地租与地价学》,中国国际广播出版社1991年版,第143—147页。

建领地是封建领主所领有的世袭土地财产,是欧洲封建土地所有制的主要形式。封建领地由国王或上一级封建主封赐,以对于上一级封建主提供兵员、缴纳贡赋、应征徭役及承担其他义务为条件。封建领地是连同依附农民一起被封赐的。国王、各级贵族、各级神职人员等都有自己的领地。除了分赐下一级以外,都有自留领地。领主在领地内拥有行政权、司法权,对依附的农奴进行超经济强制。封建领地制度大大强化了农民对于封建主的依附关系和封建主对于农民的剥削。

农奴制是以封建领地制度和农奴对于封建领主的人身依附为基础的剥削制度。封建领主以奴役性条件对农民分配份地,使他们失去人身自由而变为农奴;农奴世世代代被束缚在土地上,除了向封建领主交纳劳役地租外,还要交纳各种贡品、捐税、罚金等;封建领主还可以任意惩罚、买卖、转让农奴,并没收其财产。

封建庄园是中世纪欧洲封建领主在其领地上压榨农奴的基本组织形式。8—9世纪封建庄园的形成标志着农民农奴化的完成。西欧各国都存在过情况有别的庄园,现以8—9世纪的法兰克王朝的封建庄园为例:每个庄园的大小不等,往往包括一个至几个村庄,以过去的马尔克为基础。庄园的土地分为三部分:第一部分是领主直接经营的土地,由农奴自带工具进行耕种;第二部分是交给农奴使用的份地;第三部分是自由民租种的土地。农奴不得擅自脱离份地;份地可世袭使用,但继承时必须经过领主许可,并交纳继承金;农奴拥有自己的份地经济,这是不同于奴隶制生产方式的。不过,实行井田制的中国奴隶制,奴隶也有其份地经济,这是特例。

同奴隶社会一样,在封建农奴制社会内,也存在着自由民。其中从事农业经营的即个体农户。他们有的租种封建庄园的土地,有的甚至拥有自己的土地;除了服兵役、缴纳租税外,享有人身自由。

在14—15世纪,随着商品货币关系的发展和大规模农奴起义,西欧的农奴制逐渐解体。例如,1807年普鲁士国王颁布农奴解放令,规定农奴缴纳高额赎金可获得人身自由,但是直至1848年以后,在资产阶级革命的冲击下,农奴制度才最后崩溃。在俄国,沙皇于1861年颁布废除农奴制的法令,使这一制度得以逐步废除。

二、封建地主土地财产制度

封建地主土地制度,以中国为代表。中国的封建土地制度最初出现于东周,是以井田制的崩溃为标志的。东周是以铁犁、牛耕和精耕细作为特点的农业的形成时期。这一时期生产力的发展,为个体农业经营提供了物质条件;整个社会商品经济的发展冲击了"田里不鬻"的制度;同时,奴隶的怠工、逃亡、起义等也沉重地打击了奴隶制度。在这种条件下,在份地之外开垦私田的现象不断出现,并且逐步得到了各国政府在税收上的承认(如鲁国的"初税亩",秦国的"初租禾"等)。到了公元前350年商鞅在秦国实行"废井田、开阡陌"的政策,则标志着井田制的彻底废除。秦始皇统一中国,标志着在全国范围内整个奴隶制度的覆没和封建地主制的确立。此后,仅在元、明、清三代的皇家、贵族庄园中出现过局部的奴隶制或准奴隶制。

中国的封建土地财产制度,可按土地产权主体划分为国家所有制、地主所有制和自耕农所有制。其中,地主所有制始终是主要形式并占绝大部分。

在奴隶社会,只有国有土地而谈不到私有土地;到了秦汉时期,土地私有制已经占据主导地位,而国有土地数量已经很少,不过,后来其数量处于不断变动之中。国有土地的主要来源是:接收前代土地;接收大动乱之后的无主土地;政府组织开发的土地;强制没收的土地。从东汉末年农民起义开始,一直到唐王朝的建立,各种战乱不断,使得大量土地荒芜无主,从而被收归国有。唐朝中叶均田制遭到破坏之后，国有土地又大量减少，到宋代达到最低。元朝的国有土地数量又显著增加，主要是通过没收原宋代官僚、贵族的土地，以及强占民地开辟军马场所致。这样，就使得明代前期的国有土地达到一个高峰——在明洪武二十六年（公元1393年）国有土地大约相当于全部耕地的12.5%。[①] 国有土地的主要用途是：作为封建国家或皇帝的苑囿；赏赐功臣、贵戚；当遇到大灾荒时，"赋予贫民"作为赈济；将屯田收入充作军饷或充实府库。

封建地主大体有以下几种类型：①贵族地主——如汉代的宗室、功臣，一方面因受封而拥有国有土地的占有权，另一方面还抢占、购买私田而成为名副其实的大地主。②官僚地主——从中央到地方的各级官员，依靠权钱而强占、购买大量土地而成为大地主。③庶民地主——虽然并无政治权势，但是其中一些大地主往往依靠其经济实力而横行乡里甚至抗拒官府。此外，还有大量中小地主。

租佃经营一直是地主经济的主要经营方式，因为它对于地主来说最简便易行而且风险最小。在租佃制度下，佃农对于地主存在着人身依附关系，使得佃农成为奴婢与自耕农之间的一个阶层。不过，这种依附关系并不紧密、不稳定，与封建领主制大不相同。这主要是由于，在中国的封建制度下，土地可自由买卖，地主的土地并非固定不变，而且，农民也可能通过购买而获得土地。到了明代，特别是清代，地主与佃农之间的租佃关系中的宗法性质日益淡化，已经逐步向具有一定程度的资本主义性质的雇佣劳动过渡。

在宋代已经出现了永佃制萌芽，到了明代中叶，有了比较大的发展，到了清代乾隆年间，则在我国中部、南部、东南部得到盛行。

东汉时期出现了大型自然经济式的地主田庄。田庄以实行租佃经

[①] 岳琛主编：《中国农业经济史》，中国人民大学出版社1989年版，第213页。

营为主,自营为辅。在田庄中,地主中的族长利用宗法关系控制同姓贫苦农民,使其依附于庄主,成为固定的佃户,称为"附徒",地位相当于农奴;同时,田庄还使用部分奴婢进行自营。三国时期,社会动乱、民不聊生,农民依附于大族田庄的为数不少。在唐代中叶,随着均田制的破坏,封建地主田庄又大行其道。在宋代,大田庄是地主经济的主要形式。

自耕农是小土地所有者。其土地来源主要是:购买;开垦荒地;大动乱后占有无主荒地。在秦至西汉前期,这种小土地所有制曾经占据统治地位。自耕农经营之所以相当普遍,是因为它在经济上不依附于地主而且境况大大优越于佃农。封建政府为了恢复与发展生产、安定社会,往往从多方面支持自耕农,包括无偿分配公田、减免田赋等。

在封建社会中,土地兼并盛行,自耕农破产、佃农生活难以为继等现象是屡见不鲜的,这是封建土地制度运行的正常表现。只有在特定的条件下,政府才会出面对土地制度进行直接干预,历史上实行的占田制、均田制等便属此类。西晋太康元年(公元280年)实行占田制,对贵族、官吏拥有土地面积规定了限额,以便抑制土地兼并;对于普通百姓则分别规定"占田"(拥有)与"课田"(纳税)的面积,超过"课田"面积的部分免课税赋,以鼓励开荒。不过,这一制度仅持续了将近20年。北魏政府于太和九年(公元485年)开始实行均田制。其主要内容是,以国有荒闲土地为基础,实行"按劳授田、家庭经营、有授有还"的制度;其实质是使劳动力与土地合理结合,以便达到人尽其才、地尽其利的目的。它在一定程度上延缓了土地兼并,促进了经济的恢复与发展。它持续了近300年。到了唐代中叶,由于人口大量增加,政府掌握的官田日益减少,而且对于土地买卖控制不严,土地兼并日趋严重,均田制便难以为继;恰逢"安史之乱"的冲击,均田制便自然被废弃。宋代明确采取"不抑兼并"政策,在更大的程度上允许土地自由买卖和典当，从而使得更多的土地集中在大地主手中。

1840年以后，中国逐步沦为半封建、半殖民地社会，但是封建土地制度仍然基本上得以延续。近代中国土地财产制度大体上包括地主土地所有制、富农土地所有制、自耕农土地所有制和国家土地所有制，而以地主土地所有制为主。在富农中，实行资本主义剥削的新式富农较少，多数是从事封建主义剥削的旧式富农。据专家估计，在20世纪30年代，占全国农户4%的地主占有50%以上的土地，占6%的富农占有18%的土地，占20%的自耕农占有15%的土地，占70%的贫农和雇农仅占有17%的土地。①

第四节　资本主义社会农村土地财产制度

在典型的资本主义农村土地所有制条件下，存在着三个阶级，即土地所有者阶级、租地资本家阶级和农业工人阶级。土地所有者阶级通常并不直接使用土地而是把土地出租给农业资本家或其他土地经营者，凭借土地所有权坐收地租、坐享剩余价值之利的纯粹寄生性阶级。租地资本家租用土地从事农业及其他产业活动，自己获得平均利润，然后将超过平均利润的额外利润（地租）交给土地所有者。因此，资本主义土地所有制是土地所有者和资本家共同剥削雇佣工人的制度。不过，在现代资本主义国家中，这种典型的资本主义土地所有制，仅仅是整个土地所有制中的一个组成部分。

在农村，资本主义土地制度的形成可概括为三种类型，即改良型、改革型和暴力型。

---

① 参见郑庆平等编著：《中国近代农业经济史概论》，中国人民大学出版社1987年版，第88页。

改良型又可称为蜕变型、渐进型,其基本特征是封建主义土地所有制逐步蜕变成为资本主义土地所有制。普鲁士(1701 年建立王国,1871 年后为德意志帝国的组成部分)是改良型的主要代表。该国自 1810 年起逐步废除农民对农奴主的人身依附,承认农民有支配自己财产的权利,允许农民赎买份地,并分割农村公社的公有土地为私人财产,等等,从而培植了个体农民;与此同时,农奴制地主庄园逐步实行资本主义经营,蜕变为资本主义农场。而从封建农奴制庄园中解脱出来的个体农民,又逐步分化而产生了农村无产者和资本主义大农场主。除了普鲁士以外,俄国和东欧一些国家也基本如此。

改革型的基本特征是,通过种种形式的土地改革而废除封建土地所有制,在农村实现小农经济化,而后再通过小农经济的两极分化而形成资本主义土地所有制。美国是改革型的典型国家之一。美国独立后,没收了亲英派大地主的土地,摧毁了本来就比较薄弱的封建土地所有制。1785—1861 年期间,美国政府向公众低价出售小块土地以发展个体农民;1862 年颁布的《宅地法》(Homestead Act),又进一步使得公众可以较低的代价(如交付登记费等)取得西部的小块土地。1863 年颁布《奴隶解放令》,取消南部种植园中的奴隶制;1866 年又公布《南方宅地法》,使得一些获得解放的黑人也可获得土地。这样,就逐步在全美建立了个体农民土地所有制,然后在个体农民两极分化的过程中形成资本主义土地所有制。1996 年的资料表明,年销售收入在 1 万美元以下的小农场占总量的 49.4%,而其土地面积仅占总量的 10.6%;年销售收入在 10 万美元以上的大农场只占总量的 16.4%,而其土地面积却占总量的 53.2%,[①] 这反映了经过两极分化而形成的由少数大型资本主义农场占有农用土地的现状。

---

① 来源于 *Agricultural Statistics*,1998,美国农业部编印。

再以法日两国为例。1793年法国资产阶级革命胜利之后,实行了土地改革,宣布以低价向农民出售小块土地;废除一切封建权利,包括地租及封建苛捐杂税,从而消灭了封建大土地所有制,建立了农民小土地所有制。1947—1949年日本实行"农地改革",由政府强制收购不在地主的全部土地和在村地主1公顷以上的土地,出售给农民,分期付款;还规定,自耕农所拥有的土地不得超过3公顷。

暴力型的基本特征是,新兴资产阶级和新兴土地贵族通过暴力手段剥夺农民的土地,直接建立资本主义土地所有制,是资本主义原始积累的形式之一。由15世纪最后30年至19世纪最初20年,长达300余年的英国"圈地运动"(Enclosure Movement),便是暴力型中的典型事例。在这一运动中,不仅圈占由农民使用的村社公地(林地、牧场等),而且进一步剥夺佃农的份地,收回出租给小佃户的土地,然后出租给农业资本家或由新兴贵族即资产阶级化的贵族自行经营,使广大农民群众失去安身立命之地。在15世纪,被圈占的土地变为牧场用于养羊,以便增加羊毛出口量获取高利,形成了"羊吃人"的现象;到17世纪,则主要是用于发展粮食及肉蛋菜等的生产以满足城市人口的需要。这次运动的结果是,小自耕农大大减少,与大土地所有制相结合的租佃农场制占据了统治地位。西欧其他国家也出现过这种运动,但较之英国大为逊色。1989—1990年的资料表明,英国10公顷以下的农场占总量的26.4%,而其土地面积则仅占总量的1.8%;50公顷以上的大农场占总量的33.3%,而其土地面积却占总量的82.8%。[①] 圈地运动对于发展农村资本主义土地制度的作用,由此可见一斑。

[①] 转引自朱嗣德编著:《各国土地制度》,台湾中兴大学地政系印行,2000,第36页。

第五节　社会主义社会农村土地财产制度

按照马克思主义的经济理论,典型的、标准的社会主义农村土地财产制度,应当是土地的社会主义国家所有制;土地的社会主义国家所有制也就是全民所有制。只有在这种土地财产制度的条件下,才有可能完全消除由于土地的不公平拥有而造成的土地资源的不合理利用和土地收益的不公平分配——尤其是依靠土地进行剥削。

1917年11月8日,在全俄工人和士兵代表苏维埃代表大会第二次会议上通过了《土地法令》:宣布废除土地私有制,实行土地国有化,将原属于地主、皇室、寺院、教堂等的土地,连同耕畜、农具、建筑物等,一律交由基层政权支配;规定一切依靠自己及其家属的劳动从事耕种的俄罗斯公民,都有权使用土地;禁止买卖、出租、出典或以任何其他方式出让土地。这是人类历史上首次出现的社会主义性质的土地国有制。

但是,农村土地国有制并不是新民主主义阶段和社会主义初级阶段的必然的、唯一的土地制度选择。在这种阶段中,土地的劳动者个人所有制、集体所有制、国家所有制并存,并不违背坚持社会主义道路的原则。

农村土地的劳动者个人所有制,存在于奴隶制社会、封建制社会和资本主义社会。在新民主主义社会和社会主义社会的初级阶段,这种土地所有制的某种程度的存在,往往既是不可避免的,而且对于发展农业生产又是有利的。然而,个体农民出现贫富两极分化却往往是难以完全避免的,从而,指望依靠这种土地制度实现全体农村劳动者的真正共同富裕是难以办到的。

第二次世界大战后,在欧洲和亚洲新出现的社会主义国家,事实上都处于新民主主义或社会主义的初级阶段,都不是实行农村土地国有化而是通过土地改革实现土地私有化,并在此基础上实行不同程度的土地集体化,形成土地集体所有制。

在新民主主义阶段和社会主义初级阶段,对于私有、集体所有和国有三种土地所有制所占的比重,很难给出具有充足依据的标准。为什么?因为这种阶段,就是整个社会由完全的资本主义向完全的社会主义过渡的历史阶段,各种生产资料的多种所有制并存是符合事物由量变到质变的发展规律的,农村土地这种生产资料的所有制也不例外。至于三者的比重,则取决于经济、政治、意识等条件的综合作用。不过,从理论上来讲,土地的劳动者个人所有制逐步过渡到土地集体所有制,而土地集体所有制过渡到土地国家所有制,则是社会主义国家土地制度变迁的合乎规律的总趋势。

第十三章　现阶段中国农村土地财产制度

第一节　现阶段中国农村土地所有制

一、现阶段中国农村土地所有制状况

实行土地改革是中国新民主主义革命的基本任务之一。在实行土地改革之前，封建土地所有制在中国农村占统治地位：大约只占全国农村人口10%的地主和富农，拥有70%—80%的农村土地，而占农村人口90%的中农、贫农、雇农，只拥有20%—30%的农村土地。1946年5月中国第三次国内革命战争开始后，土地改革即在部分解放区进行；1947年10月，中共中央公布并实行《中国土地法大纲》，进一步规范和推动了土地改革。到中华人民共和国成立前夕，已在1.25亿农业人口中完成了土地改革。1950年6月中央人民政府委员会通过并公布了《中华人民共和国土地改革法》，指导中华人民共和国成立后的土地改革。到1953年春，全国除西藏、台湾外，已全部完成土地改革，使3亿多无地、少地的农民无偿获得了7亿多亩土地，在全国农村实现了土地的农业劳动者私有化。[①]

---

① 参见《中国农业百科全书·农业经济卷》"中国土地改革"条，农业出版社1991年版。

中国在土地改革之后,随即在农村开展了互助合作运动。其中,互助组并不涉及土地制度问题,而初级农业生产合作社和高级农业生产合作社的建立,其核心问题是土地制度的变革。

就土地制度而言,初级社的基本特点是:土地私有,统一经营,年终付酬。其具体做法是:社员将其土地交给合作社统一经营;合作社按照一定的标准(主要是常年产量)在年终付给固定的"土地报酬"或按分成制付酬。这种土地制度实质上是土地入股分红制。无论是土地的固定报酬还是分成报酬,其本质都是以土地资本入股而取得的地租性质的纯收入(M)。1956年1月为全国初级社数目最多之时,达到139.4万个,入社农户为5903.4万户,社均42.3户。①

在发展初级社的同时,还在发展高级社。就土地制度而言,高级社的基本特点是:土地无偿集体化,统一经营。这意味着无论是土地所有权还是土地使用权,都归高级社集体所有。到1957年年底,参加高级社的农户已经占全国总数的96%强,已经在全国范围内实现了高级农业合作化(1957年年底全国平均每社为158.6户)。②

由单干过渡到初级社,虽然土地所有制不变而且还可获得土地报酬,但是对于习惯于自主经营的农民来说,却是其生产和生活方式的重大变革,不可能贸然从事;由初级社过渡到高级社,除了规模扩大之外,其核心问题是由土地私有制过渡到土地公有制——土地集体所有制,这对于农民来说,几乎是性命攸关的大事,必然是慎之又慎。发展农村集体经济的基本原则是"自愿互利",其核心在于"互利",其关键在于"自愿"——只有在集体经济中切实做到"互利",才有可能使农民群众切实"自愿"入社。然而,在实际上却形成了自上而下的制度

---

① 参见《中国农业百科全书·农业经济卷》"初级农业生产合作社"条,农业出版社1991年版。

② 同上书,"高级农业生产合作社"条。

变迁。

1958年年底又在高级农业合作化的基础上实现了以乡为单位的、政社合一的农村人民公社化,扩大了土地集体所有制单位的规模(全国平均每社大约5000户),实行单一的公社所有制。从经济上来看,其出发点主要是为了最大限度地获得规模效益。然而实践表明,第一,农业生产具有强烈的地域性和分散性,并不适宜在这样大的范围内进行大规模的分工协作,否则适得其反;第二,把上百个生产队合并为一个基本核算单位,无视其经济水平的显著差别,必然出现严重的平均主义的恶果。几经调整,到了1962年终于普遍落实了以相当于原初级农业生产合作社范围的生产队作为农村人民公社的基本核算单位的"三级所有,队为基础"的体制,即把土地集体所有制单位的规模大大缩小。1978年以后,又进行了更大幅度的调整:到1982年,家庭承包经营制已普及;1984年,政社已全部分开,全国普遍重建了乡镇政府;随后,公社、大队、生产队三级分离,各自成为完全独立的集体经济组织,农村人民公社随之解体并消亡。①

目前,中国农村集体所有制的土地产权主体(所有者)有三种:乡镇集体经济,即集体所有的乡镇企业;村级集体经济,相当于原农村人民公社生产大队,与村民委员会同级;村民小组级集体经济,相当于原农村人民公社生产队。农村集体所有的土地,主要是归后二者所有,其中又以村级集体经济为主。后者是由于,在农村人民公社解体的过程中,大量的原人民公社生产队随之而瘫痪,而在村一级适时建立了村民委员会并兼承了村级集体经济的某些职能。

在中国农村中还有归国家所有的土地,主要包括:除由法律规定归农村集体经济所有的土地(含耕地、荒地、林地、山地、草地、水面、滩

---

① 参见《中国农业百科全书·农业经济卷》"农村人民公社"条,农业出版社1991年版。

涂等）以外的全部矿藏、水面、森林、山岭、草原、荒地、滩涂等；名胜、古迹、自然保护区的土地；国有农、林、牧、渔企事业单位使用的土地；国家拨给农村集体经济和个人使用的土地。现有耕地中，归国家所有的约占6%弱；全国森林面积中属于国有的占70%以上。

二、中国农村土地集体所有制的性质

与生产资料国家所有制相比较，生产资料集体所有制属于生产资料社会主义公有制的低级形式，因为它只是在小范围内为少数人所公有。生产资料的集体所有制，实质上属于共有制。"共有"是指两人或两人以上对同一财产共同享有所有权。"共有"中的"按份共有"是指共有人按各自的份额对同一财产享有所有权；共有人对共有财产可协商处分，对自有的份额也可自行处分。"共有"中的"共同共有"是指各共有人对于财产拥有平等的所有权但并不划分各自的份额，而是通过平等协商进行管理和处分。[①]

在初级农业生产合作社中，每个社员对其土地拥有确定的份额，拥有退社的自由，拥有按土地份额取得土地报酬的权利。此时的土地财产制度的性质，应属"按份共有"制。在高级农业生产合作社中，社员拥有平等地参加劳动并参与按劳分配的权利，还拥有通过平等协商对土地进行管理和处分的权利。此时的土地财产制度应属"共同共有"制。

目前在农村集体经济中实行家庭承包制。承包时，按人口平均分配承包地面积，意味着每人平等地拥有一份土地使用权；而且，在30年不变的承包期内，承包者平等地拥有处分权（含出让、出租、赠送等等）。这表明，在实行家庭承包制条件下的土地制度，又属于"按份共

---

① 参见《中国大百科全书·法学》"共有"条,中国大百科全书出版社1984年版。

有"制。

从本质上来看,这种"按份共有"制具有二重性——既具有公有性,又具有私有性。其公有性的表现是,作为农村社区的共同财产的土地,其所有权是不可分割为个人所有的;其私有性的表现是,集体经济的每一个成员都拥有一份土地使用权。这种二重性辩证地融为一体而不可分割,而且以公有性为主导。

实践表明,在农村集体经济中实行"按份共有"制,使每一个成员都平等地获得一份土地权利,最有利于调动其积极性,最有利于发挥土地制度的保障功能和激励功能,从而是现阶段最有效的制度。

三、关于如何对待现阶段中国农村土地集体所有制的探讨

中国学术界对于现阶段中国农村土地集体所有制的基本观点有以下四种[①]:

（1）改行土地国有制。

主张取消农村土地集体所有制,改行土地国有制的基本观点,可按以下两方面加以简介:

①从土地国有化的视角看现阶段农村土地集体所有制存在的种种弊端：a.农村土地集体所有制的产权主体空缺,财产归属不清,使得土地集体所有制形成一个模糊概念;国家、集体、农户三者之间的关系,实际上已经演变为国家与农户的关系;在农村人民公社解体之后,农村集体经济已难以行使土地所有权,而由村委会代行,造成政企不分。b.农村集体经济的土地所有制局限于村的狭小范围,在这样狭小的范围内进行土地使用权的流动和集中,很难符合农业现代化的需

---

① 参见王卫国著:《中国土地权利研究》,中国政法大学出版社1997年版,第108—113页;钱忠好著:《中国农村土地制度变迁和创新研究》,中国农业出版社1999年版,第199—207页。

要。c.农村土地由各村分散管理,对土地资源的严重滥用和浪费就很难避免。

②除了可克服上述弊端之外,改行土地国有制还具有明显的必要性、优越性和可行性:a.随着经济建设的日益进展,非农土地利用将日益扩展,由国家直接掌握土地资源更能够适应这种客观需要。b.实行农地国有化,意味着国家成为农地投资主体,从而使得农地投资更有保障。c.实行农地国有化之后可实行"国有民营"制度甚至"国有永佃"制度,从而既不需要动用巨额资金购买农地,也不会使多数农民产生明显丧失土地之感。d.我国具有实行农地国有的有利条件,其中包括城市实行土地国有化的经验;几十年的土地集体所有制的实践,早已使农民留恋土地私有权的观念基本消失。

此外,在人多地少的国家中,由国家直接掌握土地资源,可避免土地归农户掌握而造成的土地利用方面的规模不经济和地价飞涨的不良后果(如日本、法国等)。当然,这是针对土地私有化而言的。

(2)改行土地私有制。

其主要观点也从两方面加以简介:

①从实行农地私有化的视角看农村土地集体所有制所具有的种种弊端:a.农村的土地产权不明确,关键在于土地集体所有制的存在;要明确农村土地产权就要使集体经济退出土地所有者的舞台。b.农村土地集体所有制对于农民家庭经营起不到保护作用;只是集体经济组织需要拥有土地,而不是农民的家庭经营需要土地的集体所有制。c.在土地集体所有制的条件下,土地人人有份,这就不可避免地产生小土地经营单位。

②实行土地私有制的必要性和可行性:a.只有把全部土地产权交给农民,使土地与农民真正结合起来,才能够真正调动农民的积极性,克服短期观念和行为,切实提高土地资源利用效率。b.只有土地私有化

才能够有效地促进土地的商品化以及土地的合理流转和集中。c. 农地私有制不会造成长期的两极分化。其理由是,如果务农达不到社会平均生活水平,农民可进入其他部门;地租不可能由地主任意操纵,它必然要受工资和利润的制约。d. 农户土地私有制,对于社会主义经济具有依附性,这决定了其社会主义性质。

(3) 改行多种所有制。

全国各地因条件而异,分别采取国有制、私有制、集体所有制。例如,有的观点认为,在经济发达地区,可实行国有制,而经济落后地区实行私有制,其他地区则维持土地集体所有制。

(4) 维持和完善农村土地集体所有制。

持此种观点的学者,都是反对改行农地国有化和私有化的,而且认为改行多种所有制,不仅其标准难以掌握,而且不同所有制之间会相互影响而造成制度动荡。笔者作为主张维持和完善农村土地集体所有制的学者之一,在此提出对于相关问题的看法。

首先,要回答如何认识从土地国有化和私有化的视角提出的农村土地集体所有制的种种弊端问题。

①关于农村土地集体所有制是否是模糊概念的问题。仅仅从国家征用集体土地要支付代价,农民承包集体土地要交纳承包费这两项经济关系来看,农村土地集体所有制就是实实在在的客观存在。更不用说,农村集体经济组织一般都拥有一定的土地以外的公共财产和公共服务组织,只要搞好这类组织便会使农户从中获得协作之利。当然,农村土地集体所有制的产权确有其模糊之处,但这并非是与生俱来而无法克服的。村委会与集体经济管理机构的适当结合,便是出路之一。

②关于农村集体经济的管理机构是否是政社合一的问题。目前,一些农村集体经济的管理机构不健全,而在不同程度上由村民委员会

协助或代管,因而被人们认定为"政社合一",然而这种认定是牵强的。村民委员会是民选的村民自治组织,并不是一级行政组织。这一点与农村人民公社时期的乡政府与公社管理委员会合一的情况是完全不同的。不仅如此,村民委员会代行集体经济的管理之职,恰恰是精简机构、提高效率的需要。何况,《中华人民共和国村民委员会组织法》已经明确规定:"村民委员会应当支持和组织村民依法发展各种形式的合作经济和其他经济,承担本村生产的服务和协调工作。"

③关于以村为范围进行土地使用权的流转和集中是否过于狭小的问题。农业中的土地流转和集中是指形成规模经营。现阶段,在几十户的村的范围内实行规模经营,已经是相当大了,何况,在确有需要时,跨村经营也并非不可能。而且,农地的流转和集中基本上取决于农业劳动力的非农化而非农地所有制的改革。至于现阶段的土地承包、人人有份,应当说是符合社会公平原则的,是无可指责的。

④关于农村土地资源的分散管理是否必然造成浪费的问题。实际上,土地的村有村管,是以服从国家的统一管理为前提的,并不是完全自行其是的。

其次,对于改行土地国有制的辨析:

①实行农村土地集体所有制是否会影响国家建设用地的供给?实际上,农村土地集体所有制从来未妨碍对于建设用地的供给。目前我国建设用地紧缺的根源是人多地少而非土地集体所有制。

②关于农地投资主体转换的利弊问题。把农地投资主体由农民、集体经济转为国家,不仅不利于调动前者的积极性,而且还会增加国家的负担,未必是良策。

③关于实行"国有永佃制"的利弊得失问题。一般认为,实行"永佃制"意味着佃者拥有较大比重的产权,从而在土地国有制的条件下实行"永佃制"就意味着实行半私有制或准私有制,这与实行国有制的

出发点是矛盾的。其结果,很可能更接近私有制而不是国有制。

④关于由国家直接管理农村土地的利弊问题。这样做,成本可能很高,得不偿失;而若由国家委托村管,则与目前的状况相差无几。

再次,对于改行土地私有制的辨析:

①相当长的时期内难以提高农业效率。农民握有土地所有权,固然会强化其惜土观念,但是,在人多地少的国家和地区,土地私有化会使土地更明显地增值,并使得农民的惜土观念的重心转移——由"用地生财"变为"持地保险"。换言之,它使得土地的生产性经济功能弱化,福利性经济功能强化。其结果是,土地流转步履蹒跚,规模经营踏步不前,农户非农化流行,农业效率难以提高。日本、中国台湾等国家和地区,便是前车之鉴。[①]

②从长远来看,土地私有化必将导致农村资本主义化。随着农村人口的减少,土地必然向少数人手中集中,土地拥有的两极分化是不可避免的。而且,只有自食其力的个体农户才对社会主义经济具有依附性,一旦发展成为资本主义农业企业,这一问题便谈不到了。

总之,单纯从经济上看,各种土地所有制都各有其短长,并非十全十美。以其中一种的优势而针对其他,都可举出种种理由。然而,探索现阶段中国农村土地制度问题,却不能离开中国现阶段的政治、经济环境,不能离开中国所处的社会主义初级阶段,不能脱离坚持和完善公有制为主体、多种所有制经济共同发展的基本经济制度的要求。这是中国农村土地制度运行和变迁的宏观方面的强制性约束。

现阶段在中国农村中,土地以外的生产资料基本上已经归农户私有,生产资料公有制的主要代表是土地集体所有制。在这种条件下,如果改行土地私有制,便意味着在整个农村领域中生产资料公有制的基

---

① 参见曲福田等著:《中国土地制度研究》,中国矿业大学出版社1997年版,第112—114页。

本消失,肯定不符合在农村中坚持以生产资料公有制为主体的基本要求,而且还会对整个社会主义经济基础产生巨大的消极影响,从而理所当然地被否定。至于改行土地国有制,尽管是社会主义土地制度的发展方向,但是却难免对全国非农部门的非公有制经济产生强大的消极冲击,这显然是人们所不希望看到的。由此看来,现阶段坚持并完善农村土地集体所有制是最为现实的——风险最小,回旋余地最大。

此外,有些学者主张实行国家与农民的土地复合产权制、土地复合所有制等,[①] 这些理论上的开创性探索,理应予以充分重视。其中特别值得推敲的是,对于土地产权、土地所有制加以复合之后而产生的复合产权制、复合土地所有制,依照其基本属性是否将分别归属于国有制或私有制。

四、现阶段中国农村土地集体所有制的完善

既然农村土地集体所有制是现阶段中国农村土地制度的无可替代的选择,那么,完善土地集体所有制便是摆在我们面前的任务。如何完善中国农村土地集体所有制?可考虑以下几个基本方面:

①充分发挥农村土地集体所有制的二重性优势。即,既发挥其公有性的优势,又发挥其私有性的优势,并且使二者完满结合,形成最大的叠加效应。这种二重性优势集中体现在集体经济与家庭经济的紧密结合上,也体现在土地集体所有、家庭承包的体制上。

②土地所有权主体规范化。这是考虑到现阶段农村集体经济组织往往存在不规范、不健全、不稳定的问题而提出的。而所谓"规范化"则是指一律由村民委员会或村民小组兼行社区集体经济组织之职,而

---

① 参见曲福田等著:《中国土地制度研究》,中国矿业大学出版社1997年版,第131—132页;钱忠好著:《中国农村土地制度变迁和创新研究》,中国农业出版社1999年版,第211—213页。

这种规范化，正是其健全化、稳定化的关键。

③土地所有权权能相对完整化。所谓"相对完整化"是指，在遵循国家法律所规定的国家对农地的监管的前提下，由农地产权主体充分行使其产权，各级政府、各种经济组织、集体经济成员都不得侵权。其主要权能包括：发包土地使用权，出售农地所有权（指在完成国家征地任务时取得完整的农地所有权代价），向社会提供土地使用权（须经国家批准并缴纳相应的增值税款等）。

④土地管理资产化。集体所有的全部土地都应当被视为有价资产并进行资产化管理。例如，要进行土地资产估价并适时进行调整，以便在出让土地权利时取得相应的补偿；出让作为固定资产的土地的收入，原则上应当计入固定资产基金而不宜列入当年的收入分配，以免造成固定资产的流失。

⑤土地使用制完善化。土地所有制在相当大的程度上要通过土地使用制来实现，因而，完善土地使用制，就意味着相应地完善土地所有制。

第二节　现阶段中国农村土地使用制

这里指的是目前中国农村土地集体所有制条件下的土地使用制。

在农业生产合作社和农村人民公社时期，农村集体经济中实行的是土地集体所有、集体使用的制度，通常是在作为基本核算单位的生产队中，统一安排社员进行各项生产活动。当时，以家庭为单位进行的土地利用活动，仅限于在业余时间进行的对自留地、自留山的经营（自留地或自留山的面积相当于生产队人均占有土地的5%）。

在实行家庭承包制之后，农村集体经济的土地一般按人口分配给社员，以家庭为单位进行承包（极少数是按劳动力或按人口与劳动力相结合而分配的）。农户与农村集体经济签订承包合同，其内容包括承包期限、承包者应尽的义务（如交纳国家税费和集体的提留，合理利用土地等等）与应享的权利（如完成应尽义务之后取得全部收入，可以将土地使用权转包、转让、入股等等）、发包者应尽的义务与应享的权利等等。此外，农村集体经济所有的"四荒"地——荒山、荒沟、荒丘、荒滩（另含荒地、荒沙、荒草、荒水）等未利用土地，可由农村集体经济向集体经济成员（拥有优先权）及社会单位、个人发包、出租、拍卖其使用权，并可转让、转租、遗赠、抵押等。

现阶段中国农村集体经济中的土地使用制度建设问题，可从以下六个方面加以叙述和探讨。

①关于如何落实公平与效率相结合这一基本经济原则的问题。在农村集体经济中，首先会碰到的问题是土地使用权如何分配。这一分配可区分为"公平优先"与"效率优先"两大类型，二者又分别以"农地农有"和"农地农用"为标志。目前一般按人口进行平均分配，即属于"公平优先"类型。土地对于农民来说，首先是一种生活保障资料，然后才是生产资料。而且，农村集体经济的性质也决定了每个农村人口都天然地拥有获得一份土地使用权的权利——"天赋地权"，要求绝对平均地实现"农地农有"，即实行"公平优先，效率从属"的具体原则。如果反其道而行之，改按劳动力强弱、资金多寡、技术高低，即按各户的土地经营能力分配土地，即实行"效率优先，公平从属"的原则，固然可能大大提高农地利用效率，但是由于严重损害了公平，必然会引发严重的社会问题，从而经济效率也难以保障。

②关于实行长佃制与永佃制的问题。按照《中华人民共和国农村土地承包法》（2002年）的规定，耕地的承包期为30年，草地为30—50年，林地为30—70年，概括而言就是实行长佃制。实行长佃制的优点是：使农户长期地与土地相结合，稳定地落实"农地农有"；可解除后

顾之忧，而且有利于土地的用养结合。目前，有一种主张，不满足于长佃制而主张永佃制——把土地使用权永远交给农民，进一步落实"农地农有"；不仅在土地集体所有制期间不变，甚至可延续到将来实行土地国有化之时。笔者认为，实行土地永佃制即实行土地准私有制，它既可充分发挥长佃制的优越性，也会产生土地私有制的种种弊端（它往往并不利于土地流转和集中，而在土地流转和集中之中又会产生新的食租阶层和无地阶层），应慎重对待。

③关于农地使用权的债权与物权性质的问题。从法学角度来看，目前有一种观点认为，土地使用权属于债权，应当通过其内涵的重新界定，使之物权化；另一种观点则认为，债权物权化已经是世界性潮流，把土地使用权视为与物权具有同等性质，早已经不是一个问题。这两种观点，可以说是不谋而合，殊途同归。这一问题的实质是，认定农村集体经济成员所拥有的土地使用权应当全面地包括占有权、使用权、收益权、处分权四大权能。土地使用权的物权化意味着，"农地农有"的内涵更加明确、更加扎实，更有利于农地的流转和集中。特别是，在实行土地股份合作制以及农村股份制合作经济时，土地使用权的物权化，意味着它可折算为一定的货币额，与其他折算为货币的股份拥有平等的地位。

④关于农民的土地权利以实物或以份额表现的问题。"农地农有"既可通过农民握有体现实物的土地面积得到体现，也可通过农民握有整个集体经济土地使用权的一定份额而体现。前者是直观的，看得见、摸得着的，后者则是抽象的、脱离实物的；前者是初始形态，后者则是其演化形态。在大力推动土地使用权流转的今天，如果将农民所握有的土地使用权由具体面积形态的地块改为抽象的份额形态，肯定是一大进步。

⑤关于农业劳动者与农地相结合以及规模经济的问题。如上所

述,按人口平均分配承包土地,是保障农村集体经济成员土地权利的举措。然而,此种举措却不可避免地具有其先天性缺陷——无法完满实现"农业劳动力与农地相结合"的原则。而农业劳动力与农地相结合是"农地农用"的基本内容,是提高农业效率的必由之路。在家庭承包制运行之中,这种矛盾逐步由隐性变为显性,由无足轻重变为举足轻重,尽管是缓慢的但却是必然的。其具体表现是:一部分农户人口因劳动力离农、人老、去世、外嫁而显著减少,另一部分农户人口因劳动力及龄、娶亲及士兵退役等而显著增加;尤其是,随着城乡二、三产业的发展而使农村劳动力离农率增加但各户并不平衡。于是,就出现了在不同的农户之间进行土地调整、互通有无的必要。这一调整的过程,就是农业劳动力与农地日益合理结合的过程,也是农业规模经济逐步形成的过程。我们的任务在于,认识这一变化的规律而因势利导。实行土地承包经营权流转制(含转包、出租、互换、入股、转让等形式),便是实现这一调整的有效形式。

⑥关于农地家庭经营与非家庭经营的问题。这也是涉及"农地农用"的一大问题。实行农地的家庭经营,具有巨大的优越性,它能够充分发挥家庭的巨大凝聚力,有效降低劳动管理成本,从而成为现阶段农地经营的基本形式,并非偶然。但是,家庭经营也有其局限性,包括规模狭小、劳动力构成难以完全满足农业生产的需要等。因此,一方面要发展和完善农村集体经济及各种社会化服务组织,服务于农村家庭经济。另一方面,又要不断完善新型的农业经营的基层组织,例如中型家庭农场(扩大的农户经济,即以种田能手为核心的农户加上少量雇工)、新型合作农场(以德才兼备的带头人为核心)、私人资本主义农场等等。其中,最具生命力的,很可能是在北美、西欧行之有效的中型家庭农场。其基本特征在于,既可保持家庭的强大的凝聚力,又可弥补其劳动力数量、质量的不足,从而形成最有效的规模经营。

第三节　现阶段中国农村土地征用制

一、中国农村土地征用制的概念和特征

现阶段中国农村土地征用是指，国家凭借行政权力，通过法定程序，强制地将农村社区集体经济所有的土地转为国有土地，并给予补偿及对农民进行安置的特定的政府行为。

现阶段中国农村土地征用制具有特定性、强制性、有偿性、社会性等特征。其特定性是指，征用土地的法律关系的主体是特定的——征用方只能是政府，现阶段被征用方只能是农村社区集体经济；其强制性是指，接受国家征地，是农村社区集体经济对于国家应尽的义务——尽管在具体运行过程中会出现讨价还价，但最终是责无旁贷的；其有偿性是指，尽管征地行为的强制性与征税相同，但是征地却是有偿的，从而是与征税不同的，并可称之为"征购"；其社会性是指，征地与市场中的商品交换不同之处在于，后者在成交后即告终结，而前者还涉及对于失地农民的安置等后续的社会性问题，往往是一个相当漫长的过程。

二、中国农村土地征用制现状[①]

（一）征地范围

在实行土地私有制的国家和地区中，政府的土地征用范围只限于狭义的、直接的公共利益的需要，即仅限于公共管理、公共设施、国防设施等方面对于土地的需要，而不包括一般经济建设的需要，后者通常都是通过土地市场来解决的，与是否行使政府的行政权力无关。与此

---

① 主要依据《中华人民共和国土地管理法》的有关条文而撰写或加以摘要。

不同,现阶段中国政府的土地征用范围却是泛指一切经过政府批准的、正当的需要,包括经营性用地的需要。因此,对于《中华人民共和国土地管理法》中的"国家为公共利益的需要,可以依法对集体所有的土地实行征用"(第二条)的规定中的"公共利益的需要"就应当作广义的理解——即使是经营性的需要,只要是正当的也是符合公共利益的。

(二)征地程序

建设占用土地,涉及农用土地转为建设用地的,首先要办理农用地转用手续。不同的土地分别由国务院或省级人民政府批准。其中,必须经国务院批准方可征用的土地包括:基本农田、超过35公顷的基本农田以外的耕地、超过70公顷的其他土地;在以上范围以外的土地,一律由省级人民政府审批。

国家征用土地,依照法定程序批准后,由县级以上人民政府予以公告并组织实施。

被征用土地的所有权人、使用权人,应当在公告规定期限之内,持土地权属证书到当地人民政府土地行政主管部门办理征地补偿登记。

(三)补偿和安置

土地补偿费的基本依据,已由《中华人民共和国土地管理法》规定:"征用土地的,按照被征用土地的原用途给予补偿。"(第四十七条)征用耕地的补偿费,为该耕地被征用前三年平均年产值的6—10倍。征用耕地的安置补助费,按照需要安置的农业人口计算。需要安置的农业人口数,按照被征用的耕地数量除以征地前被征用单位平均每人占有的耕地数量计算。每一个需要安置的农业人口的安置补助费标准,为该耕地被征用前三年平均产值的4—6倍。但是,每公顷被征用耕地的安置补助费,最高不得超过被征用前三年平均年产值的15倍。如果按照上述标准,还不足以使需要安置的农民保持原有生活水平的,经省级人民政府批准,可增加安置补助费,但是,土地补偿费和安置补助费的总和,不得超过土地被征用前三年平均年产值的30倍。此外,还要支付地上附着物和青苗补偿费。

《中华人民共和国土地管理法实施条例》第二十六条规定:土地补偿费归农村集体经济组织所有;地上附着物及青苗补偿费分别归其所有者所有;安置补助费,可根据实际情况分别发给农村集体经济组织或其他安置单位或被安置人员个人。

三、中国农村土地征用制的完善

(一)关于土地征用的范围与补偿原则

有些人认为,应当"严格将征地范围限定于公共利益目的,非公共利益性质的用地交易,交由市场机制来加以解决,让用地者自己跟农民通过谈判达成交易,为了符合城市土地国有的法律规定,可以在土地交易手续办理过程中转变土地所有权性质"[①]。这种观点是具有一定代表性的。不过,在这里至少存在两个待解的问题:一是在经营性用地的市场自由交易中,如何避免农地转用失控的问题;二是农村集体经济的土地在转变为非农建设用地的同时转变为国有土地时,国家与集体之间如何分配土地增值的问题。只有对于这类问题给出圆满答案,此类主张方可顺利进行。否则,各种用途的非农用地一律通过国家征地的途径来提供,恐怕是难以替代的选择。

对于土地征用,应当遵循什么原则进行补偿呢?一些人认为,让农民在公益性征地上作出牺牲是合理的,而让农民在非公益性征地上作出牺牲则是不合理的。[②] 然而,若从市场公平的视角来看,无论让农民

[①] 黄祖辉、汪晖:《非公共利益性质的征地行为与土地发展权补偿》,《经济研究》2002年第5期。

[②] "非公共利益性质的征地行为无偿剥夺农民的土地发展权是毫无道理的。"应当"区别……两种性质不同的征地行为,设定土地发展权,对于非公益性质的征地项目,在补偿内容中增加土地发展权一项"。出处同上。

在何种性质的征地中牺牲其应得的市场利益，都是不合理的；农民只能与其他社会集团或社会阶层按同等标准、同等方式奉献于社会。从而，即使是对于狭义的公益性征地，农民也有充足的理由获得农地市场价格——这意味着由国家来代表社会承担对于公共利益的支付而不是将其转嫁给农民。

（二）关于征地补偿标准与办法

就农地的补偿标准而言，在市场经济中最公平的补偿莫过于严格以"农地市价"为准。其理由非常简单明了：既然在市场经济中农地征用的本质无非是征购，那么，其最公平的价格便只能是市价。换言之，按照农地市价对农村集体经济进行征地补偿，就是进行足额补偿。这就意味着，农地的征用价格不应当是被人为压低了的、低于市价的价格。进行足额补偿，不仅意味着公正，而且有利于保护耕地，遏制以地生财。农地市价如何确定？当然应当由具有权威性、公正性的机构进行评定。其中，以采用纯收入资本化法求取影子价格为最佳。至于按照补偿费相当于耕地年产值若干倍而计算，也应当通过科学的评定而落实，做到因地因时而异。

与此不同的主要观点是，应当按农地转用后的土地用途定价，或者按国家征用农地以后的出让价作为补偿的标准。这种观点的理论化的表达形式是：征地补偿价格 = 农地市价 + 土地非农使用增值。[①] 这种观点虽然是"护农"的，但是，它把社会性投资所形成的土地增值完全分配在被征土地的农民名下，便意味着对于农民进行超额补偿，显然也是不公正的。其可能产生的主要不良后果是：一方面增加国家征地的财力负担；另一方面鼓励农村社区集体经济组织自发出卖土地，使得保护耕地的宏观举措遭遇新的障碍。

---

① 农地征用并作为非农地使用之后，社会投资的正外部性由隐性变为显性，从而造成土地增值，有些人称之为"土地开发权"价格。

确定了补偿标准之后,如何落实补偿办法的重要性便突显出来。中国的实际情况表明,土地补偿费的一次性发放,往往首先会碰到发放者财力不足的障碍并引发一系列弊端。现在已经有逐年付租、土地入股等办法问世,其优越性是化整为零、细水长流,既可减轻补偿者的负担,又可使被征地单位和农民获得持续收入,值得提倡。

(三)关于征地活动的社会性。

中国农村土地征用制度具有双重性——一方面具有经济性,另一方面具有社会性。其经济问题已如上述,相当复杂而艰深,在一些关键环节上很难取得共识并顺利落实;而其社会问题则更加纷纭而广泛,且与经济问题紧密交织,值得人们给予更多关注。一项报道指出,全国群众上访案件中涉及土地问题的近40%,其中约60%涉及征地问题。①

其中的主要问题包括:①土地补偿费、农民安置费的资金来源和发放的落实——包括资金来源的保障,发放的规范,避免拖欠、截留、挪用、暗箱操作等等。为此,采取建立农地征购基金、农民安置基金之类的举措是必要的。②失地农民安置的全面、持续落实。对于失地农民的安置,一般地说很难依靠"一次性货币安置"(即一次性发给安置费)而真正完成——农民在失去土地、失去谋生门路之后往往会陷入坐吃山空、生活无着的境地。

诸如由用地单位录用失地农民,农转非、纳入城镇社会保险,为农民购买社会保险,辅助农民寻找新的就业门路等,都已是一些地方行之有效的举措。然而,要全面、持续地进行失地农民的安置活动,却又需要解决机构、经费、政策等一系列问题。一般而言,安置失地农民的全部经费都应当由财政拨付,否则有悖于理——由国家征用农地而带来的社会问题,理所当然地应当由国家来解决。

---

① 《中国国土资源报》,2000年12月14日第3版,"编者的话"。

第十四章 城市土地财产制度

第一节 城市、城市土地、城市土地财产制度

对于"城市"这一概念，人们已经给出了多种界定。在这里，汲取各家之说，提出如下基本看法：城市是与农村（乡村）相对的概念，是在人口、经济、政治、文化等方面高度集聚的连片地理区域，是由一定规模的工业、商业、交通运输业及各种服务行业所形成的经济中心，是相互作用的土地、劳动力、资本、科技的综合市场。

城市具有这样一些区别于农村的基本特征：①空间上的集聚性。在城市中，人口、建筑物、社会单位以及经济与社会活动，高度集中于相对小的空间之中；换言之，在城市中，在单位面积土地上高度集聚了大量的人类社会的基本要素与人类活动。②经济上的非农性。这是城市区别于农村的根本之处。尽管初期的城市还不可避免地保有不同程度的农村特色，但是，在其发展过程中，城市越来越非农化——在经济上越来越不同于农村。③活动构成的多样性。如果说农村的经济与社会活动以农业为中心而具有多样性的话，那么，日益成为一切非农人口和非农业活动中心的城市，其活动的构成尤其具有多样性。在人类生活与时俱进而丰富多彩的今天，城市扮演着日益突出的角色。

城市具有一些基本职能，可简要概括为以下五个方面：①政治中心职能——城市通常是一定区域内的政治中心，是各级政府、政治团体的

所在地,对于该区域范围内的社会生活发挥着领导、指挥的作用。②经济中心职能——城市是一定地区的经济中心,集聚着大量人力、物力、财力,不仅其本身就是生产、交换、消费的中心,而且对于周边地区的经济生活发挥着核心作用。③交通中心职能——城市通常位于交通要道,往往是水陆交通的必经之地,甚至是交通网中的交会点,而且往往也是航空港所在地,从而成为整个周边地区的交通中心。④文化中心职能——一定的文化,是与一定的政治、经济密切相关的,是以后者为基础的。从而,作为政治、经济中心的城市,就必然相应地成为一定地区的文化中心。⑤信息中心职能——城市在政治、经济、文化等方面的中心职能,决定了它必然不仅是其所在地区的信息收集、整理、交换中心,而且是城市之间甚至国家之间的信息交流中心。城市的信息中心职能,又会反馈于其政治、经济、文化职能。

显然,城市的基本特征和基本职能,大大充实了城市的抽象概念,进一步深入显示了城市的地位和作用。在对于城市作了简要的叙述之后,接着简要叙述城市土地,便具有了必要的基础和前提了。

城市土地,在本章中是一个什么样的概念呢？城市土地是与农村土地相对而言的。从性质上来看,凡是农村以外的土地都是城市土地,诸如交通用地、军事用地、工矿用地等等皆与城市土地属于同一类型而与农村土地相异。从城市这一地域性集合体的角度来看,城市土地是一种地域性概念；从土地的物质上来看,城市土地则是城市的物理-地质基础。从经济的角度来看,城市土地与农村土地也大有区别:①城市土地在土地质量上的要求与农村土地大不相同——前者看重位置、地形、地质、地下水等,而后者则看重土质、肥力、灌溉条件、气候条件等；②相对而言,城市土地连片而集中,不像农村土地那样分散；③城市占地面积大大小于农村,但是单位面积的经济承载量大,土地利用的集约化水平和产出水平也大大高于农村土地；④从价格上来看,城市土地大大高于农村,同样的面积意味着更大的财富。

城市土地财产制度所包含的具体内容,也是土地所有制、土地使用制和土地的国家管理制。不过,在本章中主要简述城市土地所有制,仅在必要时提及其余二者。

城市土地财产制度所具有的不同于农村土地财产制度的主要特点是:①由于城市土地具有较高价值,因而城市土地财产更加为人们所重视和珍惜;②城市基础设施、共用设施占地比重较大,而且其性质决定了对这类土地实行公有制(国有制或市有制)具有优越性和必要性;③城市土地与各种地上、地下建筑物、构筑物具有直接、紧密的关系并形成房地产或不动产,从而,城市土地财产往往表现为城市房地产或不动产,而非单纯的土地财产。

第二节 奴隶社会的城市与城市土地财产制度

人类社会最初的城市主要产生于奴隶社会初期。城市的出现,首先是社会生产力发展的必然结果及其进一步发展的需要,其次是作为统治阶级的奴隶主阶级的统治能力和范围的加强和扩大的结果及其进一步强化和扩大的必要。

就生产发展方面而言,城市的出现和发展首先是农业生产有了较大的发展的产物;只有在这种条件下,才会出现足够的、稳定的剩余农产品,以供脱离农业生产而聚居于城市的人口的需要,方能维持城市的存在和保障其发展。城市的出现和发展,又是与一定程度的运输能力的存在和提高密不可分的;只有在这种条件下,才有可能保障将城市所需要的农产品、燃料、建筑材料等及时、足够地运送到城市,以满足其需要。不过,那时的运输并不是独立于农业的产业,而是农民的副业活动。

除了农业和运输能力这两项保障城市需要的产业或活动的发展之外,城市的出现和发展又是与城市本身经济的发展密不可分的。在原始社会后期和奴隶社会初期,随着农业生产的发展,先后出现了手工业与农业的分离以及商业与农业、手工业的分离——史称人类社会第二次和第三次社会大分工;在这两次大分工的基础之上,手工业、商业获得了长足的发展,而这一点又正是城市本身获得大发展的内在的、基本的经济动力。换言之,城市经济的发展,是城市发展的力量本源。

不仅如此,在经济发展的基础上,科学技术(如纺织、建筑、制陶、酿造、冶金、水利、医药等等)、文学、艺术、教育、宗教等行业和事业,也逐步获得了发展,在人们的生产、生活中日益占据重要的位置。与此同时,城市日益成为一定地区范围内的经济和社会中心,对于周边地区产生着日益重要的影响;而且,城市也日益成为一定地区范围内的政治中心。

这就是对于奴隶社会中城市产生、发展及其地位和作用的简要叙述。由此不难看出,城市土地在一定地区乃至全国范围内的重要性与日俱增。相应地,城市土地财产制度的重要性也在与日俱增。那么,在奴隶社会中,究竟存在着什么样的城市土地财产制度呢?

在奴隶社会中,比较具有代表性的土地财产制度是土地国家所有,以奴隶主使用为主。在古罗马帝国,也存在过土地私有制,但是它在整个奴隶社会中并不具有代表性。奴隶社会的土地国有制的本质并非是土地公有,而是土地的私有制——作为奴隶主总代表的国王的私有制;各级臣民被"赐予"土地使用权并承担交纳土地税的义务;土地不得买卖、租赁;等等。奴隶社会中的城市土地,其主要使用者为各级奴隶主(包括贵族、官员、寺院、作坊主、大商人等等),一小部分归作为自由民的小手工业者和小商人使用,还有一小部分则为街道等公用设施占有。中国在夏、商、西周三代,长期存在着土地的奴隶主国家所有制,在农村通过实行井田制交由奴隶使用,在城市中的使用范围则如上所述。

奴隶社会的城市土地财产制度,既难以调动土地使用者的积极性,又谈不到合理流动,与当时城市经济相对繁荣的状况是不适应的,因而是一种低效率的制度。然而,这一切在当时都是不可避免的——如何完善城市土地制度的问题,只能是留待后人去解决。

第三节 封建社会的城市与城市土地财产制度

在奴隶社会的基础之上,封建社会的城市有了一个很大的发展。不仅如此,在封建社会城市的发展中,还逐渐形成了不同类型的城市,这是同奴隶社会相比较的一个显著的进展。世界各国的封建社会中的城市类型虽然不完全相同,但是,大体而言可分为以下三种:①行政型城市——这是由封建政权专门建立的或在原有的城镇的基础之上改建而成的各级行政中心所在地,比较均匀地分布在全国各个地区。在这些城市中,尽管往往也有相当发达的工商业,但是这些城市通常依然是政治中心而不是经济中心。②工商型城市——这是随着封建社会经济的发展而必然出现的一种城市类型。随着手工业、商业的日益发达,或者是在较大的村镇的基础上逐步壮大而形成城市,或者是在定期的大型集市的基础之上逐步固定而成长为城市。这种城市一旦具备雏形,便会吸引更多的手工业者、商人集聚于其中而扩大规模。③交通型城市——这是在交通枢纽、交通要道、交通交叉点上,因商旅来往频繁,客商食宿、交易活动较多,而由小型集镇逐步发展起来的城市。其基本特征是,由客商往来带动食宿,由食宿带动城市建设。

此外,在一些国家和地区还有由寺院发展起来的城市。这是由于大型的寺院都有较大的领地,人口众多,形成较大的居住区,而且由于参拜的人往往络绎不绝,带动了旅店、商店的发展,从而逐渐形成城市。

西欧中世纪的城市一般是建立在封建主的土地之上的,城市归领主所有、管辖。有时一个城市属于一个领主,有时属于多个领主。市民(主要是手工业主和商人)往往争取自治权,要求通过建立"城市宪章"而建立城市自治社会。在"城市宪章"中,除了包括人身自由(承认市民为自由人而不是领主的农奴)、贸易自由、财政自由(城市每年向领主交纳一笔固定的款项,以取代领主向城市征收的各种苛捐杂税)、司法独立等方面之外,还包括土地自由。土地自由的主要内容是:城市土地在法律上是领主的财产,但市民以自由人的身份领有土地,对于领主没有人身依附关系;市民作为土地使用者,向领主交纳货币地租,拥有对于土地使用权的转租、抵押、出让的权利。简言之,领主拥有土地所有权而市民拥有完整的土地使用权,这便是西欧封建社会城市土地财产制度的基本内容。实际上,这种土地财产制度已经是相当先进的。[①]

中国封建社会的城市土地财产制度,大体可按其前期和中后期这两大部分分别叙述。

从战国到魏晋南北朝,为中国封建社会的前期。在此时期中,国有和公有土地占有较大比重,封建地主以贵族地主为主,庶民地主为辅。在贵族地主中,包括封建王侯地主、军功地主(因战功而获得大量田地奖赏者)、官僚地主、豪门地主等;在庶民地主中,主要包括商人兼地主和寺院地主。商人兼地主,主要是指大商人兼大地主。商人普遍"以末(工商业)致财,以本(农业)守之"。当时,大官僚、大地主乃至僧侣,大多兼营商业。"商人高利贷者兼并土地,官僚、地主兼营商业高利贷,僧曹或寺主同时兼并土地和经营商业高利贷,加速了官僚、地主、商人高利贷者、僧侣上层的合流。商人势力随之大为膨胀,

---

[①] 参见高德步等编著:《世界经济史》,中国人民大学出版社2001年版,第150—152页。

大商人成为统治阶级中的重要成员之一。"① 在中国封建社会前期中的城市土地所有者,依次主要为封建国家、封建贵族地主和封建庶民地主。除了土地所有者本身也是土地的主要使用者之外,绝大部分一般市民(主要为手工业工人、店员、小商人、自由职业者、城市贫民、城市游民等)都只是土地使用者而并不拥有土地,其中的自营者通常是土地的租用者。

从隋代以后,中国封建社会进入中后期。在此时期中,封建地主可划分为官僚地主和庶民地主。其中的官僚地主,先后主要包括门阀地主——主要由汉末的世家地主、豪族地主转化而来;品官地主——隋唐以来通过科举而进入仕途的官僚地主;官绅地主——包括任职官员、卸任官员、候任官员等,较之品官地主的队伍的数量显著增加。庶民地主的队伍,较之封建社会前期大为增加;到封建社会晚期,在一些地区,庶民地主已经成为封建地主的主体。庶民地主主要包括由富裕的自耕农发展起来的地主和商人地主,后者的队伍随着商业的发达和商人队伍的扩大而不断扩大,而且地主往往兼事农商。此外还有寺院地主也属庶民地主之列。在此时期中的城市土地的所有者,区别不同地区,分别主要为官僚地主或庶民地主。土地使用者的情况,与前期相仿。②

第四节 资本主义社会的城市与城市土地财产制度

在人类社会发展的资本主义时期,随着现代工业的发展而出现了城市化;换言之,工业化的起点即城市化的开端。在工业化之前存在着

---

① 刘克祥著:《简明中国经济史》,经济科学出版社 2001 年版,第 30 页。
② 参见刘克祥著:《简明中国经济史》,经济科学出版社 2001 年版,第 19—21 页,第 36—38 页。应当加以说明的是,在笔者所查阅过的经济史文献中,并未发现关于城市土地所有者与使用者的统计数字,甚至定量性的描绘也是很模糊的,因此,本书关于这一方面的叙述也只能是模糊的。

的是农业社会,农村在经济上统治着城市,而工业化则从根本上改变了城乡关系,并且使得城市以前所未有的速度而发展。城市化主要包括两大方面的内容:其一,非农产业城市化——第二产业和第三产业在空间上向城市集中;其二,人口城市化——农村人口逐步向城市集中,在总人口中所占的比重日益显著增加。与上述两大内容相伴随的是地域景观城市化,即在一定的地域范围内,地域景观由农村转变为城市,农用土地转变为非农用地,而且进一步由土地的粗放利用转变为集约利用。[①] 在资本主义社会中,城市土地财产制度的基本特征是:土地私有与土地公有并存,土地所有权与土地使用权合一与两者分离并存,但是其中以何者为主而以何者为辅则并无一定之规。资本主义社会是以生产资料私有制为基础的社会的最高形态,是人类社会各种形态中把私有制视为神圣不可侵犯之物的社会;土地私有,在资本主义社会中是天经地义的。然而,这并不意味着资本主义社会的全部城市土地都必定归私人所有(一般而言,在资本主义国家的城市中,大部分土地为私有),更不意味着全部土地的私有权与私人使用权必定合一。土地经济学的开山祖师 R.T. 伊利在其与 E.W. 莫尔豪斯合著的《土地经济学原理》一书中对此有极其深刻的论述。对于其基本观点可作如下概括:

第一,城市土地私有具有明显的优越性。他们认为,市地私有制具有一些"无可争辩的优点,它鼓励对财产的细心爱护,它能够实现那些在旁的场合里就会被延搁的种种改进措施,它能导致市地的迅速发展来应付都市人口增加的需要,它有鼓励市民责任感的趋势"[②]。而且,"市地私人所有制,一般说来,是为了减轻房荒而迅速开发土地、为了树立市民的优良品德标准而鼓励自有住宅的一个最好不过的诱导力"[③]。同时,伊

---

① 参见蔡孝箴主编:《城市经济学》,南开大学出版社1998年版,第50—52页。
② 〔美〕R.T. 伊利等著:《土地经济学原理》,商务印书馆1982年版,第165页。
③ 同上书,第181页。

利等还认为,应当鼓励住宅私有,"住宅所有者更乐于积极地参加社会的管理和改进。……住宅所有权能鼓励人们去做良好的公民"①。

第二,城市应当拥有一部分公有土地。公有土地用于街道、公园、市政建设和其他用途,而且要保留后备土地以备扩展交通用地、公园用地等等。

第三,在城市中租用土地和租用房屋是正常的。就租用土地而言,例如,美国芝加哥的商业建筑中大部分是建筑在从私人手中长期租用而来的土地之上的,这样可使建筑物开发商减少资金投入量;又如,美国大学也往往把多余的土地出租给私人使用。伊利等还指出,"在保留公共所有权的同时,在适当的限制下,也可以把土地出租给私人经营"②。就租用房屋而言,伊利指出,尽管公私机构尽了一切力量来鼓励和增加自有住宅,但是由于受到收入水平的限制,加之一些人往往会在不同城市中流动,因而"我们一定会永远存在一个大量的城市租户阶级,这是避免不了的事实"③。大体而言,美国城市中的租房户约占三分之一。

第四,对土地私有权要进行公共管理。他们认为,"对于私有土地的使用,政府机关也可加以调节,而对其所有权则不作任何改变。……就是所谓'私有财产的社会控制'"④。而且认为,"在完全公有和私人专有的地权之间,存在着一个私有公管的'交错地带'。……从私人地主的观点来看,私人产权的这个被管制范围,构成了私人财产的社会或公共方面。从公众的观点来看,这些规定可以保护公众,防止私人对土地权利的滥用"⑤。

---

① 〔美〕R.T.伊利等著:《土地经济学原理》,商务印书馆1982年版,第166页。
② 同上书,第162页。
③ 同上书,第172页。
④ 同上书,第162页。
⑤ 同上书,第177页。

以上四点，既是作为学者的R.T.伊利等对于资本主义城市土地财产制度的基本概括，又是现代资本主义社会城市土地财产制度的基本写照——全世界资本主义国家的城市土地财产制度基本如此。而且只有这样的土地财产制度才能够符合资本主义社会迅猛而日益高涨的城市化的需求。一般的资本主义城市都拥有一定比例（例如30%左右）的公有土地用于各种公用和公益设施，并为城市的扩展预留一部分后备土地。至于新加坡作为城市国家，有意识地将大部分土地通过收购变为公有，固然合乎该国土地局促、土地供求矛盾尖锐的实际，也与上述一般理论并不冲突，但是毕竟属于特例而并无普遍意义。

第五节　社会主义社会的城市土地财产制度与现代中国城市土地财产制度

一、社会主义社会的城市土地财产制度

在经济上，社会主义社会区别于资本主义社会的基本点在于，后者以生产资料的私有制为主体而前者以生产资料的公有制为主体。这一基本点也表现在土地财产制度上——世界上各个社会主义国家，无不在其建立之初即逐步实行城市土地财产的公有化；其区别只不过是表现在方式与进程上而已。在这里以苏联的城市土地国有化为例加以印证。

苏联在1917年"十月革命"后即颁布《土地法令》，宣布永远废除一切土地的私有制，将原政府、贵族、寺院、社团、个人所有的土地，一律转变为公有土地，交给劳动者无偿使用，而且不得买卖、出租、抵押等等；1818年，苏联具体落实城市土地为政府所有。至于在城市中土地与房屋的关系，则具体政策先后有所不同。1918年的规定是，政府有权没收价值超过一定标准的房屋，其价值在此标准以下者仍归私有，

并可出卖、出租、抵押、赠与等,但是其地基归政府所有。1920年规定,允许私人向政府租用土地建造住房,其土地使用期限为:木结构不得超过50年,石头与水泥结构不得超过65年,混合结构不得超过60年;对于数量不加限制,并且允许出租等。1937年的法令则规定:不得为专门建造出租房屋而向政府承租土地;建造房屋以自住为原则,但自住而有余的房屋仍允许出租。不过,城市中的大部分房屋为政府所建,分配给市民使用,收取低租金。1968年通过的《苏联和各加盟共和国土地基本法》规定,土地为国家所有,即为全民财产,无偿提供给单位和个人使用。1990年通过的《土地基本法》则规定,对于土地实行有偿使用。其他社会主义国家的城市土地财产制度,也与苏联相似。例如,罗马尼亚1974年的土地法规定:"罗马尼亚社会主义共和国领土上的所有土地,不管其用途或归谁占有,都是罗马尼亚社会主义共和国统一的不可分割的土地,是国家的财富。"朝鲜民主主义人民共和国1977年的土地法规定:"国家的一切土地属于人民公共所有。""国家所有制的土地属于国家所有。"①

20世纪80年代末、90年代初,前东欧各个社会主义国家和苏联,由于内部和外部的因素纷纷发生政治剧变而复辟资本主义,城市土地公有制也逐步向私有制蜕变。

二、半殖民地半封建中国的城市土地财产制度

在半殖民地半封建的旧中国的城市中,存在着的土地所有制的基本形态是:①以蒋、宋、孔、陈"四大家族"为代表的中国官僚资本所拥有的土地(其具体表现形式为国有企业所有);②城市中各级政府机构

---

① 参见朱嗣德编著:《各国土地制度》,台湾中兴大学地政学系印行,2000,第148—152页;柴强编著:《各国(地区)土地政策与制度》,北京经济学院出版社1993年版,第37—39页。

所拥有的土地(含公用设施占有的土地);③外国资本家(含地产主)和教会所拥有的土地;④作为中国民族资本主义者的城市房地产业主所拥有的土地;⑤作为中国民族资本主义者的城市工商业主所拥有的土地;⑥地主所拥有的土地;⑦一般城市居民所拥有的土地。简言之,旧中国的城市土地主要属于中外剥削者所有,中国劳动者通常只是通过租用房屋而租用土地。

外国资本家在旧中国城市中拥有土地,是1842年中国政府被迫签订的不平等条约——《南京条约》,被迫接受外国人在广州、福州、厦门、宁波、上海等地进行通商并划定租借地之后的产物,可具体划分为长期租用土地和拥有完全所有权的土地这两种具体形式。其中,长期租用的土地的具体内容主要规定于中英签订的《上海土地章程》之中。该章程规定,租借地之内的土地专供外国人租借,由租借人直接与中国业主商议;外国人可在任何时候退租,而中国业主则不得任意停租,从而实际上形成永租制。采用这种永租制的,除了上海之外,后来扩展至各地的各国租界地。这种永租制的另一种形式是,由租界开辟国向中国政府强制承租租界内的全部土地,然后再由开辟国政府分租给各国商民,租期99年;采用这种方式的有天津、汉口、广州的英、法等国的租界。而外国人拥有完全土地所有权的土地,即外国人购买的土地。第二次鸦片战争之后,外国人直接收购土地的现象已经比比皆是,清政府只能默认;至甲午战争之后,这种直接购买的形式已经开始取代永租制。在最后开辟的几个租界和天津日本租界地内,外国人已经完全通过购买方式获取土地。此外,在俄、意、奥等国在天津开辟租界地时,甚至还强迫清政府无偿出让一部分官地。①

---

① 参见赵津著:《中国城市房地产业史论》,南开大学出版社1994年版,第4—10页。有文献表明,抗日战争胜利之后,国民政府将外国人享有的土地永租权改为土地所有权(参见岳琛主编:《中国土地制度史》,中国国际广播出版社1990年版,第260页)。

三、新中国社会主义城市土地财产制度的建立

1949年中华人民共和国成立之后,对于半殖民地半封建的旧中国所遗留下来的城市土地财产制度逐步进行了变革,建立了社会主义城市土地财产制度。这一变革主要是通过以下几种形式而进行的:①

①强制性接管、没收部分土地。根据《中国人民解放军布告》《中国人民政治协商会议共同纲领》等文件的规定,强制性接管旧政府在城市中所拥有的全部土地,收回外国人强制长期租用的土地、没收外国人强制购买的土地;根据政务院《关于没收战犯、汉奸、官僚资本家及反革命分子财产的指示》和《关于没收反革命罪犯财产的规定》,进行了相关土地的没收,将以上所有的土地转变为国家所有。同时,将城市中少数无主土地、地主在城市中的土地收归国有。

②和平地赎买部分土地。其中包括两部分:一是对属于私人资本主义工商业者的土地的赎买,二是对属于私人资本主义房产主的土地的赎买。前者是在改造资本主义工商业的过程中进行的。自1956年起,中国通过公私合营的形式对于私营资本主义工商业进行社会主义改造,对于企业的厂房、仓库、商店、办公室、宿舍等占有的土地,连同机器、设备、房屋等一并进行清产核资,由国家按5%的标准在赎买的20年期间逐年支付定息,从而意味着按照核定的包括土地在内的资本家的全部财产进行全额赎买。在改造期间,虽然在法律上资本家仍然拥有土地所有权,但是由于资本家的所得与企业利润和地租都已切断了联系,因而其土地所有权已经名存实亡。到1967年期满,国家停止支付定息之后,原工商业资本家的土地便完完全全地变成了国家财产。就后者而言,是根据中央批转的中央书记处第二办公室1956年1月发

---

① 参见张跃庆等主编:《城市土地经济学》,经济日报出版社1995年版,第91—94页。在土地收归国有之后,原土地所有者理应保有土地使用权;如果在城市建设中这一使用权被占有,应当给予合理补偿。

出的《关于目前城市房产基本情况及社会主义改造的意见》和《人民日报》1958年8月刊登的《中央主管机关负责人就私有出租房屋的社会主义改造问题对新华社记者发表的谈话》的精神进行的。据此,除了在少数大城市对于私营房地产公司和某些大房地产占有者实行公私合营外,绝大多数采用国家经租的方式进行社会主义改造。国家经租之后,房地产所有者的所有权就仅仅体现在其所取得的租金上。当1967年国家停止付租时,私人资本主义房产主的房屋及土地,就完全变为国家财产了。

③通过修订宪法而宣布其余的土地为国有。通过以上两种途径将城市土地收归国有之后,还有少量城市土地仍然属于集体和个人所有。其中包括,原个体经营者加入合作社之后形成的集体所有的土地,个人自有自住房屋的土地以及在社会主义改造起点以下的个人出租房屋的土地。这部分土地虽然面积不大,但是却分散在城市建成区各地,给城市规划和建设带来一定麻烦。因此,1982年第五届全国人民代表大会第五次会议通过的《中华人民共和国宪法》第十条规定:"城市的土地属于国家所有。"这样,便把城市中剩余的非国有土地在法律上宣布为国有了。[①] 不过,原土地所有者仍然拥有土地使用权。

中国城市中的社会主义土地财产制度,除了土地所有制之外还包括土地使用制。中国在实行社会主义市场经济制度之前,实行的是土地无偿使用制,而在实行社会主义市场经济之后便开始推行土地有偿使用制,从而在经济上将进一步实现社会主义土地财产制度。

[①] 在通过修改宪法而将城市集体所有和个人所有的土地收归国有之后,理应给予适当的经济补偿。

第四编　土地资产经济

土地资产经济是土地经济学三大板块之一（另两个板块为土地资源经济和土地财产经济）。土地资产经济的主要内容包括土地资产的市场运行与政府管理，重点为地租、地价、土地金融、土地税收等经济问题。尽管在实际的经济生活中，土地财产与土地资产两个概念往往混用，但是在经济学中，二者却是不同的范畴。

第十五章 土地资产经济概论

第一节 土地资产的概念与土地资产经济的基本内容

一、土地资产的概念

为了弄清土地资产的概念,有必要从资产(assets)的概念谈起。《经济学大词典·财政卷》对于资产所作的界定是:"'负债'的对称。企业或其他经济组织拥有的以货币计价的一切财产物资、债权和其他各种权利。"[①]戴维·W.皮尔斯主编的《现代经济学词典》的界定是:"具有市场价值或交换价值的一种实体,是其所有者的财富或财产的构成部分之一。经济学家把资产区分为实物资产和金融资产。前者包括诸如工厂设备、建筑物和土地等提供生产性服务和直接为消费者提供服务的有形资源;后者包括货币、债券和股票等能够取得收入或从别人那里取得价值的债权或所有权凭证。"[②]资产可分为固定资产和流动资产、有形资产和无形资产等。

参照以上所引,对于土地资产(landed assets)给出如下界定:土地资产是土地形态的资产,是土地财产中能够以货币计价并在市场上进行交换的部分(或者,可折算为货币并可抵偿债务的部分,可构成资产

---

① 上海辞书出版社 1987 年版,第 578 页。
② 上海译文出版社 1988 年版,第 27 页。

负债表中的贷方余额的部分),属于固定资产,可划分为土地实物(有形资产)和土地权利(无形资产)两种形态。

对于土地资产这一概念,可从以下几个方面加以展开:

①土地资产与土地资源、土地财产的关系。土地资产的物质实体即土地资源,但是土地资源并不会自然而然地成为土地资产。土地资源被人们占有之后,便成为土地财产,即在所有权上有所归属的土地资源。然而,土地财产并不一定就算是土地资产,只有其中具有市场交换价值的部分才是土地资产。至于在可预见的将来尚不可能与市场发生联系的土地财产(例如作为国有财产的冰川、戈壁等),当然不属于土地资产之列。此外,土地资源总是以实物的形态而存在的,而土地财产、土地资产则既可以实物形态存在,又可以权利形态存在;土地资源的拥有,并不一定给其拥有者带来直接经济利益,而土地财产与土地资产的拥有却必定会给其拥有者带来直接经济利益。

②根据与市场的关系而划分的土地资产。土地资产的定义已经表明,它与市场密不可分。根据与市场关系的状况,可把土地资产划分为现实的土地资产与潜在的土地资产。前者是指已经投入市场、准备投入市场与近期可能投入市场的土地财产;后者是指仅具有投入市场的可能性,但是现阶段尚不具有投入市场的现实性的土地财产。已投入市场的现实土地资产又可划分为已实现正常估值的土地资产与未实现正常估值的土地资产二类。

③企业的资产负债表(balance sheet)中的土地资产。资产负债表是企业反映一定日期(通常为年末)财务状况的会计报表。资产负债表中的"资产"(assets)部分列示各项资产金额,反映企业所拥有的各种资产(包括房屋、土地、设备、物资、器具、现金、银行存款等)和债权等;其中的"负债"(liabilities)部分列示各项"债务"及"资本金额",反映企业的资金来源,其中的"债务"包括短期与长期债务、应付款、

暂收款、预收收益等,其中的"资本金额"包括原投资本额、以前未分配盈余、本期盈余、公积金等。资产与负债两部分在金额上完全平衡。其中的土地资产的价值是与相应的投资金额相对应的。

有一种观点认为,土地资源归属于特定的所有者并不表明所有者已经相应地付出经济代价,而土地资产则是所有者付出经济代价而占有的财产。这种观点是不确切的。实际上,无论是土地资源或者是土地资产的原始取得,都既可能是有偿的也可能是无偿的。

此外,在日常生活中,人们往往把土地资产也称为"地产"。不过,严格地、确切地说,"地产"(landed property, landed estate, estates in land)应是指不动产而不是土地资产。

二、土地资产经济的基本内容

土地资产经济即土地资产的经济运行,大体上即土地市场经济。其基本内容,大略而言可分为两方面:其一为土地资产的市场运行,这是土地市场经济问题的核心部分;其二为土地资产的管理——企事业单位的管理与国家管理等,这是土地市场经济的相关部分。以上两部分相加便构成完整的土地市场经济问题。若加以细分,则可列出以下五个方面:①土地市场经济概论。通常所说的土地市场,实际上是土地资产市场的简称。在整个市场经济中,土地资产市场占有重要的位置。在"概论"这一部分中,论述市场经济的基本范畴和原理及其在土地市场中的应用。②地租与地价。地租与地价是土地资产市场经济的最重要因素,在很大程度上具有独立性。③土地金融。即围绕土地资产而发生的金融活动,主要包括土地抵押贷款、土地债券等土地信用活动。④土地税费。即针对土地资产(含名义上的土地财产)而征收的税收和费用,涉及土地资产的占有、使用、收益、流转等等。⑤土地资产管理——含企事业单位的土地资产管理与国家的土地资产管理。

此外，"经营土地"这一概念，目前在一定范围内为人们所习用。此概念何所指？笔者认为，不妨把"土地经营"视为"对土地资产的经营"；那么，"经营土地"所涉及的便几乎是整个土地资产经济问题了——主要内容无非是土地交易（购、储、销）、土地租价、土地信用、土地税费等。

第二节 土地市场经济概述

一、土地市场的概念与类型

什么是市场？对于市场的诠释之一是：进行商品交易的场所。土地市场当然就是进行土地资产交易的场所。这一诠释的实质是，市场是位于某处的设施，指的是物质形态的实体。对于市场的另一诠释是：商品交易关系的总和。指的是人们之间的商品交易关系的整体。据此，土地市场便是人们进行土地商品交易所形成的相互关系。我们现在所要探索的土地市场，指的是后者而不是前者。

谈到市场，又涉及了商品的定义。传统的商品定义是：为交换而生产的劳动产品；经过一定的生产过程产生的物品，包括货物和劳务。按照这样的定义，凡是未经过生产过程的非劳动产品，就不是商品。这样，即使能够参与市场交换的自然土地也不算是商品。为此，在这里对于市场经济中的商品作广义的定义如下：具有稀缺性，为人们所需要，可用价格进行衡量的资产。当然，如果不对商品作广义的定义，就得把土地视为"特殊商品"。

土地市场由主体与客体所构成。土地市场主体是指从事土地资产交易的各种相关人员或单位，包括土地资产买卖、租赁、抵押的当事人、经纪人、公证人、银行（贷款人）等；土地市场客体是指交易的对象,如土地或土地权利,而且由于土地与其附属物不可分割,在广义上土地交易的客体往往是整个房地产。

土地市场的类型是一般市场类型问题的具体化,所以这一问题的每一方面,都要从一般市场的类型谈起。

首先,市场有完全市场(perfect markets)与不完全市场(imperfect markets)之别。完全市场具有以下八个方面的特征:①同质产品;②众多的买者与卖者;③买者与卖者有进入市场的自由;④所有的买者与卖者都掌握当前物价的完全信息;⑤就成交总额而言,市场各个经济主体的购销额是无关紧要的;⑥买者与卖者无串通共谋行为;⑦消费者要求总效用最大化,销售者要求总利润最大化;⑧商品可转让。任何市场,如果与这八条中的任何一条不相符合,就在一定程度上是不完全的。证券市场和小麦市场,通常被看作是近似于完全市场的实例。房地产市场难以满足第①条和第④条的要求,从而是不完全的市场。[①] 土地市场难以满足的条件则更多,从而更加不完全。

其次,市场结构(market structure),又称市场形式(market forms),也属于市场类型问题。市场结构中,包括四种形式的市场:①完全竞争(perfect competition)——具有以下特征:A.有大量的卖主而且更多的卖主可进入市场;B.所售商品相同;C.买者和卖者对于当前的市场状况完全了解;D.生产要素在各行业之间完全流通,使新加入者能够开展业务。这种形式的市场是理想化的,在现实生活中几乎是不存在的。②纯粹垄断(pure monopoly)——某一商品只有一个卖主的市场,这是罕见的。③垄断竞争(monopolistic competition),即不完全竞争(imperfect competition)——在具有若干卖主和买主的某一产品的市场中,各个卖主的产品具有自己的特点从而形成既有垄断又有竞争的市

---

① 见〔英〕戴维·W.皮尔斯主编:《现代经济词典》,上海译文出版社1988年版,第268页。

场。这种市场形式是广泛存在的。④寡头垄断(oligopoly)——少数几家供应者占有市场的大部分。这种市场形式也是相当普遍的。在发达的资本主义国家中，垄断竞争型的市场是占主导地位的。就房地产与土地市场而言，一般属于垄断竞争形式。

二、土地市场的一般特征

土地市场有哪些一般特征呢？首先不妨参考一下R.巴洛维教授对于不动产市场特征的归纳，从中定会得到很大的启发：①不动产市场只是涉及不动产总量的一部分——即使把全部不动产都看作是可出售的，不动产市场所面对的也仅仅是其中的待售部分，通常不超过5%或6%；②不动产具有位置上的固定性；③不动产是"非标准化产品"，即具有异质性；④不动产交易受特殊法律条款的影响，即每一项不动产所拥有的实际权利，在法律上的界定是不同的；⑤大多数不动产交易是高额交易，这与人们日常参与的市场是不同的，而且，不动产市场是人们所不经常参与的；⑥由于自有资产不足，不动产的购买者往往需要通过信贷以弥补其相当大的部分；⑦由于一般的买者和卖者都并非经常参与，所以在不动产市场中广泛使用中介服务。①

上面所说的不动产市场的特征，是相当全面的，一般地说都在很大的程度上适合于土地市场。值得加以补充的是：①土地市场是定点或定位的，从而使得它基本上是一个地方市场，受制于当地的供求状况；②土地市场具有不充分竞争性——这一特征是由土地市场的地域性、土地供应量的有限性、土地需求者的有限性等因素所决定的。

关于土地市场特征的一个流行的提法是：土地的不可移动性，使得

---

① 参见《土地资源经济学》，北京农业大学出版社1989年版，第217—218页。笔者已参照英文本作了适当调整并重新归纳。

土地市场交易与一般商品的交易不同,它并不是实物的交易而是产权的交易。笔者认为,这一提法是很难经得起认真推敲的。财产是财产权的客体,土地产权是以土地实物为基础和依托的,若脱离了土地这一实物,产权岂非成了空中楼阁?而且,若土地交易仅仅涉及土地产权而不涉及土地实物,那么,这种交易便只适合于土地的辗转买卖,而不适合于土地的实际利用。因此,这种流行的提法以变更为以下提法为当:土地交易既是产权的交易,又是实物的交易,二者同时并存、密不可分;即使人们在交易时仅仅提到土地产权,在实质上也不可避免地包括土地实物在内。

对于这一问题还可通过实际事例作进一步的分析:其一,1992年美国土地公司向全世界(包括中国)推出了"拥有一片美国土地"(Own a Piece of America)活动,即出售一种美国土地所有权证书,该证书的持有者在美国的50个州的每一个州都拥有1平方英寸的土地,总共50平方英寸土地;当时在北京的售价为人民币3600元,引得一些人抢购,并导致其价格上涨。拥有这样一个证书,意味着什么呢?该证书本身就申明:土地所有者不能占有、利用、开发该片土地;不能获取或接受该土地带来的任何收益或利益。而且,其热销后来也使得美国驻华大使馆表示:购买该证书,不会对签发签证产生任何影响和帮助。这样,才使人们开始醒悟。[①] 其实,即使该证书本身不作任何申明,仅仅"一平方英寸土地"本身,就足以表明该土地产权只具有象征性的意义,而不可能具有任何实际使用价值。其二,1993年在中国,有个别开发单位向社会推销建筑物的"一平方米产权"(有的甚至为"0.1平方米产权")。这种房屋产权,也同一平方英寸美国土地产权一样,仅仅具有象征意义而不可能具有任何实际使用价值。对此,建设部房地产

---

① 参见《中国土地报》1992年12月4日第2版段庆文文。

司明确要求各地,不得给"一平方米产权"颁发房屋所有权证[①]——其实,即使颁发了证书也无济于事。至于上述产权的发售者的目的在于集资、敛财,则是昭然若揭的。

第三节　土地配置的市场调节与政府调节

一、土地配置市场调节的优越性与局限性

市场经济是与自然经济、计划经济等相对而言的,是由市场机制对经济活动进行调节和对资源进行配置的商品经济。

通常认为,土地(无论是资源形态或资产形态)配置的市场调节具有的主要优越性是:有利于促进土地配置与社会需求的结合;有利于提高土地配置的经济效益;有利于使土地配置的经济效益与有关部门和单位的经济权利、经济责任、经济利益相结合。高度概括而言之,有利于土地的优化配置。之所以如此,其根本原因在于在市场结构的运行中,一切活动都是以经济利益为导向的:任何单位、任何部门都从自身出发致力于趋利避害,其结果必然是从总体上保障全体市场参加者的正当利益,并实现土地的优化配置。土地市场在发挥优化土地配置这一基本功能的同时,还发挥着一系列辅助功能和派生功能,例如实现土地资产价值、合理分配土地收益、协调有关方面的经济关系、调整并优化国民经济的产业结构等等。

不过,这只是事物的一方面。另一方面,土地配置的市场调节,也不可避免地具有严重的局限性。其主要表现是:①局部性(不可及

[①] 参见《中国不动产周刊》1993年第9期,第2页;《中国土地报》1998年11月10日第3版孙国瑞文。据孙文揭露,北京当时又出现了"一平方米欺诈"。

性):公共事业、社会福利事业、生态环境事业以及在经济上缺乏竞争力的农业等方面对土地的需求,往往不能或难以依靠市场调节而圆满实现。②盲目性(自发性):市场对于经济活动的调节,是由供求、价格和竞争等要素的自发运动而进行的;市场能够引导土地的投向,但是往往难以确定其投放的数量;而且,市场往往难以保障土地收益的公平分配(例如,盲目大搞经济开发区,造成土地浪费;行政划拨土地自发进入地下土地市场,牟取暴利,损害国家利益;等等)。③迟效性(滞后性):市场对于供求所作出的反应往往是迟缓的,形成的调节往往是滞后的(例如,中国的开发区热,降温迟缓;高档住宅供过于求而惯性大,难以刹车;等等)。以上这些局限性,概括而言便是市场失灵(market failure)的一面,即市场不能发挥作用或不能充分发挥作用。

二、土地配置的政府调节及其与市场调节的关系

在土地配置中存在着市场失灵,表明它需要政府调节与之相配合,以便做到相互补充。换言之,对于土地的配置既要依靠"无形之手",又要依靠"有形之手";只有二者各司其职、各展其长,方可相得益彰,而收事半功倍之效。

那么,在土地配置中,市场调节与政府调节各自居于何种地位、发挥着何种作用呢?尤其是在中国的社会主义市场经济中,情况如何呢?这一问题是非常重要的,必须给出明确的回答。一般而言,在中国的社会主义市场经济中,市场对于经济要素(资源与资产形态)配置的调节发挥着基础性作用,而政府调节则发挥着辅助作用。但是,对于少数特殊的经济要素而言,则与上述情况相反,即政府调节发挥着基础性作用而市场调节则发挥着辅助作用,而土地便是少数特殊的经济要素中最具有代表性的一种。除了土地以外,公共产品、国家专卖品之类的

物品的配置，也是如此或大体如此。"在建立社会主义市场经济体制过程中，计划与市场两种手段相结合的范围、程度和形式，在不同时期、不同领域和不同地区可以有所不同。"① 土地的特殊性和中国国情的特殊性决定了中国土地配置的特殊性，也决定了中国土地市场的特殊性。土地在国计民生中具有极端重要性和绝对不可取代性，加之中国人均土地极端稀缺，经不起任何滥用浪费；而且，在具有中国特色的社会主义条件下，尽管公平与效率并重，但是在某些情况下，公平更加不可忽视。据此，笔者认为，在中国的社会主义市场经济中，土地的配置是以政府调节为主而以市场调节为辅的。

现阶段中国土地配置的政府调节为主、市场调节为辅的主要表现是：国家垄断"农转非"土地市场；国家实行严格的土地用途管制政策；土地利用必须严格遵循国家制定的土地区划、土地规划、土地计划；占用耕地作为建设用地，必须经过高层政权机关审批，而且还要落实占补平衡；土地使用权出让价格必须以政府制定的基准地价、标定地价为最低界限；土地出让金必须在中央政府与地方政府之间按照国家规定的比例分配而且只能是用于特定的用途；对于一切非法的土地交易，一律予以坚决打击。在如此严格的政府管制体制之下，保留给市场调节的余地当然就有限了，而且主要表现在二级土地市场上（如土地使用权转让、出租、抵押等等）。

应当加以强调的是，土地配置的政府调节为主，并不意味着土地的无偿使用为主或行政划拨为主，相反，一切经营性用地都应当认真实行有偿使用，方能适合社会主义市场经济的客观需要。

---

① 江泽民：《加快改革开放和现代化建设步伐，夺取有中国特色社会主义事业的更大胜利》，载《十四大以来重要文件选编（上）》，人民出版社1996年版，第20页。

第四节　现阶段中国城乡土地市场及其完善

现阶段中国土地市场的构成,可按不同标准而划分:可按城乡而划分为城镇土地市场和农村土地市场;可按交易对象的主次顺序划分为一级土地市场和二级土地市场;可按交易对象的类别划分为土地交易市场和土地交易服务市场——包括土地金融市场、土地中介市场等。下面分别论述城乡土地市场。

一、现阶段中国城镇国有土地使用权市场

（一）城镇土地市场的构成

中国城镇土地市场即城镇国有土地使用权市场,目前已经初步兴起。国家有偿出让城镇土地使用权的市场属于一级市场,是完全由国家垄断的市场。按理说,这一市场应当十分发达,然而由于有偿出让的土地仅占很小部分,绝大部分土地都是以划拨形式出让的,因而这一市场仍有待大力开拓。中国城镇国有土地的二级市场,即土地使用者对土地使用权进行转让(含出售、交换、赠与)、出租、入股、抵押等活动的市场。目前,这一市场已经相当活跃,对于调剂土地供求发挥了巨大的作用。这种二级市场的基本特征是,在国家的有关法律、法规的规范下,由土地使用权的持有者和需求者自行进行等价交换的交易活动。

现阶段中国城镇还存在隐形二级土地市场。这种市场是指在城市中以隐蔽的形式进行国有划拨土地使用权非法交易活动的地下市场或灰色市场。其具体形式包括:在出租、出卖房屋活动中隐含土地使用权出租、转让;直接出租、转让国有划拨土地使用权;以国有划拨土地使用权入股与他人合办企业;等等。

（二）城镇土地市场的作用

中国城镇土地市场的建立，具有十分重要而广泛的作用。原国家土地管理局局长邹玉川在其《中国经济发展与土地市场》一文中全面论述了中国土地市场的作用。其主要内容是：①对国民经济发展的调控作用。国家以土地所有者与管理者的身份执行产业调控政策——对国家鼓励发展的产业，在土地供应量和价格方面予以优惠，对于国家不鼓励或限制发展的产业，则给予约束。②对农用土地的保护作用。市场机制促进了城市内部用地的挖潜与节约，相应地减少了对于农地的需求，从而保护了农地资源。③对城市现代化建设的促进作用。其具体表现是：第一，有效地提高了人们节约用地、合理用地的自觉性；第二，土地有偿出让积累了大笔资金，加快了市政建设；第三，城市投资环境的改善，吸引了大笔资金进行房地产开发和城市建设。④带动了房地产业的快速发展。土地市场的形成与发展，是促进房地产业发展的重要条件，为房地产投资者提供了公平竞争的投资环境；土地市场机制的完善，降低了房地产投资的风险。⑤为一些老企业更新改造提供了动力。对于那些处于市内较优地段的老企业而言，退出原地段搬迁至城市边缘的新地段，便可获得大笔资金用于更新改造。[①]

对此还可略加补充。例如，房地产业的发展，使得城镇居民的消费结构也随之调整，或曰矫正了市民的消费结构，促进了经济特区、开发区的发展而产生了新的经济增长点，促进了城市规划的落实，等等。

（三）城镇土地市场的基本特征

现阶段中国城镇国有土地使用权市场具有种种特征：

第一，土地市场客体的不完整性。现阶段中国城镇国有土地市场的客体，仅包括土地使用权而不包括土地所有权。相比较而言，中国农

---

① 参见袁征主编：《中国经济发展与地产市场》，改革出版社1994年版，第7—10页。

村土地市场的客体则既包括土地使用权,又包括土地所有权——国家对于集体土地的征用,实质上是对于土地所有权的征购。

第二,土地市场的强烈的地区差异性。地方性或地区性,是不动产或房地产市场的普遍的、最为突出的基本特征之一,而且还具有恒久性,现阶段中国也毫不例外。然而,有所不同的是,这一特征在现阶段的中国,表现得更为强烈、更为突出。现阶段,中国无论是不动产还是土地资产市场,都处于其发展的初级阶段,而且先发展的地区与后发展乃至未发展的地区的差别有如天壤。这就不仅给我们提出了先进带动后进的任务,而且,也要求我们要对情况相差悬殊的地区,切实加以区别对待。

第三,土地市场的明显的国家垄断性。这种"国家垄断性"是指,国家在对于农村集体经济所有的土地进行垄断性征购的基础上,对于国有土地使用权出让的垄断。国家的这种垄断是处于土地市场的"源头"地位的,决定着非农用地的初始供应总量,从而对于整个土地供应具有决定性的作用。这种垄断性意味着土地市场中的卖方竞争机制不健全:同一地区之内,只有垄断而无竞争,往往在相当大的程度上取决于首长意志;在不同地区之间则往往难以免除恶性盲目竞争——盲目增加土地供应量,盲目降低地价,并使投机者有可乘之隙。

第四,土地市场的初始性。现阶段中国土地市场的初始性即不成熟性。其主要表现是:土地资产的市场配置率低,透明度低(在2001年,城镇国有土地以招标、拍卖形式出让的不到出让总量的5%);划拨土地大量非法入市,进行隐形交易;人为减免地价,挤占国有土地收益现象严重;等等。

(四)城镇土地市场的完善

针对现阶段中国城镇土地市场的基本特征及其存在的种种问题,中华人民共和国国务院于2001年4月30日发出《关于加强国有土地资产管理的通知》;国土资源部于2001年6月21日发出了《关于整顿和规范土地市场秩序的通知》并于2002年4月2日发出了《土地资产管理"十五"计划纲要》。这里以这三个文件为主要依据,概述现阶段完善城镇国有土地市场的主要举措:

①落实建设用地总量控制和土地集中统一管理制度,严格控制新增建设用地供应总量,以便节约土地并保持其合理价格。按理说,中国每年新增建设用地总量是由土地利用总体规划、城市规划和土地利用年度计划严格控制的,但是,往往由于执行不严、多头供地而造成失控。为此,应当强调的是,要严格执法、统一供地(由市土地行政主管部门统一征用、统一提供);而且要积极盘活存量土地——回收闲置土地,收购并储备富余土地,以便增强政府调控土地市场的能力。

②严格实行国有土地有偿使用制度,避免国有土地收益流失。本来,土地管理法和城市房地产管理法都已明确规定:凡经营性用地都必须实行有偿使用;原划拨用地因发生土地转让、出租或改变用途后不符合划拨用地范围的均应改行有偿使用;凡改变土地用途、容积率的应补交土地差价;等等。但是,依然是由于执法不严而造成国有土地收益严重流失。为了完善中国土地市场,就必须完善土地收益的征收和管理工作。

③大力推行国有土地使用权的招标、拍卖、挂牌出让,以实现土地交易的公平和公正。尽量实行土地使用权的招标、拍卖、挂牌出让,本来是市场经济的题中应有之义,然而,在中国的土地市场中却是罕见的,其中不知隐匿了多少不公平、不公正的交易。现在,人们再一次大声疾呼土地市场需要公平和公正,强调大力推行土地使用权公开有偿出让,实在是太有必要了。

④加强土地使用权转让管理,规范土地隐形市场。土地使用权转让,是一种特殊的市场交易,必须依法、公开地进行,这是无可辩驳的。

但是，为私利所驱动，非法、隐蔽的交易却普遍、大量存在，土地投机亦混迹其间，令人触目惊心。尽管这种土地隐形市场对于调剂土地余缺、活跃市场经济具有一定的积极作用，但是其消极作用却是非常严重的，主要的是：破坏正常的土地市场，破坏城市规划，造成国有土地收益流失，形成分配不公，助长不正之风等。因此，对于这种隐形市场，应当加以引导，兴利除弊，使之逐步走向公开。值得具体指出的是：未经批准，划拨土地使用权不得转让；未达到法律规定和合同约定的投资开发条件的土地使用权不得转让（主要是为了防止土地投机行为）；房屋所有人以营利为目的，将以划拨方式取得国有土地使用权后所建房屋出租的应将租金中所含土地收益上缴国家；国有土地使用权转让，必须申报成交价格，其价格低于标定价格20%以上的，市、县人民政府可行使优先收购权。

⑤加强政府对于地价的管理，避免任意压价。之所以要对地价进行管理，主要是由于土地交易量小，不同地块的价格差异甚大，很难像普通商品那样形成一般市场价格，若不加强管理，就很容易出现任意压低地价的现象，造成国有土地收益流失。为此，市、县政府要定期确定并公布当地的基准地价和标定地价，而且要根据土地市场变动状况及时更新；尤其要根据基准地价和标定地价制定协议出让土地的最低价格。

⑥规范土地审批的政府行为，做到政企分开、政务公开。由于各级政府的土地行政主管部门掌握着土地审批和土地资产处治的大权，其行为若不加以规范，土地收益流失和腐败行为便难以避免。为此应当做到如下几点：政企分开——土地估价、土地交易代理等中介服务机构必须与行政机关及其所属事业单位脱钩；规范管理，政务公开——土地行政主管部门的建设用地审批管理、土地资产处置，要按规定程序办理，并向社会公开；建立有关信息的可查询制度；建立内部会审、集体决策制度，以避免个人专断所形成的不公。

应当说，从以上六个方面改善城镇国有土地市场，肯定是会大见其效的。不过，从理论上来看，仍然存在着进一步探讨的余地。从产权关系上来看，围绕着土地市场而产生的相关方面的经济利益冲突难以协调，乃是中国土地市场弊端丛生、久治难愈的根源。土地市场首先涉及中央政府与地方政府关系。其中，中央政府是国有土地产权的代表，它从全局和长远利益着想而要求从以上六个方面完善土地市场，而地方政府则往往从局部和任期利益着想而期望以地生财，双方的冲突便不可避免。地方政府与用地的企事业单位的关系也与此相类似。因此，从变革产权上来解决土地市场中的问题，便是出路之一。其设想之一是：实行国有土地管理的高度中央集权制。把全部国有土地的管理权完全集中到中央政府手中，全国土地管理部门从上到下实行全面的垂直领导，地方政府完全无权处治土地，则地方主义便无用武之地了。设想之二是：实行国有土地的地方政府承租制，把中央政府与地方政府之间的关系基本上转变为市场关系，然后再由地方政府向企事业单位出让土地。中央政府向地方政府收取地租，只按土地的级别确定差别租额而不问其实际用途与实际租额；对于新增国有市地，中央政府适当提高租额，以控制农地转非。

目前中国土地市场中的问题较多而且十分严重，概括而言可谓政府失灵。对于这种政府失灵当然应从两个方面来加以解决。一方面是对政府失灵之处有针对性地加以改善和强化，以上所述的六个方面的举措即属此类；改善产权制度的"设想之一"亦属此类。另一方面则是另辟蹊径——通过强化市场功能来解决，"设想之二"即属此类。

二、现阶段中国农村土地市场

在中国农村，土地的集体所有制、土地的农业用途以及农用土地供应的严重不足等因素,决定了现阶段中国农村土地市场是非典型和低水平的。不过,中国农村土地市场却蕴藏着巨大的潜力,其完善大有可为,对此不妨从以下几方面来看:

首先,目前被排除在土地市场之外的国家对农村集体经济土地的征用,实际上是属于农村土地一级市场范围之内的。目前之所以被排除,是由于国家征用农村集体经济的土地是强制性的,而且通常不具备"讨价还价"这一市场交易性特征。然而,国家并非无偿取得农村集体经济的土地所有权,而是要付出一定的代价,从而可视为一种特殊的土地市场交易活动。而且,从理论上来说,国家应当按照"农地市价"进行足额补偿,丝毫没有理由在价格上剥夺农民。

其次,中国农村集体经济的土地直接进入非农建设用地一级市场(往往简称"集体建设用地流转""农地直接入市"),本来是受到严格禁止的,而现在在城乡市场经济大环境的影响力、渗透力的作用下已呈如火如荼之势,这意味着农村土地一级市场正在增加新的内涵。国家对此的调控,是一篇有待于做好的大文章。笔者认为,这种调控至少应当满足以下的要求:①直接入市的土地数量、面积、区位等,要符合国家宏观规划的约束,避免盲目性,避免对于保护耕地的政策造成巨大冲击。[1]②入市土地的价格,要服从国家有关部门的调控和统一管理,避免竞相降价而冲击整个土地市场。③由农地转变为非农用地而进入土地使用权市场,其用途性增值必然十分明显;这一增值的本质为国家和整个社会的投资对土地的辐射作用由隐性转变为显性,而并非农村社区集体经济自身作用的结果,从而国家作为社会的代表取得这种增值

---

[1] "国际上农地自由买卖为常例,唯此常例系建立在严格的土地使用管制基础上。……所以农地自由买卖,并非等于农地自由变更使用。"(毛育刚:《台湾农地保护政策之演变》,载《2002年海峡两岸土地学术研讨会文集》)

的基本份额是理所当然的,其具体方式为征收"农地入市税"(其本质为土地增值税)之类。如果满足了以上三方面的要求,则"集体建设用地流转"便会是"利国利农"的积极举措。

再次,农村集体经济土地使用权的发包、转让、转包、入股等项活动,尽管与市地的有偿出让、转让有所不同,但是在整个市场经济的大背景下也具有有偿性,从而可列入准市场交易活动之中。特别是,土地承包经营权的流转,只有切实发挥市场机制的作用,健全其二级市场,方可排除人为干扰而高效运行。

最后,农村社区集体经济的荒山、荒沟、荒丘、荒滩等"四荒"土地,可通过招标、拍卖、公开协商等方式向农村社区集体经济内外的单位和个人发包,期限可长达30—70年,而且其承包经营权可采取转让、出租、抵押等形式进行流转。这种做法已经得到《农村土地承包法》(2002)的肯定。这意味着农村"四荒"的承包经营权的高度市场化,具有极大的活力。大体上在1997—1998年,一些开发商将其在亚热带取得的"四荒"地向社会上公开转让"私人庄园""私人果园",这本来是促进"四荒"地开发进一步市场化的积极举措。然而,由于开发商们以不切实际的高回报相诱惑并非法允诺赠送别墅用地等等,从而在实际上形成了非法集资并最终导致"庄园经济"的败亡。如果能够汲取教训,兴利除弊,则吸引社会力量进行"四荒"地的正常的市场化开发,应当是大有可为的。

简言之,中国农地的市场化流转,也是一种崭新制度变迁,在其初期必然是困难重重、弊端丛生。只有参与农村土地市场的各种角色在实践中逐步摸索到了这一变迁中的规律性和运行机制,并自觉地规范和完善自身的市场行为,才有可能如鱼得水;政府对于这一市场的干预,也只有以相应的客观规律和机制为基础,方能臻于完善。

第五节 中国城市土地收购储备制度

一、中国城市土地收购储备制度产生的背景和意义

中国城市土地收购储备制度,是由城市政府组建的专门机构,对于城市中需要流转的划拨土地、闲置土地等加以收购然后进行有偿出让,以便改善城市土地资产供求状况的制度。这一制度于1996年创始于上海,随后逐步遍及全国。实行这一制度意味着中国城市土地制度方面的重大变革,其重要性可与1987年开始实行的土地有偿使用制度相提并论。

这一制度产生的背景主要是:在城市中,大量国有企业所拥有的划拨土地,因企业无力补地价而难以流动,而其中部分企业已处于瘫痪或半瘫痪状态,因而在实际上造成土地的闲置、浪费;在城市中,土地隐形市场在不同程度上活跃着,造成国有土地资产的明显流失;城市内部土地潜力未能充分挖掘,往往不得不依靠增加征用城郊耕地以解决建设用地不足的问题,使得城郊耕地资源显得日益紧张。正是在这样的背景下,城市土地收购储备制度便应运而生。

几年来的实践已经充分表明,城市土地收购储备制度的产生和推行,具有重要的意义和作用:它促进了存量土地的充分利用,大大节约了城郊的耕地资源;它有效地改变了城市土地的利用方式,由相对粗放的利用转变为相对集约的利用;它使得国有企业的划拨土地充分地发挥了作用,并促进了国有企业的改革;它使得城市的土地出让,由过去的以生地为主,变为以熟地为主,而且迫使对全部土地实行有偿出让(收购者手头的土地,都是付出了代价而取得的,只能有偿出让);它使得过去不能流动、不能实现其价值的城市国有存量土地,转变为能够在

土地市场上实现其价值的土地资产；也使得城市政府由不能垄断城市土地市场，转变为能够垄断城市土地市场，从而使得中国城市的土地市场由买方市场变为卖方市场。

简言之，实行城市土地收购储备制度，使得政府在城市范围内，通过收购、再开发、储备、出让等环节，把低迷而无序的城市土地市场变成了兴旺而有序的城市土地市场。这一制度创新的动力来自城市政府摆脱土地困扰、追求土地收益的努力，而这一努力完全是在社会主义城市"土地国有、有偿使用"这一制度框架之内进行的，是对这一制度的空白之处的自然而然的填补，是城市土地市场在其运转之中进行的合乎规律的自我完善。

二、中国城市土地收购储备制度的模式和运行

目前中国城市土地收购储备制度有三种模式，即以上海为代表的市场主导模式、以杭州为代表的政府主导模式、以南通为代表的混合模式。分别简介如下：

①以上海为代表的市场主导模式。设土地发展中心，它通过与被收购单位协商确定土地收购价格或约定土地收益分成并支付收购金，办理过户手续；然后，由中心负责进行拆迁、平整并进行配套基础设施建设；最后由土地管理部门负责重新出让土地。

②以杭州为代表的政府主导模式。其特点是，收购土地的范围由政府规定；在规定范围内的土地统一由土地储备机构进行收购、储备、开发，不允许土地使用者自行通过补办出让手续的方法转让土地使用权；由土地管理部门统一出让。在机构上，设立城市土地收购储备委员会作为决策机构，由分管副市长任主任，委员为土地、财政、计划、规划、城建、房管等职能部门及有关金融单位的负责人，其主要职责是研究落实土地收购、储备、出让的方针、政策，协调部门关系；设立土地储

备中心,隶属于土地管理部门,接受土地储备委员会的指导和监督,从事土地收购、储备的具体事务。

③以南通为代表的混合模式。由政府规定储备土地的范围,由土地储备机构与原用地者签订"国有土地使用权收购合同",落实土地收购。此外,土地储备机构还受托作为国有土地资产代表,对于国有企业土地中作价入股的和实行年租制的部分进行管理等。

综观以上三种模式,从中可概括出两个值得肯定的共同点:其一是,在城市土地收购储备中,无论如何也离不开政府的领导和支持,否则既难以满足政府的要求,又会困难重重而难以顺利运转,而且,要特别注意充分发挥土地管理部门的核心作用;其二是,城市土地收购储备制的运行,既然基本上是一种市场行为,其基本运作就应当依靠市场而不是依靠政府,应当在充分发挥市场机制的作用的前提下,恰如其分地进行政府调控和监管。如果能够掌握这两个要点,其余的就都是相对次要的问题了,其灵活性也就是相当大的了。

不管在何种模式下,土地收购储备机构的主要具体任务无非是以下几个方面:根据土地利用总体规划、城市规划、土地利用年度计划和土地市场的供求状况,制订土地收储供计划;适时收购土地,特别是针对实施"退二进三"(由第二产业用地转变为第三产业用地)计划、企业改制、旧城改造的存量土地;经营和管理市政府依法收回的违法土地、闲置土地、抛荒土地、无主土地等;对收购的土地进行拆迁、整理等;筹备土地的出让;筹集、管理土地收购、储备、整理的资金。其中,资金问题至关紧要。目前一般的收储机构的运转,主要依靠银行贷款,而且遭受着期限短、利率高等问题的严重困扰。为摆脱这种困境,发行土地债券是值得考虑的选择之一。

第十六章　地租与地价概论

第一节　地租与地价的概念与相互关系

在这里所论述的是市场经济中的地租与地价。

在市场经济中,什么是地租(land rent)？地租是使用土地的代价——土地使用者向土地所有者交纳的使用土地的代价。地租是土地使用权的价格——对于土地所有者来说,地租是出售一定时期的土地使用权所收取的价格,其经济实质是土地所有权在经济上的实现;对于土地使用者来说,地租是购买一定时期的土地使用权所付出的价格。在这里,土地使用权是以土地所有权为基础的,土地使用权的出让是以拥有土地所有权为前提的,因此马克思指出:"不论地租有什么独特的形式,它的一切类型有一个共同点:地租的占有是土地所有权借以实现的经济形式。"[①] 但是,地租毕竟是以土地使用权的价格来反映土地所有权的,因此在这个意义上来说,地租是土地所有权在经济上实现的间接形式。

在市场经济中,什么是地价(land price)？对于这一问题的直截了当的回答是:地价是土地所有权的价格——是土地资产保有者所拥有的资产金额,是出售土地所有权可取得的金额,也是购买土地所有权应付出的金额。因此我们可以说,地价是土地所有权在经济上实现的直

[①] 《马克思恩格斯全集》第25卷,第714页。

接形式。

由此可见,地租与地价的实质是土地所有权在经济上的实现。这是从经济关系上来考察地租与地价的,表明了地租与地价在本质上具有同一性。

接着,再从数量上来考察地租与地价的相互关系。这一关系可用一句话加以高度概括:在数量上地租与地价互为反函数——地租是地价的函数,则地价是地租的反函数;或者说地价是地租的函数,则地租是地价的反函数。这一相互关系的数学模型是:$P=R/r$, $R=P \cdot r$。其中,P代表地价,R代表地租,r代表利率(普通存款利率)。$P=R/r$一式表明,地价是地租以r为利率的资本化;$R=P \cdot r$一式则表明,地租是地价以r为利率的利息化。这一互为反函数的关系也表明地租与地价在本质上具有同一性。

地租与地价在本质上所具有的同一性,要求我们对于二者进行统一考察和分析,而不应孤立地、片面地看待地租与地价。然而,这并不意味着二者完全可以"合二为一",也不表明二者不具有独特的意义,特别是,不能认为地价只能由地租来决定,不宜把地价仅仅看成是地租的表现形式。实际上,地租与地价是既在本质上具有同一性,又具有相对独立性的经济范畴。其具体表现如下:第一,地租反映并适用于土地租赁关系,而地价则反映并适用于土地买卖关系,各自具有其独特的作用和使命,不可能相互取代。有时,土地所有权的买卖会单独、直接地出现,相应地,地价会单独、直接地形成,而并不是经由地租的资本化而形成。第二,由于地租与地价有时会单独形成,而且影响二者的因素也并不完全相同,因而地租与地价的数值有时也会发生背离。例如,当土地的租赁旺盛而买卖疲软时,会出现"租高价低"现象;反之则会出现"租低价高"的现象。显然,正确地认识这一问题,无论是在理论上抑或是在实际上,都是很重要的。

第二节 地租与地价的起源与演进

地租与地价起源于土地所有者与使用者相分离的奴隶社会之中，在封建社会中得到普遍化、多样化，在资本主义社会中得以规范化、现代化，在社会主义社会中仍然得到保留并发挥其积极作用。

奴隶制社会的地租与地价。对于奴隶社会中的地租，不妨举例如下。在古希腊斯巴达型的奴隶制中，土地归奴隶主国家（即奴隶制城邦）所有，分配给居于统治地位的斯巴达人使用。作为奴隶阶级的希洛人，进行土地耕作并向斯巴达人交纳实物租税（当时租与税是不分的）。在罗马奴隶制的末期，由于奴隶起义震撼了奴隶制的基础，奴隶主不得不把土地分成小块，交给奴隶或小佃户耕种，收取一定的地租，从而出现了隶农阶层。中国在夏、商、周时代实行井田制，"私田"由奴隶经营、收获归己，"公田"也由奴隶经营但收获归奴隶主，即由奴隶向奴隶主提供劳役地租。由此可见，在奴隶社会中，地租尚处于其初级阶段。在奴隶社会中，凡是土地归国家所有的都不存在土地买卖和地价；凡是土地归奴隶主私有的（如古罗马），则存在土地买卖和地价。但是，那时的土地买卖往往伴随着强权，因而其价格往往是被扭曲的。

封建社会的地租与地价。在封建地主制社会中，随着土地租赁与买卖的盛行，地租与地价也随之而普遍化、多样化，给我们留下了丰富的遗产。其中，地租的内涵大大丰富于地价。

通常所说的"封建地租"（feudal〔land〕rent）是指"封建农业地租"，它是封建主凭借土地所有权并借助于超经济的强制而占有农民剩余劳动的经济形式，是封建生产方式的主要剥削形式。在封建社会中当然还存在着非农业地租。由于农业地租占统治地位，非农业地租自然在数量上以农业地租为基础。在封建生产方式中,"地租的本质就在于地租是剩余价值或剩余劳动的唯一的占统治地位的和正常的形式"[1]。封建地租具有三种基本形式:劳役地租(labour〔land〕rent)、实物地租(〔land〕rent in kind)、货币地租(cash〔land〕rent)。在整个封建社会中,三种形式依次更替,这取决于生产力的发展,并反映生产关系的演变;在更替过程中,三者在一定的时期内共存——以一种为主,另两种为辅。劳役地租出现在封建社会初期,以生产力低下和劳动的原始性为基础。在封建农奴制条件下,劳役地租是长时期内存在的主要形式。劳役地租改为实物地租,农民的怠工和反抗是直接的推动力。在西欧,大体上是在13—14世纪,封建庄园制趋于瓦解之时,实物地租才占主要地位。在中国,实物地租一直是主要形式,一直延续到土地改革之前。实行实物地租的基本前提是农村的自然经济。货币地租早已出现,但是一直到封建社会末期才在一些地方成为主要形式。货币地租的采用和扩展,反映了劳动分工的发达,特别是手工业的独立,商品货币关系的发展,城市的兴起等,并促进了资本主义地租的形成。

　　封建地租中的实物地租又分为分成租制和定额租制两种。分成租制是指以收获物的一定比例作为地租的实物地租制。在中国封建社会中分成租制一直是地租的主要形态,往往以五五分成为主,贫瘠土地的地租成数低,肥沃土地的地租成数高。在实行分成租制时,农民的自主经营程度低,受地主的干扰多,而且往往还难免在"正租"(正式约定的地租)之外要向地主交纳"附加租"("正租"之外的种种人力、物力、财力方面的额外负担),因而经农民力争而逐步转向定额租制。但是,直到土地改革之前,分成租制仍然占有一定的比重。定额租制是以一定数量的收获物作为地租的实物地租制(也可全部或部分折合为货

---

[1] 《马克思恩格斯全集》第25卷,第895页。

币)。实行此制时,农民可完全独立自主地进行经营,有利于生产的发展。在中国,此制又分为"硬租"和"软租"二种——前者不论丰歉租额不变,后者在歉年可协商酌减,其中后者比较普遍。1934年全国22省879县的调查表明,实物地租占78.8%,其中分成租占28.1%,定额租占50.7%。① 农地地租通常为"产后租",但中国自明清起到土地改革以前,在华南、西南、华中等租佃制发达,尤其是其中的交通不便、工商业薄弱、农民无出路的地区中,存在着"产前租",即"预租"。预租制即通称的"押租制",即地主向佃户预收相当于或高于一年地租额的租地押金的制度(欠交地租可从中扣除),不退回押租不得撤佃。在鸦片战争之前,这种押租通常是在取得永佃权时才需要交付的,但是到了近代,特别是到了20世纪20—30年代却变成了租佃土地的保证金。押租当然增加了农民的负担,其附带的作用是可防止地主任意撤佃。

近代中国农地的地租量是相当高的。据1876—1908年的一个材料,实物地租占产量的比重,一般达到50%,高者达到70%,低者也达到30%左右。② 另据陶直夫1930年对中国22省的调查,地租占地价的比重为:上等田——水田10.3%、旱田10.3%;中等田——水田11.3%、旱田11%;下等田——水田12%、旱田11.5%。③

在封建社会中,存在着大量的自耕农——小土地所有者。其投资并不受地租和平均利润的限制。其土地条件较好者,可获得相当于级差地租的收益;其土地条件极差者,往往只能获得最低生活费用(相当于"工资")。

在封建地主制经济中,既存在国有土地又存在私有土地,并且存在着私有土地的买卖,从而存在着土地价格问题。一般而言,封建社会的

---

① 转引自岳琛主编:《中国土地制度史》,中国国际广播出版社1990年版,第232页。
② 李文治著:《中国近代农业史资料》第一辑,三联书店1957年版,第267页。
③ 《中国农村经济论》,上海黎明书局1934年版,第266页。

农村土地价格与地租是成正相关的,而影响地租与地价的因素主要有:土地的肥瘠与位置优劣;粮价的高低;赋税的高低(地价与赋税额成反比);土地供求状况(主要受人口等因素制约);天灾人祸状况。与资本主义社会相比,封建社会中的正常信贷不发达而高利贷盛行,地价高涨时利率也提高,所以地价的高低并非与利率成负相关。

资本主义社会的地租与地价。资本主义地租(capitalist〔land〕rent)的典型形态是租地资本家或租地农场主为取得土地使用权而支付给土地所有者的超过平均利润的那部分剩余价值,即超额利润。

资本主义地租不同于封建地租之处是:封建地租以封建土地所有制为前提,并且在不同程度上与超经济的强制相联系,而资本主义地租则不同超经济的强制关系相联系,地租关系纯粹是经济关系;封建主义农业地租在量上包括农民的全部剩余劳动,有时甚至包括部分必要劳动,而资本主义地租则只是超过平均利润的那部分超额利润。

货币地租是资本主义地租的唯一形式,在典型的资本主义社会中不存在劳役地租和实物地租。资本主义地价是资本主义地租的资本化,二者互为反函数。资本主义地租被人们区分为绝对地租、级差地租、垄断地租等形态。

资本主义地租与地价是地租与地价最发达、最完整、最规范的形态,分析前资本主义地租与地价和社会主义地租与地价,都能够以资本主义地租与地价作为标准进行对照。关于地租与地价的一般理论,主要是以资本主义地租与地价的理论为基础的。

社会主义社会的地租与地价。在社会主义市场经济中,存在着与资本主义相类似的地租与地价的全部概念和范畴,只是其阶级本质不同而已。中国的社会主义市场经济正处于其发展的初期,地租与地价的经济运行还很不完善。从中国的实际情况出发,借鉴资本主义的地租与地价的理论,借鉴资本主义国家的经验,使中国的地租与地价的运行日趋完善,是摆在我们面前的任务。此外,关于封建社会地租与地价的史料,也会在一定程度上有所裨益。

现代地租与地价的基本形态。现代地租与地价即现代资本主义社会与实行市场经济的社会主义社会中的地租与地价。其主要形态可分别按多种标准加以划分。按土地的基本用途,可划分为农地地租与地价和市地地租与地价;按租价的生成顺序与性质,可划分为绝对地租与地价和级差地租与地价;按形成级差地租与地价的原因,可划分为级差地租与地价Ⅰ和级差地租与地价Ⅱ;按支付地租的方式可划分为年租制、批租制与入股分红制;等等。

除此而外,在现代西方经济学中还采用了有关地租与地价的一些概念及相关理论,在这里就其主要的加以简介。

"租金"(rent)这一概念,在现代西方经济学中既可作广义解,也可作狭义解。广义的租金是指使用土地、劳动、设备甚至思想、货币等一切资源所作的支付,狭义的则是指对于使用土地、设备的支付。[①]有的定义则认为:"租金是对使用供给固定的生产要素所支付的报酬。"[②] "为在一定时期内使用土地而支付的价格称为土地的租金,有时称纯经济租金。"[③]这样便又涉及"经济租金"这一概念了。

对"经济租金"(economic rent)的界定之一是:"付给一种生产要素的报酬超过目前继续使用该要素所必须付给的报酬。"[④]这一定义表明,"经济租金"是指现在(或将来)付给一种生产要素的报酬,超过过去(或现在)付给的报酬的差额。G.怀特海德对此的解释是:如果一种生产要素得不到足够的报偿,就会另行寻找足够的报偿。因此支付给

---

① 《新帕尔格雷夫经济学大词典》第4卷,经济科学出版社1996年版,第150页。
② 〔美〕P.A.萨缪尔森等著:《经济学》,华夏出版社1999年版,第203页。
③ 同上书,第202页。
④ 〔英〕戴维·W.皮尔斯主编:《现代经济学词典》,上海译文出版社1988年版,第170页。

要素的报偿的金额应当至少与"转移收益"相等——"转移收益"即机会成本。① 对"经济租金"的另一界定是:"如果一种可供使用的资源量长久地不受为使用这种资源所作的支付额多寡的影响,这种支付就被称作'经济租'。"② 显然,后一种界定不同于前一种界定,地租等特殊租金即属此类。正如 W.J. 鲍默尔指出,由于土地的供应量是固定的,对土地付给的报酬无论高低,都不可能改变这种状况,从而,全部付给土地的报酬都是经济租金。③ 这就是 P.A. 萨缪尔森所说的"纯经济租金"。实际上,"纯经济租金"也就是"纯地租"。

与经济租金有关的概念还有"准租金"(quasi-rent)。这是由 A. 马歇尔提出来的概念,它是指在商品或劳务的供给暂时固定时,商品或劳务的出售者在短期内所获得的超过其机会成本的收益。一旦这种供给短缺的现象消除,这种收益即随之而消除。这种租金是与土地无关的。④

"竞标地租"(bid rent)是在某些西方经济学文献中使用的一个概念。它是指在城市土地利用中,投标者为了某项用途愿意向不同位置的土地支付的最高额的地租;⑤ "商业租金"是指使用土地时实际支付的金额;"地点"租金,是指位置优良的土地所获得的较高的地租。

现代西方经济学中的"影子价格"(shadow price)是指"无市场价格的某一商品或劳务的估算价值"⑥。据此,凡是通过估算而求得的地租与地价,均可称之为"影子地租"与"影子地价"。

---

① 参见〔英〕G. 怀特海德著:《经济学》,新华出版社 2000 年版,第 201—202 页。
② 《新帕尔格雷夫经济学大词典》第 4 卷,经济科学出版社 1996 年版,第 150 页。
③ 参见 Economics: Principles & Policy,机械工业出版社影印英文版,1998,第 365—366 页。
④ 参见〔英〕戴维·W. 皮尔斯主编:《现代经济学词典》,上海译文出版社 1988 年版,第 500—501 页。
⑤ 参见〔加〕M. 歌德伯戈等著:《城市土地经济学》,中国人民大学出版社 1990 年版,第 47 页。
⑥ 〔英〕戴维·W. 皮尔斯主编:《现代经济学词典》,上海译文出版社 1988 年版,第 545 页。

第三节　绝对地租与绝对地价

一、马克思关于资本主义绝对地租的理论

马克思以前的经济学家都未能正确地认识绝对地租（absolute〔land〕rent）问题，只有马克思正确地认识并全面而系统地阐述了资本主义条件下的农地绝对地租问题。马克思关于农地绝对地租的基本观点可摘要如下：

第一，租用最差的土地也要支付地租，否则等于废除土地所有权。马克思反复指出："租地农场主不支付地租，……意味着土地所有权的取消，土地所有权的废除。……即使不是法律上的废除，也是事实上的废除。"①并且指出，在现实生活中，只有在地主与资本家合一等特殊情况下，才会出现用地不交租的情况。

第二，农地的绝对地租来源于农业部门的资本有机构成低于非农业部门，从而产生的超额剩余价值。马克思指出："农产品的价值只有在这个前提下才可能高于它们的生产价格；也就是说，农业上一定量的资本，同有社会平均构成的同等数量的资本相比，会产生较多的剩余价值。"②

第三，农业部门的资本有机构成低所产生的超额剩余价值之所以转化为绝对地租，是由于土地所有权的私人垄断。这使得农业不参与平均利润的形成，而以工业的平均利润率作为自己的平均利润率。马克思指出："农产品的价值超过它们的生产价格的余额，所以能成为它们的一般市场价格的决定要素，只是因为有土地所有权的垄断。——

---

① 《马克思恩格斯全集》第 25 卷，第 846 页。
② 同上书，第 857 页。

在这种情况下,产品价格昂贵不是地租的原因,相反地地租倒是产品价格昂贵的原因。"①

第四,"如果农业资本的平均构成等于或高于社会平均资本的构成,那么,……绝对地租……就会消失。"此时出现的绝对地租,就"只能来自市场价格超过价值和生产价格的余额,简单地说,只能是来自产品的垄断价格"②。因此,此时的绝对地租又具有垄断地租的性质。马克思同时指出:"无论产品价值超过它的生产价格的余额有多大,在正常情况下,绝对地租也只能是微小的。"③

这就是马克思所论述的"在概念上不同于级差地租,因而可称为绝对地租的那种地租"④。据此,人们便称其为"概念上的绝对地租"。

此外,对于农业有机构成低于工业时的绝对地租,我们可称之为绝对地租Ⅰ;对于农业有机构成等于或高于工业时的绝对地租,我们可称之为绝对地租Ⅱ。⑤

二、中国社会主义市场经济中的城镇绝对地租与地价

从马克思的资本主义农地绝对地租理论中得到启发,笔者认为肯定社会主义市场经济中的城镇绝对地租与地价,是有道理的并且是有实际意义的。

首先论述绝对地租。在这里把城镇绝对地租定义为:一个城镇中位置最差的土地所必须支付的最低标准的地租。对此的具体解释是:①在消灭土地私有制实行城镇土地国有化之后,在社会主义市场经济条件下,客观上存在着国家对于土地所有权的垄断,并且要求在经济上

---

① 《马克思恩格斯全集》第 25 卷,第 860 页。
② 同上书,第 862—863 页。
③ 同上书,第 869 页。
④ 同上书,第 857 页。
⑤ 参见张家庆主编:《地租与地价学》,中国广播出版社 1991 年版,第 174 页。

得到实现,最低限度要求取得绝对地租便是不可避免的。②由于各个城镇的情况是千差万别的,城镇的绝对地租便不可能是统一的而只能是分别存在于每一个城镇之中的。当然,这并不意味着对于各个城镇的绝对地租没有可能也没有必要进行对比和分析。③"位置最差的土地",一般是指一个城镇的最边缘的土地,是靠近城郊农地的土地。由于城镇土地一般不存在土地质量问题,因而位置最差的土地一般就是一个城镇中等级最低的、最差的土地。④这种土地肯定是不提供级差地租Ⅰ的,而级差地租Ⅱ通常是由土地使用者或经营者通过其追加投资而产生并获得的,与绝对地租无关。

这种绝对地租的数量界限如何?由于这种土地紧靠市郊农地,因而其租额的最低界限便是其相邻的农地的绝对地租、级差地租Ⅰ的总和。至于其相邻农地上的级差地租Ⅱ,是与土地位置无关的,因而不可能成为这种绝对地租的数量上的组成部分。城市各项基础设施建设对地租产生的积极与消极影响而形成的地租,都属于级差地租范围,与绝对地租无关。

无法回避而且比较费思量的问题是:这种绝对地租的价值来源如何?显然,资本有机构成的差异之说,在这里是用不上的,因为这种绝对地租是具有普遍性的而并非专指某些资本有机构成低的部门;同理,垄断价格之说也是用不上的。在这种情况下,城镇绝对地租价值的唯一的来源便是平均利润的扣除。此种扣除是普遍的,对于同一城镇中任何经营性行业和企业都是一视同仁的。

然而,就全国而言,城镇的规模、经济发展水平等方面的差异,必然使得这种以每一个城镇为单位而计量的绝对地租数量不一致,并自然而然地形成若干等级,而且最高级与最低级之间的差别幅度还会是相当大的。简言之,就全国而言,此种绝对地租就不"绝对"了而是成为"相对"的了。这一问题应当如何解释呢?答案只能是:就全国而言,城镇绝对地租的最低界限只能是全部小城镇绝对地租的平均值,对于平均利润的扣除也只能是以此为准;凡是超过这一标准的,在性质上均属于级差地租。不过,这种分析,只具有纯理论意义,而不具有实际意义。

在实际应用中,人们可径以本城镇中的最差的土地的地租作为绝对地租,加上级差地租之后便可求得一块土地的全部地租额。绝对地租的资本化便是绝对地价,即一个城市中最差的土地的最低价格;凡是在级别上高于最差土地的各级土地,其地价便由绝对地价加上各种级差地价所构成。

最后,上述理论还必然要面对的一个难题是:此种绝对地租与地价同农地的绝对地租与地价的关系如何?对于这一问题的回答是:关于城镇土地绝对地租与地价的理论,实际上是把城镇与农村地租与地价问题作为具有密切联系的两个独立的体系来看待的。这两个体系的交叉点即城乡土地的交界处。就全国的农地而言,其绝对地租与地价应是最差的农地的地租与地价。形象地说,全国的地租与地价的梯度犹如一座二层楼的楼梯。其中,第一层为农地地租与地价,分为若干个台阶;第二层为市地的地租与地价,也分为若干个台阶。据此,则农地绝对地租的价值来源,也只能是平均利润的扣除,只不过是大大低于市地而已。

第四节 级差地租与级差地价

一、关于级差地租的基本理论

(一)马克思以前的级差地租(differential〔land〕rent)理论

资产阶级古典政治经济学的奠基人威廉·配第(William Petty,

1623—1687）已产生了朴素的级差地租Ⅰ和级差地租Ⅱ的思想，指出了土地的位置与肥力的不同，所要求的地租不同。英国资产阶级古典政治经济学家詹姆斯·安德森（James Anderson，1739—1808）被马克思誉为发现了级差地租规律。他指出了土地的自然肥力与人工肥力的不同会取得不同的超额利润；明确指出，不是地租决定土地产品的价格，而是土地产品的价格决定地租。作为资产阶级古典经济学家优秀代表人物之一的亚当·斯密（Adam Smith，1723—1790），也谈到了土地肥力和位置与地租的关系，指出："不问土地的生产物如何，其地租随土地肥沃程度的不同而不相同；不问其肥沃程度如何，其地租又随土地的位置不同而不相同。都市附近的土地，比偏远地带同样肥沃的土地，能够提供更多的地租。耕种后者所费劳动量与耕种前者所费劳动量虽相同，但偏远地方产物运到市场，必需较大劳动量。"① 这实际上指的是级差地租Ⅰ。他还指出："食物不仅仅是地租的原始来源，而（就）后来才提供地租的土地的其他生产物（来）说，其价值中相当于地租的部分，亦来自生产食物的劳动生产力的增进，而劳动生产力这样的增进，是土地改良和耕作的结果。"② 这实际上指的是级差地租Ⅱ。作为资产阶级古典政治经济学杰出代表的大卫·李嘉图（David Ricardo，1772—1823）指出了产生级差地租的条件："如果一切土地都具有相同的特性，数量是无限的，质量也完全相同，那么使用时就无须支付代价，除非是它在位置上有特殊便利。由此看来，使用土地支付地租，只是因为土地的数量并非无限，质量也不是相同的。"③ 他还分析了土地肥力地租、位置地租、追加资本地租等级差地租形式。德国经济学家约

---

① 亚当·斯密著：《国民财富的性质和原因的研究》上卷，商务印书馆1972年版，第140页。
② 同上书，第158页（括弧中的字为引者所加）。
③ 大卫·李嘉图著：《政治经济学及赋税原理》，载《李嘉图著作和通信集》第一卷，商务印书馆1962年版，第57页。

翰·冯·杜能(1783—1850)详尽地研究了土地位置与地租的关系，其理论实际上是关于级差地租Ⅰ的理论。

简言之，马克思以前的级差地租理论是原始的、不完整的、不系统的。

（二）马克思关于资本主义级差地租的理论

马克思在前人的基础上，全面地、系统地、深刻地阐述了资本主义级差地租问题，形成了完整的理论体系。现将马克思关于资本主义农地级差地租的基本观点加以简介。

级差地租概论。马克思关于资本主义级差地租的一般观点如下：

第一，土地存在优劣差别，经营优等土地可获得超额利润。但是，优等地的"自然力不是超额利润的源泉，而只是超额利润的一种自然基础，因为它是特别高的劳动生产力的自然基础"[①]。简言之，土地的差别是产生级差超额利润的客观物质性条件。

第二，利用更有利的自然条件"而产生的超额利润，不是产生于资本，而是产生于资本对一种能够被人垄断并且已经被人垄断的自然力的利用"[②]。或者说，"它总是产生于支配着一种被垄断的自然力的个别资本的个别生产价格和投入该生产部门的一般资本的一般生产价格之间的差额"[③]。简言之，土地经营的资本主义垄断，是使级差性超额利润相对固定化的制度性条件。

第三，"土地所有权并不创造那个转化为超额利润的价值部分，而只是使土地所有者……有可能把这个超额利润从工厂主的口袋里拿过来装进自己的口袋。它不是使这个超额利润创造出来的原因，而是使它转化为地租形式的原因"[④]。这就是说，土地的资本主义所有权，是使

[①] 《马克思恩格斯全集》第25卷，第728页。
[②] 同上书，第727页。
[③] 同上书，第728页。
[④] 同上书，第729页。

相对固定的超额利润转化为资本主义地租的制度性条件。

此外,马克思指出:"凡是有地租存在的地方,都有级差地租,而且这种级差地租都遵循着和农业级差地租相同的规律。凡是自然力能被垄断并保证使用它的产业家得到超额利润的地方(不论是瀑布,是富饶的矿山,是盛产鱼类的水域,还是位置有利的建筑地段),那些因对一部分土地享有权利而成为这种自然物所有者的人,就会以地租形式,从执行职能的资本家那里把这种超额利润夺走。"[①] 简言之,资本主义级差地租具有普遍性。

马克思按照其形成的不同基础,将级差地租区分为两种形式:级差地租Ⅰ是同土地肥瘠和位置优劣有关的;级差地租Ⅱ是同对土地进行连续投资所引起的劳动生产率的差别有关的。

农地级差地租Ⅰ。马克思认为农地级差地租Ⅰ(differential〔land〕rent Ⅰ)是指在肥力较好或位置较优的农地上所创造的超额利润转化而成的地租。马克思关于农地级差地租Ⅰ的论述的基本内容如下:

第一,级差地租Ⅰ的第一种情况是:等量资本和劳动投入肥力不同的劣等(A级)、中等(B级)、次优(C级)、最优(D级)土地上,而必须以劣等地的个别生产价格作为社会生产价格出售产品时,劣等地以外的三等土地就会获得超过平均利润的超额利润——这种超额利润被土地所有者占有时,就成为级差地租Ⅰ。这种级差地租的"产生是由于最好的土地面积有限,是由于等量资本必须投在对等量资本提供不等量产品的不同的各级土地上"[②]。而且这种"级差地租可以和农业的进步结合在一起。它的条件不过是土地等级的不同。在涉及生产率的发展时,级差地租的前提就是:土地总面积的绝对肥力的提高,不会消除这种等级的不同,而是使它或者扩大,或者不变,或者只是缩

[①] 《马克思恩格斯全集》第25卷,第871页。
[②] 同上书,第742页。

小"①。这种"级差地租在土地产品价格不变、上涨和下降时都可以形成"②。例如,当农产品价格下降时,无非是最坏的土地被较好的土地所替代,较好的土地的级差地租数量减少而已,而当农产品价格上涨时则反之。

第二,级差地租Ⅰ的第二种情况是:等量资本和劳动投入肥力相同但距离市场远近不同的土地上时,而当农产品必须以距离最远的土地的个别生产价格作为社会生产价格出售时,最远土地以外的较近土地就会获得超过平均利润的超额利润——这种超额利润被土地所有者占有时,就成为级差地租Ⅰ。

由于农产品供应不足而造成价格上涨,会促使耕地面积扩大——既可向较坏土地扩展,也可按不同比例向各级土地扩展。有时"较坏土地可以由于位置好,比那种相对地说较好的土地,优先被人利用"③。可以说,土地扩展的不同情况,受制于级差地租的具体表现。

第三,马克思认为,作为级差地租实体的超额利润是由"虚假的社会价值"所决定的。所谓"虚假的社会价值"并不是指级差地租本身,而是指由劣等地的个别生产价格所决定的市场价格(亦称"市场价值")。马克思指出,"市场价值始终超过产品总量的总生产价格"便出现级差地租。他举出数例说明:④

土地等级	产量(夸特)	每夸特生产价格(先令)	每夸特市场价格(先令)
A	1	60	60
B	2	30	60
C	3	20	60
D	4	15	60

---

① 《马克思恩格斯全集》第25卷,第743页。
② 同上书,第742页。
③ 同上书,第754页。
④ 同上书,第744页。

"10夸特的实际生产价格是240先令；但他们要按600先令的价格出售，贵250%。实际平均价格是每夸特24先令；但市场价格是60先令，也贵250%。""这是由在资本主义生产方式基础上通过竞争而实现的市场价值所决定的；这种决定产生了一个虚假的社会价值。这种情况是由市场价值规律造成的。土地产品也受这个规律支配。……这种行为必然不是以土地及其肥力的差别为依据，而是以产品的交换价值为依据。"① 显然，这里所说的"虚假的社会价值"即每夸特市场价格60先令，从而在B、C、D三级土地上，平均每夸特产生了40先令的级差地租。

农地级差地租Ⅱ。马克思认为，农地级差地租Ⅱ（differential〔land〕rent Ⅱ）是在同一块土地上追加投资造成的经济效益的提高而引起的超额利润转化成的地租。马克思关于农地级差地租Ⅱ的基本观点如下：

第一，级差地租Ⅰ与级差地租Ⅱ的实质是相同的。二者"实质上终究只是投在土地上的等量资本所具有的不同生产率的结果"②。"因此，从一开始就很清楚：具有不同结果的各个等量资本，不管是同时投在同样大的各块土地上，还是相继投在同一块土地上，都不会影响超额利润的形成规律。"③ "一个资本的不同部分相继投在同一土地上所产生的结果，就是在级差地租Ⅰ的场合下社会资本各个相等部分投在各级土地上所产生的结果。"④

第二，级差地租Ⅰ是级差地租Ⅱ的基础和出发点。他指出："级差地租Ⅱ的基础和出发点，不仅从历史上来说，而且就级差地租Ⅱ在任何

---

① 《马克思恩格斯全集》第25卷，第744—745页。
② 同上书，第759页。
③ 同上书，第760页。
④ 同上书，第763页。

一个一定时期内的运动来说,都是级差地租Ⅰ,就是说,是肥力和位置不同的各级土地的同时并列的耕种,也就是农业总资本的不同组成部分在不同质的地块上同时并列的使用。"① 从历史上看,资本主义农业总是先实行粗放经营,尽可能优先利用土地质量和位置较优的土地,然后再在现有土地上实行集约经营;从现实的情况来说,土地的集约利用,总是以不同肥力和位置的土地的利用为前提的。

第三,级差地租Ⅰ与级差地租Ⅱ互为界限。马克思指出:"级差地租Ⅰ虽然是级差地租Ⅱ的基础,但它们同时还会互为界限,因此,有时在同一块土地上连续投资,有时在新追加的土地上同时投资。在别的情况下,例如有较好的土地加入序列时,它们也同样会互为界限。"② 所谓"互为界限"是指,有时取得级差地租Ⅰ受到限制,只能转为取得级差地租Ⅱ,反之亦然。

第四,级差地租Ⅰ与级差地租Ⅱ也具有本质区别。级差地租Ⅱ具有这样一个特点:"按每英亩计算的地租量的增加,只是投在土地上的资本的增加的结果。而且这个结果是在生产价格不变的情况下发生的,无论追加资本的生产率是不变,是降低,还是提高,都是一样。……这就是级差地租Ⅱ所特有的、不同于级差地租Ⅰ的现象。"然而,就级差地租Ⅰ而言却是:"追加的投资……是在空间并行地投在新的、质量相当的追加土地上,地租的总量会增加,……总耕地面积的平均地租也会增加,但每英亩的地租量不会增加。"③

第五,最差的土地也可提供级差地租Ⅱ。其前提是农产品的供应不足,使得人们不得不对最差的土地也继续追加投资以提高产量,其结果是农产品的社会生产价格进一步提高,从而使最差土地也提供了级

---

① 《马克思恩格斯全集》第 25 卷,第 761 页。
② 同上书,第 831 页。
③ 同上书,第 779 页。

差地租Ⅱ。

非农地级差地租。马克思指出:"凡是有地租存在的地方,都有级差地租,而且这种级差地租都遵循着和农业级差地租相同的规律。……至于建筑上使用的土地……的地租的基础,和一切非农业土地的地租的基础一样,是由真正的农业地租调节的。"①"真正的矿山地租的决定方法,和农业地租是完全一样的。"② 马克思还指出,建筑地段地租的主要特征是,位置对级差地租具有决定性的影响;土地固定资本的增加也会提高建筑地段的级差地租。

垄断地租。除了绝对地租和级差地租这两种地租的正常形式之外,还存在着垄断地租(monopoly〔land〕rent)这种特殊形式的地租。农业上的垄断地租来源于具有特殊自然条件的、面积极小的土地上的质量极其超群的农产品的特高的垄断价格。例如,极其特殊的地点的葡萄园所产的葡萄酒,即属此类。这种垄断价格"只由购买者的购买欲和支付能力决定,而与一般生产价格或产品价值所决定的价格无关。……这种在这里由垄断价格产生的超额利润,由于土地所有者对这块具有独特性质的土地的所有权而转化为地租,并以这种形式落入土地所有者手中。因此,在这里,是垄断价格产生地租"③。除此而外,某些位置特别优越的建筑地段、产品特别珍贵的矿山,按理说也会产生这种垄断地租。④

这种垄断地租,至少从数量上来看是与其他地租有差别的,即大大高于绝对地租和级差地租Ⅱ;由于它毕竟是由独特的地理位置所决定的,从而从这个意义上也可以将其列入级差地租Ⅰ的系列之中。

---

① 《马克思恩格斯全集》第25卷,第871页。
② 同上书,第873页。
③ 同上书,第873—874页。
④ 参见朱剑农著:《马克思主义地租理论概要》,农业出版社1984年版,第52页。

二、中国社会主义市场经济中的级差地租与级差地价

在中国社会主义市场经济中,肯定存在着级差地租,其种类也与资本主义社会中的级差地租相同。根据地价是地租的资本化的原理,在中国社会主义市场经济中,必然存在着与级差地租Ⅰ和级差地租Ⅱ相对应的级差地价Ⅰ和级差地价Ⅱ,以及与垄断地租相对应的垄断地价。关于社会主义市场经济中的级差地租与级差地价的基本论点如下:

第一,城市级差地租与级差地价及农村级差地租与级差地价分别自成体系。各个城镇土地的绝对地租与绝对地价分别为各该城镇郊区农地的地租与地价的最高界限。

第二,在城镇中,以绝对地租为起点,认定级差地租Ⅰ、级差地租Ⅱ、垄断地租分别为高于绝对地租的三个独立部分,分别表示和计算;同理,以绝对地价为起点,认定级差地价Ⅰ、级差地价Ⅱ、垄断地价分别为高于绝对地价的三个独立部分,分别表示和计算。

第三,任何一块土地的全部地租和地价,均为该地各种地租与地价之总和,即地租 = 绝对地租 + 级差地租Ⅰ + 级差地租Ⅱ + 垄断地租,地价 = 绝对地价 + 级差地价Ⅰ + 级差地价Ⅱ + 垄断地价。

这样,便可把地租理论与地价理论有机地结合起来,把关于地租与地价的理论与实际结合起来。

第五节 地租与地价的"叠加结构"

无论就地租而言还是就地价而言都存在一个"叠加结构",在这里仅就地租而言。如前所述,地租由绝对地租、级差地租Ⅰ、级差地租Ⅱ、垄断地租等四个部分组合而成。从量态上来说,任何一项地租便都是由这四项所形成的"叠加结构"。形象地说,类似于一座四层楼,第

一层为绝对地租,第二层为级差地租Ⅰ,第三层为级差地租Ⅱ,第四层为垄断地租。这种地租的叠加结构的基本特征是:①任何空间范围内的规范性地租,均以此四部分为最广构成要素;②由绝对地租到垄断地租,四个部分依次发生并依次叠加;③绝对地租不可能为0,级差地租Ⅰ与级差地租Ⅱ为一般地段所具有,垄断地租则为个别特殊地段所额外具有。

随着经济的发展,一般而言地租与地价均呈现上升趋势,但是其各个组成要素的变动趋势则有增有减。此处也仅就地租而进行具体分析:

首先看绝对地租。如前所述,绝对地租是最差的土地所必须交纳的最低限度的地租。那么,这一项地租的数量发生增减的可能性便都很小。就城镇土地而言,如果说它毕竟会有所变化的话,一般而言会有微弱的上升。在城镇中,用地户对于位置最差的土地的竞争是最为微弱的,从而其地租增长的空间便十分有限。就农村土地而言,在地少人多且科技落后的国家和地区中,农地资源极其珍贵,最差的土地也要尽量用于农业生产,其绝对地租便会有所上升;在地多人少且科技发达的国家和地区中,往往会逐步弃耕一些最差的土地,使得经营中的农地的质量等级提高,从而也会提升农地绝对地租的水平。

其次看级差地租Ⅰ。在农业中,科技进步使得土质的优劣的差别趋于缩小,使得由此而产生的级差地租Ⅰ的相对量也相应地趋于缩小;而且,交通运输业的日益发达,也使得土地位置优劣的差别有所缩小并使得由此而产生的级差地租Ⅰ有所缩小。在城镇中,前一种情况是不存在的,后一种情况则是存在的,不过并不如农村那样明显。

由于集约化水平的不断提高,无论城乡土地的级差地租Ⅱ的水平都会随之而提高。尤其是,在集约化水平不断显著提高的大中城市中,此种情况更为明显。而且从总体上来看,城乡地租与地价水平的提高,除去供求因素、投机因素等之外,实质上主要是级差地租Ⅱ的提高。

第六节　地租与地价变动的相互关系

既然地租与地价互为反函数,那么,按理说地租与地价的变动就应当是同步的或者是成正比的。然而,现代资本主义国家的某些实例却表明二者有时是脱节的,而且甚至是很严重的。下面介绍两位学者的分析。

日本学者野口悠纪雄在其所著《土地经济学》(中译本,商务印书馆 1997 年版)一书中分析了 1965—1985 年日本城市地价远远高于地租的现象。[①] 他认为,出现这一现象的基本原因在于,在地价推算方面出现了不以人们的意志为转移的偏差。实际的情况是,每年参加交易的土地仅占全部土地中的极小部分,而其余未参加交易的土地也按已发生交易的地价进行了推算。只要实际交易的地价被土地投机者抬高,则整个地价水平就会被虚假地抬高。而且,未来的地价是以过去的地价为基础推算而来的,只要在推算时根据人们的期望对收益率和贴现率略加调整,就会使预测的地价显著提高。而这种推算而来的高地价,又会反过来推动目前的地价的提高。这就是说,"一旦在已经上涨的地价上,还想预期地价上涨,那么这就会引起地价再度上涨,由此发生恶性循环"[②]。野口采用与外国进行比较的方法,证明了日本的高地价是不切实际的;而且采用地租资本化的方法,证明了现实地价的一半以上是由预期上涨所造成的。

中国学者张家庆在其所主编的《地租与地价学》一书中所分析的地租与地价的背离,属于另一种情况:在现代资本主义条件下,随着农业技术进步和生产的发展,农产品供过于求,导致地租下降。但是"战

---

① 参见该书第 44—63 页。
② 〔日〕野口悠纪雄著:《土地经济学》,商务印书馆 1997 年版,第 51 页。

后,各个发达资本主义国家的土地价格不断上涨,从本质上反映着土地私有权垄断的加强"①。农地价格上涨的具体原因主要是:农民为扩大经营规模而购入土地;农村的非农用地增加,使得农用土地的供给减少;城市居民对土地的需求增加;农民对土地的预期价格上涨。②

从以上所举两例中,我们能够得出什么结论呢? 第一,依据现有地价而推测今后的地价,如果对于地价的上扬的趋势缺乏准确的估计,必然产生虚假的、泡沫式的地价。第二,地租与地价的背离是与土地市场上对租入土地与购入土地的需求的显著反差紧密相关的。若"购入"显著大于"租入",则地价相对上扬而地租相对下跌,反之则地价相对下跌而地租相对上扬。只有当二者的供求状况大体相当时,二者的实际数值互为反函数的理论关系才能够比较确切地表现。

第七节 由土地价值构成所决定的地租与地价构成

以上是从经济关系的角度来考察地租与地价的实质及其相互关系的。在本部分,将从土地价值构成的角度来考察与其相对应的地租与地价的构成。关于土地价值问题,目前中国学术界的基本观点可划分为三种:土地无价值论、土地全价值论、土地价值二元论。

土地无价值论认为:土地是自然物,其本身无价值;土地资本(即"人工土地")虽然有价值,但它并不是土地本身。③

---

① 中国广播出版社 1991 年版,第 175 页。
② 同上书,第 177—178 页。
③ 现附录几段有代表性的观点如下:"土地价格不是土地价值的货币表现,因为土地是自然物不是人类劳动产品,其本身无价值。"(国家土地管理局政法司编:《土地使用制度改革的理论与实践》第一辑,1992,第 5—6 页)"不能用投入土地的资金,说明作为自然物的土地本身是有价值的,当然更谈不上是什么劳动产品了。"(《中国房地产》1995 年第 8 期,第 6 页)"马克思曾经指出,土地是自然物,不是劳动生产物,没有价值。"(《中国土地科学》1995 年第 6 期,第 2 页)

土地全价值论认为：整个土地都是有价值的。"土地价值是由土地资本价值与土地自然价值在内在耦合机制的运行中生成的。""即使是完全未经人类的劳动参与、尚未进入交易的天然土地，都是有价值的。"[1] 土地全价值论的主要论据有二：一是"替换论"，二是"全覆盖论"。"替换论"的论点主要是：具有相等的使用价值之物，即具有相等的价值。[2] "全覆盖论"的主要论点是：全部土地都已凝结了人类的劳动，就其整体而言都是有价值的，无一例外。[3]

笔者主张土地价值二元论，认为土地由自然土地和人工土地所构成，前者无价值而后者有价值，二者组成统一的整体。这种二元论来源于马克思关于"把土地物质与土地资本区别开来"[4] 的思想。只不过，在本书中，把"土地物质"称为"自然土地"，把"土地资本"称为"人工土地"。下面，通过分析马克思的几段原话来阐明土地二元论。

首先，马克思指出了已经投入生产的土地的构成："正如所有其他生产工具一样，土地资本是可以增多的。我们不能在它的物质成分上……添加任何东西，但是我们可以增加作为生产工具的土地。人们只要对已经变成生产资料的土地进行新的投资，也就是在不增加土地的物质即土地面积的情况下增加土地资本。"[5] 这表明，已经变成生产资

---

[1] 《不动产纵横》1993 年第 1 期，第 28、25—26 页。

[2] 例如，有人认为："土地自然生产力是等量劳动的替换，土地自然价值与由劳动创造的价值并无本质区别，土地自然价值同样是一定量的人类劳动的体现。"（《不动产纵横》1993 年第 1 期，第 26 页）还有人认为：如果"两物的使用价值相同，不论其个别价值多少，它们的社会价值应是相等的。——据此，从未凝结过人类劳动的土地，只要它们的使用价值相同，其社会价值也应当是相同的"（《不动产纵横》1994 年第 4 期，第 7 页）。

[3] 例如，有人认为，凝结在土地上的人类劳动可划分为三部分：其一是"自从地球上存在人类以来，就对土地进行长期的各种不同的改良与开发。亿万年来，土地凝结了人类巨大的各种性质不同的劳动"。其二是，"即使有史记载以来未直接投入过人类劳动的土地，史前有可能曾经投入过人类劳动"。其三是，土地上"包含有从相邻土地上积累的社会劳动所辐射或者说转移过来的价值量"（《不动产纵横》1994 年第 4 期，第 6—7 页）。

[4] 《马克思恩格斯全集》第 25 卷，第 698 页注（28）。

[5] 《马克思恩格斯选集》第 1 卷，第 152 页。

料的土地是由土地物质（即"自然土地"，以土地面积为代表）这一固定成分和土地资本（即"人工土地"）这一可变成分所组成的。

其次，马克思指出，对于土地进行永久性改良，等于是把土地资本并入土地物质，使二者结合在一起。他认为"如果土地改良的效果比较持久，那么，在租约期满时，人工增进的土地的不同肥力，就会和土地的自然的不同肥力合在一起"①。马克思还指出：当租期一满，租地农场主"在土地上实行的各种改良，就要作为和实体即土地不可分离的偶性，变为土地所有者的财产"②。

最后，马克思指出，经过改良的土地，其地租由土地资本的利息和真正的地租所组成，这也反映了土地的构成。"租地农场主为了获得经营土地的许可而以租金形式支付给土地所有者的一切，实际上都表现为地租。"③ 其中包括"为投入土地的资本以及作为生产工具的土地由此得到的改良而支付的利息"以及"为了使用土地本身而支付的""真正的地租"④。

总之，凡是已经投入生产的、经过改良的土地，都是由土地物质（即"自然土地"）和土地资本（即"人工土地"）这两个要素所组成的，而且二者结合为有机的整体，这就是土地的二元性。

现在，我们可以回过头来分析一下土地的无价值论和土地的全价值论了。

首先分析一下土地的无价值论。此论的要害在于看不到或不承认土地资本（即"人工土地"）也是土地的不可分割的组成部分；而且，对于马克思所说的"土地不是劳动产品，从而没有任何价值"⑤的提法究

---

① 《马克思恩格斯全集》第 25 卷，第 760—761 页。
② 同上书，第 699 页。
③ 同上书，第 704 页。
④ 同上书，第 698 页。
⑤ 同上书，第 702 页。

竟是何所指未加深思。实际上,马克思是在阐明,为什么由真正的地租的资本化而求得的土地价格,是一个不合理的范畴,而这里所说的土地显然是指土地物质,而非土地的整体。

其次,分析一下土地的全价值论。此论的要害在于,看不到土地物质的存在,把全部土地都当成土地资本。其中的"替换论"是完全不能成立的。这主要是由于,即使具有同样面积、同样使用价值因而具有同样价格的两块宗地,若其中之一的自然条件好因而开发成本低,而另一块的自然条件差因而开发成本高,最后,其纯经济收益也会大相径庭,从而,这两块土地并不具有"同等价值"。再就"全覆盖论"而言,它实际上只承认土地中所凝结的平均社会必要劳动量决定地价,而在现实的经济生活中,最终决定土地价格的往往是土地的使用价值(例如位置好、土质优良的土地价格高)与土地的供求状况,而土地中所凝结的社会必要劳动价值量,往往并不能如实地实现(此问题将在本书第十九章中进行具体论述)。

土地价值二元论认为,土地的物质构成分为两部分,其一是自然土地,其二是人工土地,二者分别具有其地租与地价;它们在性质上是不同的,但是共同构成统一的地租与地价,从而形成地租与地价的二元性。

自然土地完全是大自然的产物,其中不包含任何人类劳动——现存的生荒地就基本上属于纯自然土地(尽管其中会凝结少量勘探、测绘等方面的劳动,但可略而不计)。自然土地的地租被马克思称为"真正的地租",那么,我们就可以称其价格为"真正的地价"了。人工土地是指对自然土地进行人工改造、改良而形成的(如土地平整、地基夯填、土壤改良等),是人类劳动的产物,其地租即人工土地的地租,其地价即人工土地的地价。

地租与地价的上述两个组成部分的性质、来源等是完全不同的。

关键的问题在于,既然自然土地中并不包含任何人类劳动,那么,它要求取得地租与地价的根据是什么呢?回答是:土地所有者对于人类既不可缺少又数量有限的土地资源的所有权的垄断。在这种情况下,地租与地价便是土地使用者、购买者不得不付出的代价。正如马克思所指出的那样,"地租是实行土地经营时那种社会关系的结果。它不可能是土地所具有的多少是经久的持续的本性的结果。地租来自社会,而不是来自土壤"[①]。至于人工土地的地租与地价,便是对于劳动产品的价值补偿了,这是不言而喻的。

在现实的经济生活中,纯粹的自然土地已经是罕见的了,人们所接触到的土地都已经是或多或少经过人类劳动改造过的了。对于这种土地的地租与地价,就要进行"一分为二"的剖析——将其划分为自然土地地租与地价部分和人工土地地租与地价部分。只有如此,才是科学的、合理的、确切的。

为了进一步明确起见,不妨把地租与地价及房租与房价加以对比。房屋完全是由人类劳动建造的,因而,房价便应当是建造房屋的成本加利润,这一价格与其他商品并无二致;而房屋的租金便是房屋的年折旧额加年利息额,出租房屋便等于对房屋的"零售"。房产经营者出售或出租房屋,便会在房屋的有效使用期内获得等额收益,而房屋的消费者无论是购进或租进房屋都会在此期间付出等额代价。就这一点而言,与租用或购买土地是相似的。然而,地租与地价同房租与房价的不同之处在于,前者包含"真正的地租与地价"部分,后者则不包含;但是前者的人工土地部分,其租金与价格的本质则与后者完全相同。

在地租与地价的构成上,台湾地区学者许文昌博士的观点是值得重视的。他认为,地租为"素地地租"(即"天然地租"——未经人为

[①] 《马克思恩格斯选集》第 1 卷,第 153 页。

改良的土地所产生的地租)与"改良地租"(即经过人为改良所产生的地租)之和;地价可区分为收益地价与土地市价:收益地价=(素地地租+改良地租)÷还原利率;土地市价=(素地地租+改良地租+投机地租+预期地租)÷还原利率。他还认为:地价总额=原始地价+地主改良地价+社会改良地价+投机地价;并且主张:"地价政策应鼓励地主改良地价与社会改良地价之成长,应消灭投机地价之孳生。"①

---

① 参见许文昌著:《土地经济学概要》,台湾文笙书局1991年版,第11、46页;许文昌著:《土地经济学新论》,台湾文笙书局1991年版,第60—61页。

第十七章　土地价格的空间差别与时间差别

第一节　影响土地价格的因素

关于影响地价的因素,在土地经济学文献中有所论述。例如,R.T.伊利等认为,引起市地价格上涨的最重要的因素有四:工商业的发展、交通和运输业的发展、公共设施的数量与质量、人口的不断增加与可利用的土地的有限性。① 章植认为,影响地价涨落的因素有两大类。一类是影响土地需求的,包括人口、工商业、人民购买力与生活水平、社会风尚等;另一类是影响土地供给的,包括土地肥力、运输条件与费用、土地位置、公共设施的质量、宗地面积、土地租税、地下资源等。② 刘潇然认为,影响地价的因素有:土地收益、地租、土地开垦费与改良费、地税、利率、人口、地产面积、政治状况与土地政策、社会风尚等。③ 张德粹认为:"对于地价发生影响力的诸因素可大别之为三种,即(1)土地本身所具备的自然条件,(2)土地所处的经济和社会环境,及(3)一般的经济情况。"④

---

① 参见〔美〕R.T.伊利等著:《土地经济学原理》,商务印书馆1982年版,第238页。
② 参见章植著:《土地经济学》,上海黎明书局1934年版,第422—445页。
③ 参见刘潇然编著:《土地经济学》,西北农学院农业经济学会,1945,第三篇第一章。
④ 张德粹编著:《土地经济学》,台湾"国立编译馆"1979年版,第507页。

影响地价的因素究竟有哪些呢？这一问题要从地价的类型谈起。从地价产生的角度来看，地价有推导型和原始型两个类型。所谓推导型是指，当地租为已知而地价为未知时，通过地租资本化求得地价。此时，影响地价的两大因素为地租和利率。进一步，则凡是影响地租和利率的因素，便都是影响地价的因素，在此不再具体展开。所谓原始型地价，一是指通过对市场实际地价进行适当整理而取得的地价，即市场地价，二是指通过评估而求得的地价，即评估地价。在评估地价时，要充分考虑影响地价的种种因素，所以，从这个角度能够对这些因素进行全面的考察。下面便是对于影响地价的因素的种种分类。

首先，按照影响地价的因素本身的性质，可区分为五类，包括：①投资因素：指通过对土地进行投资而使其增值的因素，其中当然包括起正负两方面作用的因素，以及宗地以外的外部投资因素。②供求因素：指土地供求关系对土地价格的影响，即供不应求时地价上涨，供过于求时地价下跌。③用途因素：指土地用于高收入部门时的价格高，而用于低收入部门时的价格低。④收益因素：指影响单位面积土地收益提高的因素会促使地价提高，反之则会促使地价降低。影响实际收入的税收因素也在此列——地价水平与税收水平成负相关。⑤土地本身因素：指土地的性状、土地的使用价值。包括宗地位置、面积、环境、工程地质、基础设施、环境、交通等状况。以上五类性质的因素，可将影响土地价格的一切因素概括在内。

其次，按照影响地价的因素的影响空间，可区分为三类，包括：①一般因素：指对全国地价具有普遍影响的政治、经济、社会等方面的因素；②区域因素：指影响某一地区或某一产业用地价格的因素；③个别因素：指仅仅影响宗地价格的因素。

最后，按照影响地价的因素的影响时间，可区分为持久性因素或不变性因素、短暂性因素或可变性因素。此外，还可区分出仅仅影响自然土地价格的因素和影响整个土地价格的因素。

对于以上所述的主要因素,将在以下有关部分中予以展开。

第二节 土地价格的空间差别

土地价格既有时间差别又有空间差别,本节对于其空间差别加以分析。土地价格的空间差别,又可按其性质划分为两类,即平面空间差别和立体空间差别,此处仅谈其平面空间差别。

一、土地价格空间差别的含义

土地价格的空间差别是指,以地球的经纬度为标准的区位(location,即位置)不同的土地,在同一时点的土地价格的差别。其考察的内容包括差别的成因、状况、意义、对策等。对于考察的空间范围可大到国家,中到地区、省、城镇,小到街区、宗地等;其分类则分别包括不同类型、级别、用途的土地等;以上两种区分相结合,则形成更多的综合性考察空间。下面列出的是关于空间地价的任意的方面:全国主要城市平均地价分布;全国主要城市各级土地平均地价分布;××市各级商业用地平均地价分布;××市××区商业用地基准地价分布;××市××区商业用地标定地价分布。土地价格的这种空间分布,在实际上便形成了以数字表现的"土地价格分布图(或曲线)",从而,对于土地价格分布的分析,便可称之为"土地价格分布图(或曲线)分析"。

二、土地价格空间差别的形成[①]

土地价格的空间差别是影响土地价格诸因素的差别的综合反映,

---

① 参见林英彦著:《土地经济学通论》,台湾文笙书局1999年版,第760—780页。

换言之，这一差别是由影响土地价格诸因素的综合作用形成的。这些因素也就是在进行土地估价时所考虑的因素。它们可区分为一般因素、区域因素和个别因素，现简述如下：

1. 一般因素：即全局性因素，通常是指对于全国或整个地区、整个城市的土地价格发生全面、持久影响的重要因素。这些因素中，有些直接作用于土地价格，有些虽然并不直接作用于土地价格，但是它们会产生间接的、重要的影响。可大体区别为政治与社会因素、经济因素和管理与政策因素。

（1）政治与社会因素：主要包括以下几个方面的状况：

①政治状况：如果整个社会政治状况稳定而良好，人民安居乐业，对土地的需求必然旺盛，从而土地价格必然稳定以至上扬；反之，如果整个社会政治状况动荡不安，人心惶惶，对于土地的需求必然疲弱，土地价格就必然下滑。

②治安状况：如果并不存在政治方面的问题，而社会治安状况不良，对于内外的投资、置业，必然都会产生负面影响；反之则会产生正面影响。

③人口与家庭状况：人口密度、人口增长、人口素质等因素都会影响对土地的需求状况并进而影响其价格。若人口密度大、增长快、素质高，必然对土地的需求高，反之则低；家庭规模缩小、人口少，则对住宅与土地的需求标准高，反之则低。

④社会风尚与舆论：指涉及土地与房地产的租赁与买卖的社会风尚与舆论，会影响市场动向及土地价格的走向。

（2）经济因素：指某一国、某一地区、某一城镇在一定时期内所面临的国际经济状况、国内经济状况以及本地经济状况。作为整个经济生活中的一个极其重要因素的土地，其价格自然与宏观、中观、微观的经济状况息息相关。下面列出其主要方面：

①世界经济状况与国内综合经济形势:从世界范围来看,在经济日益全球化的今天,世界上任何一个国家的经济都日益与整个世界的经济紧密相关;从全国范围来看,无论国内的哪一个地区、哪一个城市,其自身的经济状况都直接、间接地与整个国内的综合经济形势发生联系,土地价格的状况也不可能与其无关。

②城镇建设状况:城镇规模、城镇基础设施的水平、对城市建设的投资力度等等,都与级差地租Ⅱ的水平直接或间接相关。

③对不动产的投资水平:这是影响土地价格的直接而具体的因素。

④不动产投机状况:投机活动既可哄抬土地价格,又可压低土地价格。例如,在房地产供不应求时,投机者的抢购会造成地价的上扬;在房地产供过于求时,投机者的抛售,又会使地价过度下跌。

⑤城镇居民收入水平、储蓄水平与购买力水平:这几个方面的水平,最终会在房地产的租赁、购买力方面有所体现,并影响房租与房价、土地价格。

⑥物价水平与变动趋势:一般而言,土地价格水平与一般物价水平成正相关。而当一般物价水平出现明显上扬的趋势时,房地产的保值作用使得其供不应求,进而造成土地价格倍加上扬。

⑦利率:利率的高低,直接影响购房贷款的金额并进而影响房市的旺淡,更直接决定按地租资本化方法计算的地价的高低。

(3)管理与政策因素:反映政府从全局利益出发所采取的对不动产市场的规范和引导,分别具有扶植或抑制作用,对土地价格会产生直接的、重要的影响。其主要的具体因素有:

①城市规划:城市规划中的土地用途,对于土地价格水平产生直接的规范作用——商服用地最高,住宅用地次之,工业用地最低;城市规划中的容积率高低与土地价格成正相关。

②土地供应政策:土地价格与土地供应的宽严成负相关。

③土地出让方式：采用公开招标、拍卖、挂牌等方式时土地价格一般较高（不过，这种在市场中形成的"高"地价是正常的），采用协议方式则往往造成较低甚至过低的土地价格。

④住宅政策：在实行住宅无偿分配、低租金政策时，土地价格自然很低，而在实行住宅商品化、租金市场化政策之后，土地价格随之提高。

⑤税收政策：土地价格与税收政策具有密切关系，土地价格水平与土地税收水平成负相关——重税导致低土地价格，轻税则导致高土地价格。

2. 区域因素：笼统而言，区域是指一个城市中的某一个特定的地区。但是，从地区之间所具有的相似性与差别性的角度来看，按照城市的功能分区来分别考察商业区、住宅区、工业区内部的土地价格的影响因素，更为切合实际。各区的具体因素，各有其重点和特点。

（1）商业区：影响商业区土地价格的因素都与吸引商家和顾客有关，主要的有：

①商业区的综合经济实力：这一实力由多种因素所构成，包括商业区总面积、营业面积，商家种类与配套状况，金融机构状况，顾客流量与购买力，等等。

②道路与交通状况：其中，道路状况包括道路面积比重，路面质量、宽度、布局、坡度，人行道容量，道路附属设施（如路灯、公用电话、路树、下水道、路旁坐椅等）状况。交通状况主要指交通便捷程度即公交供给状况，也包括停车位供给的充足程度。

③环境状况：商业区的繁华与商业区的生态、人文环境往往是难以兼顾的，若能够做到两者兼顾，则商业区的品位就会显著提高。例如，商业区需要绿化予以陪衬；商业区也需要适度的交通管制予以配合——这里所说的交通管制主要指某些地段的禁行车种、禁行时间等。

对于大型货车的禁行,会减少污染,增加行人安全度,有利于提高商业区的环境条件。

④土地集约利用程度:包括对地上和地下空间的集约利用程度。

上述因素的综合体现是商业区的长期经济效益(如单位面积土地盈利、单位投资盈利等)。

(2)居住区:影响居住区土地价格的因素都涉及如何为居民提供良好的生活环境。不过这一环境,在高档、中档和低档住宅区内是大有区别的。

①道路与交通状况:指道路是否完善,交通是否便捷等。

②自然与生态环境:包括在地貌、气候、景观、生态等方面是否给人们居住和生活提供了良好的环境条件。

③人文环境:即精神生活环境,包括居民文化水平、道德水平,社区卫生水平、治安水平,学校、公园、书店、图书馆、体育场、文化馆、俱乐部等的设置状况等,是否形成良好的人文氛围。

④日常经济生活设施:包括上下水、电力、煤气、超市、百货店、银行、餐馆等为居民日常经济生活服务的设施是否配套、便利(严格地讲,道路与交通设施也属此类,但因其具有前提性而单独列出并置于首位)。

(3)工业区:影响工业区土地价格的因素都与是否为工厂的供、产、销提供便利有关,而且还要适当兼顾员工的工作条件。

①所在位置及道路状况:指来往原料供应地、产品销售地的便捷程度。

②工程地质状况:主要指土地的承载力、稳定度等。

③动力供应及给水、排水等基础设施状况。

④各种工业企业的互补与互斥状况。

⑤预留进一步扩展空间的状况。

⑥自然与生态环境状况——从员工的工作条件角度的考虑。

3.个别因素:指直接影响宗地土地价格的具体因素,是在一般因素与区域因素基础上的补充和具体化。

(1)土地本身因素:包括地理因素,指宗地位置(如临街状况)、面积、形状等因素;工程地质因素,包括土地的承载力、稳定度等。

(2)自然与生态环境因素,包括自然环境,指自然景观、气候、地貌等;生态环境,指空气、水、声、光的清洁度等。

(3)经济因素:如道路与交通、上下水、电力、煤气及其他基础设施的状况。

(4)规划制约因素:如覆盖率、容积率、建筑物高度、地下开发深度等。

影响土地价格的各个因素同土地价格的相关程度不同。通过对有关统计数字进行相关分析,求得相关系数,便可得知各个因素对土地价格的具体影响程度。一项分析表明,经济因素中的固定资产投资、住宅建设投资、商品零售总额、国内生产总值、国民收入等因素与城市地价的相关系数都在 0.8 以上;城市建成区面积、人口密度、城市化率、人均国民收入、人均国内生产总值等因素的相关系数都在 0.4 以上、0.8 以下。[①]

三、土地价格空间差别的分析及其作用

对于土地价格,可按范围的大小划分为不同的分析对象。大范围的分析可以整个城市为对象,既可以进行国际性分析(例如,对于不同国家的同一级别的城市的平均土地价格进行对比分析),又可进行国内分析(例如,对于规模不同的城市的平均土地价格的对比分析);中

---

① 参见钱海滨:《中国城市地价的监控研究》(中国人民大学博士学位论文),2001,第39—40页。

等范围的分析,可以国内同一类型的城市的平均土地价格作为对象;小范围的分析则可以同一城市的不同级别的土地的价格作为对象;等等。诸如此类,不一而足。

例如,现阶段中国城镇地价的空间分布的大体格局是:①全国大中小城镇的地价形成三级梯度。②在全国、各个大地区、各省与自治区的范围内,分别形成了三级地价中心城市体系:全国性地价中心城市为北京、上海、广州、深圳等,其地价居全国之首;各个大的地区(如华北、东北、西北等七个地区)分别有几个地区性地价中心城市;在各个省与自治区内则以其省会或首府为地价中心城市。③东部地区与西部地区、南部地区与北部地区分别形成东高西低、南高北低的宏观地价坡度。④高地价的线性分布——形成几条高地价线,如沿海城市线、长江沿岸城市线、京广铁路沿线城市线等。①

进行不同空间的土地价格的对比分析,具有什么作用呢?要达到什么目的呢?主要的有以下几个方面:

①深入具体地摸清土地价格差别的实况。土地是最为典型的非标准化商品,其价格千差万别。只有列出分析对象的全部价格,方可了解其真相,做到心中有数。这一点不仅是进行进一步分析的前提,而且其本身就发挥了土地价格的反映作用——反映土地的优劣、收益的高低等等。

②确切地核算土地资产。如果不搞清各级土地的价格,就无法搞清土地资产的具体、确切的构成,难以求出一定范围内的土地资产的真正的总值,那么,土地的保值与增值,也就无从谈起了。现阶段中国的土地资产的核算,主要是在基层地籍单位进行,不过对于一个城市,有时也有一定的作用。而且,全国的土地资产总值,至少要在搞清全国各

---

① 参见钱海滨:《中国城市地价的监控研究》(中国人民大学博士学位论文),2001,第47—48页。

个城市、地区的各类土地的平均地价的基础上进行计算,才有可能获得基本准确的数据。

③检验和改善土地投资和土地利用状况。主要是通过土地价格的高低与土地投资、土地收益高低的对比、分析,探寻彼此之间的相关与背离的状况,并进而改善土地投资和土地利用,提高土地收益,也可进一步引导土地投资者、开发者的行为。

④探索土地价格资料的科学性和确切性。在进行分析时所掌握的土地价格资料,无非是评估的和实际交易的两类。这两类土地价格资料,都可能存在不科学、不确切的问题,这是由土地价格的特征所决定的,是不可避免的。在对比分析中,尽可能发现其中存在的问题并予以纠正,是可能和必要的。其中,也包括改善土地价格的评估方法。

⑤改善土地的市场供求状况。通过对土地价格高低的详尽分析,往往会发现土地市场供求关系中存在的问题,如土地总量供不应求、供过于求,不同用途、级别土地的供求不对应等等,从而加以改善。

总之,对于土地价格空间差别的分析,对于完善土地市场和改善土地管理等,都具有重要而巨大的作用。这一切,都派生于土地价格本身的重要而巨大的作用。

四、土地价格问题与房地产投资环境问题之间的相互关系[①]

房地产投资环境之中包括土地价格——土地价格较低是引资的重要有利条件之一。房地产投资环境是由多种因素构成的,这些因素往往又是影响土地价格的因素。这样,房地产投资环境问题便与土地价格问题具有密切关系了。

房地产投资环境包括硬件和软件两大因素。硬件主要包括:地理

---

① 参见周诚:《论房地产投资环境》,《中国房地产》1995年第7期;另见周诚著:《土地经济研究》,中国大地出版社1996年版。

位置、国民经济发展状况、土地供应量、基础设施状况;软件主要包括:政治稳定性、法制健全性、政策优惠性(其中包括土地价格方面的优惠)、管理与服务的高效性、人力资源的充裕性与高质性。逐一考察以上硬件和软件因素便不难看出,除了优惠的地价以外,其他因素无一不是影响土地价格的因素。

因此,我们在考察城镇地租与地价问题时,便应当打开思路,扩展眼界,不局限于土地估价的传统角度和资讯,也要进入投资环境领域,从中汲取营养。

第三节 土地价格的时间差别——土地增值

土地价格的时间差别问题即土地增值问题。为了叙述上的简便,以下一律使用"土地增值"这一概念。

一、土地增值的概念与形态

土地价格的时间差别就是土地价格的增减,也就是土地的增值与减值,而"减值"又无非是"负增值",因而这一问题便可进一步简称为"土地增值"。而且,在现实的经济生活中,地价的出现频率大大高于地租,因而人们使用"土地增值"这一概念时通常是指地价的增减。不过,其理论对于地租来说,也是适用的。具体地说,土地增值是指同一空间、同一形态的地价在不同时点的变化,亦称地价动态;若以一定时点作为基数,则这一动态可通过地价指数的形式加以反映。在对地价的时间差别进行研究时,需要进行不同空间、不同形态的地价之间的对比、分析,只有这样才能够多角度、多侧面地揭示其全貌,发挥其应有的作用。

土地增值具有不同的形态,主要有投资性增值、供求性增值、用途性增值三种。下面分别加以简析：

投资性增值。土地的投资性增值是指对土地进行直接、间接投资所形成的劳动价值量的增加而形成的土地增值。其中又分为两种形态：一是宗地直接投资性增值；二是外部投资辐射性增值，即投资的外部辐射所形成的外部效益。

宗地直接投资性增值，是指对某一宗地进行"七通一平"之类的开发所形成的土地增值。至于在土地上兴建房屋等所形成的价值，在把土地与房产作为不同财产加以对待的条件下，当然不属于土地增值的范围。

外部投资辐射性增值，是指某一地段或某一宗地以外的一切基本建设投资对于该地段或宗地产生辐射作用而使其价格增加。例如，各种基础设施的建设，为各行各业提供物资、能源，增加便利；商业、服务业、金融业的建设，不仅为各行各业提供服务，而且可提高物流、人流、资金流的密度；等等。因此，所有这些建设的投资，都最终会使受辐射土地的收益提高并形成其增值。在外部投资中，既包括国家投资，又包括社会上其他单位的投资。此外，宏观规模经济（如城市扩大而产生的集聚效益）、宏观结构效益（如城镇产业结构合理化而产生的效益）都会体现为土地增值。

供求性增值。土地的供求性增值是指随着经济社会的发展，对土地的需求日益增加，造成供不应求度的日益增加，从而使地价不断上涨。这是由土地的自然供给无弹性，而经济供给的弹性也有限所致。按土地供不应求的原因，还可把此项增值划分为发展型和投机型。前者由经济、社会的真正发展所致，后者则由土地的投机性需求所致。就其表现形式而言，土地供求性增值有显性与隐性的区别。前者是指土地发生转移时而出现的增值，后者则仅仅是通过已发生转移的土地而衬托出的增值。

用途性增值。土地的用途性增值是指,当土地的投资水平和供求状况不变时,土地由低效益用途改变为高效益用途时所发生的增值。例如,农地改变为非农地,工业用地改为住宅用地、商业用地时,都会发生土地的用途性增值。不仅如此,当土地用途可能发生改变时,人们对于未来收益增加的预期,即会造成土地潜在增值。大城市近郊区土地价格的日益高涨,就是证明。

在以上各类增值中,人们往往把宗地投资性增值称为土地的"人工增值",而把其余的称为土地的"自然增值"。但是,确切地说,前者是"自力增值",而后者是"外力增值"。

土地增值还有正常增值与非正常增值之分。土地的正常增值是指,它是与土地的供求状况和对土地的投资状况相适应的,是与国民经济的发展保持着密切关系的。土地的非正常增值则是土地投机性需求过旺所致,其所形成的过高地价,属于"泡沫地价"。例如,在日本,1981—1985年,国内生产总值(GDP)增加24%,地价增加37%,可谓基本正常;但是,1986—1988年,GDP仅增加16%,而地价却增加了200%,显然是不正常的,明显属于"泡沫地价"。[①]

二、土地增值的特点和规律性

土地增值的特点,通过与普通商品和房屋的比较而得到体现。

普通商品可通过保管、维修而保值以至增值,但是不存在接受外部辐射而增值的问题;普通商品会因供不应求而增值,但是,一般而言是暂时的,因为普通商品并不像土地那样受供应总量的限制。

房屋可通过维修、改造而保值甚至增值。当地皮相对充裕而房屋建设跟不上而供不应求时,房屋也会出现供求性增值,但当房屋

---

① 参见贺晓东:《试论泡沫经济及其警示》,《经济研究》1993年第9期。

的供应受到土地供应的限制而出现供不应求而增值时,则其本质为土地增值,后一种情况是更为普遍的。而且,房屋也不存在受外部投资辐射性增值问题。例如,若将一幢区位优良的地段上的旧楼房拆除,该宗土地的价格不仅不会因此而降低,反而因可供建新楼而身价倍增。

由此看来,房价与地价是彼此独立、互不影响的。在房屋有限使用期间,房屋的价格会因供求、装修、改建等而有所增加,但随着时间的推移,房屋会因物质磨损和精神磨损的不断积累而最终报废。简言之,房屋的价格变动的总趋势是由增到减,最后变为微不足道(残值),甚至为零。

至于土地价格变动的总趋势却是不断上涨。其基本原因在于,随着经济、社会的发展,人们对土地的需求不断增加而且投资也不断增加。因此,可以说存在这样一条经济规律,即"土地增值律"或"土地价格趋升律"。这一经济规律的基本内容可表述如下:在市场经济中,随着土地的稀缺度不断提高和土地投资的不断增加,必然出现土地增值的总趋势;这一趋势也就是土地价格增长的不可逆转的总趋势。

表17-1表明,在大体同一时期内,世界上主要发达资本主义国家的地价年平均递增率,除了个别例外,都显著高于消费品价格和国民收入年平均递增率。

对于这一规律应作如下说明:①从本质上来看,地价的上涨应是剔除通货膨胀因素之后的纯上涨。②土地增值的基本标志是地价年增长率大于同期消费品价格和国民收入的年增长率,否则就谈不到土地增值了。③在一些地方,地价会在较长的时期内平而不升甚至降而不升。例如,某些偏僻的小城镇,经济社会发展缓慢甚至停滞不前,其地价必然难以上升;又如,以开采地下矿藏为主的城镇,当地下资源枯竭之后又未能及时开发替代产业,其地价也必然显著下降而且难以回升。然而,这种状况不可能改变土地增值律这一一般规律。何况,即使是在上述那些地方,经济、社会最终发展到足以使地价不断增长的地步,也只不过是迟早的问题。

表 17-1　若干国家地价、消费品价格、国民收入年平均递增率(%)

国家	年度	地价 (现行价)	消费品价格 (1948—1967)	国民收入 (1948—1967)
美　国	1956—1966	6.0	1.5	6.0
英　国	1960—1969	12.0	3.7	1.7
法　国	1950—1966	21.0	4.3	5.5
意大利	1950—1962	12.0	3.0	5.6
日　本	1955—1969	19.9	0.8	8.2

资料来源:Darin-Drabkin, *Land Policy & Urban Growth*, 1997。转引自谢朝仪:《不动产经济导论》,台湾茂荣图书有限公司,1983,第 31 页。

进一步看,则会发现土地增值的具体表现形式是土地波浪式增值。换言之,土地的波浪式增值是土地增值律的具体表现形式。它表明,在漫长的岁月中,地价并非直线上涨而是波浪式上涨。其原因何在?主要有以下五点:

第一,经济周期(business cycles)的影响。经济周期显示,在漫长的岁月中,国民经济发展(以国民收入作为主要代表)呈现出波浪起伏的态势,势必会影响地价。不过,地价的周期性波动往往会滞后于经济周期,而且地价周期中的振幅往往显著大于经济周期。地价振幅扩大的原因主要在于,土地投机者往往借机兴风作浪,其他资力雄厚者也往往因土地的单位价格高而在其价格上扬时争相抢购以求保值与增值,而当其价格下跌时又竞相抛售以求减少损失。

第二,偶然性、突发性、断续性等特殊因素的作用。这些因素会造成对土地需求的猛增猛减并导致地价的猛增猛减。这些特殊因素包括国际、国内或地区性的政治、经济、社会等方面的重大事件,如战争、自然灾害、经济危机、社会动乱、政策特殊调整等等。例如,受到 20 世纪 30 年代经济大萧条的影响,美国 1930—1938 年的地价年平均递增率为 -2.1%;以 1936 年为 100,1945 年日本的地价指数为 210,而同期的消费物价指数为 302,这表明在 1937—1945 年的侵略战争期间日本的地价指数是相对下降的。

第三,市场调节的滞后性。它往往会造成这样的循环:土地严重供不应求→地价显著上涨→土地供应有所增加→地价缓落→土地再度严重供不应求→地价再度显著上涨。

第四,影响地价诸因素的非同步性。这些因素并非同向、同步变动。而是参差错落、互有消长,从而难免造成地价的起伏跌宕。

第五,土地增值的一般因素的缓冲性。促使土地增值的一般因素,其作用具有经常性、渐进性、积累性,会缓解、冲淡地价的剧烈波动。这些因素包括人口、人均收入、经济增长、城市化、物价、通货膨胀、后备土地资源、土地投资、政策等等。土地的持续增值,正是这些因素综合作用的结果。

表 17-2 表明,日本的地价是在波浪起伏中不断上涨的。

由于在不同时期、不同地点,影响地价的诸因素的出现率及各自作用的力度不同,因而地价周期的长度、年递增率、振幅(涨幅与跌幅)地价趋势线斜率以及地价曲线的形态,必然是千差万别的。有的地价曲线起伏跌宕明显,攀升蹒跚;有的少跌多涨,急剧高升;有的则长期徘徊,无大升大降。不过,从长期来看,大体而言资本主义市场经济中的地价是在明显的高峰与低谷的交错中波浪式上涨的。因此,"土地大幅度波浪起伏式增值",可被看成是资本主义市场经济中的地价趋升的具体经济规律。

表17-2　1955—1974年日本城市地价年递增率(%)

年　度	全部城市(%)	六大城市(%)
1955—1956	6—8	6—8
1956—1960	11—13	13—14
1960—1961	17—18	29—30
1962—1964	6—9	8—10
1965—1966	2—3	1
1966—1972	5—8	3—6
1973	15—16	14—19
1974	1—7	0—4

资料来源：同表17-1。

1973—1987年间台北住宅用地价格两次由低谷跃升1.5倍而到达顶峰，1979—1988年间香港地价跌落50%到达谷底，然后跃升一倍而到达顶峰，都是例证。

台湾学者洪宝川博士认为："地价之成长，参照人口成长、经济发展及各种产业成长之特征，在开始的时候成长率很高，但达到一定水准时，成长速度便逐渐缓慢下来，终至饱和静止状态。……地价变动之长期趋势性质应较接近于修正指数曲线。"[①] 不过，这一论断还有待于实际数据加以验证。

三、土地增值的意义与对策

土地增值意味着什么，具有什么意义和作用？

一方面，土地增值具有积极的意义和作用。土地增值是社会、经济发展的一个折射；只要土地增值是正常的，则其增值幅度愈高，意味着经济、社会的发展程度愈高。就一个城市、地区而言，若其地价超过全国平均水平而且增值速度快、幅度大，便意味着该城市、地区的经济增

---

① 洪宝川著：《探索地价涨落之谜》，台湾大日出版社1992年版，第44—45页。

长超过其他城市、地区。土地增值也是"无形之手",具有使物流、资金流、人流向增值较多的城市、地区集中的作用,使它们占有更多的社会财富并进一步促进经济、社会的发展;还具有促进土地的节约利用、集约利用的作用,不仅高地价区的各行各业都会自觉地节约土地,而且会迫使低收益用途自动转让给高收益用途。

另一方面,土地增值也具有其消极作用。土地增值会提高房地产的成本和价格,从而对于住宅和公共设施的建设产生消极影响。土地增值会诱发土地投机:引发房地产过热,造成社会财富的浪费;还会为土地隐形市场推波助澜。尤其是,土地的超常增值值得格外关注——上述消极作用,往往或者主要是由土地的超常增值所引发,或者是被土地超常增值予以倍增。

地价与一般物价的关系如何,地价上涨是否会引起物价上涨?分析者见仁见智,莫衷一是。持肯定意见者认为,地价构成产品成本,自然影响物价,也包括房地产价;持否定意见者则认为,地价上涨后购买土地建厂者的个别成本虽然高,但是个别厂商不可能决定市场价格,房地产也是如此,因而并不是地价影响物价和房地产价,而是物价和房地产价影响地价。[①] 笔者认为,地价与房地产价和一般物价,是整个价格体系中的组成部分,它们是相互联系、相互制约的而不是彼此互不相关的;其影响不可能是单向的,而必然是双向的。个别厂商不可能决定市场价格的道理,对于一般商品和土地都是适用的,但是,随着时间的推移,"个别厂商"的阵营会不断扩大,直至对市场价格产生影响。简言之,地价的上涨并不会在短期内影响一般物价,但是在土地增值的长过程中,它对于物价的影响却会是日益显露的。

如何对待土地增值呢,在中国的社会主义市场经济中,应当采取什

---

① 参见林英彦著:《土地经济学通论》,台湾文笙书局1999年版,第121—129页。

么对策呢？顺应客观规律，力求保持土地的正常增值并合理地分配土地增值收益，控制并抑制土地的非正常增值——这就是对待土地增值的正确态度，也应是中国地价政策的基本准则。对应土地增值的具体政策则主要包括以下几个方面：

①适度的地价政策。所谓"适度"就是既不是低地价政策，又不是高地价政策，不过，现阶段的主要倾向是以较低的地价引资。之所以会产生这种倾向：一方面是由于一些地方官员具有短视的"任期政绩观"，不顾长远利益而急功近利；另一方面是由于对地价理论，尤其是对土地增值的规律性缺乏足够的了解。这样，往往就难免片面地认为，地价若等于土地开发成本就算"保本"，高于土地开发成本的部分就算"白赚"；至于不经开发即可出让的土地，每平方米即使只收几元人民币也是"白捡"。所有这些都是应当注意防止和纠正的。

②土地适度供应政策。在一些地方，一些人片面理解"以地生财"，向土地市场盲目地投放土地，形成供过于求。在另一些地方，存在着相当大量的划拨土地而并未得到适当的利用，土地市场上却因供不应求而出现非法的土地隐形交易。显然，前者应当加强控制，后者应当搞活。此外，要严格限制未开发或开发不到位的土地的任意转让，以防止土地投机。

③土地增值收益合理分配政策。一块土地的增值，由"人工增值"和"自然增值"所组成。前者是指由土地使用者直接投资而形成的土地增值，后者则是由经济、社会发展而产生的增值，其中也包括因国家以及其他单位进行基本建设所产生的辐射作用而形成的土地增值。据此，则前者应当归土地使用者所有，而后者则应基本上归社会即国家所有。在土地转让时征收土地增值税，将土地自然增值基本上（或大部分）收归国有，便是合理分配土地增值收益、抑制土地投机、制止地价超常增值的有力杠杆。

④基本建设适度投资政策。基本建设投资过旺,往往会拉动通货膨胀,造成物价上扬以及地价高涨,不利于国民经济的健康发展;反之,若投资严重不足,则必然会出现对于物资、劳力、资金、土地的需求不足,地价疲软甚至不正常地下跌,便会使国民经济踏步不前。

⑤通过科学预测引导土地市场的政策。在社会主义市场经济条件下,毕竟还存在着自发的市场机制,地价的走势忽高忽低,往往难以完全避免。为此,由有关业务部门通过科学的地价预测,对于土地市场予以引导,对于地价的走势予以适度调节,是完全必要的。如果能够确实做到,那么,中国社会主义市场经济中的土地增值,便有可能避免资本主义市场经济中的大起大落的格局,有波浪而无惊涛,从而更加有利于国民经济的发展。

第十八章　中国城镇国有土地有偿使用制

第一节　中国城镇国有土地有偿使用制概述

中国城镇国有土地的有偿使用制（the paid land use system）是以1979年起向中外合资企业征收场地使用费为开端的；其后，深圳市于1982年开始征收城市土地使用费，随后，抚顺市、广州市也于1984年试行征收土地使用费。1987年深圳市率先试行土地使用权出让，然后上海市、厦门市、天津市等地也先后试行。

1988年4月全国人民代表大会通过宪法修正案，明确"土地的使用权可以依照法律的规定转让"，为全面实行土地有偿使用开辟了道路；同年12月，对《中华人民共和国土地管理法》（1986）也作了相应的修改。1988年国务院发布《中华人民共和国城镇土地使用税暂行条例》，规定自当年11月起开征土地使用税。1990年国务院发布了《中华人民共和国城镇国有土地使用权出让和转让暂行条例》这一历史性文件，首次对于城镇国有土地的有偿使用的有关问题作了全面、具体的规定。1994年《中华人民共和国城市房地产管理法》问世，其中对于土地使用权的出让、转让、抵押以及随同房屋而出租等等，作了明确的法律规定。

经过20年的探索和广泛实践，中国城镇国有土地有偿使用的基本格局已经形成，有偿使用的基本方式已经配套成龙，主要包括土地使用权出让制、土地使用权租赁制（即"年租制"）、土地使用权作价入股制等。中国城镇国有土地的有偿使用方式，体现、印证并丰富了地租与地价理论。

土地使用权出让制（the granting system of land-use right），是由国家将一宗土地的为期若干年的使用权出让给土地使用者，由土地使用者一次交纳土地使用权出让金的制度。土地出让的年限，因用途而异。期满之后，如果国家对该宗地另有安排，则连同地上建筑物无偿收回，否则，可对原承让者进行再次有偿出让。这种制度的最大特征之一是，土地使用者要一次支付一大笔土地出让金，负担较重，而土地所有者却可集中获得一大笔收入，可大有作为。形象地说，这种制度是"整租"制。

目前，中国城镇国有土地有偿使用制中的租赁制的具体表现形式是年租制（yearly rent tenancy）。年租制作为土地使用权出让制的补充形式，从20世纪90年代中期开始试行，现在已经成为一种正式制度，在一些地方得到了推广。此种土地有偿使用制度除了适用于短期用地之外，也适用于长期用地。它与土地使用权出让制的根本性区别并不是土地使用期的长短，而是地租的支付方式——前者是一次性交付几十年地租的折现值，而后者是逐年交付地租。当由划拨制改为土地有偿使用制时，实行年租制的阻力较小，具有较大的现实性、可行性。形象地说，这种制度是"零租"制。在实践中，年租制往往主要用于国有企业改革之中。

中国城镇国有土地有偿使用中的土地使用权作价入股制（shareization system of land-use right），也是对土地使用权出让制的补充形式，开始于20世纪90年代后期。不过，这种补充形式所具有的突出的特点是，针对国有企业改革，在土地使用制度方面进行配合，以便做到"活地兴企"。其具体的做法是：将原划拨土地折价，向集团公司或企业注入国有土地股本金，并使企业获得相当于出让的土地使用权，可转让、出租、抵押，但是改变土地用途者，应当补交不同用途的土地出让金差价。实行这种办法可使企业免交土地出让金而获得相应的权利,使其如释重负,无疑是一项"德政"。这种形式虽然也属于土地有偿使用的正常形式之一,但是,由于它会"摊薄"整个企业的股息,使非土地股持有者的利益受损,从而必然会使其发展在客观上受到相当大的限制。

中国城镇存量国有土地有偿使用,可划分为"低偿使用"和"足偿使用"两大类。前者是指只交纳土地使用税,而此种税的实质即土地使用费,不过其税额较低(0.2—10元/平方米·年),远远达不到地租的正常水平;即使有些用地单位已经支付了土地"农转非"的费用,但是仍然显著低于土地出让金。后者则是指通过实行出让制、年租制等而付足了地租。目前,中国城镇存量土地实行批租制、年租制、入股制的比重仍然不大,大部分土地依然是实行划拨制。将存量土地由划拨制改为有偿出让制,仍然存在着很大的困难,即使是改行年租制也并非易事。至于实行入股制,其问题已如上述。

在这种情况下,为了搞活国有企业并合理利用存量土地,不得不采取另外一些权宜之计,包括:扩大国有企业划拨用地的适用范围(如对国家长期发展具有战略意义的高新技术企业、承担国家计划内技术改造任务的重点企业等);允许某些国有企业出让多余的划拨土地,收益由企业留用(如采用成熟技术进行产品更新和技术改造的企业等);出让破产企业国有土地,收入用于安置职工;实行国有土地使用权"授权经营制"[1];等等。这些都可以说明,中国城镇存量国有土地的有偿使用,依然任重而道远。

---

[1] "授权经营制"是一种很特殊的制度,是国家将土地使用权作价后授权给国家控股的集团公司等经营、管理;受权单位可向其直属企业、控股企业、参股企业等以作价入股、年租等方式配置土地;土地使用权可在集团公司内部转让,但改变用途及向集团公司以外转让时,则应报土地管理部门批准并补交土地出让金。其实质是将土地使用权出让金重新投入企业,增加国有企业的资本金。一些地方实行的"增资转权"制(参见1999年11月8日《中国国土资源报(土地版)》第2版)与此相类似。详见雷爱先:《关于国有土地使用权授权经营问题的探讨》,《中国土地科学》2001年第1期。

第二节　中国城镇国有土地使用权出让制

一、土地使用权出让制概述

中国内地实行的土地使用权出让制是借鉴自香港的"土地批租制"（grant of land）。其中，"批租"一词是英文"grant"一词的中译，其原意是"按合同出让财产（或物业）"（transfer of property by deed），并不含"批"与"租"的意思。香港的中国专业人员把它译成"批租"并解释为"批准租予"，倒是相当贴切的。香港的这一制度，又源于英国的土地租赁保有制（leasehold），它是区别于土地完全保有制（freehold）的一种制度。其实质是，土地所有者一次出租若干年的土地使用权，并按固定的年租额一次收取整个出让年期中各个年度的年地租的贴现（折现）值的总和。这一总和即土地出让金或称土地使用权价格，其实质是地租资本化。土地出让金的计算过程如下。[①]

首先列出年地租贴现值公式：

年地租贴现值 = 年地租 × 复利贴现率

第1年年底的地租贴现值如下：$V_1 = a[1/(1+r)]$，其中，a 代表年地租额，r 代表利率。

第2年的地租贴现值如下：$V_2 = a[1/(1+r)^2]$，据此则土地出让金为：

$$Vn = a/(1+r) + a/(1+r)^2 + \ldots + a/(1+r)^n = a[(1+r)^n - 1]/r(1+r)^n$$

公式（18-1）

[①] 参见农牧渔业部财务司编：《经济效益计算手册》，农业出版社1987年版，第6—9页。

其中，n 为出让年期，$[(1+r)^n-1]/r(1+r)^n$ 为"等额数列现值系数"，可在复利表上查到。

上式的右侧可改写为：$(a/r)[1-(1/(1+r)^n)]$，当求土地所有权价格即严格意义上的土地价格时，式中的 n 为无穷大，括弧内的分数数值为 0，整个括弧内的数值为 1，从而土地价格为：$P=a/r$（地价 = 地租/利率）。表 18-1 是假设的数例。

从表 18-1 可看出以下几点：①当年地租额不变时，出让金及地价与利率呈负相关，即利率高时出让金与地价低，利率低时则出让金与地价高。②出让金相当于地价的比重，随着出让年限的增加而增大，即出让金越来越接近地价。当二者的差距已达到微不足道的地步时（例如 ≈ 3%），即达到出让的"极限期"（如利率 5% 时的 70 年）。此时，如果再继续延长出让年期，用地者就接近于无偿用地了。③在出让年限相等时，出让金相当于地价的比重，与利率呈正相关。

在其他条件不变时，出让期愈长对于土地使用者愈有利，而对土地所有者愈不利，反之亦然。因此土地使用者总是要力争延长出让期，而土地所有者则反之。中国实行土地使用权出让制时的土地出让年限规定是：居住用地 70 年，工业、教育、科技、文化、卫生、体育、综合、其他用地 50 年，商业、旅游、娱乐用地 40 年，共三个档次。出让年限的长短，主要是考虑用地的性质、建筑物寿命、投资回收期限等因素。其中，居住用地的期限长达 70 年，大体上是与一般住宅的自然寿命相一致的，从而照顾到非营利性的住宅所有者的利益。国外有一种说法，认为 75 年是父、子、孙共存的年限，是考虑到祖孙三代利益共享和衔接的年期。这种说法，很可能对我国确定居住用地的出让年限产生了影响。商业等用地的期限最短，主要是考虑到其赢利水平高，投资回收期较短以及建筑物更新周期短等因素；至少长达 40 年的出让期限，通常已足以使土地使用者进行有效的经营，取得足够的收益以弥补土地出让金而有余。工业用地的期限居中,与商旅业比较,大体上是由其投资回收期较长及建筑物的更新期较长所决定的。

表 18-1 不同出让年限、不同利率时的土地出让金及其相当于地价的比例

出让年限	出让金(元)		地价(元)		出让金相当于地价的百分比(%)	
	r=5	r=3	r=5	r=3	r=5	r=3
10	386.1	426.5	1000	1666.7	38.6	25.6
20	623.1	743.8	1000	1666.7	62.3	44.6
30	768.6	980.0	1000	1666.7	76.9	58.8
40	858.0	1155.8	1000	1666.7	85.8	69.3
50	912.8	1286.5	1000	1666.7	91.3	66.8
60	946.5	1383.8	1000	1666.7	94.6	83.0
70	967.1	1456.2	1000	1666.7	96.7	87.4

注:年地租额为50元/平方米,r为利率。

正确认识并合理使用土地出让金是很重要的。不论土地出让金归谁掌握,都应当从经济理论上明确土地出让金的经济运行原理。尽管土地出让金在数量上低于地价,但是其本质却与地价相同,既是土地资产的货币表现又是土地资本的货币表现。取得土地出让金之后,既要考虑其保值,又要考虑其增值。通过投资使土地出让金获得相当于复利利息的收益,才意味着保值;而所获得的收益相当于地租的增长额,则意味着增值——这是很不容易的。反之,若土地出让金仅仅保持原金额不变,便等于损失了资金的时间价值,即意味着贬值,也就是土地收益的流失。

二、土地使用权出让方式

土地使用权出让,可采用拍卖、招标、挂牌、[①]协议四种方式。

---

① 参见中华人民共和国国土资源部:《招标拍卖挂牌出让国有土地使用权规定》(2002年4月3日)。

实行招标出让是指，在投标前一定期限之前（目前的规定为20日之前）发布招标公告，明确宣告出让人（市、县人民政府土地行政主管部门）、出让宗地状况、对投标人的要求、竞标的时间与地点、投标人最低数量、确定中标人的标准和方法等等，由符合条件的单位、个人以书面方式进行投标，竞购某一宗地的土地使用权。招标的内容可仅限于出价，也可要求投标者提出土地开发计划等；招标既有公开形式，又有内部形式；既可对于投标者的资格加以限制，也可不加限制。为了体现公开、公平、公正的原则，最好实行公开招标、公开评标、公开定标，避免暗箱操作，以便真正实现优者中标。

拍卖出让是在预定的时间、地点公开进行，由政府土地管理部门主持，竞买者当众举牌报价，最后价高者得。当然，公开拍卖也应是有约束条件的。例如，事先应当有充分的时间、采用有效手段进行广而告之；地点不得临时更改；竞买人不得少于法定最低数量；达不到底价时不得落槌成交。应当避免的是，在公开拍卖的名义下进行实际上的私下交易。

挂牌出让与拍卖出让比较接近，都是公开竞价，价高者得。其不同之处是：拍卖出让是当场落槌定案，而挂牌出让则规定至少在10个工作日之内均可报价；拍卖出让对于参加竞拍者有最低人数的限制，而挂牌出让则无。而且，在挂牌出让期间，出让人可更新挂牌价格，竞买人可重新报价；当竞买人的报价均低于底价时不得成交。

协议出让是由土地管理部门与用地者通过不公开的协商而进行的土地出让。往往是由用地者先物色好适当的宗地，然后向土地管理部门提出。

在以上几种出让方式中，公开招标、拍卖和挂牌所具备的主要优点是公开性、公平性、竞争性、高效性，最符合市场经济的要求，从而应当大力提倡和推广。其中，招标出让的突出优点是，政府可详细审核开发计划、开发者的实力,从而使土地得到更好的开发;竞投者往往会提出对政府更为有利的多种条件,以求中标;而且在土地市场处于低迷状态时,可避免竞相压价。拍卖更适合于营业性、竞争性较强的宗地。在土地市场兴旺时,采用公开拍卖往往会形成竞相抬价的局面,使政府得利;而在土地市场清淡时,也可避免出现竞相压价的局面。至于不公开招标,也有其用武之地。根据香港的经验,它主要适合于土地的区域性开发。此种开发往往需要较长时间的调研、论证,政府有关部门需要对于投标者及其开发方案进行反复考核和比较,然后定案。当然,即使如此,也要尽可能增加操作的透明度。挂牌出让的最大优点是持续的时间长,使得竞买人可从容不迫地进行报价。十分明显,协议出让完全不具备上述种种优点,它主要适合于非经营性、非竞争性用地。至于经营性、竞争性用地,则完全不应采取协议出让的方式。此外,无论采取什么方式出让土地使用权,其价格都不应低于基准地价或标定地价。

土地使用权出让,应当由市、县土地管理部门与土地使用者签订出让合同。土地使用者需要改变土地用途的,必须取得出让方和市、县人民政府城市规划行政主管部门的同意并重新签订土地使用权出让合同,同时相应地调整土地使用权出让金(提高或降低)。对于依法取得的土地使用权,在合同约定的使用年限届满之前不得收回;在特殊情况下,根据社会公共利益之需可提前收回,但是必须对土地使用者给予适当的补偿。

合同期满,土地使用者需要继续使用土地的,应提出申请。除了根据社会公共利益的需要而收回该幅土地之外,应当予以批准,并重新签订合同,重新支付土地出让金。这表明,土地使用权是能够循环往复、不断出让的。但是,两次出让之间相隔几十年,若掌握不好也会出现竭泽而渔的问题。

土地使用权出让之后,就出现了转让、出租等问题。有人可能认为,土地使用者既然已经付出经济代价而购得一定时期内的土地使用权,那么,他就自然而然地拥有了对于土地使用权的处分权。不过,实际上却并不这么简单,转让土地使用权是不可能不受到严格约束的。不得转让土地使用权的主要有下列情况:一是,用于房地产开发的土地,未完成开发投资总额25%以上的(主要是为了防止土地投机);二是,司法机关和行政机关依法裁定、决定查封或者以其他形式限制房地产权利的;三是,共有房地产,未经其他共有人书面同意的。

三、土地使用权划拨制

与土地使用权的有偿出让制直接相对应的是土地使用权划拨制。此种制度又可具体划分为两种:一种是由县级以上人民政府将土地使用权无偿地交付给土地使用者;另一种则是要由土地使用者缴纳对农民的补偿费、安置费等。那么,如果不考虑缴纳土地使用税的问题,前者便属于完全无偿使用,而后者则属于"半有偿使用"或"低偿使用"。除了有特殊规定的以外,划拨土地使用权是没有期限规定的。《中华人民共和国土地管理法》(1998)规定,划拨土地使用权适用于下列用地:国家机关用地,军事用地,城市基础设施与公益事业用地,国家重点扶持的能源、交通、水利等项目用地等。但是,目前城市存量土地中的大部分都属于划拨用地。其中的经营性用地如何改为出让制或其他有偿使用制度的问题,是值得重视的。

在转让房地产时,涉及划拨土地使用权问题。其解决的办法主要的有三:一是由划拨土地使用权持有者,通过补交土地出让金而获得转让权;二是由受让方缴纳土地使用权出让金,将划拨土地使用权转为出让土地使用权;三是由转让方将收入中的土地收益部分上缴国家。在实际经济生活中,这种收益往往通过隐形市场而流入单位的"小金库"甚至个人手中,形成国有土地资产的流失。

第三节　中国城镇国有土地使用权年租制

中国城镇国有土地的有偿使用的年租制是指按年收取地租的制度。从土地经济学的理论上来看，年租制应当具有三个基本环节：按年交租（也可分解为按季、按月交租）；定期调租（一般是随着地价的上涨而上调，可确定几年调整一次）；长期承租（除了临时用地之外，其承租期应当与出让制相同）。这就是"普通年租制"，是区别于"补充性年租制"的。后者是指，实行出让制之后，再按年征收极少量的年地租作为补充，目前在广东省就是这样做的。[①]

同实行出让制相比较，年租制最大的特点是土地使用者不必一次支付一大笔土地出让金，从而大大减轻了负担。它特别适合于资力弱、收益水平低的土地使用者。因此，政府可把实行年租制作为一种优惠政策，用之于需要照顾的行业和经营单位。对于那些仍然在实行土地使用权划拨制的经营性单位而言，实行年租制既可减轻用地负担，又不致造成国有土地资产收益的流失，从而不失为由划拨制过渡到有偿使用的较佳形式。

从政府收入的角度来看，在实行出让制时，虽然可一次取得一大笔资金，集中办一些大事，但是当可供出让的土地日渐减少时，出让土地的收入也就随之而减少直至枯竭，只能是等待几十年后的第二轮出让了。与此相比较，实行年租制虽然每年取得的地租收入很少，但却可细水长流地取得土地收入。因此，如果在一个地区之内，年租制与出让制同时并举，对于政府每年的土地收入就会产生互补、平衡的作用。

---

① 此种做法源于香港。例如，在港岛及九龙，商业、居住、工业用地，不论面积大小，每幅土地每年交租1000港元（其他地区、其他用地不同），收取的目的是象征香港地区政府对于土地拥有所有权和相应的管理权。

年地租与土地出让金是直接相关的,两者互相映射、互为反函数。这一点,不仅在定性分析的层次上表明年租制与出让制在本质上是同一的,并无高下之分,而且,给出了对于二者的量值进行对比、分析的准绳。例如,当基准地价、标定地价为已知而且被认为合理时,那么,相应的、合理的年地租就应当是地价的利息化;反之,当合理的年地租为已知时,地价就应当是年地租的资本化。因此,如果按照年地租与地价的上述函数关系进行分析而发现在现有资料中二者明显背离,而已知其中之一为正确,则另一数值必然是不正确的,就应予以纠正。此外,忽视贴现的存在,即否定时间价值的存在,认为在实行年租制时,土地使用者在同样年期中缴纳的地租总量超过出让制的看法,显然是不正确的。

当前,在中国实行年租制所遇到的最大难题之一是产权壁垒的困捆。有一种观点认为,实行作为债权的年租制,土地承租者只能获得土地承租权,只能是自己占有和使用土地而不能进行土地交易,从而缺乏经营活力;政府收取和调整租金,用地者在用地期满时收回地上物等,都会发生种种纠纷,从而增加土地制度运行成本;实行年租制是把房屋所有权建立在债权的基础之上,一旦土地所有者与用地者之间因租金、租期等发生纠纷而不能得到妥善解决,房屋的所有权就会变成空中楼阁。[①] 然而,近几十年来出现了日益明显的土地租赁权物权化的趋势,而且形成了土地租赁权物权化立法改革的潮流。正如史尚宽所指出的,"近世立法为土地之经济利用,对于利用权人,力加保护,一方面使地上权之地位,益臻巩固,他方面将租赁权之地位提高,使之与地上权看齐。……一般称为租赁权之物权化"[②]。这一趋势在立法上的主要表

---

① 参见赵红梅:《论土地年租与存量划拨土地使用权改制》,《中国土地》1998年第3期。

② 史尚宽著:《物权法论》,台湾荣泰印书股份有限公司,1957,第170页。

现是：承认土地租赁权的物权效力并采用登记公示制度使其强化；承认土地使用权的可转让性；承认土地租赁权的长期存续性（如法国1964年立法规定，土地租赁权存续期可达70年）。① 遵循这一趋势，必然会使土地使用权年租制摆脱仅仅属于债权的困境而大有作为。实行年租制时的承租期的确定极其重要。实行年租制虽然是按年交租，但是当土地用于房地产开发时，其本来应当拥有的长达几十年的使用期，却是不应任意缩短的，否则是脱离实际的。应当说，可能使房地产成为空中楼阁的，正是人为的短租期。主张实行年租制时必须采用短租期的主要理由是：租期长了，难以确定若干年以后的租额，而且易于产生纠纷。然而，在制定和签订年租制合同时，确定租额的调整年限、调整幅度或变更租金的依据，却是并不困难的。假定，在双方签约时约定，每五年调整一次租额，新租额以调整时同等土地前三年平均地价为基础进行折算，就并非难事，而且也能够做到公平合理。

在实行年租制的条件下，土地使用权是否可转让？持反对意见者认为，年租制条件下的土地使用者不享有充分、稳定的产权，因而使得转让土地使用权这种交易缺乏稳定、安全的基础。实际上，之所以会如此，完全是人为的短租期所致，一旦实行长租期，此问题即可迎刃而解了。换句话说，在长租期的条件下，剩余租期的转让，并不是一个问题。至于在年租制条件下的土地出租，更是不成问题的。

在年租制的条件下土地使用权是否可进行抵押？首先，在市场经济条件下，土地的"年租权"（即通过支付年地租而拥有的长期土地使用权）本身也会成为商品，其金额完全由土地市场的供求状况所决定。当土地明显供不应求时，年租权的价格就会是相当可观的。进一步看，在实行长租期的条件下，地上的房产连同土地长租权一道进行抵押，是

---

① 参见王卫国著：《中国土地权利研究》，中国政法大学出版社1997年版，第234—235页。

不存在任何风险的,而且这种情况下的抵押担保金的金额也会是可观的,从而使得年租制条件下的抵押问题不致无的放矢。

顺利地实行土地使用年租制,还离不开国家对它进行必要的约束。尽管通过债权物权化,可使年租制与出让制接近,但是,年租制的交租方式决定了它与出让制并不完全相同,即土地使用者并未支付几十年的土地使用权价格。从而,年租制下的土地使用权交易(转让、出租、抵押等),就不可能完全由土地使用者自行掌握。政府有必要通过制定相应的法规,对于年租制下的土地使用权交易进行审批和监督,以保障国家的利益不受损害。

第四节　中国城镇国有土地使用权入股制

中国城镇国有土地有偿使用的入股制是指将企业使用的国有土地使用权作价入股、以年终分红(股息、红利)作为地租的制度。

实行土地使用权作价入股制,意味着土地使用权价格代表一定量的资本,可像其他资本一样折股,并且享有与其他股本相同的分享盈利的权利。从这个角度来看,入股制便是出让制的演化形态,换言之,入股制的本质为土地出让金入股制。不过,就逐年分红而不是一次性交纳出让金而言,它又与年租制相似,又可以说是年租制的一种演化形态。

除了在股份制企业中可实行土地使用权入股制之外,在非股份制企业中也可实行年土地分成租制。此种制度虽然本质上并非入股制,但从逐年付租、租金占企业收益的一部分来看,则与入股制相似。这种形式的租赁制,在国外早已有之(例如美国城镇中公有土地的出租);在我国,也有以房地产开发公司的年利润的一定比例作为使用国有土地报偿的做法。

实行土地使用权入股制的利弊得失如何？首先，与出让制进行比较，对于土地所有者来说，实行入股制的有利之处在于：可使土地收入细水长流；可扩大土地有偿使用面，从而在总体上增加地租收入；土地所有者可以股东的身份参与企业的决策。其不利之处在于：不能一次获得一大笔收入，有效地进行某些建设活动。对于土地使用者来说，其有利之处在于可免除一次缴纳巨额出让金；其不利之处在于，当企业占有的土地面积大而且地价水平高时，就会摊薄每股收益，进而对整个企业的发展不利。其次，与年租制进行比较，对于土地所有者来说，尽管其每年的土地收入是不固定的，但是，只要企业的经营状况良好，每年的分红就是有保障的，甚至会大大超过年租金额，而且能够以股东的身份参与决策。不过，当企业经营状况不佳甚至亏损时，土地所有者所获地租便会大大降低甚至为零。当然，就土地所有者而言，若从较长时期和较大范围内来看，则盈与亏、得与失、利与弊，会在相当大的程度上相互抵消，从而使得入股制的优劣中性化。

此外，至少从理论上来看，在土地使用者破产时，有权将土地使用权连同其他财产进行拍卖以抵债，从而使得土地所有者在土地使用权到期前的若干年内无土地收入可得。这是一种潜在的、巨大的风险。

从总体上来看，实行入股制是对企业的一种优惠政策，那么，就必然要有所选择、有所限制。一般而言，作为优惠对象的自然是政府加以鼓励、扶植的企业，如能源、交通、邮电、上下水等基础设施性企业以及高科技企业等，尤其是其中的国有企业。

搞活国有大中型企业的关键性一着便是进行股份制改造。在改造中，若继续实行土地使用权划拨制当然是与股份制的基本准则相悖的，必然会使企业的其他投资者无偿占有国有土地资产收益，是绝对不可取的；若硬性规定补交土地出让金，也是不现实的。而实行入股制则是顺理成章的，可体现国家对于国有大中型企业股份制改造的政策性支持。

在非股份制企业中，可考虑实行利润分成制即分成租制作为土地有偿使用制的一种形式。它是一种活租制，不仅逐年付租而且租额随利润之多寡而浮动。它也应当是一种受限制的形式——一般而言，它应当限制在保盈利、高盈利的行业和企业的范围内。其理由是，这样既可保障土地所有者的基本收益又可在一定程度上获得土地增值收益；至于那些低盈利、难盈利的行业、企业，若由划拨制改为有偿使用制则不宜实行分成制——显而易见的理由是国家难以获得地租收入——而应实行年租制。

目前在实行入股制中存在着不规范的做法，其主要表现形式是土地使用权作价过低或作价后折算的股本额过低，造成国有土地资产收益的长期、严重的流失。有人认为，实行入股制时的土地使用权价格本身就应当是一种与出让制不同的特殊地价，是股份制企业所能够接受的地价。这种说法是似是而非、削足适履的。而如果按照企业股票的票面值将地价（土地出让金）折算为土地股数，则是合理的。有人主张，将土地按其原价折为优先股并固定股息率，使股息不低于年标准租金而不分红利，这未尝不是两全其美之策。

第十九章　中国城镇地价的政府管理

第一节　中国城镇地价政府管理概述

一般而言,在市场经济中,商品价格主要是由供求状况自发决定的,政府的价格管理仅仅是起着辅助作用。不过,这只是对于一般商品而言,对于特殊商品则并非如此,而土地便是特殊商品中最为突出的一种。土地及其价格的特殊之处在于:第一,土地自然供给无弹性,在地少人多的地区特别是在城镇中,更成为特别稀缺商品,其经济供给的弹性也甚小,从而对于其价格就不能不严加管理,以避免价格的畸高畸低,对于土地的可持续利用带来不良后果。例如,在遭遇严重的土地投机的袭击时,地价会恶性膨胀,阻滞经济发展;在上级政府管制不严的情况下,城镇当局于短期内急功近利地向市场抛售本来并不充裕的土地,则会带来土地的严重贬值,造成无法挽回的损失。第二,土地是非均质、非规格化商品,每一幅土地都在不同程度上区别于另一幅土地,因而土地价格的个别性强,已经发生交易的某一幅土地的价格一般难以直接套用于另一幅土地。第三,土地交易的频度低,在特定的时段内难以形成足够数量的可供直接参照的样本量。以上三点决定了政府必须对于土地价格进行必要的干预,以弥补其先天不足,避免其弊端,使其符合市场经济正常运转的需要。

政府进行地价管理主要包括，实行政府定价制、地价评估制、土地交易控制制、土地价格监控制。下面分别加以简介。

实行政府定价制是指，由市、县政府制定标准化地价，其中具体包括基准地价、标定地价等，为评定、审核实际交易地价等提供依据。与此相适应，还实行标准化地价"公示制"，即将基准地价、标定地价等公之于众，以便参考、遵循。

实行地价评估制是指，为了使地价比较合理，需要通过评估的方式确定标准化地价，并以标准化地价为基础，评定交易底价等等。而且，为了使评估地价比较科学、合理、规范，就要相应地实行地价评估机构资格审核、认证制度和评估地价审核制度等配套的制度。

实行土地交易控制制是指，通过对土地交易的一定程度的控制，达到控制地价的目的。例如，《中华人民共和国城镇国有土地使用权出让和转让暂行条例》规定："土地使用权转让价格明显低于市场价格的，市、县人民政府有优先购买权。"在这里，通常以标定地价或基准地价作为市场价格的底线。又如，在日本实行"土地交易许可制"，规定土地投机活动集中地区为"限制地区"并规定在该区内，超过一定面积的土地交易必须经过政府许可方能进行，否则该项交易不受法律保护。日本还实行"大规模土地交易申报劝告制"，要求超过一定面积的土地交易，应就交易价格等向政府提出申报。政府如认为交易价格过高，可提出降价劝告；若不听劝告，则将予以"公示"，意在渲染控价氛围。

实行地价监控制是指，由中央政府土地管理部门广泛采集、整理全国地价信息，进行地价分析、预测，提供地价咨询，以及在必要时（如地价可能暴涨、暴跌之前）提出地价警示等等。各地方土地管理部门当然也要实行此种制度。中国国土资源部已自1999年起在全国建立地价监测体系。

第二节 中国城镇地价系列

"地价系列"的提法表明,地价并不是单一的,而是由多种形式的地价组成的一个系列。对于中国城镇地价系列中的地价,尽管可按不同标准区分为实际地价与理论地价、原始地价与加工地价、宗地地价与区域地价等等,但是,从地价的政府管理的角度来说,着重是考察以下几种形式的地价:

基准地价(basis land price)。基准地价是按照一个城镇中各级土地或均质地区内的商业、住宅、工业等不同用地而分别评估的某一时点单位面积土地使用权出让的平均价格。其年期即各类用地的最高出让年期。其具体表现形式分别为某城镇一类土地中的商业用地平均价格、住宅用地平均价格、工业用地平均价格,二类土地中的商业用地平均价格、住宅用地平均价格……

基准地价是由市、县土地管理部门通过评估而取得的"官方"地价,按照有关的规定应定期公布和更新。之所以要评估基准地价,主要是由于很难单纯依靠实际成交地价的统计资料来掌握和判断各级、各类土地价格的一般状况及其动态。基准地价是反映各级、各类土地价格一般水平及其变动状况的主要指标,是对于地价及土地供求进行宏观调控的主要依据,是土地投资、开发者的重要信息,又是制定标定地价的基础。因此,无论是对于土地管理还是土地开发,制定基准地价都是至关重要的。

标定地价(standardized land price)。标定地价是在各级各类用地中,根据宗地本身状况(如大小、形状、地貌等等)、微观区位状况、容积率限制等条件挑选出的若干块具有代表性的宗地,在基准地价的基础上进行调整而求出的宗地价格。简言之,标定地价即代表性宗地价格。

　　标定地价也是由市、县土地管理部门通过评估而取得的"官方"地价，也要按照规定定期公布和更新。它的重要性和基本作用，与基准地价相似。其具体作用有以下几点：①为确定土地出让价格提供基本依据；②为企业清产核资和土地作价入股提供地价标准；③为政府行使土地优先购买权提供地价标准（在这里，标定地价即是"市场价格"的代表者）；④为核定土地增值、征收土地增值税提供地价标准；⑤为划拨土地使用权转让、出租、抵押时，补交土地出让金提供标准；⑥为土地投资者、使用者在转让、出租、抵押土地使用权时提供参考地价。由以上六点可知，标定地价在整个地价系列中居于核心地位。

　　土地使用权出让底价（the minimum price of land-use-right granting）。土地使用权出让底价是政府根据正常市场情况下的地价水平，以标定地价或基准地价为基础而确定的出让土地的最低控制价格。这一底价，当然首先是对于协议出让土地使用权价格的绝对约束，同时，对于以拍卖、招标、挂牌等方式出让土地使用权来说，也是最低界限。当拍卖报价和投标、挂牌竞价低于这一底价时，不应成交。

　　土地使用权交易价格（the marketing price of land-use-right）。土地使用权交易价格是指在土地市场上实际成交的土地价格，其中包括以各种方式出让、转让土地使用权的价格。与以上几种土地价格相比较，前三者都是理论价格，而土地使用权交易价格则是实际价格。这种价格是分析土地市场中的地价走势的基本素材。

　　此外，还有土地课税价格——目前在中国，土地课税价格仅指课征土地增值税时的核定土地价格，这一价格即土地成交价格；土地抵押价格——通常是以基准地价或标定地价为基础而核定的价格，其数值略低于前二者。

第三节 城镇地价评估原则

地价评估是把关于地价的理论、原则、政策等落实到数字上的一项极其重要的环节,是与政府地价管理紧密相关的举措,并不仅仅是一个技术性问题。为了从这个层面上搞好地价评估,就需要掌握以下五条原则:

①全面、客观的原则。指的是对于影响地价的各种各样的宏观、中观、微观的因素加以全面、客观的考虑,综合分析其作用,以便使地价能够评估得公平合理,不致畸高畸低。影响地价的主要因素有七,即土地位置、土地用途与收益、土地供求、基础设施、出让年期、经济政策以及容积率。其中包括"硬件"和"软件",各有其作用,不可互相取代。

②遵循地租规律的原则。普通商品价格的决定,遵循的是价值规律,而土地价格的决定,遵循的却是地租规律。这是由于,地价是地租的资本化。尤其是,城镇土地经济供给弹性是比较小的,因而其价格就主要取决于自然土地(即"土地物质")。那么,由绝对地租的资本化所形成的绝对地价便是不可缺少的;而且,由级差地租Ⅰ的资本化所形成的级差地价Ⅰ便会在城镇地价中居于统治地位。

由这一原则派生出来的原则是:

A. 不同用途分别定价的原则。因土地的用途不同,取得的收益不同,从而提供地租的水平不同。若根据需要与可能,尽量按照收益最佳的用途来利用土地,则可获得最佳地价。

B. 供求决定原则。在土地供求平衡、供不应求、供过于求的不同情况下,其价格差别甚大。因此,土地供求状况往往是土地价格的决定性因素。

C. 价格预期原则。由于城市土地供求关系日趋紧张、向土地的投资日益增加以及土地收益日益增加，都会使地价趋于上涨，在估价土地时，就不能不预计到未来地价变动的趋势和水平并在现值中有所反映。

③充分比较的原则。这里所说的"充分比较"，是指在确定某一地带或宗地的现行地价时，要同历史上存在的地价、相邻土地的地价、其他城市的地价、其他用途的地价等，进行广泛、详尽的比较，分析各自的影响及其具体作用，考虑到相似、相异之处，然后定案。其主要原因是，土地不同于工业品，不是标准化的商品，彼此千差万别，只有通过充分比较，才有可能对于影响地价的诸因素的作用具有深刻具体的认识。这样评定的地价，才是根据充分的、可靠的。在某种意义上可以说：地价是比较的产物；没有比较就没有地价。

由这一原则派生出来的原则是：

A. 重视实际地价的原则。这里所说的"实际地价"是指过去和现在、本地和外地、相同用途的土地和不相同用途的土地等的市场实际成交价。这些价格不是理论上的而是土地市场运行的反映。尽管"存在的并不都是合理的"，但是剔除其中的扭曲因素之后，便会取得其精华。这是待估土地价格的极其重要的参考值，不应不给予充分重视。

B. 同等土地同等价格原则（简称"同地同价"原则）。具有大体同等条件和同等使用价值的土地，从原则上来说应当具有大体相同的价格，否则就是不合理的。

C. 个别估价原则。土地是千差万别的。"没有两块完全相同的土地"，这是土地估价工作中公认的朴素真理。遵循此理的最典型的表现就是，将大面积的土地划分成较小的地段，进行个别估价，以充分反映不同地段的微观差别。

④二元构成分别考察、统一定价的原则。在评估地价时，只要有可能，就应当对于土地的两个组成部分——自然土地（即土地物质）和人

工土地（即土地资本）——的价格进行分别考察，然后制定统一的地价。这样做就会更加科学，更加可靠。有的台湾学者主张分别制定素地（未经投资开发的荒地）价格和改良地（经过开发、改良的土地）价格。这种主张是很有道理的。

与此相类似的是房价与地价的关系问题。房价与地价固然可以"合二为一"，但是对于其中的地价一定要单独估算，不能使之完全"融化"于房价之中，否则极易造成土地收益的流失。

⑤多种估价方法并用的原则。常用的土地估价方法有多种，包括地租资本化法、比较法、剩余法、成本法等等。这些方法各有所长也各有所短。在实际工作中若能多采用几种方法，分别求出不同的地价，然后通过分析，相互印证、相互补充，最后确定的地价可能就更切合实际。

目前，对于土地估价的成本法，存在着两种根本对立的观点和态度。一种认为"土地无成本"，在土地估价中根本不宜采用成本法；另一种则对它十分欣赏，认为它简便易行，切合实际。在这里，有必要对此予以分析。

"土地无成本"，这是地价理论中的一种片面观点，它与实际的经济生活是不相符的。农地的征用、由农地变为市地的开发等，都必然要支出一定的费用，把这些费用视为市地的开发成本，有何不妥？土地出让金与土地的成本价格并不相符，这是事实。但是，这只能说明不应忽视土地的位差地价等，而不能证明土地无成本。

但是，也要避免另一种片面的看法和做法，即把土地的成本价格与普通商品的成本同等看待。其主要的表现之一是，盲目地认为，在土地市场中土地的成本价格一定会实现，于是大搞非农用地开发、出让，造成供过于求而难以脱手或只能以低价出让而造成得不偿失。其主要的表现之二是，错误地认为，土地出让"保本即足，超本即赚"，从根本上忽视了土地位差地价的存在,造成不应有的损失。更有甚者,有些人认为荒地是无成本的,以任何价格出让都是白赚。事实上,正是诸如此类的糊涂观念(至于对有意识的损公活动的剖析,则已不属于土地经济学范畴),造成了国有土地收益的大量流失,而使一些房地产开发商和土地投机者攫取暴利。

在这里顺便举一个关于地价的极端突出的例子,用以反映极少数官员在地价决定上的不正常心态:河北某寸土寸金之地的基层领导在城市建设座谈会上宣布:"要给最具实力最有潜力的开发商最优惠的政策",决定按"一元钱一亩地"的标准出让土地使用权。这种令人瞠目结舌之举,至少说明少数人对于土地的价值和价格还缺乏起码的认识;而且对于经营性用地应当依法通过招标、拍卖、挂牌方式出让予以蔑视。此事引起人们的深思和警觉,是理所当然的。[①]

第四节 关于中国城镇理论地价量化的探索

本节从中国城镇地价的理论构成谈起,联系到与地价相关的实际费用,进行定性与定量的分析,以探索城镇地价量化的一种途径。这是现阶段中国城镇地价管理中面临的问题之一。

一、城镇地价构成的质态分析

在本部分中,对于地价理论构成与相关实际费用进行对比分析,尽可能利用与地价相关的实际费用资料,以使地价的理论构成具有实感,使实际费用构成在理论上得到审视和取舍。

地价是地租的资本化,而地租的理论构成为绝对地租、级差地租

---

① 参见《北京晚报》2002年1月26日第13版,《中国国土资源报》2002年3月1日第2版。

Ⅰ、级差地租Ⅱ和垄断地租，那么与之相对应的地价的理论构成便应是绝对地价、级差地价Ⅰ、级差地价Ⅱ和垄断地价。进一步，若从土地构成的二元性来看，地价又可分解为自然土地（即土地物质）价格和人工土地（即土地资本）价格。其中，自然土地价格与劳动耗费无关，仅仅包含由国家对土地所有权的垄断而产生的绝对地价、级差地价Ⅰ和垄断地价；人工土地所要求的地价，则包含对于土地进行开发所形成的级差地价Ⅱ。

然而，在实际的经济生活中，某些人心目中的地价构成却往往与上述理论构成在不同程度上相脱节，具有相当大的随意性；各地对此认识不一，自行其是。例如，一些人认为，基准地价由土地出让金、农地征用费、土地开发费、城市建设配套费等四个部分所组成，而人们往往又对这四个部分的具体构成认识不一，而且对于其数值大小的认定相去甚远，从而出现基准地价混乱的局面：有的大城市的基准地价低于中等城市，有的边远、落后地区城市的地价却高于沿海、发达地区。这样就使得基准地价在不同程度上失去真实性，无法发挥其应有的作用。[①]实际上，基准地价的实质就是土地出让金，在土地出让金之上再加上其他成分而形成所谓的"基准地价"，无论从理论上或实际上来看都是混乱的、不可思议的。

那么，究竟应当如何把地价的理论构成与现实生活中发生的与地价有关的费用相联系并进行定性分析呢？下面对其基本项目分别加以考察：

①关于绝对地价及其相关实际费用。绝对地价在地价的基本理论构成项目中居于基础地位；任何一块土地，最低限度应当具有绝对地价。那么，在与城镇地价相关的实际费用中，哪一项能够与绝对地价相

---

① 参见《中国土地科学》1996年第4期，第12—13页。

对应呢？这就非"农地征用费"莫属了。农地征用费是征用农地所发生的全部费用（包括补偿费、安置费、税金、管理费等等），可视为农地的完全价格而且可进一步视为"农转非"的市地的最低价格，即城镇边缘地区的土地所要求的最低界限。当然，其中还存在着值得进一步分析的问题，即在农地完全价格中已经包含了一部分人工土地的价格在内，而这部分价格与城市绝对地价的性质是不相符的。不过，由于农地中的人工土地部分，一般而言对于市地并不具有使用价值，而且其所占比重也并不会太大，所以对于这一部分加以忽略是无关大局的。

②关于级差地价Ⅱ及其相关实际费用。在这里，首先分析级差地价Ⅱ而不是级差地价Ⅰ，是由于前者的费用的发生在先。从理论上来说，级差地价Ⅱ是人工土地的价格即凝聚在市地中的土地资本的价格。那么，在实际生活中所发生的"土地开发费"便可归入此类。而且，如果把城市建设项目视为城镇土地开发配套项目，而把其投资的一部分也视为级差地价Ⅱ的组成部分，在理论上并无不妥。之所以只把其中的一部分作为级差地价Ⅱ，则是由于相当大部分的市政建设项目形成了独立的固定资产（如立交桥、高速公路、广场等等），进行独立运行而并非土地资本的组成部分。从本质上来看，这实际上是将土地"农转非"后所产生的用途变换性增值数量化；此法尽管不太确切，但不失为简便易行的权宜之计。

为了对于以上两项加以区别，在这里把土地开发费命名为级差地价Ⅱa，而把计入地价的部分城市建设配套费命名为级差地价Ⅱb。

③关于级差地价Ⅰ及其评估。市地的级差地价Ⅰ与土地质量无关，而仅与土地的位置有关。而且，因土地位置较优而发生的级差地价Ⅰ，并不像绝对地价和级差地价Ⅱ那样，可与相应的费用支出相对应，从而就只能是通过评估而确定了。至于，与此相类似的垄断地价，也是如此。地价的这一组成部分，不妨称之为"位差地价要素"（"位差"即

位置差别）。

根据以上所述，便可列出下面两个互相关联的等式：

城镇地价理论构成 = 绝对地价 + 级差地价Ⅱa + 级差地租Ⅱb + 级差地价Ⅰ + 垄断地价

城镇地价相关实际费用构成 = 农地征用费 + 土地开发费 + 城市建设配套费 + 位差地价要素

上例等式以地价理论构成为基础，对照了相关实际费用构成。在上述构成中，农地征用费、土地开发费、城市建设配套费三项的共同特点是直接发生费用支出，在实际上形成"成本地价要素"。这样，"城镇地价相关费用构成"便是"成本地价要素"与"位差地价要素"之和。这种构成及其对照，无论是对于分析基准地价、标定地价或土地出让金都是具有参考价值的。这表明，城镇地价的理论构成可通过相关的实际费用的构成而落实——这是地价由虚到实的途径之一。

二、城镇地价构成的量态分析

在分析了城镇地价及其相关要素的质态构成之后，进一步就要进行其量态分析，具体地说便是对于基准地价、标定地价等标准化地价的构成项目进行数量界限方面的分析。其基本目的在于校正可能进入地价的实际发生的费用，为在地价评估时正确地利用实际费用资料提供理论支撑。

首先，要明确地价的最高数量界限。任何一项标准化地价的最高额，都只能是相应的土地可能获得的全部超额利润中的一部分。这意味着地价是有"底"的，不应当盲目高评。

其次，要明确成本地价要素的各个组成部分的量化标准：

①农地征用费。既然此项费用已经被当作绝对地价看待，则在一个城市、一定时期中，作为基准地价、标定地价的组成部分时，其数量

就只能是经过校正而确定的"农地征用费"或在此基础上经过评估而确定的"农地市价",否则就意味着人为地抬高或降低绝对地价。

②土地开发费。通常是指"七通一平"的耗费。其数量只能是遵循"项目相同,价格相同"的原则而校正并确定——这在实质上意味着,社会只能承认平均社会必要劳动所创造的价值。

③城市建设配套费。一块土地应摊的此项费用,应当是因项目而异,并且是因受益状况而异的。

在城镇实际地价要素的构成中,有一些特殊问题需要加以分析。例如,在旧城改造中并不发生"农地征用费",那么,在计算地价时此项是否空缺呢?回答是否定的。其理由是,任何市地价格无不包括绝对地价,而不论其费用在何时发生。又如,在旧城改造中所发生的拆迁安置费,是否是地价的组成部分呢?回答是,此项费用是形成土地的使用价值所不可缺少的,其性质应属于土地开发费,理应是地价的组成部分。否则,此项费用将与地价脱钩而无法弥补。

再次,要明确位差地价要素的特性。土地价格要素的这一部分的量值,完全取决于土地的位置优劣所决定的供求状况——在一般情况下,位置优越者往往因需求旺盛而价高,位置偏僻者则往往因需求疲软甚至无人问津而价低甚至无价可言。

最后,要明确成本地价要素和位差地价要素在整个地价要素中的地位和作用。除了移山填海之类的特例之外,成本地价要素的几个组成部分都是相对固定的而且其数量是有限的,而位差地价要素则随土地位置、供求的差异而发生大幅度的变化,从而在整个地价要素中往往会起决定性作用。

三、城镇地价各个要素的实现与补偿

在上述地价要素的量态分析的基础上,将相关要素相加可取得一种数量化的地价,不妨称之为"组合地价",即由经过校正的成本地价要素与经过评估的位差地价要素组合而成的一种理论地价。此种组合地价的实现状况如何,影响其实现状况的原因如何,都是值得进一步分析的。表19-1对此作了概括。

表 19-1　地价实现状况及其原因

地价实现状况	原因		
	定值	投资	供求
原额实现	适当	投资状况不变	供求相当
超额实现	过低	a. 投资额追加　b. 投资效益提高	供不应求
欠额实现	过高	a. 投资额减少　b. 投资效益降低	供过于求

组合地价的原额、超额、欠额实现,取决于定值是否准确,投资额及投资效益是否变动,以及供求关系是否变化。在分别分析每一种原因的作用时,假定其他二种因素不变。因定值欠准确而造成地价实现状况的差异,一般并无实质性意义,应当防止的主要是定值过低而原额甚至欠额实现,造成国家土地收益的无端流失。预计投资状况的变化会引起地价实现状况的变化,它要求人们预计到此点并据此而事先调整组合地价。

影响地价实现的最主要原因是土地的供求情况,而且会具体地影响到组合地价每一项目的实现状况。

图19-1形象地表明了在不同供求情况下地价的实现情况。由该图可看出,若定值时预计土地需求量为D_a,土地供应量为Q_a,则定值地价为P_a即Od,其中包括农地征用费Oa,土地开发费ab,城市建设配套费bc及位差地价cd,而其实现状况就完全取决于土地供求状况了。当需求旺盛、价位较高时,地价的各个项目均可得到实现,而在需求疲软、价位较低时却甚至连成本价格都不可能完全实现。

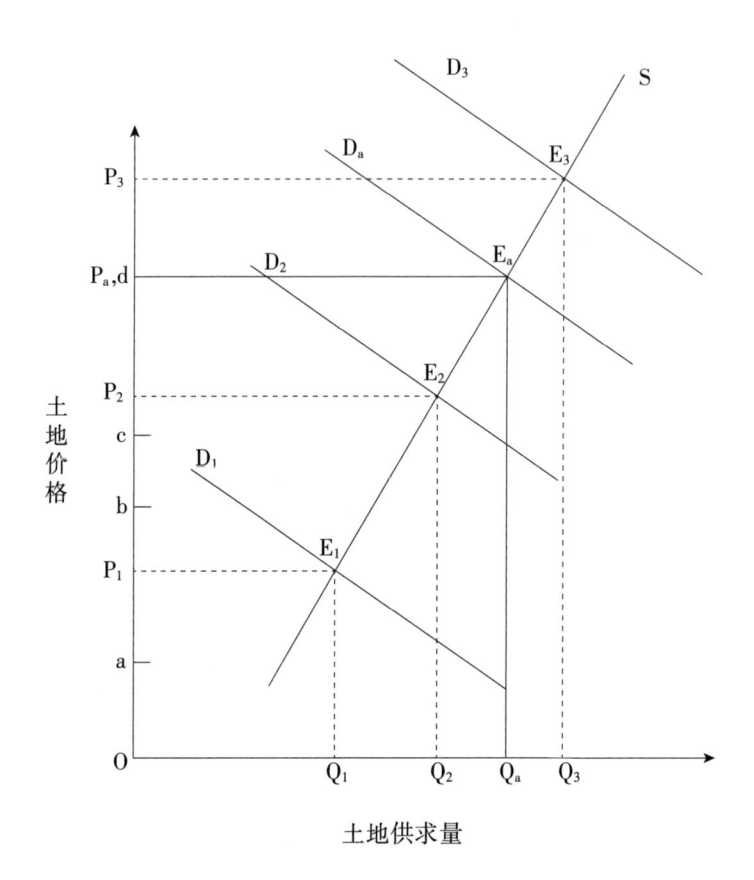

说明：Oa——农地征用费（绝对地价）
ab——土地开发费（级差地价Ⅱa）
bc——城市建设配套费（级差地价Ⅱb）
cd——位差地价
S——土地供应曲线
D_a，D_1，D_2，D_3——不同的土地需求曲线
E_a，E_1，E_2，E_3——不同的土地供求均衡点
P_a，P_1，P_2，P_3——不同供求状况下的地价

图 19-1　土地供求与地价实现状况

具体地说,若土地供求在 E_a 点上实现平衡,即意味着实现了预计的供求平衡,则 P_a 可完全实现。若土地供求在低价位上实现平衡,则意味着相对于预计而言,形成了供过于求的局面,则 P_a 就不可能完全实现。例如,若在 E_1 点上实现供求平衡,就只能实现部分成本地价;若在 E_2 点上实现供求平衡,即能实现全部成本地价,但位差地价却不能实现。反之,若土地供不应求,则会在高价位上(如图中的 E_3 点)实现供求平衡,而使地价达到 P_3,即超过定值价格。

在图 19-1 中,0＜土地供应曲线的斜率＜∞,意味着尚有后备土地资源可投入供应,故供求关系还不是决定地价的唯一的、绝对的因素;若土地供应曲线为垂直线(斜率为∞),即土地供应量完全固定,则地价完全取决于需求量之高低。

地价的实现状况决定着其补偿状况。一般而言,上述组合地价的补偿顺序依次为:农地征用费、土地开发费、城市建设配套费、土地位差价格。其理由是,从经济核算的角度来看,自然要先补偿成本地价。当地价按原额实现时,对成本地价的补偿,自然意味着成本地价的各个项目的出资者各自保本得利(在这里认定,成本价格的各个项目都由 C+V+M 所组成)。此时,如果成本地价的数额定值正确,则土地位差价格必然会按原额实现;如果地价欠额实现,则必然要按位差地价→城市建设配套费→土地开发费→农地征用费的顺序依次抵减。

第二十章　土地金融

第一节　土地金融概述

一、土地金融的概念

什么是土地金融（land finance）？要回答这一问题，首先要回答什么是金融（finance）。《经济学大词典·金融卷》对此所作的界定是："货币资金的融通。即货币、货币流通、信用以及与之直接相关的经济活动，如货币的发行和回笼，吸取存款与发放贷款，金银、外汇和有价证券的买卖，保险信托，国内、国际的货币支付结算等。"[1] 安体富等人编著的《财政金融概论》对此所作的界定是："金融是指货币资金的融通。资金融通的对象主要是货币，融通方式则为有借有还的信用方式……通常把货币和货币资金的收付、货币资金的借贷、有价证券的发行和流通以及外汇资金的买卖等，都视为金融的活动。"[2] 以上所引的两个界定是大同小异的。据此不妨认为，土地金融是有关土地资产的资金融通。

然而，在实际的经济生活中，人们往往不称"土地金融"而称"土地信用"，其原因何在？主要是金融与信用（credit）的关系十分密切。信用"一般指以偿还为条件的价值运动的特殊形式。它更多地产生于

---

[1] 上海辞书出版社1987年版，第69页。
[2] 中国财政经济出版社1991年版，第285页。

货币借贷和商品交易的赊销或预付中"①。简言之,信用即借贷活动,而土地信用即有关土地的借贷活动。

现在,让我们再返回来对金融活动的内容进行考察,从中不难发现信贷活动是金融活动的主要内容之一。若仅就土地金融而言,由于它较少涉及信用以外的其他金融活动,因而,在很多情况下所谓"土地金融"往往主要就是指"土地信用"。张德粹的归纳是很有道理的,他指出:"所谓土地金融的简单意义,是利用土地为获取信用的保证,因而获得金融的通融。""所谓土地金融通常是利用土地为长期信用的担保品,而作长久性金融流通的措施,称为土地抵押信用(land mortgage credit)。"② 由此可见,不称"土地金融"而称"土地信用",并非是任意替换概念,而是反映了土地金融的核心内容。

与土地金融这一概念密切相关的有不动产金融、房地产金融、房产金融等,有必要略加辨析。严格地说,土地金融是指仅仅与土地有关的金融活动;不动产金融是指有关土地与土地固定附着物的金融活动;房产金融则是指仅仅与房产有关的金融活动。一般而言,房地产与不动产可视为同一概念。③ 但是,由于土地与地上固定附着物密不可分,因而,土地金融问题往往不可避免地要在不同程度上涉及房产或不动产金融问题。④

二、土地金融的构成

土地金融的构成,首先可按融资用途划分。在这里,可首先按土地

---

① 《经济学大词典·金融卷》,上海辞书出版社 1987 年版,第 70 页。
② 张德粹著:《土地经济学》,台湾"国立编译馆"1979 年版,第 474—475 页。其中"获得金融的通融",应理解为"获得资金的融通"。
③ 严格地讲,"不动产"的外延大于"房地产"。后者仅指房屋与土地,前者则还包括房屋以外的其他土地固定附着物(如桥梁、水塔、绿地、人文景物等等)。
④ 但是,"地产"(landed estate)却是"房地产"或"不动产"的别称,从而"土地金融"不可称为"地产金融"。

的性质划分为市地金融和农地金融,进一步可分别划分为取得性金融和开发性金融。前者指为购置土地和购置房地产而进行的资金融通,后者指为进行土地开发、房地产开发而进行的资金融通。对于已经拥有土地和房地产者来说,又有可能发生经营性资金融通和改造性资金融通。下面分别对几种不同用途的土地金融略加说明:

①土地取得金融。这是指为了取得土地所有权或长期使用权而进行的资金融通。取得土地所有权、长期使用权,通常都要一次性支付一大笔资金,往往会成为购地者的沉重负担,而且会影响下一步的土地开发与经营。如果以土地本身作为抵押而取得购地贷款,便会有力地解除困境。在实际的经济生活中,最为突出、最为典型的土地取得金融是指世界上许多国家在推行"扶植自耕农政策"中所伴随的农地抵押贷款,而且其中实际上已经将农地开发金融包括在内了。

②房地产取得金融。目前中国推行的个人住房抵押贷款即属此类。它通过信用的形式,以所购住宅本身为抵押物,以家庭今后经常性收入为分期付款来源,促进居者有其屋。

③土地开发金融。其中最常见的是用于非农用地开发的资金融通,既包括大面积的成片开发,也包括小面积的项目开发。其开发的目标是使农地、荒地等达到"三通一平""七通一平"的地步。其融资可分期投入,其工期通常较短,资金周转率较高。

④房地产开发金融。通常是指用于商品性房产开发的融资。例如,由银行提供分批贷款,由房地产开发商用于房产的建造、销售,一次或分批归还。

土地金融的构成,还可按其他标准进行划分。例如,可按城乡的界限划分为城市土地金融和农村土地金融;可按贷款占用期限划分为长期土地金融和中短期土地金融(以上所举出的四种土地金融的例子中,前两种属于长期土地金融,后两种则均属于中短期土地金融)。此外,可根据中介机构是否参与,把土地金融划分为间接金融和直接金融。前者是指当事人通过金融机构而获得资金融通,而金融机构并不是资金的直接提供者,它只不过是从中转手而已;后者则是指当事人从投资者那里直接获得资金融通。

三、土地金融的特征

土地金融具有一些特征,主要的有以下四个方面:

第一,土地金融的期限较长。固然,土地金融本身也有短长之分,但这里所说的"短""长",只是彼此相对而言的;若是同一般工商业的流动资金贷款等相比较而言,则土地金融的融资期限几乎都属于中长期的。实际上,与一般工业部门相比较,一般农业部门的生产周期都比较长,而进行土地性的基本建设,不假以时日也是难以完成的;进行房地产开发,也需要相当长的时间,从而都需要较长时期信贷的支持。强调这一点,主要是要求人们在资金来源上和资金使用上作出相应的安排,既要满足土地金融的资金需要,又要千方百计提高信贷资金的利用效益。

第二,土地金融是有担保的。这一特点要从两个层面上来分析。首先,土地金融的担保是指,债务人(借款人)以现有的土地或通过贷款而获得的土地进行担保而获得债权人(放款人)的信贷。之所以需要担保,是由于土地融资一般金额较大而且期限较长,如果没有担保,一旦债务人无力偿还或有意拖欠,就会使债权人蒙受较大损失,而且会使土地金融的运行受阻,对各方面均有害而无益。一般而言,担保包括人的担保和物的担保两种。其中,人的担保,即使抛开人的信誉、寿命问题,还有一个实际经济能力问题。相比而言,以人为保不如以物为保更加稳妥、可靠。而且,土地金融是以土地本身为担保的。"许多年来,土地已成为信用的基础。……是信用的一个良好的担保品。"①

其次,土地金融是以土地抵押权为担保的。抵押权(mortgage,hypothecation)②是"债务人或第三人以自己的财产作为履行债务的担保,当债务人不履行债务时,债权人有权从抵押财产的价值中优先受偿"③。在这种情况下,土地融资中的债权人的权利就会得到保障。特别是,由于土地不仅不存在贬值的问题而且还会增值,那么,在必要时对于债权人的补偿就会是充分的。

第三,土地金融的政策性较强。这一点是由土地的极端重要性所决定的——它决定了土地金融是国家推行土地政策的一个重要的经济杠杆。土地金融的较强的政策性,具体表现在许多方面。国家土地信贷要在不同地区、不同项目之间进行分配,而投向不同地区、不同项目信贷的金额、期限、利率等,便成为强有力的政策工具。例如,对于能源、基础设施、高新技术开发等方面的土地资金融通,自然要给予种种优惠;对于基本农田建设、主要商品农产品基地建设、重要防护林带的建设等等,也必然会通过土地资金融通的形式予以扶持;又如,为了解决一般市民的住房问题,在普通住宅的开发上,采取优惠的土地金融政策。土地金融的这一特点,要求人们切实用好这一政策工具。

第四,土地金融的安全性较高。就单纯的土地而言,其本身的性质决定了其使用价值的恒久性,而且,随着经济、社会的发展,一般的土地都存在着不断增值的巨大潜力;就不动产而言,其地上固定附着物,虽然会不断发生折旧,但是其自然寿命至少也会长达几十年甚至上百年。这就决定了土地金融的安全性非常之高。但是,土地金融的某些

---

① 〔美〕R.T.伊利等著:《土地经济学原理》,商务印书馆1982年版,第98页。
② 其中,"mortgaged"本来的确切含义应是"质押权",即债权人占有抵押物品的抵押,不过,目前在实际上往往已当作抵押权而使用。
③ 江平等主编:《现代实用民法词典》,北京出版社1988年版,第59页。

项目也具有一定的风险性。例如,农地经营遭受自然灾害的风险较大,一旦严重受灾,便会出现按期还贷的困难;房地产开发者、持有者,一旦遭遇人力不可抗拒的灾害或意外事故,也会出现按期还款方面的困难。因此,在土地金融中,往往也要求对于信贷进行投保。

四、土地金融的功能

土地金融的基本功能是从资金融通方面保障和促进土地的取得与开发以及与之密切相联系的产业、经济活动的顺利开展。其具体表现主要可从以下几个方面来看:

第一,筹集和运用资金的功能。广泛筹集社会资金,将闲散资金投入土地开发与建设,利民利国。尤其是,通过土地及房地产证券化的方式,既可将土地财产、房地产"化整为零",用于吸收社会零星资金,然后又可"化零为整",集中用于投资大、期限长的建设项目。正如R.T.伊利等所说,"信用本身不能增加财富,但在真正创造财富的过程中,它的确起了润滑剂的作用"[①]。

第二,推行政策的功能。例如,在农村,可利用土地金融推行土地适度规模经营的政策、建设基本农田的政策、农业现代化的政策等等;在城镇,可利用土地金融推行住宅私有化政策,推进旧城改造政策等等。

第三,调整银行信贷结构的功能。例如,从国外商业银行来看,其传统的信贷业务的重点通常是放在流动性较强的中短期企业贷款上,但是,随着金融市场竞争的加剧,其信贷业务已逐步转变为以个人住房贷款为重点。由于个人住房贷款具有资产质量优良、效益良好的特点,因此,商业银行的信贷结构大为改善,而这一结果,又会反过来进一步改善土地金融。

---

① 〔美〕R.T.伊利等著:《土地经济学原理》,商务印书馆1982年版,第197页。

第二节　农村土地金融制度[①]

现代农村土地金融制度始于德国,丹麦、法国、意大利等国先后效仿而行,20世纪之初又传播至美国、日本等国家和地区,现在在全球已经很普遍。

一、农村土地金融制度始于德国

德国的农村土地抵押信用组织开创于18世纪下半叶。当时,德国经历了1756—1763年的"七年战争"之后,农村凋敝。于是于1769年开始实行建立土地抵押合作社(Landschaften)的计划,成为全世界的先驱。不过,当时这种合作社完全是为了满足地主对长期信用的需要而设立的。自19世纪初期起,德国推行土地革命,扶植自耕农,土地抵押信用合作社也随之逐步改变性质。合作社往往贷款协助农民购买耕地,放款期限为10—60年,分年偿还本息,年利率约5%。这类土地金融机构还组成了若干个联合银行,代所属各社推销、兑现债券,支付利息等。除了上述机构外,各级政府还建立了一些土地银行、土地改革银行,其业务与合作社相同,而且彼此密切配合,构成了长期农业信用网络。

二、美国农村土地金融制度

美国的农村土地金融制度建立于20世纪初期。1916年,美国国会以其赴欧考察团所提报告为依据通过了联邦农场贷款法案(Federal Farm Loan Act),决定在全国实行农地抵押贷款,并成立联邦农场贷款

[①] 本节的大部分内容,主要是根据张德粹编著:《土地经济学》(台湾"国立编译馆"1979年版)一书的第19章第2节改写、缩写而成的。

局主其事。将全国划分为12个农场信用区,每区设立一个联邦土地银行(Federal Land Bank)。到1933年,成立农场信用管理局(Farm Credit Administration),下辖土地银行部(Land Bank Division),管辖全国12个土地银行;这些银行与各地农民所组织的联邦土地银行合作社(Federal Land Bank Cooperatives)相联系。

美国联邦政府规定,每个土地银行至少应有股金15万美元方可开始营业,但是农民的合作社无力筹集如此巨额资金。为了迅速见效,先由美国联邦政府拨款作为赞助股金,同时发行土地债券,并辅导农民组织联邦土地银行合作社。而且,除了联邦政府拨款之外,地方政府、农业团体、农民个人等,均可认股。随着土地银行合作社认缴的股金的增加,政府所认的股金不断抽回,到1947年所有的政府股本已全部抽回,于是,土地银行完全成为合作社共有、共营的经济组织,只是政府依然进行管理。

美国土地银行的资金来源有三,即股金、公积金、公债券。政府支持的股金称为甲种股(class A stock),合作社认缴的股金为乙种股(class B stock)。前者为非正式股,不享有股东的投票权;后者为正式股,享有投票权。

美国土地金融体系中的基本组织是联邦土地银行合作社。美国联邦农场贷款法规定,凡10个以上的农民或拟购买耕地者,即可组织一个合作社并申请贷款,但是不从事耕作的地主及土地投机者,不得参加此种合作社。合作社可随时组织,债务清偿完毕之后,如果认为没有存在的必要即可解散。合作社成员除了贷款购买土地之外,也有用于农地改良及农场基本建设的。贷款期限因用途而异,短的三四年,长的可达三四十年,利率约5%—7%。

除此而外,美国于1933年建立的联邦农场抵押贷款公司(Federal Farm Mortgage Corporation, FFMC)和1937年成立的农场安全局(Farm

Security Administration，FSA）即现在的农民住房管理局（Farm Home Administration，FHA）等机构则提供农场不动产信贷的辅助来源。[①] 由以上所述可知，美国的农村土地金融制度来源于德国，但是由于时代与经济制度的不同而大有差别。德国是自下而上地发展起来的，经过上百年的努力才逐步完成，而美国则是自上而下地由政府推动的，在短短的几年之中即已大见成效，而经过20年则大功告成。

三、日本农村土地金融制度

日本的农村土地金融制度与德国、美国大不相同。德美农村土地金融制度的基本特征是通过组织合作性质的土地银行进行农村土地金融活动，而日本则是依靠非合作性质的大银行。从19世纪末至第二次世界大战之前，日本主要依靠三家大银行从事农村土地金融。

日本劝业银行（The Hypothec Bank of Japan）开创于1896年，资本1000万日元，总行设于东京，分行遍布全国各大都市。它依靠土地与房屋的抵押而放款于农、林、渔、牧及垦殖各业。在开创之时日本政府即投放大量官股，从而掌握了该行的领导权与管理权。该行的资金来源有三，即股金、债券和普通存款，而以债券收入所占比重最大——依法发行的债券总额高达股金总额的10倍，从而表明该行具备不动产抵押信用的特征。劝业银行经常放款于农民以协助其购买土地和开垦土地，以土地为抵押，期限长达50年，但是，放款最多的项目则是以地方政府为对象的无抵押贷款，作为水利、道路、农村仓库、农产品加工厂，以及造林、伐木、渔业、蚕桑业的投资，放款期为5—10年。

其次是农工银行。该行开创于1897年，到1900年已遍及除北海道以外的全国其他地区的每一个县。日本政府由国库拨款1000万日

---

① 参见〔美〕R. 巴洛维著：《土地资源经济学》，北京农业大学出版社1989年版，第321页。

元分配给各县,供认购农工银行股票之用。同时,发行5倍于股金的债券,以扩充财源。日本政府还规定,政府所有的股金,在最初10年内不收股息,以资支持。该行放款期最长为30年;放款主要用于农业开垦、水利建设、农地改良、农用道路修建、购买农业生产资料、农业与工业建筑物的营造等等。

由于农工银行的业务与日本劝业银行的业务相同,因而两行经常发生冲突,而农工银行的业务不振,难以与劝业银行抗衡。日本政府为解决此问题,采取了将各县农工银行并入劝业银行的办法,自1921年起逐步实施,到1944年已全部合并,于是农工银行便不复存在。

此外,日本还于1899年在北海道地区设立了北海道拓殖银行(Hokkaido Colonial Bank),其业务与农工银行完全相同,只是针对北海道地区的特殊经济情况而设。

包括合并的农工银行在内,日本劝业银行的最大局限性是,受惠较多的只有少数地主、富农,而不能以不动产作抵押的多数贫苦农民,则得不到资金融通。因此,日本大藏省的储金部出面弥补了这一缺陷。该部向储蓄银行及人寿保险公司融通大量资金供农贷之用,主要放款项目为中小农、工、商业所需设备资金、偿还高利贷所需款项、偿还长期土地重划费用等。

以上为第二次世界大战结束以前的情况。第二次世界大战结束之后,日本发生了巨大的变化。日本劝业银行与北海道拓殖银行均已变为普通银行,农业贷款的任务便落在中央合作银行身上。该银行原名产业组合中央金库(Central Bank of Industrial Cooperative Association),创建于1924年,于1947年更名。其主要的业务是协助各种产业合作社的发展,仅发放短期与中期贷款,而不承担土地银行所应承担的长期信用业务。到1952年日本经济转趋繁荣,出现了恢复长期农、林、渔贷款的必要。于是,日本于1953年建立农林渔业金融公库(Agricultural,

Forestry and Fisheries Finance Corporation），相当于一个国营土地银行。其放款不外是供农、林、渔业基本建设之用。

四、中国农村土地金融制度

1949年中华人民共和国成立以前旧中国的农村土地金融制度，就其组织形式和业务范围来看，主要是借鉴于日本。1911年殖产银行成立于天津，性质为股份公司，并不是单纯的不动产金融机构。该行宣称以发放长期、中期、短期贷款于农业、工业为宗旨。1914年成立了农工银行，宣布以定期抵押与分期抵押放款为主要业务，并宣称在农村放款可以地契为抵押品。同年，又成立了中国实业银行，宣称以放款发展农业、水利、工矿、盐业及铁路为宗旨，均可用不动产为抵押而进行长期贷款。不过，这几家银行自成立至抗日战争时为止，实际业务却与普通商业银行无异。

1933年国民政府拨款250万元设立豫鄂皖赣农民银行，1935年改为中国农民银行，成为专门面向农业和农村的银行，发放过大量短期和中期农贷，尤其是在抗日战争期间颇有贡献。该行于1949年停业，1967在台湾复业，现已有若干个分行。

在台湾地区，原有日本劝业银行的台湾支行，台湾光复后于1946年改为台湾土地银行。该行在台湾各主要城市设有分行，在各市镇设立支行或办事处，成为遍及全省的纯公营农村土地金融机构。按照有关文献，台湾土地银行的主要业务有：①办理扶植农民购地放款，协助农民扩大农场经营面积；②办理农地重划及农地改良放款；③办理土地开发放款；④办理核心农民放款，重建农业建设基层骨干。[①] 此外，还发行土地金融债券。不过，其现阶段的实际业务已涉及更多领域（包

---

① 参见林英彦著：《土地经济学通论》，台湾文笙书局1999年版，第815—816页。

括不动产开发、工商业流动资金等等），而且还从事证券投资、信托、外汇等方面的业务。①

此外，还有台湾省合作金库。它于 1946 年组建，主要任务是调剂全省合作社、农会、渔会、合作农场等社团资金，发展合作事业，促进农村经济建设。还有一些政府机构（如农、粮、烟酒、糖业等方面的）也与其本身的业务相结合，从事农村土地金融业务；一般的商业银行、信用合作社等，也兼办农村土地金融业务。

现阶段中国大陆的农村土地金融体系，在 20 世纪 50—70 年代基本上是以中国人民银行为领导、农村信用合作社为基础的；在 20 世纪 80—90 年代中初期则是以中国农业银行②为领导、以农村信用合作社为基础的；到了 1994 年，成立了作为农村政策性金融机构的中国农业发展银行，随后，又在 1996 年 8 月发布了《国务院关于农村金融体制改革的决定》，建立了以合作金融为基础，商业性金融、政策性金融分工协作的农村金融体系。在最新的农村金融体系中，农村信用合作社与中国农业银行脱离行政隶属关系，其业务管理和金融监管分别由农村信用社县联社和中国人民银行承担；信用合作社是农村合作经济组织，具有组织上的群众性、管理上的民主性、业务上的灵活性等特点，主要办理农村存款、贷款业务以及国家银行委托的业务；中国农业银行变为国有商业银行，仍然在农村金融中发挥主导作用；中国农业发展银行作为政策性银行，负责筹集农业政策性信贷资金（含吸收存款、发行金融债券等），承担国家规定的农业政策性金融业务（含各种政策性贷款），代理财政性支农资金的拨付等。

由于实行土地公有制，除了国家征用以外，农村土地所有权不得买

---

① 参见李焕俊主编：《考察与借鉴》，中国大地出版社 1996 年版，第 687—688 页。
② 该行 1955 年 3 月建立，1957 年、1965 年曾两度撤销，并入中国人民银行，1979 年 2 月恢复。

卖，因此现阶段中国大陆的农村土地金融并不涉及土地所有权的交易。在农村土地使用权的交易方面，从今后的发展趋势来看，土地金融将会是大有作为的。

第三节　土地抵押贷款

一、贷款与土地抵押贷款（land mortgage loan）概述

抵押贷款是土地金融的最主要的组成部分。为了搞清楚抵押贷款，首先要搞清贷款的种类。按照贷款的条件，可将其划分为三类：信用贷款、保证贷款和抵押贷款。狭义而言，其中的信用贷款即纯粹出于对借款人本身的信任而给予的贷款；保证贷款是以第三者作为还款担保的贷款；抵押贷款是以动产或不动产作为担保的贷款。广义而言，则一切贷款都是建立在不同的信用基础之上的，因而都属于信用活动。①

狭义的信用贷款是仅凭借款人或单位的信用状况而确定的贷款，对于贷款人而言是风险较大的，因而往往要求借款人提供其经营状况、财务状况、借款用途、预计取得的效益等方面的资料，而且往往要提高利率。

保证贷款是指贷款人对于借款人的个人信用难以采信时，要求其提供第三人（个人或单位）作为保证。如果到期不能还本付息，则由保证人代为偿还。在实际经济生活中，这种保证往往是通过合作组织，通

---

①　笔者认为，抵押（mortgage）、信用（credit）、贷款（loan）三者虽然有密切联系，但又是有严格区别的。然而，"信用"一词已经因遭到滥用而失去了其本意，因而本书在这里仅仅是在狭义上使用"信用"这一概念，其目的在于严格区分信用贷款、保障贷款和抵押贷款。例如，如果把"抵押贷款"说成是"抵押信用贷款"，岂不是与不需要任何抵押而纯粹依靠个人或单位的信用而进行的贷款相混淆吗？

过互相保证的方式实现的。

抵押贷款是指出贷人要求借款人提供一定的物品作为抵押,即作为还款之担保,一旦借款人无力偿还借款,即可通过抵押物的变现而抵偿。抵押物品所应具有的特点是,易于保存、易于变现,其中既包括动产也包括不动产,具体包括商品提单、栈单、有价证券、房地产、土地等。

一切由人提供的信用和以物提供的担保,笼统而言都称为"贷款的基础(或条件)"。对于贷款基础,在英语国家中往往以几个C字开头的英文字作为代表。尽管这样做多少有点搞文字游戏的味道,但是也具有简明的特点。其中有"3C",包括:character——品质,capacity——能力,capital——资本(或collateral——附属担保物),这三者是指借款者个人素质及其资力;"4C"则把collateral与capital并列;至于"5C",则再加上condition——指当前一般经济环境与贷款所涉及的产业的状况,其性质与前面的"4C"已有所不同。不过,所谓"贷款的基础",概括而言无非是指贷款者所考虑的种种影响还款安全性的条件,那么整个"5C"均应属贷款的基础。对于土地贷款而言,固然可仅仅依据借款人的信用,即仅仅依靠其"3C",但是一般而言,这只适合于短期贷款;至于中长期贷款,则以土地作为抵押品才是可靠的。因此,土地是中长期贷款的最重要的基础或条件。

此外,还有人列出"3R"作为考察贷款可行性的标准。"3R"包括:returns——收益,指借款投资之后,扣除成本,是否还有盈余;repayment-capacity——还款能力,即使仍有盈余,是否足以偿还到期本息;risk-bearing ability——风险承担力,指是否具有承担自然灾害的潜在能力(特别是在农业方面)。如果对于这三个问题的答案都是肯定的,那么贷款即属可行,否则便属不可行或者至少要慎重考虑其可行性。不过,对于"3R"的考虑,主要是适用于信用贷款和保证贷款,对于抵押贷款而言则自然处于次要地位了。①

土地抵押贷款既对放款者有利——可使其减少风险,又对借款者有利——可使其获得低利、大额、长期贷款。这些优势,使得土地贷款几乎都采用以土地本身作为抵押这种方式。严格地讲,土地抵押(hypothecation)贷款与土地质押(mortgage)贷款有所不同:前者并不转移土地占有权,后者则要转移土地占有权。不过,通常都是采用土地抵押贷款而不是土地质押贷款。

在现阶段中国的市场经济中,城市土地抵押贷款和房地产抵押贷款都已经迅速发展起来。从20世纪90年代初期开始到现在大约10年期间,抵押已经日益成为城市土地和房地产开发商融资的主要途径。在中国农村中,农民所拥有的土地承包权也是一种财产;随着承包权流转的日益活跃,以其作为抵押担保物的信贷活动的开展,是顺理成章的。

二、土地抵押贷款的基本原则

土地抵押贷款具有一些基本原则,现概括如下:②

①对于借款额度的控制——借款额度不得超过借款人的还款能力。显然,如果对于借款额度不加以控制,就有可能出现借款人无力偿还本息而造成借贷双方被动的尴尬局面。为了避免这种局面,借贷双方就应当事先进行测算,从实际出发确定借款额度。这一点,无论是对于房屋购买或者是对于农地改良而言,都是极其重要的。

②对于利率的控制——贷款利率应当是低廉的并且一般是不得中途提高的(另有约定者除外)。土地抵押贷款的主要特征之一便是利

---

① 参见〔美〕R. 巴洛维著:《土地资源经济学》,北京农业大学出版社1989年版,第328页。

② 参见萧铮主编:《地政大词典》,台湾中国地政研究所,1985,第644—646页。

率低,只有这样才能够满足购房者、土地开发者的需要,而且符合其负担能力。

③对于还款期限的控制——在借款契约到期之前,债权人不得要求债务人偿还其债务。土地抵押贷款通常属于长期贷款,其期限对于借款人具有极为重要的意义。对于债权人的这种约束,是为了保障债务人的最基本的权利不受侵犯,否则,债权人采取突然袭击的方式提前索债,必然会使债务人无力应付或蒙受严重损失。相反,债务人则拥有在契约到期之前提前偿还本息的权利。

④对于偿还本息的控制——债务人必须按时、足量地偿还本息。如果债务人不能如期、如数地偿还本息,必然会使债权人处于被动地位,而且进一步会危及整个土地抵押贷款制度。所以,这一原则也必须切实加以贯彻。

三、土地抵押贷款的运作

土地抵押贷款的运作主要包括四个环节:贷款额度、贷款期限、贷款利率、贷款的偿还。[1]下面分别具体阐述。

土地抵押贷款额度。土地抵押贷款的额度有两个含义。其一是绝对金额的限制,指对某一借款人发放贷款的绝对金额的最高与最低值;其二是相对金额的限制,指贷款相当于抵押物的估定价格的最高比例。

对于绝对金额的限制,就最高额而言,是为了使贷款能够相对合理分配,不致仅仅为少数人(单位)所占;就最低额而言,则是为了避免平均主义,使贷款不致过于分散,以致每人(单位)所得过少,无论就宏观而言或就微观而言均难以形成规模效益而无济于事。

---

[1] 参见〔美〕R.R.雷纳著:《土地经济学》,台湾中国地政研究所等印行,1961,第250页。该书称之为"信用的四要素"。

对于相对金额的限制,即对于贷款最高比例的限制,涉及的问题较为复杂。从借款人的角度考虑,所占比例愈大则愈有利,而从放款人的角度考虑,则比例愈大安全性愈低而风险性愈高。因而,落实的比例往往是贷款授受双方视点和利益的折中,贷款额度通常既不可能是全额也不可能无足轻重而是居中而偏大,例如50%—60%。在现实生活中,影响这一比例的具体因素还有整个金融市场资金的紧缺与宽裕,公营与私营金融机构所拥有的不同利益与采取的不同方针,较大的金融机构占领放款市场的欲望,政府的政策性规定的软约束与硬约束等等。

现以美国为例。大多数贷款单位有权将其贷款比率限定在法律允许的上限以下的某一水平。美国联邦住房管理局规定,对于低价格财产给予高比例的贷款额度;随着贷款比率的提高,对于第二次贷款的需要就逐渐消失了。在20世纪的整个20年代,贷款机构所控制的额度普遍的是相当于借款人抵押财产估定价格的40%—50%。这种额度当然难以满足借款人的实际需要,从而使其不得不求助于二次抵押,取得补充贷款。20世纪30年代以来,大多数贷款机构已经上调了贷款的比例,达到50%—80%,通常为70%。贷款额度高达100%或接近100%者,属于特殊情况。例如,美国联邦建房管理局对于贷款率高达97%的低成本独户住宅贷款提供抵押保险;退伍军人管理局对于某些类型的不动产高达100%的贷款予以担保;农民住房管理局对于自耕农给予比例为100%并外加辅助的贷款,农民利用该局的贷款可获取农场、设备、牲畜等的所有权。[①]

土地抵押贷款期限。土地抵押贷款的贷款期限有短期、中期、长期之分。其中,短期为1年以下;中期为2—10年(也有规定为2—7年者);长期为10年以上(也有规定为7年以上者),可长达20年、30年、

---

① 参见〔美〕R.巴洛维著:《土地资源经济学》,北京农业大学出版社1989年版,第323—324页。

40年,甚至有长达70年以上者(属于罕见)。

贷款期限的长短取决于多种因素的综合作用。从借款人的角度来看,一般而言会倾向于延长贷款期限,以便相应地延长建设、经营、获利的时限而从容不迫;若从贷款人的角度来看,一般而言则会倾向于缩短贷款期限,以便加快资金的周转,增加收益。不过,实际上决定贷款期限长短的却是贷款投放的项目本身所需资金的数量、运行速度和资金周转速度。短期贷款主要是用于投资少、周转快的项目,例如土地的日常经营(如购买投入农业生产的种子、肥料、饲料等)等,中期贷款主要是用于需要投资较多、资金周转较慢的项目,例如城乡土地开发(如农田开垦、市地"七通一平"等)等,长期贷款则主要用于耗资巨大而且投资回收期很长的项目,例如农场购置、房屋建造与房屋购置等。

土地抵押贷款存在着一个提前归还的问题。提前归还是借款人应当享有的一项权利,是借款人在获得预计之外的收益时作出的一项摆脱部分乃至全部债务负担的决策。这种预计之外的收益包括变卖房地产,农业上获得大丰收,在股票、彩票等方面有大笔进项等等。不过,提前还款对于银行往往不利。这是由于,银行所负担的债券利息及运行费用,均由贷款利息偿付,而提前还款,尽管可重新贷出,但是总难免出现空档,而且也会增加管理费用。因此,银行方面采取相应举措也是理所当然的。例如,有的加收偿还手续费;有的规定不得于10年以内提前还款;有的规定,提前还款必须在还款前若干个月以前发出预告;等等。

土地抵押贷款利率。土地抵押贷款的利率,是关系到借贷双方利益的重要参数,不可不慎重对待。

一般而言,土地抵押贷款的利率应当而且必然要反映贷款资金的供求状况——供不应求时利率提高,供过于求时利率降低,这是从经济学的一般原理上来考察利率走势的。然而,在现实的经济生活之中,由于土地抵押贷款是涉及国计民生的大事,因而,即使是在发达的资本主义国家中,利率的确定也不可避免地要受到政府不同程度的干预,而不可能完全由个别银行自行其是。世界各国对于抵押贷款利率大体上是通过以下的途径加以调控的:一是直接通过法令规定利率;二是在自由浮动的债券利率之上加上由法令规定的附加利率,从而形成贷款利率;三是由银行自行规定贷款利率,但要经政府主管部门审核、批准。在这种情况下,虽然从总体上来看,利率依然会随市场资金供求的变动而变动,但是政府的干预则会使可能出现的利率高峰有所削减,以便保护广大借款者。

一般而言,不同性质的贷款机构、不同用途的贷款利率有所不同。例如,公立或合作金融机构,用于支持农业发展和购置普通住宅的抵押贷款的利率,通常会低于其他贷款,而且土地抵押贷款的政策性往往是通过这一方面体现的。

此外,土地抵押贷款利率还有固定与变动之分。固定利率是指在整个贷款期间,最初所确定的利率始终不变。但是由于利率的升降难以预期,在长期贷款之中若逢利率上升,必然使贷款人利益受损;反之,则会使借款人利益受损。因此,在长期贷款中,也有约定按浮动利率计算者。

土地抵押贷款利息通常包括以下四个部分:①债券成本:这是指来源于债券发行的土地抵押贷款资金所必然包括的组成部分。债券成本中,首先包括债券发行费用,即印制、推销、管理等费用;其次包括券面利息,即银行支付给债券持有人的利息;最后包括折扣发行的损失(即低于票面价格发行而按票面价格偿付所造成的损失)。②银行管理费。③银行利润。④银行损失准备——指银行为了应付借款人推迟甚至不能还款而引起的利息损失、拍卖费用等方面的损失而作的准备。

土地抵押贷款的偿还。土地抵押贷款的偿还包括两方面的内容：一是如何支付利息，二是如何偿还本金。下面对于主要的偿还方法加以简介。

一次性定期偿还法（single payment plan）。这种方法是，由借贷双方当事人签订契约，在到期之前，仅支付利息，到期后将本金一次还清。这种"平时付息，到期还本"的方式的特征本身决定了它只适合于短期贷款而不适合于中长期贷款。若是贷款期限长达几十年而借款人仅仅支付利息，这样固然减轻了每月或每年的负担，但是到期还本的负担却十分沉重，而且对于贷款人来说潜在的风险巨大。

可变（灵活）偿还法（variable〔flexible〕payment plan）。这种贷款的最基本的特征是，每年还本付息的金额或比重并不是固定的或事先约定的，而是随借款人当年的收益状况而异。这种方式听起来是非常特殊的而且似乎是不可思议的，然而却是符合特殊情况的——它是针对农业生产因自然因素而造成的生产和农民收益的不稳定性而采用的特殊的方式，在美国是比较流行的。当然，此种方式并不适合于农业以外的其他部门。

对于土地抵押贷款而言，以上两种还款方式都是特殊的，并不通用。真正通用的方式是适合于中长期土地抵押贷款的分期偿还法（amortization）。其基本特征可概括为：本金化整为零，本利分期交付，即将本金分摊为若干个零星份额，随同利息，分期交付。这种偿还法的优点是显而易见的，主要的是，它兼顾了借贷双方的需要与可能，而且既有利于合理利用资金，又有利于土地开发与经营。现代土地抵押贷款基本上都是按照分期偿还法而设计的。这一偿还法要通过一些具体的方法加以落实。

递减还本付息法（decreasing payment plan）。它又通过两种具体的方法加以落实：

第一种为**本金分期同额法**。具体内容是：通过本金除以贷款年期而确定每年还本金额；每年的利息按未还的本金计算。其具体表现是，还本付息的金额逐年递减。此法的优点是，借款人的负担随着时间的推移而逐年递减，经济上与心理上的负担也随之而逐渐减轻。但是此法的主要缺点是最初一段时期内的经济负担过重，与投资后所产生的收益并不同步。[①] 第二种为**本金分期递增法**。其具体内容是：将贷款期分为几段，每年平均偿还额逐段递增；利息按照未偿还的本金计算。例如，将贷款年期 20 年分为 3 段，第 1 段 7 年中总共偿还本金的 25%；第 2 段 7 年共偿还本金的 35%；第 3 段 6 年共偿还本金的 40%。这种办法既具有第一种办法的优点，又淡化了其缺点。

等值还本付息法（even payment plan）。在美国又称为标准分期摊还法（standard plan of amortization）。采用这种方法，可以做到每次偿还的本息之和完全相等，从而可完全避免借款人的负担先重后轻或先轻后重的问题，于是成为最先进的还本付息法。

还有一种特殊的还本付息法称为**基金式分期摊还法**（loan payment by sinking fund），这是德国土地抵押信用合作社所采用的。该社的抵押贷款是以将抵押债券直接交给借款人的方式实现的。借款人除了按期付息之外，还要支付不少于千分之五的附加金，这两项在借贷关系存续期间，一直以全部本金为基础计算并偿付。合作社将每期偿付额作为借款人的偿债基金（sinking fund）而积存并且付息，一旦积存额与债务额相等，便相互抵消。实行这种办法的主要特点之一是，借款人除了付息（含附加）之外不必分期还本，而是"寓还本于付息之中"；主要特点之二是，借贷关系存续期限较长。而且，在实行这种办法时，还要从附加金中拨出一部分作为合作社的维持费，这样便会使借贷关系存续的

---

① 在美国，此种方法被称为"Springfield Type of Amortization"，其中"Springfield"是美国联邦土地银行的名称，从而表明该行与此法的关系密切。

时间更加拖长,因而何时得以清偿,往往难以预计。①

四、美国的土地合同贷款

不是通过抵押而是通过土地合同(land contract)而取得土地贷款,并非是罕见的。这里介绍的是美国某些地区的情况。②

通过买卖双方签订土地合同而出售土地,往往是土地所有者主动提出的。合同一旦生效,买主在交付首期地价款后便可占有和经营土地并分期偿还本息,但是在买主付清地价款之前,卖主仍然拥有合法所有权。一类合同为商业性的,其土地购价、利率均高于通过抵押贷款购买土地,不过它所要求的首付现金比后者要少——这正是人们往往愿意接受土地合同贷款的原因。然而,一旦购买者凑足了抵押贷款所需要的首付现金之后,便会转而采取抵押贷款方式购买土地。另一类合同是亲友之间的,其条件是十分灵活的,互相都不会苛求对方。

五、香港地区的房地产抵押贷款

香港金融业对于房地产业的支持,包括对房地产开发商、建筑商给予的开发性贷款和对房地产购买者给予的经营性和消费性贷款。这些房地产贷款通常占香港金融业本地放款总额的 1/4 至 1/3,远远超过对任何其他行业的贷款。金融业之所以如此热心,是因为对房地产贷款的获利最为稳定、风险最小。对于香港住宅购买中的抵押贷款,可从以下几个方面了解其简况:①贷款成数:它首先取决于楼龄,即贷款成数与楼龄成反比——通常新楼可达 9 成,有时甚至会优惠到 9.5 成;建成 10 年以内的可达 7 成,10—20 年的为 5 成。此外,用于自住的房屋的

---

① 参见萧铮主编:《地政大词典》,台湾中国地政研究所,1985,第 685—686 页。
② 参见〔美〕R. 巴洛维著:《土地资源经济学》,北京农业大学出版社 1989 年版,第 327—328 页;已参照英文有所改动。

贷款成数要高于用于出租的房屋,这是由于后者存在着较大的还款风险。②还款年限:通常为 20 年,有的可长达 25 年。还款期限的长短与购房者每年还款金额的大小成反比,与本利和总额成正比。③利率:既有采用变动利率者(随行就市),也有采用固定利率者。④还款方式:定额还款、递减还款和递增还款均有采用者。

除了购房贷款外,香港还有"楼花贷款"。具体形式有二:一是即供楼花贷款,二是建筑期付款。前者是购买者先付清首期房价,然后向银行申请贷款,在房屋建筑期间,每月向开发商交付一部分房屋的价款及贷款利息,房屋建成后银行继续承担抵押贷款;后者是,购房者分期向开发商交付部分房价款,待房屋建成之后再以该房为抵押,向银行申请贷款。实行"楼花贷款"的基本特征有:购房者的每月经济负担略轻于购买现房;建筑商可陆续筹集建房资金,边融资边建房。从而,实行"楼花贷款"对于房地产开发商和购房者双方均有利。不过,也发生过开发商中途停建而引发纠纷之事。

第四节 土地抵押贷款证券化

一、土地抵押贷款证券化的概念和意义

首先从有价证券(securities)谈起。土地抵押债券(land mortgage bond, mortgage-backed land bond)属于有价证券。有价证券是具有一定票面金额、代表财产所有权或债权的凭证,可分为两大类:其一是商业证券(亦称"票据"),如汇票、期票等;其二是公共有价证券(亦简称"证券"),包括股票、公司债券、国家公债券、土地与不动产抵押债券以及大额存单等。商业证券不仅是一种信用工具,而且在一定条件下还能够流通,执行相当于货币所具有的流通手段、支付手段的职

能。[①]本章所说的土地抵押债券是指由金融机构发行的、以土地抵押权为基础的、公开向公众销售的债券,属于广义土地证券中的一个种类,简称土地债券(land bond)。发行土地抵押债券即实行"土地抵押贷款证券化"(securitilization of land mortgage loan)或"土地抵押债权证券化",其中的"证券化"也可具体化为"债券化"。进一步具体地说,对于土地抵押贷款证券化的界定是:金融机构或土地抵押贷款机构以其所持有的土地抵押债权为担保而发行土地抵押债券,以便进行资金融通的一种金融活动。由实行土地抵押贷款而形成的资金流通市场属于抵押一级市场,由土地抵押贷款证券化而形成的资金流通市场属于抵押二级市场。

实行土地抵押贷款证券化意味着什么呢?主要可从两方面来看。首先,从土地抵押贷款本身的证券化的必要性角度来看。发行土地抵押债券在本质上意味着土地抵押贷款由凝固而转向流动,使资本重新进入流通过程,从而可进一步充分发挥其作用。正如罗醒魂所著《各国土地债券制度概论》一书所指出的,"所谓土地抵押债权之证券化,乃创造一种有价证券,以为土地抵押权及债权之代表;使现在或将来冻结于土地登记册籍之抵押债权,从固定资本中,变为流动资本,重返于流通过程是也"[②]。与这一点有关的或接近的,还有以下三点:①解决银行"短存长贷"的矛盾(即存款期限短而贷款期限长所引发的资金供求方面的矛盾);②加强各个金融机构之间的分工合作(有的以融资为主,有的以贷放为主),提高整个金融体系的效率;③把抵押贷款的风险部分地转移到担保机构,增强整个金融体系的安全性。

其次,从土地金融机构扩大融资的角度来看。发行土地抵押债券意味着从社会上广泛吸收游资,特别是广泛吸收小额闲散资金,以便积

[①] 参见《经济学大词典·金融卷》,上海辞书出版社1987年版,第100页。
[②] 正中书局1947年版,第1页。

少成多,有效地扩展抵押贷款的资金来源。正如黄通在其所著《土地金融问题》一书中指出,"发行债券,亦系向外借款之一种;惟使借贷关系,化为一种有价证券,得以自由转移。持券人如于偿还期限前需要现金,可随时以其债券向金融市场出售或抵押,殊为方便。因此,发行债券,遂成为土地或不动产金融机关筹集资金之最佳手段"[①]。而且,从广大群众的角度来看,购买土地债券,不失为投资的一种有效的、稳妥的手段。

二、土地抵押贷款证券化的运作

土地抵押债券的种类。土地抵押债券可按照券面大小、债券形式、有无附奖等标准而加以分类。

按照券面金额的大小分类,可分为大券与小券。大券的面额可达到千元、万元,小券的面额不过十元、百元。大券适合于资力雄厚的投资单位和个人,小券则适合于资力单薄的投资单位和个人。小券的面额虽小,但是如果能够吸引广大群众参加,其销售与引资总额也会是相当可观的。

按照券面形式,可分为记名债券与不记名债券。前者在债券上标明持券人的姓名,只有经过背书之后,方可转让,因而比较安全;后者既然无记名,当然可以任意转让,随时变现,甚为方便但是不够安全。不过,根据持券人的请求,以上两种债券可以互换。

土地抵押债券还有有奖(附奖)与无奖之分。通常,有奖债券都是小额的,其发行的目的在于吸引广大群众。对于购买者来说,购买有奖债券固然有得大奖的机会,但是如果不能中奖,往往等于损失了部分利息甚至全部利息——奖金无非是利息的转化形态。

[①] 商务印书馆1943年版,第25页。

土地抵押债券的依法发行与发行量。土地抵押债券的发行,首先要依法进行。这意味着,如果相关法律、法规已经有明确规定,必须经过某某机构审批,或者某些机构有权自行决定发行债券,即可遵照进行。如果对于如何发行土地抵押债券并无明确规定,就必须向有关主管部门提出申请。简言之,并非任何土地金融机构,均可自行决定并向社会发行土地抵押债券。世界各主要发达国家,对此早已有明确的法律规定。

　　土地抵押债券的发行总额如何确定?这要受发行机构自有资本额及公积金总额的限制,而且要受土地抵押贷款总额的限制。一般而言,不得超过前者的若干倍(世界各国的规定,通常为10—20倍),而且不得超过土地抵押贷款的总额。前者是出于对债券发行者本身资质的限制;后者则是出于对发行者还债能力的限制。不过,就前者而言,如果限制过严,放款利率必然会提高,因为资本股息必然会通过放款利率体现出来。

　　土地抵押债券的利率与利息。如何确定土地抵押债券的利率,是大有学问的。大体说来,应当坚持以下几个要求:①低利。这里所说的"低利"是指土地抵押债券的利率,一定要低于土地抵押贷款的利率,因为前者只能是来源于后者。②接近市场一般利率水平。这意味着,虽然要坚持低利的原则,但是还要使其与一般市场利率水平相接近,以便保障通过购买债券而投资者的利益,有利于土地抵押债券的销售与流通。③利率稳定,不受币值变动的影响。币值的升降固然对于债券发行者与持有者产生不同的影响,但是土地抵押债券属于长期债券,其利率应当从长远着想而不受币值一时变动的影响。

　　土地抵押债券既然可在市场上自由流通,就必然会出现市场价格问题。其市价当然是处于波动状态的,既可能高于面额,也可能低于面额。当土地抵押债券的利率已定时,债券的市价便决定着其实际利率——当债券的市价提高时,实际利率降低;反之亦然。这种情况便又在实际上、在不同程度上调节着债券的买进与卖出。

土地抵押债券的利息,从其本质上来看由以下几个部分所构成:①纯粹利息,即其性质属于正常的资本利息的部分,这是债券利息的最基本的组成部分。②风险承担费。利息的高低与风险的高低成正比。土地抵押债券的风险是非常低的,从而利息的风险承担费性质的构成部分,也是非常低的。③手续费。在正常的情况下,利息的此种费用性质的组成部分应当是微不足道的。

土地抵押债券的销售预期。土地抵押债券的销售预期,是发行土地抵押债券之前进行可行性分析的基本内容,也是在发行之后进行促销时所必须不断进行的市场分析的基本内容。

影响土地抵押债券销售的最主要的因素是市场资金的充裕状况。当市场资金充裕之时,短期贷款的利率必然极低,对于投资者自然缺乏吸引力,而利率较短期为高的中长期贷款便相对成为有利可图的投资对象——此时土地抵押债券的市场销售预期必然旺盛。影响土地抵押债券销售状况的另一重要因素是债券的素质和信誉,即购买者对于债券的保值获利、增值增利的预期是否良好。这一点,当然涉及到债券发行单位本身的信誉,政府有关部门对于债券所赋予的安全保障,以及债券流动和变现的自由程度等等。此外,投资者对于经济、社会发展趋势的预期,也会影响其信心并进而影响债券的销售状况。

土地抵押债券的偿还。土地抵押债券的偿还即债券本息的分期分批偿还,直至全部偿清,流通期结束。由于土地抵押贷款期限很长,所以土地抵押债券的流通期限一般也很长,不过,这并不意味着全部债券的流通期限与贷款期限完全一致,它与还本状况有关。

首先是首次还本期的确定。首次还本期,是指自债券发行至进行首次还本的年期。世界各国通常确定为5年。换句话说,债券在发行之后的 5 年之内,只付利息、不还本金。在首次还本之后的还本,分为定期还本与不定期还本两种。

其次是进行定期还本(规则性还本),其目的在于使土地债券流通额与土地抵押贷款余额保持大体平衡。一方面,债券分期分批地发出和还本,另一方面,抵押贷款分期分批地收回和贷出,两者相互呼应,紧密配合,有序运行。这种定期还本又分为两种:一是本息合计均等分期偿还——与土地抵押贷款的一种偿还方法相同;二是定期抽签偿还——逐年普遍付息,定期抽签还本,分期分批完成。

首次还本与定期还本都是正常的、有计划的还本。除此而外,还有不定期还本(任意还本)。之所以会出现不定期还本,是由于土地抵押贷款的借款人会提前偿还贷款,债券的不定期还本便可与之相配合。而出现借款人提前还款的主要原因往往是贷款市场上的利率下降,于是"还旧借新"以降低利息负担。此时,贷款机构将提前归还的贷款再行贷出时,也必然要降低利率,而尚未还本的债券的利率依然是过去的较高的利率,如果完全维持不变,则土地金融机构的利息方面的损失便难以弥补,于是便会出现不定期还本。这种不定期还本,既可采取公告的方式进行,又可采取在市场上购回债券的方式进行。

三、美国房地产抵押贷款证券化之例[①]

房地产中既包括土地又包括附属于土地的房屋,因而房地产抵押贷款证券化问题可在很大程度上涵盖土地抵押贷款证券化问题,所以在这里利用美国房地产(个人住房)抵押贷款证券化之例,说明土地抵押债券运行中的某些问题。

---

① 参见殷红:《房地产金融论》(中国人民大学博士学位论文),1995,第 41—45 页。

美国的房地产抵押贷款证券化,是全球最为完善的,已成为世界各国效法的样板。其运行模式是,承办房地产抵押贷款的若干银行,首先将抵押贷款经由政府或私人机构予以保险或保证,然后汇集成为抵押贷款集合基金(mortgage pool,或译为抵押贷款组合基金、抵押组群);在集合基金的范围内,抵押贷款的期限、计息方式、还款方式等大体相同;每一个集合基金的最小规模为50亿美元,一般为200亿—300亿美元。抵押贷款集合基金在抵押二级市场上进行流通的主要途径之一便是通过发行、销售抵押债券的形式出售给投资者。

在抵押二级市场上,三家联邦级权威性的金融机构对抵押贷款的证券化起着关键的作用,它们是政府国民抵押协会(Government National Mortgage Association, GNMA)、联邦国民抵押协会(Federal National Mortgage Association, FNMA)和联邦住宅贷款抵押公司(Federal Home Loan Mortgage Corporation, FHLMC)。[①] 其主要职能为:①对于抵押贷款予以担保;②收购抵押贷款集合基金;③授权代理机构发行抵押债券或由自己发行抵押债券;④支付贷款本息给抵押债券的购买者。经联邦金融机构担保后的抵押债券,便获得了相当于美国政府债券的信誉,而其收益率又高于政府债券,因而受到广泛欢迎。

下面举出两种最受欢迎、发行量最大的房地产抵押债券作为例子:

①转手债券。其运行路线是,由原始抵押贷款机构将其抵押贷款集合基金质押给三家联邦级权威性金融机构中的任何一家,经由该机构担保之后,然后转交代理机构并发行房地产抵押债券。这种债券的特点是,附属于债券上的一切权利(如借款人每月偿还的贷款本息)由原始贷款机构扣除手续费和担保费后,全部转移给债券投资

---

① 这三个权威性的公司,原来都归美国联邦政府所有,后来仅保留GNMA,另两家公司都已私有化,但是仍然拥有某种政府担保,从而在很大程度上发挥着政府公司的作用。设立多家同类公司并以私有为主,显然有利于竞争而抑制垄断。

者。这种转手债券中发行最早、发行量最大、最有代表性的是GNMA转手债券。其抵押贷款首先经过了联邦建房管理局（Federal Housing Administration，FHA）或退位军人管理局（Veterans Administration，VA）等的担保，再由政府国民抵押协会对于抵押债券的如期偿还予以担保，然后授权代理机构发行房地产抵押债券。

②抵押担保债券。其做法是，将抵押贷款按照期限划分为短期、中期、长期等不同的集合基金，在此基础上发行相应的抵押担保债券。它同转手债券一样，将附属于债券上的一切权利转移给债券投资者，而且它区分了不同的期限，使投资者更加心中有数。

美国房地产抵押贷款证券化具有巨大的优势，主要表现在以下两个方面：①在抵押二级市场上，具有地方性的房地产抵押资金实现了全国性流动，可有效地调剂各地的余缺；②抵押贷款来源的多样化，使金融机构可避免因一些地区经济不景气而带来的入不敷出的风险。

美国房地产抵押贷款证券化之所以获得巨大成功，最突出的因素也有二。其一是，美国联邦级权威性金融机构对于房地产抵押债券的担保，具有关键的作用，它使得房地产抵押债券具有绝对安全性；其二是，实现了抵押贷款和抵押贷款的标准化（如抵押申请、抵押估价、抵押合同等采用了标准化的方法和格式），大大提高了抵押贷款的流动性。

四、关于中国实行土地抵押贷款证券化问题

在这里，首先以个人住宅抵押贷款证券化为例简要说明此问题。从土地金融的理论上来看，从国外的经验上来看，中国实行个人住宅抵押贷款证券化都是有必要的。例如，它能够扩大国内投资需求，因为抵押债券具有风险低、收益稳定等特点；它有利于吸引居民扩大住房消费——这是通过它对于银行资金流动性的增强，增加银行资金的变现量从而增加贷款量等方面而实现的；它有利于扩大资本市场的融资量，使直接融资与间接融资（发行债券属于直接融资）的比例趋于合理；它还会为银行开辟新的收入来源，增加银行自身积累，提高银行抵御风险的能力；等等。不过，根据国外的经验，只有当个人住宅贷款余额达到银行信贷总额的 25% 左右时，银行才会出现资金周转的困难，才有开辟抵押贷款二级市场的需要。

当然，在中国实行个人住宅抵押贷款证券化也是需要从各方面创造条件的。例如，个人住宅产权制度的进一步完善，使得完全商品化的住宅的购买者拥有其完全的产权，从而能够全权处理其房产；对于银行贷款的安全作出法律上的保障，使得借款购房者无故拖欠应交款时得到处理，以便保障银行的利益，避免风险；要由政府或其委托的权威性机构对于债券予以担保，保障债券持有人的利益，避免债券发行者破产之类的风险；等等。

由此可见，目前就全国而言并无实行个人住宅抵押贷款证券化的客观需要，而且在产权等方面的条件也还处于探索之中，因此并不存在普遍实行个人住宅抵押贷款证券化的现实性。至于，在个别经济水平很高的大城市先期进行试点，则是可能的，也是必要的。

至于中国城镇非农用地的土地使用权的取得，从理论上来说，并非不可实行抵押贷款，而且这一贷款也并非不可实行证券化。对此的基本设想之一的轮廓如下：①由国家授权的"土地银行"（可由建设银行代行其职或另设土地银行）以出让的土地为基础发行土地债券，其券面总值可超过土地出让金总额的一定比例；②土地银行将相当于土地出让金总额的土地债券，交付给土地所有者（土地所有者可委托土地银行向公众转售），将剩余的土地债券直接向公众发售；③这意味着，土地使用者以土地使用权为抵押向土地银行借入相当于土地出让金金额的贷款；④土地使用者在若干年内以其所得利润偿还土地债券本息

（经由土地银行向持券者支付）。① 这种设想的显而易见的优点是，土地使用者可免除一次支付巨额土地出让金的沉重负担，从而可投入更多资金用于企业的开发和经营。然而，如果土地所有者持有的土地债券向公众转售的比重不大，便意味着只能是在若干年内逐步收取土地出让金，而且，如果土地使用者经营不善，则土地债券的还本付息也会落空。当然，后者可通过权威性机构的担保而获得保障。总之，诸如此类的设想，还是值得进一步探索和认真对待的。

此外，城市土地收购储备制度已在全国推行，在推行中所遇到的最大难题是资金周转不灵。如果能够通过由银行发行土地债券的途径来筹集资金，支持城市土地收购储备，肯定有利于进一步完善城市土地市场。

---

① 参见《中国房地产金融》1999年第7期，第34—35页。另参见〔日〕野口悠纪雄著：《土地经济学》，商务印书馆1997年版，第155—166页。

第二十一章 土地税收

第一节 土地税收的概念

一、土地税收的概念和基本特征

税收是国家凭借政治权力、运用法律手段而参与国民收入分配所取得的财政收入,体现着国家同社会集团、社会成员之间的分配关系。[①] 据此,土地税收(land taxation)是指国家依靠政治权力而取得的社会集团、社会成员的部分土地收益。换言之,土地税收是土地收益由私人主体向公共主体的强制性转移。这里所说的"土地收益"是指依靠土地所有权、使用权而取得的土地收益,或者,按照土地所有权、土地使用权的价格而计算的土地收益。在本章中,有时将土地税收简称为"地税"。严格地讲,地税之中不应当包括房产税,但是由于二者的联系比较密切,所以在本章中已经扩展到房产税从而在实际内容上形成房地产税或不动产税。

与一般税收一样,土地税收具有以下三个基本特征:第一,强制性。强制性是指国家征收土地税是依法强制进行的,交纳土地税是纳税人应尽的义务;除非符合法定的免税、减税、缓交的规定,纳税人是

[①] 参见《经济学大词典·财政卷》,上海辞书出版社1987年版,第240页。

必须如期完成的,否则将受到有关法律的制裁。第二,无偿性。国家收取土地税并不以直接提供服务或回报作为交换条件,纳税人无权索取任何补偿。[①]第三,固定性。国家征税是按照事先确定的标准而进行的,而且对于符合标准的一切单位和个人是一视同仁的,不会因人而异,也不可能像商品价格那样,有讨价还价的余地。

土地税收的强制性即不可推卸性,导源于并体现了国家的政治权力;土地税收的无偿性是其强制性的展开,也导源于并体现了国家的政治权力;土地税收的固定性,则体现了其正规性,排除了任意性,从而体现了税收主体的严肃性。

二、土地税收与地租、地费的基本区别和联系

土地税收的以上三个基本特征决定了它与地租、地费(各种针对土地而收取的费用)尽管有相似之处,但是却有原则性的区别。

地租是土地所有者向土地使用者索取的使用土地的报偿。收取地租并非依靠政治权力而强制进行,而是依靠对土地所有权的垄断,即依靠经济权利;地租并非由土地所有者向土地使用者强行索取,而是以提供土地使用权作为交换;地租的标准并非由法律规定、在一定时期内固定不变,而是随行就市,而且往往呈现波浪式上升的趋势。这些都说明,地租与地税具有本质性的差别,不可混为一谈。

当然,地租与地税也具有密切联系——前者是后者的重要来源,有时甚至是基本来源。在土地私有制的条件下,国家向土地所有者征收土地税,而此时土地所有者若为土地出租者,则地税来源于地租。在土

[①] 近几十年来,一些发达国家相继开征社会保障税并且在数量上超过所得税而成为头号税种,专项用于退休、失业救济、伤残补助等社会保障支出。这使得税收具有无偿性特征的传统观念,受到了挑战(参见董庆铮主编:《外国税制》,中国财政经济出版社1993年版,第373页)。

地国有的条件下,国家若不向土地使用者收取土地使用权出让金而仅仅收取土地使用税,则其本质为收取地租;若土地使用者转租土地而国家向其收取相关税收,则其来源为转租所获得的地租。

地费即政府的有关部门向土地所有者、土地使用者收取的种种费用,它并不具备地税的三个基本特征,因而它只是与地税相似而并不相同。地费分为两大类:其一是规费,另一是受益费。

规费(fee)是"国家机关对居民或法人提供某种特定劳务或履行专政职能而收取的手续费和工本费。——规费收入属于国家预算收入。在西方,通常将规费分为司法规费和行政规费两种,前者如刑事民事裁判费、遗产管理费等,后者如检定费、证明费、特许费等"[①]。在中国,诸如土地使用证工本费、产权登记费、公证费等都属于规费。

受益费即设施受益费,是指土地与房产所有者、使用者直接或间接享用各项公建工程而必须付出的补偿性费用,相当于购买相应的产品或劳务的付费。它与规费相比较,二者并无本质性差别。在中国,诸如市政建设统筹费、道路建设附加费、环保基金附加费、教育基金附加费、用水开户费、用电开户费、国家能源交通重点建设基金等等,均属受益费。国家明令规定统一征收的城市建设维护税,就其本质而言也是受益费。

对于受益费的本质,从另外一个角度来考察,也可以看作是各项建设在受影响的土地上所产生的级差地租Ⅱ。换言之,政府收取受益费,意味着收回政府与社会投资兴建的项目所产生的级差地租Ⅱ的一部分。这样,受益费也就与地租挂上了钩。

综合以上所述可知,地税所具有的三大基本特征,使得它从根本上有别于地租和地费;尽管地租会成为地税的部分价值的来源,但这并不

---

① 《经济学大词典·财政卷》,上海辞书出版社1987年版,第186页。

意味着地税与地租具有共同的本质。

此外,就土地所有者或土地使用者所承受的各种实际经济负担而言,不论其性质如何、来源与去向如何,都存在着一个负担量与负担能力的关系问题。因此,整个"地负"是一个需要进行统筹安排的大问题。

第二节 土地税收的职能

一、土地税收的基本职能[①]

"税收的职能就是税收所固有的职责与功能。税收的职责表明税收在社会再生产中应当做什么和必须做什么。税收的功能表明税收本身可以做什么或能够做什么。"[②] 土地税收的职能即税收的一般职能的具体化。

税收的职能本身具有三个基本特点:第一,本质性即反映税收内在的、本质的属性。换言之,税收的职能是与税收的本质紧密相联系着的——从本质上来看,税收是满足国家执行其职能而进行的一种特定的社会产品的分配。第二,稳定性——无论经济、社会条件如何变化,无论经济发展的阶段如何,税收都必然稳定地发挥其固有的作用。第三,一般性——税收的职能是一切税类、税种所共有的,无一例外。

税收具有三个基本职能,即分配职能、调节职能与监督职能。

税收的分配职能是指,国家凭借政治权力把国民收入的一部分集

---

① 参见王佩苓主编:《税收学》,中国财政经济出版社1993年版,第2章。
② 王佩苓主编:《税收学》,中国财政经济出版社1993年版,第18页。

中到自己手中。这是税收的第一位的职能和最基本的职能。现阶段，在发达的资本主义国家中，由税收分配的社会产品大体占国民生产总值的三分之一左右，有的国家甚至达到二分之一或更高。就土地税收而言，它通常属于地方政府的财政收入。目前在发达的资本主义国家中，土地税收在地方政府的财政收入中所占的份额，大体上为30%—50%，有的还要高得多。地税具有来源稳定、不易逃避、不易转嫁等特点，因而对于地方政府的财源保障显得十分重要。当然，取之有度，不使土地所有者、土地使用者负担过重，自然是发挥地税的分配职能时所不可忽视的。

税收的调节职能是指，改变国民收入在经济单位和个人之间的分配状况，进而改变社会资源在各部门、各地区之间的分配，使得生产结构、消费结构以及生产与消费之间的关系更加协调，从而更加有利于经济的发展。土地税收的调节职能，表现为收入效应和替代效应。

地税的收入效应是指通过地税结构、税负轻重的差别，产生不同地区、不同产业、不同纳税人收入增加或减少的效应。例如，对于农地实行轻税政策，使农民相对增加收入；对于高档住宅用地、高档餐饮娱乐业用地实行重税政策，使其拥有者相对减少收入。不过，对于地税来说，发挥收入效应毕竟是有限的从而是相对次要的，其替代效应则是地税的调节职能的主要方面。地税的替代效应，又通过鼓励作用和限制作用而实现，即通过轻税而鼓励某些用地，通过重税而限制某些用地，从而在一定程度上促进对土地用途的控制和转换。而且，采取累进税率较之比例税率，能够更加有效地体现税收的鼓励作用和限制作用。

地税的监督职能是从属性的，是从属于地税的分配职能和调节职能的。通过地税监督活动，不仅可对经济单位、个人的纳税情况进行检查和监督，而且可了解地税的使用状况及其所产生的效果，掌握地税的分配职能与调节职能的运行状况，从而进一步完善地税制度。

二、地税调节职能的具体表现

地税的调节职能主要表现在以下三个方面：

①促进土地资源的充分利用、合理的集约利用，避免不合理的闲置。地税作为一个重要的经济杠杆，与行政性举措相配合，无论在宏观上、中观上还是在微观上，都会在促进土地资源的充分而合理的利用上，起到明显的作用。例如，对于适宜开垦的荒地实行低税甚至免税的政策，必然会促进荒地的合理开垦；对于无故撂荒的农地课以撂荒税，必然会有利于制止这种行为；当可能而且应该集约利用的土地而目前仅仅被粗放利用时，如果适当提高其课税水平，便会从经济上鞭策其提高集约化水平，无论城乡都是如此；等等。

②促进土地资源的合理配置，促进土地利用结构的合理化。这意味着通过地税的有无、高低，使农业用地与城镇用地、高经济收益用地与低经济收益用地、经济用地与公益用地等等的比例趋于合理，并有利于土地利用规划的顺利实现。这方面的一个具体表现是促进自然保护和环境美化。例如，当一片森林的木材储量为已知时，如果每年按照其整个评估价值进行课税，就必然会促使林地的所有者或经营者进行掠夺性经营，而不是保护林木、持续经营。因此，美国有些州采用了森林产出税——对于未成材的森林免征年度税，对于林产品仅在收获时征税，以鼓励长期的营林活动；对于水土保持林实行特殊免税。[①]

③抑制土地投机。通过地税来抑制土地投机，是发挥其特有功能的重要一环。例如，在征收土地增值税的情况下，不仅地价的上涨会受到一定的遏制，而且相应地也会对土地投机起到抑制作用。又如，征收高额空地税、提高短期持有的土地的出让所得税率，对于转手倒卖以牟

---

① 参见〔美〕R.巴洛维著：《土地资源经济学》，北京农业大学出版社1989年版，第390—391页。

取暴利,自然都会起到抑制作用。

此外,地税的调节职能,还表现在其他方面:[1]

①地税可影响土地、住宅等的占有状况。通过地税可鼓励、促进农场的扩大或缩小,特别是,通过遗产税可维持或削弱农场的规模。例如,比利时免除土地文书税,以利于零碎农场财产的稳定;澳大利亚、新西兰采用较高的累进税以抑制土地所有权的集中和垄断;美国通过税收减免,促进家庭住宅的保有;等等。

②地税可影响投资决策,即通过地税可鼓励或限制某些类型的投资。例如,在芬兰,人们利用税收来鼓励修建土地排水设施;智利对于新建葡萄园课以惩罚性税收,以阻止葡萄生产的进一步扩大,而印度尼西亚则通过税收阻止烟草生产的扩大;美国的一些州通过税收抑制人造黄油并保护动物黄油的生产和销售;等等。

③影响房地产的价格。税收有一个重要的附带作用,即提高或降低房地产的价格。当税收用于公安、消防、垃圾处理、公园、教育、道路、街区建设时,只要税收的好处大于税收的支付,那么税收便会提高当地房地产的价格,反之则会降低其价格。如果从税收资本化的角度来看,不妨将前者称为税收的正向资本化,而将后者称为税收的负向资本化。

需要加以补充的是,税收只是经济杠杆之一,它不可能孤立地发挥调节作用,而必须与价格、利息等经济杠杆相配合,方能相得益彰。在某些情况下,仅仅依靠经济杠杆也难以完全奏效,从而必须采取必要的行政性举措,方可达到预期目的。最典型的情况是,出于维持生计或追求高利而进行的对森林、草原的掠夺性开采或利用。此时,只有加强法制,严禁采伐和滥垦并辅之以税收等经济举措,方可切实奏效。

---

[1] 参见〔美〕R.巴洛维著:《土地资源经济学》,北京农业大学出版社1989年版,第392—393页。

第三节 土地税收的原则

土地税收的原则即税收的一般原则在土地税收领域中的应用。本节主要是介绍税收的一般原则[①]并简略提及其在土地税收中的应用。

一、税收原则的提出和发展

什么是税收原则呢？它是建立科学的税收制度的依据，是评价税收制度优劣的尺度，是进行税务管理所应遵循的理论准则，是解决税收活动中种种矛盾的准绳。简言之，税收原则便是税收的圭臬。税收原则并不是孤立的，而是受诸多客观因素制约的。税收原则必然要以一定的经济理论为指导；税收原则必然要与一定的经济制度相适应，并为该制度服务；税收原则还必然要同国家的经济政策相适应，成为国家经济政策的重要体现。尽管如此，不同社会、不同经济制度、不同国家、不同时期的税收原则，仍然具有其共同之处。换言之，人们往往会撇开社会经济生活的相异之处而追求相同之处，从中概括出尽可能具有长远价值和普遍意义的税收原则，并在此过程中扬弃其中过时的和适用范围狭窄的部分。因此，我们应当认真对待已有的种种税收原则，结合现阶段中国经济和中国土地经济的实际而加以选择和应用。

西方财税界认为，亚当·斯密（1723—1790）第一次将税收原则提到理论的高度并给予明确而具体的阐述。斯密在其名著《国富论》中提出了税收的四项原则：①平等原则。主要内容包括：A. 取消贵族、僧侣的免税特权，与普通国民同等纳税；B. 税收中立，不改变财富原有的分配比例；C. 按负担能力征税。②确实原则。主要指应纳税额、

[①] 参见王佩苓主编：《税收学》，中国财政经济出版社1993年版，第17章；曾繁正等编译：《税收管理》，红旗出版社1998年版，第3章。

纳税方法等应当确实,不得任意变动,应防止税吏的专断、贪赃;③便利原则。指征税在时间、方法、地点、形式等方面,都应便利纳税人。④最少征收费原则。指征税活动本身的耗费应当尽量降低。

法国古典政治经济学代表人物西斯蒙第(1773—1842)于 1819 年在其《政治经济学新原理》一书中提出了税收与经济关系的原则,对于斯密的四原则作了补充。西斯蒙第的原则为:不可侵蚀资本;不可以总收入为所得而征税;不可触及纳税人最低生活费;不可驱使资本流向国外。这就给出了处理税收与国民经济关系的准则,具有重要意义。

德国社会政策学派的代表人物阿道夫·瓦格纳(1835—1917)继承和发展了税收原则的理论,提出了共分四项九点的税收原则:①财政收入原则。此原则具体化为:A.收入充分原则。即税收必须充分满足财政的需要。B.税收弹性原则。即税收能够随着经济的增长而自动增加。为此,应当把能够随着国力增强、商品增多而增加的间接税作为主要税种,而以所得税、财产税作为辅助税种。②国民经济原则。此原则具体化为:A.选择税源原则。税源必须有利于国民经济的发展,因而以国民所得为最佳;若以资本或财产作为税源,则可能伤害税本。B.选择税种原则。即在设计税种时,应当尽量选择难以转嫁或转嫁方向明确的税种。③社会正义原则。此原则具体化为:A.普遍原则。对于一切有收入的国民,一律征税,不能因身份、地位而有例外。B.平等原则。即纳税人的负担与其纳税能力相适应;实行累进税制——对高收入者多征,对低收入者少征,对不劳而获者加重征收。④税务行政原则(笔者认为,按照此原则的实质,可称之为"税收效率原则")。此原则包括以下三个方面:A.确实原则。即税收法令必须简明确实,纳税时间、地点、方式、数量等必须事先明确,以利于遵循。B.便利原则。即征收应当处处给予纳税人以方便。C.节省原则。即力求减少税收征管的费用,并减少纳税人的纳税开支。

二、当代税收原则

到了20世纪70年代，在新的经济形势下，又逐步形成了当代的税收原则，其中具有代表性的主要是稳定原则、中性原则、公平原则、效率原则。

稳定原则是指，在经济发展的波动过程中，可以把税收作为一个变量，通过增减税收的方法干预经济，引导经济趋于稳定。其代表人物主要是英国的凯恩斯（1883—1946）和美国的萨缪尔森（1915—2009）。

中性原则来自国家应减少对经济干预的主张，在税收上表现为：征税对于纳税人的生产、投资、消费方面的决策行为不产生影响。至于公平原则和效率原则，则是当代税收原则中的重点，需要稍微多费一点笔墨。

公平原则。公平原则是税收的最为古老的原则，也是当代税收最重要的原则或首要原则。它主要是指，国家征税要使各个纳税人的负担与其经济状况相适应，以保证各个纳税人之间税负水平的均衡。这里的公平，又可具体划分为横向公平和纵向公平。

所谓横向公平是指经济能力或税负能力相同的人，应当缴纳相同数额的税收。这意味着税收不会使纳税人的经济能力发生变化。税收的横向公平原则所涉及的公平，是公平的最基本的方面，是排除种族、社会地位、贫富差别的，从而是最容易被人接受的。

在税收中的所谓纵向公平，又称"垂直公平"，是指经济状况不同的人，应当相应地缴纳数额不同的税金——经济状况（特指受益状况和纳税能力）相对优越者多负税，经济状况相对恶劣者少负税。落实纵向公平的原则，要求解决诸如此类的问题：从原则上判定，不同状况纳税人的不同税负水平；确定应税基础和应税方法；确定高低不同的税率。至于如何根据纳税人的经济状况来确定其税负的份额，又有利益原则与能力原则两种不同主张。

利益原则，又称受益原则或"利益说"。此种主张认为，纳税人的纳税量应当与其受益状况——从政府的服务中享受的利益的多寡——相一致：享受利益多者多纳税，享受利益少者少纳税，不享受利益者不纳税。这种"利益说"，固然有其合理性但是也有很大的局限性。例如，人们从公共物品中的具体受益量，往往就很难量化到人；又如，有时最大受益者并不应当是最大的负税者——穷人、残疾人最为典型。

能力原则，又称"能力说"。此种主张认为，应当以纳税人的纳税能力作为确定征税量的标准——纳税能力强的多纳税，纳税能力弱的少纳税，无纳税能力者不纳税。至于纳税能力如何判断，又有客观说和主观说两种看法。

"客观说"认为，纳税能力应以纳税人所拥有的财富为标准。由于财富是通过所得、支出和财产来体现的，因而此三者可作为衡量纳税能力的标准。"所得"的主要组成部分为劳动所得、资本所得、获赠所得（遗产与赠品所得）。主张以所得衡量纳税能力者认为，所得能够反映一个人在一定时期内的消费能力和投资能力，从而能够反映其纳税能力。主张以"支出"作为衡量纳税能力者认为，消费支出可反映一个人的财力，消费支出多者其纳税能力必然大，消费支出少者其纳税能力必然小。

"主观说"认为，纳税能力应当以纳税人所感受的"牺牲程度"为标准。所谓"牺牲"是指纳税人在纳税前后从其财富所得到的满足（或效用）的差别。如果征税后纳税人所感受的牺牲程度相同，则征收数额与纳税能力相符，具有公平性。对于"牺牲"，又有不同的看法，例如，其中的"比例牺牲"说认为，征税后应使纳税人牺牲的效用与其收入成相同的比例，从而要求对高收入者征收高比例的税，对低收入者征收低比例的税；其中的"最小牺牲"说认为，应当从最高收入者开始实行逐人递减征税，直至对最低收入者免税。

效率原则。效率原则包括税收经济效率原则和税收本身效率原则两个方面。

税收经济效率原则是指税收应当有利于经济的有效运行。通过收税将社会资源由纳税人手中转移到国家手中，若经济活动因此受到干扰和阻碍，即形成税收的额外负担；若经济活动因此而得到促进和发展，即形成税收的额外收益。使税收的额外负担最小而额外收益最大，便是税收效率的基本要求。降低税收额外负担的根本途径在于尽可能保持税收对市场运行机制的"中性"。

税收本身效率原则是指国家在充分取得税收收入的基础上使税务费用最小化。其具体标准为，税收成本占税收收入的比重最小，也就是税收的名义收入（含成本的收入）与实际收入（扣除成本后的收入）的差别最小。降低税收成本的主要途径是：简化税制；采用先进的征收方法，提高税收工作效率；防止贪污舞弊。

三、税收一般原则在地税中的应用

在以上所述的税收原则中，真正具有普遍性和永恒性的是公平原则与效率原则，这是税收的灵魂。而且，把公平原则具体化为横向公平原则与纵向公平原则，把效率原则具体化为税收经济效率原则与税收本身效率原则，可以说是达到了税收原则问题研究的顶峰。尽管在不同社会经济制度下，在不同的经济领域中，对于这些原则的应用会有所不同，但是这并不会影响这些人类智慧结晶的巨大价值。不言而喻，在地税领域中，上述原则都会在不同程度上得到应用。在这里试列出几条作为举例以供探讨：①促进土地资源合理利用的原则；②抑制土地投机的原则；③促进房地产健康发展的原则；④"三农"低税原则；⑤贫富地区差别税负原则；⑥适度财政收入原则。

以上第1条和第2条原则体现了税收经济效率原则在土地领域应

用的突出特点。由于从整体和长远来看,土地资源的有限性与人类对土地资源需求的无限性的矛盾是始终存在的,多管齐下地解决这一矛盾是完全必要的,地税也具有义不容辞的责任,特别是在地少人多的国家和地区,尤其是如此。以上第 3 条,首先体现了效率原则的应用——地税应当支持房地产业的发展,因为地税是与房地产的发展关系最为密切的税收;其次体现了公平原则的应用——地税对于不同的房地产应当分别体现出不同程度的支持。上述第 4 条和第 5 条原则则充分体现了公平原则,对于发展中国家具有十分重要的意义。上述第 6 条原则是指,地税不可能也不应该在提供国家财政收入方面扮演主要角色,这是由地税的基本职能是调节而不是分配所决定的。

此外,作为经济杠杆的税收,干预和调节经济是题中应有之义,是克服市场失灵的重要工具之一。从这个角度来看,税收便不可能是"中立"或"中性"的。

第四节　土地税负的转嫁与土地税收资本化

一、土地税负的转嫁

税负的转嫁是指纳税人通过一定的经济活动将部分或全部税负转嫁给他人。这里所说的"经济活动"是指:并非抗税、偷税、漏税;并非超经济的强制性举措;主要是通过投入、产出的价格变动而起到在实际上减轻税负的作用。税负的转嫁,使得纳税人与负税人在一定程度上分离。凡是由纳税人自己负担税负,称为税负的直接负担,凡是转嫁的税负则称为税负的间接负担。从而,所得税、财产税、人头税等通常无法转嫁的税种称为直接税;而销售税、消费税、关税等对商品、劳务课征的流转税,通常可通过商品、劳务等的价格而实现转嫁的税种,则称为间接税。间接税曾在很长一段时期内成为资本主义国家的主要税种,后来这些国家为了扩大税源而强化直接税。

通过经济活动进行税负转嫁,主要有以下三种形式:①前转亦称顺转。指纳税人将其所纳税额沿着商品运动的方向,向前转嫁于他人。具体地说即生产者、售卖者或出租者,通过提高销售价格、劳务价格或租金等方式,将税款转嫁给消费者、购买者或租赁者。②后转亦称逆转。指纳税人作为购买者时,通过压低商品(如原材料、设备等)价格而把税负向后转嫁给商品的供应者。③混合转亦称散转。指既采用前转又采用后转两种形式的税负转嫁。有一种提法是税负的"消转",指纳税人通过降低成本、提高劳动生产率等方式使其利润水平不致因纳税而降低。但是,这样做却找不到替代纳税人承担税负的人,因而不成为税负转嫁。如果是指通过降低工资、提高劳动强度来抵消税负,那也是属于"后转"(转嫁给劳动者)。

一项税收是否会被转嫁,取决于多种因素,例如税种的性质,所处的经济环境,产品需求的价格弹性(低者易转嫁,高者不易转嫁),产品的性质和生产者对于产品价格的控制能力(如农产品相对难以转嫁,工业品相对易于转嫁),纳税人的运作,等等。具体就土地税负而言,其可能转嫁的情况如何?不同的用地,不同的转向,有所不同。举例而言:对于地主所获地租的征税,是难以转嫁的,征税只能是使地主实际获得的地租减少,而地租量则只取决于土地的供求。[①] 就农地而言,农产品生产者企图通过提高价格而将农地税负向前转嫁给农产品的消费者,一般而言是不可能的。这是由于,农产品市场是一种普通市场,其价格是由供求所决定的,个别生产者是无法改变市场供求状况和价格水平的。除非,农产品生产者通过联合的途径垄断市场价格,但是,一

---

① 参见〔美〕R. 巴洛维著:《土地资源经济学》,北京农业大学出版社 1989 年版,第 387 页。

且出现这种状况,就必然要受到政府的干预而难以如愿。相对而言,联合起来的农业生产者,将农地税负予以后转的可能性则较之前转为大。换言之,农业生产者作为农药、化肥、农机具的购买者,迫使供应者降价的余地是存在的。再如,就房地产而言,由于其产品的个别性很强、差别性大,同样产品的批量小,房地产商对于房地产价格的垄断性往往较强,因而,房地产税负前转给购房者的可能性就往往较大。而且,国家减轻房地产税负,往往只是房地产商得利而房地产消费者却难以受惠。当房地产市场尚不够规范时,这一点尤其突出。

二、土地税负的资本化

土地税负的资本化是指,在对于土地所有者逐年征收财产税的情况下,当土地出售时,税金可被资本化为土地价格的负值,即土地的出售价格相当于其估定价格减去财产税资本化之后的金额,其确切概念为"土地价格负资本化"(negative capitalization of land price)。若税负在原有基础上进一步提高,则其出售价格便会进一步降低;反之,若税负在原有基础上有所降低,则其出售价格便会有所提高。无论在何种情况下,都意味着土地出卖者为土地购买者支付财产税。财产税资本化的本质便是地租资本化;征收土地财产税相当于从土地所有者的地租收入中减去一项成本而降低了地租,从而降低了由地租资本化而求得的地价。从本质上来看,地租资本化也是税负转嫁中的"后转"中的一种特殊的形式。[①]

很明显,当土地所有者不出售其土地时,土地财产税便只能是自行负担,而不存在转嫁的问题。当长期土地使用权的拥有者缴纳类似的土地财产税时,则当土地使用权转让时,也会出现其价格的负资本化的问题。

---

① 参见周诚著:《土地经济研究》,中国大地出版社1996年版,第482页,其中的"前转"系"后转"之误。

第五节　土地税收体系与土地税收构成

一、土地税收体系与土地税收构成概述

土地税收体系是对土地税收的组成部分进行的纵向考察。从纵向来考察，土地税收由税类（又称"税系"）、税种、税目组成，形成"税类（税系）-税种-税目"体系。其中，税类（税系）——由性质相同或相似的税种所构成的税收类别；税种——凡是一种税收都是一个税种；税目——课税品目的简称，它规定了每一税种中的具体课征项目。通常，一个税种包含若干个税目，但有时税种与税目是统一的，即一个税种只有一个税目。土地税收并不是一个税种，甚至也不是一个税类或税系，而是由分属不同税类的多个税种所组成的、有关土地的诸税种的横向集合。

土地税收构成即按照土地课税的性质所划分的土地税收的类别。整个土地税收可划分为五个大类：①所得税类：其中包括各种所得税如个人所得税、公司所得税、分类所得税（如利息所得税、不动产所得税、资本利得税等等）；②财产税类：其中包括动产税、遗产税、赠与税等等；③流转税（或称商品税）类：如产品税、增值税、营业税、消费税、关税等等；④行为税类：如印花税、屠宰税、空地税、荒地税、耕地占用税等等；⑤资源税类：如水资源税、矿产品资源税、林产品资源税等等。

现代发达资本主义国家（地区），除了法国等少数国家外，大多数采取以所得税为主的税制体系，英国、美国尤为突出。在所得税中，又以个人所得税为主而以公司所得税为辅，意在鼓励公司投资，促进经济发展。[①] 仅就土地税（实际上已扩展为不动产税）而言，主要涉及财产

---

① 参见董庆铮主编：《外国税制》，中国财政经济出版社1993年版，第59—61页。

税类、所得税类,部分地涉及行为税类。现阶段一些国家(地区)的土地税以财产税为主、以所得税为辅;另一些国家(地区)则以所得税为主而以财产税为辅;采用行为税、流转税者极少。①

有一种看法认为,土地税属于财产税系或税类。例如,张德粹写道:"按赋税的类别而论,土地税是属于财产税(property tax)。"② 笔者也曾认为:"一般而言,土地税的本质是财产税或其变态。"③ 现在看来,诸如此类的提法都是片面的、不正确的。

二、财产税(property tax)类的土地税

财产税是以纳税人所拥有或支配的财产为课税基础的税类。财产主要包括不动产、有形动产(如营业设备、商品、存货等等)、无形动产(如现金、有价证券等等)。财产税可按不同标准进行分类:按课税范围可划分为一般财产税(对纳税人所有财产进行综合课税者)、特殊财产税(对纳税人的某种财产进行单独课税者,如房产税);按课征对象可分为静态财产税(对纳税人一定时点的财产占有额的定期征税)、动态财产税(在财产所有权取得时,按转移额一次征收的财产税,如遗产税、赠与税);按财产税计税依据可分为财产总值税、财产增值税、财产收益税等等。

财产税是古老的税类,其主要特征是:符合按能纳税原则——它假定,凡拥有财产者即拥有纳税能力,即应尽纳税的义务;财产税收的弹性小——在一定时期内的财产为常量,税额一定;难以遍及全部财产——主要限于不动产、有形财产;计税价格较为复杂——包括原价、

---

① 值得注意的是,在不同的文献中对于不同的土地税种所属的税类的划分,有时有所不同,本书难于更改,悉依原貌。
② 张德粹编著:《土地经济学》,台湾"国立编译馆"1979年版,第521页。
③ 周诚主编:《土地经济学》,农业出版社1989年版,第355页。

市价、收益还原价等等。财产税的具体作用是：可调节财产所有者的收入；可弥补所得税、流转税的不足——对于财富多而所得少者，可弥补所得税之不足，而流转税则根本不涉及财产之多寡；财产税一般为地方税，是地方税的稳定来源（如美国的财产税一直占地方政府收入的80%以上）。①

财产税类的土地税是以反映土地拥有量的数值作为课税依据的。首先出现的是按土地的实物数量如土地面积等课税，但是土地面积很难反映土地的质量，于是便有土地分等定级、按等级课税的出现。进一步，人们认识到土地质量与土地的实际收益往往也会背离，于是又有按土地的收益量（产品实物收益量或现金收益量）课税的出现。最后，便出现了按地价课税的土地财产税。按照地价课税，一般而言也就是按照土地可能取得的地租课税（当然，在地租与地价发生背离时除外）；而地租量是处于变化之中的，那么，只要适时、准确地评估课税地价，便可实现土地财产税课征的公平合理。在现代税收中，都以土地的价格作为衡量土地财产数量的依据和课征土地财产税的依据。② 土地财产税的具体类型和税种是根据其具体存在状态而确定的，包括：①土地取得税——包括土地遗产税、土地赠与税、土地登记税（契税）等，无论从税种的数量来看还是从课税数量在整个土地财产税中所占的比重来看，都不占主要地位。②土地保有税——在整个土地财产税中占有主要地位。对土地保有课税所反映的税收理念是：保有财产即具有纳税能力，或纳税能力与财产保有量成正相关。其税种主要包括：地价税——单纯对土地课税，不考虑地上建筑物，以土地的估定价格或交易价格作为课税依据；房产税（房价税）——单纯对房产（土地改良物）

---

① 参见高强主编：《领导干部财政知识读本（税收篇）》，经济科学出版社1999年版，第238—242页。
② 参见苏志超著：《土地税论》，台湾文笙书局1985年版，第66—70页。

课税,不考虑土地;房地产税——土地与房屋合为一体的财产税;土地增值税——定期估定土地价格,对土地自然增值课税。③土地出让税——是指针对土地出让的所得而课税,其实质是针对土地财产价值的实现而课税。不过,在现实的经济生活中,一般都列入所得税的范围之中。

三、所得税(income tax)类的土地税与行为税类的土地税

所得税类是以所得额为课税对象的各个税种的总称。所得额是指从事生产、经营、投资所获得的收入扣除为取得所得而所需的费用之后的余额。与其他税类相比较,所得税类的基本特征是:对"所得"进行界定较为复杂——不过一般认为所得即财富的增加额,亦即纯收益;所得课税与成本、利润的关系密切;征收较复杂,税务成本较高。所得税产生于英国,逐步传播到其他国家,目前大多数发达资本主义国家均以所得税为主体税种。所得税不仅具有明显的财政功能,而且还具有自动调节经济的功能——在实行累进税制的条件下,当经济繁荣时会自动增税,而当经济萧条时则会自动减税。就课税主体而言,有个人所得税与公司所得税(法人所得税)的区分。就课税对象而言,则区分为:分类所得税——如个人所得税区分为工薪所得税、股息所得税、利息所得税、不动产所得税(租金所得税)、资本利得税;综合所得税——对同一纳税人的各种所得,无论来源如何,都作为一个所得总体对待,按统一税率计税;混合所得税——分类所得税与综合所得税的重叠使用。①所得税类的土地税的具体税种有地租税、房租税、出卖房地产所得税、土地增值税等等。日本实行的"土地转让所得税",本质上是土地增值税。

---

① 参见高强主编:《领导干部财政知识读本(税收篇)》,经济科学出版社1999年版,第176—184页。

除了财产税类的土地税与所得税类的土地税之外,还有行为税(behaviour tax)类的土地税。诸如空地税、荒地税、耕地占用税等等,均可视为控制或干预土地利用行为的课税。继承税、受赠税等,既可视为财产税,又可视为对于接受土地财产行为的课税;契税则可视为对于确立土地产权行为的课税。

第六节 一些国家(地区)的土地税收

一、一些国家(地区)土地税收评介

在本节对美国、英国、日本、法国、意大利、印度、巴西、中国台湾、中国香港等九个国家和地区的土地税收构成加以简要评价。[1] 各个国家和地区都有遗产税、赠与税,本节并未一一提到。

美国。①属于财产税的土地税收有不动产价值税,包括住宅用土地税、经营用土地税、农用土地税、房屋(住宅、厂房等等)税等,均为地方税("地方"包括县、市、学区、道路区、特别区等等)。以不动产市场价格为基础而评定的价格为课税标准,税率因地而异,大体为7%—8%。全国财产税收的绝大部分来自对居民住宅所征收的财产税。②遗产税、赠与税,为联邦税和地方税,实行累进税率,大体为18%—20%。1976年起遗产税与赠与税合并,二者统一征收。③所得税中属于土地税收的有对于出卖房地产的所得、出租房地产的所得征收的个人所得税,实行累进税制——最低税率为15%,最高为33%,由联邦政府征收。④美国联邦政府征收的公司所得税中属于土地税收的有资产

---

[1] 参见董庆铮主编:《外国税制》,中国财政经济出版社1993年版;曾繁正等编译:《税收管理》,红旗出版社1998年版,第6章;林英彦著:《土地经济学通论》,台湾文笙书局1999年版,第4章第3节。

利得（出让房地产的收益）税（capital gain tax）、租金税等，也实行累进税制，不同级别的税率不同——最低为15%，最高为39%。

美国房地产税收的主要特征是：土地税收在整个美国税收中并不占重要地位；主要税种和税收属于地方政府，对于地方政府的财政收入具有举足轻重的作用；主要是为地方公共服务设施等筹集资金，调整收入分配的作用居于次要地位；以不动产价值税为主体，主要是对城市土地、房屋征税。

英国。土地税收主要包含于个人所得税、公司所得税、资本利得税、财产税之中。①个人所得税中的土地税收主要是属于所得税项目表中的A表所列出的土地租金、个人不动产取得的收入（指本年度的投资所得）以及B表中所列出的经营山林、林场取得的收入。其应税所得的确定过程是：先从各类所得中扣除必要费用，得出法定所得；再将各类法定所得汇总，得出总所得；然后从总所得中减去"宽免扣除额"即得应税所得。对于个人所得税实行累进税率，各年度税率不一，1992—1993年度的个人应税所得不同级别的税率分别为20%、25%、40%。②公司所得税中的土地税收的课税对象为不动产租金、林地经营所得二类。从各类所得中扣除必要的费用和损失之后求得应税所得，然后各种所得加总，统一计算所得税。公司所得税采用比例税率，1991—1992年度按照公司利润总额的不同而确定的所得税率分别为25%、33%和35%。③资本利得税中的土地税收主要是对出售不动产的所得课税，与其他资本利得合并而综合课税。应税利得＝售价－（购价＋购置费＋维修费＋处置费），实行比例税率，扣除若干英镑的免税额之后，按一定的百分比计算。供个人自己居住的房屋不作为资本对待，不课征资本利得税。1976年，英国将土地取得的利得单独列出来，开征土地开发税。④英国的财产税（rate）实际上就是土地财产税，为地方税。其课税对象为土地、房屋及与房屋构成一体的其他建筑物，但农用不动产、慈善设施、教会财产、王室财产不包括在内。课税主体为个人、企业和组织；课税依据是由地方自治团体评估的"课税值"（rate value），其数量大体上相当于年租金额。⑤此外，英国所课征的资本转移税，实际上就是遗产税和赠与税。

英国1909年的财政法规定，在以下四种场合课征土地增值税（land value increment tax）：土地出卖时；因土地所有权人死亡而转移土地时；缔结14年以上的租赁契约时；法人所有的土地满15年而无转移时。税率为其涨价部分的20%。但是由于难以计算而经常发生纠纷，而于1917年停征，于1920年正式废止。英国曾于1947年开始，对于因开发改良而地价增加者，无论土地是否转移，一律通过征收土地开发捐（development charge）而将土地增值部分收归国有。后因实施上发生困难，而且市场上的土地供应大减，乃于1953年废止。后来英国政府还针对土地的"开发利益"（development value）征收过土地受益捐（betterment levy），但也未能长期坚持。①

英国土地税收的主要特征是：英国的税收以所得税为主，在土地税收上，也以所得税为主；在英国，除了资本转移税、财产税之外，目前不征收其他土地财产税；英国的税收以中央政府征收为主，地方政府的税收微不足道（仅财产税一项），远远不能满足其经费之需，需要由中央政府大幅度补贴。

日本。①日本的"所得税"即个人所得税，其中的土地税收主要是不动产出让所得税与不动产出租所得税。不动产所得扣除必要经费之后为应税所得。其中，出让不动产的应税所得中，不动产的保有期小于10年者，按全额计税，保有期大于10年者，按半额计税。此种区别对待，意在限制土地投机。不动产应税所得与其他应税所得相加求

---

① 参见林英彦著：《土地经济学通论》，台湾文笙书局1999年版，第258—262页。

得应税总所得,统一计税。此外,对"山林所得"课税,亦可列入土地税的范围之内。②日本的"法人税"即公司所得税,其中也包括类似个人所得税中的不动产税收。③财产税性质的土地税收,是日本土地税收的主体。其中既包括国税,又包括地方税。地方税又分为两级:一级为都道府县级,另一级为市町村级。④不动产取得税,为属于都道府县级的土地税。课税对象为土地、房屋的取得,课税标准为取得价格,基本税率为4%,自住房屋为3%。⑤固定资产税,其性质为固定资产保有税,属都道府县和市町村级两级同时征收的税种。其课税对象主要为土地、房屋的价格。其中,土地价格为政府评定价格,住宅用地价格为评定地价的二分之一;面积在200平方米以下者则按评定价格的四分之一计算。此税还有免税额的规定:土地为14万日元,房屋为8万日元。

日本的土地税收中,有两个税种是专门针对大土地所有者的。其一是地价税,始于1991年。免课此税的土地为:宅基地1000平方米以下者(一处为限);每平方米土地的评定价格在3万日元以下者,不限面积;公共法人或公益法人之土地;供公益使用之土地。而且,对于课税价格还规定了10亿日元或15亿日元的扣除额。因此,此税完全是针对特大土地所有者的,与一般土地所有者无关。其二是特别土地保有税,其基本特征是,以保有或取得基准面积(因地而异,2000—10000平方米)以上的土地为课税对象。①

日本还有一些属于特殊目的土地税。例如,营业场所税是在固定资产税以外另行征收的土地税,适用于超过30万人以上的城市,对新建的营业性房屋课征,其目的在于控制营业性建筑物的收入,并为控制、改善城市环境筹资;由市町村级政府向土地、房屋所有者征收的城

---

① 详见林英彦著:《土地经济学通论》,台湾文笙书局1999年版,第249—255页。

市规划税,意在为城市规划筹集费用;宅地开发费亦由市町村级政府征收,其目的在于为城市基础设施筹资。

日本的土地税收具有以下一些特点:日本的土地资源缺乏、土地价格高,因而各级政府普遍重视地税收入,地方政府尤其如此;日本的土地税以财产税为主,税种完备;土地税收的促进土地资源的合理利用、抑制土地投机的作用得到了较为充分的发挥。

法国。法国的土地税收具有相当突出的特征:①土地税收在法国的总税收中所占比重明显小于其他发达的资本主义国家。这主要是由于法国的间接税的比重大于直接税,间接税中的主要税种——增值税所占的比重最大,所得税、财产税所占比重则明显地低于美国、日本等国家。②法国的土地税收主要为地方税,但是在整个国家的税收中所占比重不大,税收的绝大部分集中在中央政府。③法国的土地税收,具有直接针对土地投机和土地集中的内容。例如,自1962年起,凡保有期未满10年的不动产转让而不能证明其为投机性者,均推定为投机性交易而课征资产利得税;1964年设置地价管制税,其目的在于使一部分公共事业费用由土地所有者负担,并且促进土地流转,抑制土地投机。不过,由于难以实施,地价管制税于1967年废止。

意大利。意大利土地税收的突出特点在于它的土地增值税。从1973年开始,意大利全面推行土地增值税,凡不动产出让、继承、赠与而实现的资产利得,通过每隔10年一次对不动产业主进行的评定而呈现的资产利得,均征收不动产增值税,税率为3%—30%。此前,意大利曾征收建筑用地增值税。"建筑用地"系指一切可供建筑的土地;课税标准为课税日与基准日的土地市价之差;课税日期为:建筑用地转让日、建筑用地开始利用日、上次课征后届满10年之日;税率为15%—50%。意大利还曾征收特别受益捐。其中的中央受益捐为:凡因受中央政府举办的工程的影响而增值的不动产,均按增值额课税25%;其中的地方政府受益捐为：凡受地方公共与公益事业之影响而获得增值的不动产，按最高税率33%的标准征税。自1972年起，上述增值税与受益捐均已废止，而统一实行土地增值税。

印度。作为发展中国家，印度的土地税收具有自己的特色，其主要的方面是：①受英国的影响，印度的所得税征收较早，但是印度的经济不发达，所以迄今以间接税（货物税、关税等）为主，所得税、财产税的比重较小，土地税收也不占重要地位（土地税收主要属于所得税、财产税等直接税）。②联邦、州、地方三级政府参与土地课税，土地税收主要归州和地方政府征收，但联邦政府对于农地收益税以外的所得税性质的土地税以及遗产税、赠与税中的土地税具有管理权。③所得税性质的农地收益税（占农地纯收益的25%—55%），由州政府征收并成为其主体税——这反映了印度以农业经济为主体的状况。④印度设有土地增值税，对因城镇规划和地区基础设施而引起的土地增值课税；印度还从1958年开始征收富裕税，以总资产（农地、农资不包括在内）减去负债之后的纯资产作为课税对象，减去基础扣除后的金额为计税依据；此外，还对居住在10万人口以上城市的人，对于其土地和建筑物征收富裕税的附加税。这些税种的采用，与印度圣雄甘地的平民思想、开国总理尼赫鲁的费边社会主义思想，具有密切的关系。

巴西。①属于所得税中的土地税收即对房地产租赁收入所得的课税，是整个所得税的一部分，而非独立税种；原有对出让房地产课征所得税的规定，已在1967年废止。②属于财产税中的土地税收有农村土地税，由联邦政府征收而与地方政府共享（五五分成），以土地面积为计税依据；城市土地税的课税对象是无建筑物的土地，以"投资价额"为计税依据，税率约2%—3%；城市房产税以其评估值为计税依据，一般税率约11%。③巴西土地税收的基本特点是：税制极为简单,税种非常少;专门征收农村土地税而且以土地面积作为计税依据。④以上这些表明,巴西的土地税制带有比较明显的经济欠发达的色彩。

中国台湾。中国台湾地区的土地税收是极具特色、相当优越的,应当给予高度重视:①台湾人多地少,土地弥足珍贵,土地税制也相应地较为严格和全面;财产税、所得税、行为税等税类、税种相当齐全。②土地税收的政策性很强,意在充分而合理地利用土地资源,预防和制止土地投机等。例如,征收土地增值税、空地税、荒地税、不在地主税等等,尽管尚不如人意,但精神可嘉。台湾的这些做法反映了对于孙中山先生的"平均地权"思想的高度重视。③台湾对农村土地征收之田赋,自 1977 年以后经常停征,自 1987 年起全部停征。这反映了一个必然趋势——随着农业经济在国民经济中所占据的份额的日益降低,针对农地的税收也必然日趋萎缩乃至消亡。④工程受益费——正如其名称本身所示,并非是土地税而是土地费,但是它与土地税的关系十分密切,因而像台湾这样明文规定、规范化收取,是完全必要的而且也是大大优越于无章可循、乱收乱取的。

中国香港。①香港是世界上著名的"避税港"之一。国际上所谓"避税港"是指那些以少税、低税吸引投资的国家、城市和地区。香港的土地税收也反映了这方面的特征——包括印花税、遗产税在内,只有六个税种。②香港的房地产税收基本上只包括所得税:香港的物业税是一种房地产租金税,以实际租金减去 20% 的维修费等作为计税依据,税率大约 15%;香港的房地产利得税,是针对房地产经营者的盈利而征收的一种所得税。③香港的"差饷"来源于英国,其本质是一种房地产使用税——纳税人为房地产使用者,以政府逐年估定的"应课差饷租值"作为计税依据,税率因年而异,大体为 5%—7%,主要用于基层政府在卫生、公园、图书馆等公益方面的开支。

二、各国（地区）土地税收比较分析

①关于土地税收的类型。可分为以下三大类型，即以所得税为主型、以财产税为主型和两者并重型（或无主要税类型）。由于大多数发达国家和地区都以所得税为主，因而，其土地税收往往也以所得税型为主。至于为什么发达国家和地区以所得税为主，则是由于：所得税不是按部门或产品设立的，而且往往是分别计算、统一征收的，因而符合自由竞争的要求；所得税可做到"多得多征、少得少征、不得不征"，更符合公平原则的要求；而且，以所得税为主体是以高度发达的生产力和较高的人均国民收入为基础的。

②关于土地所得税。发达国家和地区一般以个人所得税为主，而发展中国家和地区则一般以企业所得税为主；前者征收范围广，后者征收范围窄；前者多采用多档次的超额累进税制，后者则多采取少档次的累进税制。其主要原因在于，前者人均收入水平高，个人收入水平也高，而后者则反之。

③关于土地财产税。土地财产税是税收的最为古老的形态，已经有了几千年的历史。它的具体形态有三种：土地（不动产）租金税——如地租税、房租税；土地转让税——如地价税、土地增值税；土地净值税——这是指针对土地财富的非商品性转移的课税，即遗产税、赠与税。一般而言，经济越发达，不仅土地所得税越发达，而且土地财产税也越发达。

④关于土地所得税与土地财产税的关系。从一定意义上来说，土地财产是土地收益的积累形态，而土地收益则是土地财产的流动形态，因而二者具有同一性；同理，土地所得税与土地财产税也具有同一性。发达国家虽然重视所得税不重视财产税，但是就土地税收而言二者却并无本质区别。

⑤关于土地税种的数量、覆盖面与重叠度。一般而言,经济越是发达,土地税种就越多,覆盖面就越大,重叠度(对同一纳税人征收的税种数量)也就越高,这反映了经济发展与土地税收发展的同步性与协调性,而与无端加重纳税人的负担、任意提高税收成本等是无关的。而且,土地税收的简略,一般而言是经济与税收落后的表现而非先进的表现。当然,物极必反,土地税种如果人为地扩展得过了头,便必然会导致精简。

⑥关于土地税收管理体制。这是整个税收管理体制中的一个组成部分。一般国家通常都采取中央集权的体制,而实行联邦制的国家(如美国、德国等)以及人口多、国土面积大、民族复杂的发展中国家,则往往采用中央集权与地方分权相结合的体制。而且,在后一种情况下,土地税收主要为地方税。

第七节 现阶段中国的土地税收

一、中国现行土地税收

以下将中国现行14种土地税归纳为4个税类加以简介。①
(1)所得税类
①农业税。② 农业税的课税对象是农业收入,包括粮食、棉花、麻类、烟叶、油料、糖料、园艺等作物的收入,实际上也就是农用土地的收入,从而农业税也就是农用土地税。农业税以常年产量作为计税依据,而常年产量是根据土地的自然条件和当地的一般经营情况而评定的正

---

① 税种的分类,基本上是以高强主编的《领导干部财政知识读本(税收篇)》一书为依据的。
② 本部分的基本依据为《中华人民共和国农业税条例》(1958)。

常年景下农作物的产量。农业税条例规定,常年产量评定之后,5 年之内不予调整;实际上已有 30 多年未予调整,目前的"常年产量"已经大大低于实际产量。这是对于农民实行的一种德政。农业税实行比例税率,全国平均税率为 15.5%,省级的平均税率由国务院予以规定,县级的则由省级人民政府予以规定。

②农业特产税。1993 年国务院发布《关于对农林特产收入征收农业税的若干规定》,将农业特产收入从农业收入中分离出来,另行征收农业特产税。具体征税范围包括烟叶、林木产品、园艺产品、水产品、牲畜产品、食用菌、贵重食品等等;税率分 6 个档次,最低为 8%,最高为 25%。此税的本质依然是农用土地税。

③牧业税。对于牧业税,国家未制定统一的征税办法,而是授权开征牧业税的省区根据农业税条例和民族区域自治法的精神以及国家有关的方针政策等,自行制定。征税范围包括骆驼、马、驴、骡、牛、羊等。目前开征牧业税的有内蒙古、宁夏、新疆、陕西、甘肃、青海、四川等省区,西藏自治区已从 1980 年起停征。对于在半农半牧区兼营农牧业的单位和个人,采取"征一不征二"的原则——凡牧业收入比重大的纳税人,免征农业税;凡农业收入比重大的纳税人,则免征牧业税。由于牧业产品也是土地产品,因而牧业税的本质也是农用土地税。

④企业所得税中的土地税。[①] 这并不是一个独立的税种或税目,而是企业所得税的组成部分。其课税对象为纳税人每一纳税年度内房地产租金所得和转让房地产所得,减去"准予扣除项目"的金额便为应纳税所得额。"准予扣除项目"包括成本、税金(含消费税、营业税、城市维护建设税、资源税、土地增值税等)、损失等。企业所得税实行 33%的比例税率,对于年应纳税额较低的企业有所优惠。

---

① 本部分的基本依据为《中华人民共和国企业所得税暂行条例》(1993)。

⑤个人所得税中的土地税。① 这也不是一个独立的税种或税目,而是个人所得税的组成部分。其课税对象为纳税人每一纳税年度内房地产租金所得和转让房地产所得。适用比例税率为20%。房地产租赁中的应纳税所得额,为每次取得的收入(以一个月为一次)减除规定费用后的余额;房地产转让中的应税所得额,为转让财产收入额减除财产原值和合理费用(出卖房地产过程中按规定支付的有关费用)后的余额。对于个人所得税实行20%的比例税率。

(2)财产税类

⑥城镇土地使用税。② 城镇土地使用税是国家在城市、县城、建制镇和工矿区范围内,对使用土地的单位和个人,以其实际占用的土地面积为计税依据而征收的一种财产税。征收此税,有利于促进合理、节约地使用土地,有利于调节土地级差收益,促进企业之间的公平竞争,并且有利于理顺国家与土地使用者之间的分配关系。土地使用税采用分类分级的幅度定额税率(即"分等幅度税额")。每平方米的年幅度税额分别为:大城市0.5—10元;中等城市0.4—8元;小城市0.3—4元;县城、建制镇、工矿区0.2—4元。

⑦土地增值税。③ 土地增值税也可归入财产税的范围之内。其征收的目的主要是防止国有土地收益流失,防止土地与房地产投机,并增加财政收入。土地增值税的征税范围包括有偿转让国有土地使用权、地上建筑物和其他附着物,而以转让中所取得的增值额作为课税依据。计算增值额应扣除的项目包括取得土地使用权所支付的金额,开发土地和新建房及配套设施的成本,与房地产开发项目有关的销售费用、管理费用和财务费用,旧房及旧建筑物的评估价格,与转让房地产有关的

---

① 本部分的基本依据为《中华人民共和国个人所得税法》(1993)。
② 本部分的基本依据为《中华人民共和国城镇土地使用税暂行条例》(1988)。
③ 本部分的主要依据为《中华人民共和国土地增值税暂行条例》(1993)。

税金等等。土地增值税实行四级超额累进税率：增值额未超过扣除项目金额 50% 的部分，税率为 30%；增值额超过扣除项目金额 50%、未超过 100% 的部分，税率为 40%；增值额超过扣除项目金额 100%、未超过 200% 的部分，税率为 50%；增值额超过扣除项目金额 200% 以上的部分，税率为 60%。按照上述办法征收土地增值税，可使房地产所有者、开发者保留依靠自己投资所形成的增值（通称"人工增值"），而将其他因素所形成的增值（通称"自然增值"）的相当大的部分收归国家所有。这是符合税收的公平原则的。①

⑧房产税。② 按照其本质，房产税属于财产税，是以城市、县城、建制镇和工矿区的房产为课税对象，按照房屋计税价值或出租房屋的租金收入，向产权所有人征收的一种税。征收房产税的主要作用是筹集财政收入，并均衡社会财富。拥有房屋产权的单位和个人，都是房产税的纳税人；房屋产权属于国家所有的，则其经营管理的单位和个人为纳税人。房产税采取比例税率：一是按房产原值减除 10%—20% 后的余额计征，税率为 1.2%；二是按房产出租的租金计征，税率为 12%。由于房产的计税余值大体上相当于标准房租的 10 倍，所以，两种计税方法的税负基本持平。值得注意的是房产税的免税规定：国家机关、人民团体、军队等自用的房屋，由国家财政部门拨付事业经费的单位的自用房屋，寺庙、公园、名胜古迹的自用房屋，个人所有的非营业性房屋等，均可免税。

⑨契税。③ 契税属于财产转移税，由财产承受人缴纳。除了筹集财政收入之外，契税的主要作用是承认不动产转移生效，保护合法产权，避免产权纠纷。契税的征税对象是发生土地使用权和房屋所有权属转

---

① 对于土地增值税的具体分析，请参见拙文：《关于土地增值税的管见》《通过〈细则〉看我国的土地增值税》，载周诚著：《土地经济研究》，中国大地出版社 1996 年版。
② 本部分的基本依据为《中华人民共和国房产税暂行条例》（1986）。
③ 本部分的基本依据为《中华人民共和国契税暂行条例》（1997）。

移的土地和房屋。其具体征税范围包括土地使用权出让、土地使用权转让、房屋买卖、房屋赠与和房屋交换。

（3）流转税类

⑩营业税——转让土地使用权、销售不动产营业税。① 营业税属于流转税，转让土地使用权和销售不动产所应交纳的营业税是其组成部分。征收营业税的目的在于筹集财政资金，通过确定征免界限、差别税率等而促进各行业协调发展，并通过同一大类行业采用相同的比例税率而鼓励平等竞争。转让土地使用权、销售不动产的税率为5%。

（4）行为税类

⑪耕地占用税。② 耕地占用税是对占用耕地建房或者从事其他非农建设的单位和个人征收的一种行为税，其目的在于保护耕地，促进土地资源的合理利用。凡占有耕地建房或从事其他非农建设的单位和个人，均为耕地占用税的纳税人，包括国家机关、企事业单位、农村居民和其他公民。税率分为四个档次，以县为单位：人均耕地在1亩以下（含1亩）的地区，每平方米2—10元；人均耕地在1—2亩（含2亩）的地区，每平方米为1.6—8元；人均耕地在2—3亩（含3亩）的地区，每平方米为1.3—6.5元；人均耕地在3亩以上的地区，每平方米为1—5元。经济特区、经济技术开发区、人均耕地特别少的地区，加征50%以下的税金；获准征用或占用耕地超过两年不使用的，加征2倍以下的税金。属于特殊情况的，可依法减免。

⑫城市维护建设税。③ 城市维护建设税是一种具有受益性质的行为税。它随消费税、增值税、营业税等"三税"而附征，税款专用于城市公共事业和公共设施的维护与建设。纳税人所在地为城市的，税率

---

① 本部分的主要依据为《中华人民共和国营业税暂行条例》（1993）。
② 本部分的主要依据为《中华人民共和国耕地占用税暂行条例》（1987）。
③ 本部分的主要依据为《中华人民共和国城市维护建设税暂行条例》（1985）。

为 7%；纳税人所在地为县城、建制镇的，税率为 5%；纳税人所在地不在城市市区、县城、建制镇的，税率为 1%。

⑬ 固定资产投资方向调节税。[①] 固定资产投资方向调节税是向固定资产投资的单位和个人征收的一种行为税，其目的在于控制固定资产投资规模，引导和改善投资结构，规范投资主体行为并提高投资效益。凡是在中国境内从事固定资产投资的单位和个人，都是纳税人。它的征税对象是以各种资金进行的固定资产投资，以固定资产投资项目实际完成的投资额作为计税依据。依据国家产业政策发展序列和项目经济规模要求，本着长线产品与短线产品有别、基本建设和更新改造有别等原则，共设置五档差别税率：0、5%、10%、15%、30%。例如，国家急需发展或更新改造的项目，适用零税率；商品住宅采用 5% 的低税率；一般更新改造的项目采用 10% 的税率；对于大多数项目投资采用 15% 的中等税率；对于楼堂馆所采用 30% 的高税率。

⑭ 印花税。[②] 印花税也属于行为税，是对于经济活动、经济交往中书立、领受凭证的行为而征税，包括房屋产权证、土地使用证、房地产租赁合同等等。印花税实行比例税率或定额税率，比例税率分为五个档次：千分之一、万分之五、万分之三、万分之零点五、万分之零点三，定额税率适用于无法计算金额的凭证或计税依据明显不合理的凭证。

二、对于中国现行土地税收的分析

现阶段中国土地税收所涉及的税类相当广泛，主要为所得税、财产税、行为税，也涉及流转税，税种达 14 个之多。如前所述，随着经济、

[①] 本部分的主要依据为《中华人民共和国固定资产投资方向调节税暂行条例》（1991）。

[②] 本部分的主要依据为《中华人民共和国印花税暂行条例》（1988）。

社会的发展,一般而言税种会随之而适度增加,以便充分发挥其分配职能、调节职能和监督职能,并落实税收的公平与效率原则。就此观之,现阶段中国的土地税制并非属于落后行列而是属于先进的行列——税种虽多但各司其职而并非无端重叠。

尽管如此,中国现行的土地税制仍然有值得改进之处。笔者试作如下设想:

(1)关于农业税。①将农业税改为农用土地税,以使之名实相符,而且可进一步根据土地的位置、肥力的差别而适当拉大其税负的距离。②从发展趋势上看,应当在与中国所承担的国际义务不相违背的条件下,逐步降低并且最终取消农用土地税(目前发达国家一般已经不征收农用土地税);相应地,凡是以土地为基础的牧业税也应逐步降低并最终取消。③农业特产税往往并不完全是以土地为主要基础的,因而应当予以保留。

(2)关于耕地占用税。对于中国这样的人多地少、土地极其珍贵的国家来说,控制占用耕地的行为税是极其重要的。为了使这一税种真正发挥其作用,就必须适当提高其税率。而且,在中国需要严加保护的并不仅仅是耕地,还有其他农用土地,因此,应当改称"被保护农地占用税"——凡是占用依法进行保护的农地,均应课征此税。

(3)关于增设荒地税。为了有效地制止农用土地的撂荒,充分而合理地利用土地,应当增设荒地税。

(4)关于城镇土地使用税。目前的税额太低(大城市每平方米每年仅0.5—10元),基本上起不到调节土地级差收益、促进土地合理利用的作用。如果显著提高其税额,便会使这一经济杠杆充分发挥其作用。在中国城镇土地所有权归国家所有的条件下,土地出让金相当于地价;当国家在收取土地出让金之后再逐年收取土地使用税,后者的土地财产税的性质便十分明显。如果,对于实行有偿出让制的土地仅收取土地出让金,而在实行土地划拨制的条件下,则仅仅收取土地使用税作为补偿,那么此时的土地使用税便可被解释为地租。显然,地价、地租与地税是不可混同的,国家既应当收取地价、地租,又应当收取地税。

有人主张专门征收土地财产税并用以代替土地出让金,认为它具有以下五大益处:①可加大囤积土地的成本,抑制土地炒卖;②可加大土地保有成本,促使低效率用地单位出让土地,改善土地利用;③作为经常性收入,可为城市基础设施的建设提供经常性财源;④可降低房屋成本;⑤可抑制政府部门因追求土地收益而过度开发土地。[①]

(5)关于土地增值税。设置土地增值税的目的是十分明确的,即合理分配土地增值,克服土地囤积、土地短期占有、土地高价倒卖等投机活动。如果认真依法征收土地增值税,即可有效地制止种种土地投机行为。目前,全世界只有极少数国家和地区设置并认真征收土地增值税。在这种形势下,中国土地增值税的认真贯彻执行,自然有其难度。

(6)关于增设土地闲置税。征收土地增值税虽然可制止土地投机,但是却不可能制止土地的闲置。《中华人民共和国房地产管理法》规定:"超过出让合同约定的动工开发日期满一年未动工开发的,可以征收相当于土地使用权出让金百分之二十以下的土地闲置费。"但是,这一规定具有相当大的伸缩性。如果将土地闲置费改为土地闲置税,便更具有强制性并会更加有效。

除此而外,在本章第二节中提到的如何针对地税特点而落实税收的调节职能问题,本章第三节提到的如何在地税中应用税收一般原则问题,都与改善中国地税问题有关。

---

① 参见《中国经济时报》,2002年7月30日,第2版,张炜文,该文介绍了赵燕菁的观点。

主要参考文献

第一编　绪论

第一章　对土地的经济学剖析

1. 〔美〕R.T.伊利等著:《土地经济学原理》,商务印书馆1982年版,第2、3章。
2. 〔美〕R.巴洛维著:《土地资源经济学》,北京农业大学出版社1989年版,第1章第2节。
3. 〔加〕M.歌德伯戈等著:《城市土地经济学》,中国人民大学出版社1990年版,绪论第1节。
4. 张德粹编著:《土地经济学》,台湾"国立编译馆"1979年版,第1章第1、2节。
5. 林英彦著:《土地经济学通论》,台湾文笙书局1999年版,第1章第1节。
6. 刘书楷主编:《土地经济学》,中国矿业大学出版社1993年版,绪论第1节。
7. 于光远:《土地的定义》,《中国土地科学》1994年第5期。
8. 周诚主编:《土地经济学》,农业出版社1989年版,绪论第1、2、3节。
9. 周诚:《关于土地定义的探讨》,见周诚著:《土地经济研究》,中国大地出版社1996年版。
10. 周诚:《不动产的概念与特性》,见上书。
11. 周诚:《土地价值论》,《中国土地科学》1992年第3期;另见周诚著:《土地经济研究》,中国大地出版社1996年版。
12. 周诚:《土地价值续论》,《不动产纵横》1996年第1期;另见上书。
13. 况伟大:《我国主要的土地价值论及其述评》,《中外房地产导报》2001年第11期。

第二章　土地经济学概说

1. 〔美〕R.T.伊利等著:《土地经济学原理》,商务印书馆1982年版,第1章。

2. 〔美〕R.巴洛维著:《土地资源经济学》,北京农业大学出版社 1989 年版,第 1 章第 1 节。
3. 〔加〕M.歌德伯戈等著:《城市土地经济学》,中国人民大学出版社 1990 年版,绪论第 3 节。
4. 张德粹编著:《土地经济学》,台湾"国立编译馆"1979 年版,第 1 章第 3 节。
5. 林英彦著:《土地经济学通论》,台湾文笙书局 1999 年版,第 1 章第 3 节。
6. 刘书楷主编:《土地经济学》,中国矿业大学出版社 1993 年版,绪论第 2、3 节。
7. 苏志超著:《土地经济学术之开创与发展》,台湾中国地政研究所印行,2000。
8. 钟祥财著:《中国土地思想史稿》,上海社会科学院出版社 1995 年版。
9. 苏志超:《"桥"与"道"——海峡两岸土地学术交流纪实》,《不动产纵横》1997 年第 1 期。
10. 周诚主编:《土地经济学》,农业出版社 1989 年版,绪论第 4 节。
11. 周诚:《我国土地经济学的学科建设》,《中国土地科学》1992 年第 6 期。
12. 周诚:《简评关于土地经济学科建设的几个观点》,《不动产纵横》1997 年第 4 期。
13. 周诚:《关于土地经济学的对象、性质与体系等问题的拙见》,《不动产纵横》1998 年第 3 期。
14. 周诚:《20 世纪中国土地经济学术研究纵览》,《不动产纵横》1999 年第 1 期。

第二编 土地资源经济

第三章 土地资源经济概论

1. 〔美〕R.T.伊利等著:《土地经济学原理》,商务印书馆 1982 年版,第 5、6、7 章。
2. 〔美〕R.巴洛维著:《土地资源经济学》,北京农业大学出版社 1989 年版,第 7、8 章。
3. 〔美〕R.R.雷纳著:《土地经济学》,台湾中国地政研究所等印行,1961,第 2 编。
4. 张德粹编著:《土地经济学》,台湾"国立编译馆"1979 年版,第 8 章。
5. 林英彦著:《土地经济学通论》,台湾文笙书局 1999 年版,第 6 章。
6. 刘书楷主编:《土地经济学》,中国矿业大学出版社 1993 年版,第 6 章。
7. 刘书楷等著:《农业资源经济学》,西南财经大学出版社 1989 年版,第 8 章。
8. 北京土地经济理论研究会:《土地经济学初编》,1986,第 16 章。

9. 王宝铭著:《城乡土地评价》,天津社会科学院出版社1996年版,第7章。
10. 许牧、张小华主编:《中国土地管理利用史》,中国农业科技出版社1995年版,第4章。
11. 林培主编:《土地资源经济学》,北京农业大学出版社1991年版,第4章。
12. 周诚:《论我国土地利用和管理的基本原则》,《中国农村经济》1987年第7期。
13. 周诚:《对于土地利用基本原则的再探讨》,《不动产纵横》1999年第4期。
14. 周诚主编:《土地经济学》,农业出版社1989年版,第2章。
15. 周诚:《土地使用价值探索》,《不动产纵横》1998年第4期。

第四章 土地资源的供给、需求与可持续利用

1. 〔美〕R.巴洛维著:《土地资源经济学》,北京农业大学出版社1989年版,第2、3、4章。
2. 〔美〕R.R.雷纳著:《土地经济学》,台湾中国地政研究所等印行,1961,第2编。
3. 〔加〕M.歌德伯戈等著:《城市土地经济学》,中国人民大学出版社1990年版,第3、4章。
4. 张德粹编著:《土地经济学》,台湾"国立编译馆"1979年版,第2、3章。
5. 林英彦著:《土地经济学通论》,台湾文笙书局1999年版,第6、9章。
6. 刘书楷主编:《土地经济学》,中国矿业大学出版社1993年版,第2章。
7. 〔韩〕朱奉圭著:《土地经济学》,法律出版社1991年版,第2章。
8. 课题组:《中国土地资源生产能力及人口承载量研究》,中国人民大学出版社1992年版,第1篇。
9. 朱国宏著:《人地关系论》,复旦大学出版社1996年版,第8章。
10. 苗复春、唐忠:《国以"食"为天》,广西师范大学出版社1998年版,第2章。
11. 杨云彦主编:《人口、资源与环境经济学》,中国经济出版社1999年版,第17章。
12. 丰雷:《我国成片土地开发经济效率研究》(中国人民大学博士学位论文),2000。
13. 周诚主编:《土地经济学》,农业出版社1989年版,第1章。
14. 周诚:《略论土地的可持续利用》,《中国土地》1996年第3期。

第五章　土地区位经济

1. 〔英〕G. 怀特海德著:《经济学》,新华出版社 2000 年版,第六章。
2. 〔德〕J.H.V. 杜能著:《孤立国同农业和国民经济的关系》,商务印书馆 1997 年版。
3. 〔德〕A. 韦伯著:《工业区位论》,商务印书馆 1997 年版。
4. 〔加〕M. 歌德伯戈等著:《城市土地经济学》,中国人民大学出版社 1990 年版,第 8 章。
5. 〔美〕R. 巴洛维著:《土地资源经济学》,北京农业大学出版社 1989 年版,第 9 章。
6. 周起业编著:《西方生产布局学原理》,中国人民大学出版社 1987 年版。
7. 刘再兴等编著:《生产布局学原理》,中国人民大学出版社 1984 年版。
8. 周一星著:《城市地理学》,商务印书馆 1997 年版,第 8 章。
9. 蔡孝箴主编:《城市经济学》,南开大学出版社 1998 年版,第 8 章。
10. 郝寿义等主编:《区域经济学》,经济科学出版社 1999 年版,第 2、3、7 章。
11. 中国社会科学院研究生院城乡建设经济系编:《城市经济学》,经济科学出版社 1999 年版,第 6、8 章。
12. 史忠良主编:《产业经济学》,经济管理出版社 1999 年版,第 5 篇。
13. 周诚主编:《土地经济学》,农业出版社 1989 年版,第 3 章。

第六章　土地集约经济

1. 林英彦、颜爱静:《高楼地区地价查估作业之研究》,1982。
2. 柴强:《论立体地价》,载《地价理论与土地估价方法》,江苏人民出版社 1990 年版。
3. 课题组:《城市存量土地潜力的初步研究》,《中外房地产导报》1997 年第 22 期。
4. 张有福:《城市空间价值开发的几个问题研究》,《中国土地科学》1997 年第 3 期。
5. 于伟、汪辉:《城市空间价值开发的几个理论问题探讨》,中国土地学会土地经济分会 1997 年学术年会材料。
6. 周诚:《土地立体观》,《不动产纵横》1998 年第 1 期。
7. 周诚:《论城市土地的立体利用》,《中外房地产导报》1998 年第 23—24 期。

第七章　土地规模经济

1. 〔美〕L.雷诺兹著:《微观经济学》,商务印书馆 1986 年版,第 6 章。
2. 白有光主编:《农业规模经营研究文集》,科学技术文献出版社 1989 年版。
3. 中国农业科学院编:《农业适度规模经营问题》,农业出版社 1989 年版。
4. 徐文通主编:《城市建设经济学》,中国物资出版社 1989 年版,第 4 章。
5. 张仲敏主编:《城市建设经济学》,中国财政经济出版社 1990 年版,第 4 章。
6. 周一星著:《城市地理学》,商务印书馆 1995 年版,第 7 章。
7. 蔡孝箴主编:《城市经济学》,南开大学出版社 1998 年版,第 5 章。
8. 周诚:《关于农业规模经营的几个问题》,载《农业规模经营研究文集》,科学技术文献出版社 1989 年版。
9. 周诚:《对于我国农业实行土地规模经营的几点看法》,《中国农村观察》1995 年第 1 期。
10. 周诚:《略论北京市郊区农业与农村中的规模经济与协作经济》,《农经理论研究》1995 年第 11 期。

第三编　土地财产经济

第八章　土地财产经济概论

1. 〔美〕R.T.伊利等著:《土地经济学原理》,商务印书馆 1982 年版,第 10 章。
2. 〔美〕R.R.雷纳著:《土地经济学》,台湾中国地政研究所等印行,1961,第 4 编。
3. 〔美〕R.巴洛维著:《土地资源经济学》,北京农业大学出版社 1989 年版,第 13、14 章。
4. 〔加〕M.歌德伯戈等著:《城市土地经济学》,中国人民大学出版社 1990 年版,第 7 章。
5. Dovring, F., *Land Economics*, Chap.13, Boston: Breton Publisher, 1987.
6. Ring, Alfred A, Dasso J., *Real Estate Principles and Practices*, Chap.3, Prentice Hall, Inc., New Jersey, 1985.
7. 〔美〕R.科斯等著:《财产权利与制度变迁》,上海三联书店 1991 年版。
8. 〔美〕Y.巴泽尔著:《产权的经济分析》,上海三联书店、上海人民出版社 1997 年版。

9. 张军著:《现代产权经济学》,上海三联书店、上海人民出版社 1995 年版。
10. 戚名琛:《综述城市土地产权制度建设的三种思路》,载《中国土地问题研究》,中国科技大学出版社 1998 年版。
11. 张海鱼:《土地产权研究》(中国人民大学博士学位论文),1993。
12. 王小映:《土地制度变迁研究》(中国人民大学博士学位论文),1998。
13. 周诚主编:《土地经济学》,农业出版社 1989 年版,第 6 章。
14. 周诚:《中国城镇国有土地产权制度》,载周诚著:《土地经济研究》,中国大地出版社 1996 年版。
15. 周诚:《制度经济学读书札记——兼浅议土地制度分析》,载《不动产纵横》1997 年第 3 期。
16. 周诚:《论我国土地产权构成》,载《中国土地科学》1997 年第 3 期。

第九章 土地所有制与土地所有权

1. 〔美〕R.T. 伊利等著:《土地经济学原理》,商务印书馆 1982 年版,第 10 章。
2. 〔美〕R. 巴洛维著:《土地资源经济学》,北京农业大学出版社 1989 年版,第 13 章。
3. 〔加〕M. 歌德伯戈等著:《城市土地经济学》,中国人民大学出版社 1990 年版,第 7 章。
4. Dovring, F., *Land Economics*, Chap.14, Boston: Breton Publisher, 1987.
5. 唐德华主编:《民法教程》,法律出版社 1987 年版,第 9、10 章。
6. 李由义主编:《民法学》,北京大学出版社 1988 年版,第 9、10、11 章。
7. 陈洪博主编:《土地法概论》,华中师范大学出版社 1989 年版,第 4、5 章。
8. 王家福等著:《土地法的理论与实践》,人民日报出版社 1991 年版,第 2 章。
9. 王卫国著:《中国土地权利研究》,中国政法大学出版社 1997 年版,第一部分。
10. 周诚主编:《土地经济学》,农业出版社 1989 年版,第 6 章第 3、4 节。

第十章 土地使用制与土地使用权

1. 史尚宽著:《物权法论》,台湾荣泰印书股份有限公司,1957,第 4、5、6 章。
2. 李由义主编:《民法学》,北京大学出版社 1988 年版,第 14 章。
3. 陈洪博主编:《土地法概论》,华中师范大学出版社 1989 年版,第 6 章。
4. 王家福等著:《土地法的理论与实践》,人民日报出版社 1991 年版,第 2 章。
5. 王卫国著:《中国土地权利研究》,中国政法大学出版社 1997 年版,第二、三部分。

6. 刘光远等主编:《新编土地法教程》,北京大学出版社1999年版,第5章。
7. 周诚主编:《土地经济学》,农业出版社1989年版,第6章第5节。
8. 周诚:《均田制、永佃制探新》,载《不动产纵横》1996年第2期。

第十一章 土地财产的国家管理制

1. 〔美〕R.T.伊利等著:《土地经济学原理》,商务印书馆1982年版,第13章。
2. 〔美〕R.巴洛维著:《土地资源经济学》,北京农业大学出版社1989年版,第17章。
3. 〔美〕R.R.雷纳著:《土地经济学》,台湾中国地政研究所等印行,1961,第16章。
4. Dovring, F., *Land Economics*, Chap.20, Boston: Breton Publisher, 1987.
5. 林英彦著:《土地经济学通论》,台湾文笙书局1999年版,第5章第1节。
6. 周诚主编:《土地经济学》,农业出版社1989年版,第6章第6节、第11章第5节。
7. 周诚:《关于完善中国国有土地管理体制的设想》,载《中英土地管理学术高级论坛》(论文集),1996。

第十二章 农村土地财产制度

1. 刘克祥著:《简明中国经济史》,经济科学出版社2001年版,第1章。
2. 高德步等编著:《世界经济史》,中国人民大学出版社2001年版,第1、2、3篇。
3. 朱寰主编:《亚欧封建经济形态比较研究》,东北师范大学出版社1996年版,第2章。
4. 朱嗣德编著:《各国土地制度》,台湾中兴大学地政学系印行,2000。
5. 林英彦著:《土地经济学通论》,台湾文笙书局1999年版,第5章第2节。
6. 许牧、张小华主编:《中国土地管理利用史》,中国农业科技出版社1995年版,第1、2章。
7. 岳琛主编:《中国农业经济史》,中国人民大学出版社1989年版,第1、2、3、4、5、6、8章。
8. 郑庆平等编著:《中国近代农业经济史概论》,中国人民大学出版社1987年版,第3章。

9. 周诚主编:《土地经济学》,农业出版社 1989 年版,第 7、9 章。

第十三章　现阶段中国农村土地财产制度

1. 《中华人民共和国土地管理法》(1998)。
2. 《中华人民共和国土地管理法实施条例》(1998)。
3. 《中华人民共和国农村土地承包法》(2002)。
4. 国务院农研中心试验区办公室、贵州省委农研室合编:《产权·流转·规模——中国农村土地制度研究》,1989。
5. 中国农地制度课题组编著:《中国农村土地制度的变革》,北京大学出版社 1993 年版。
6. 王卫国著:《中国土地权利研究》,中国政法大学出版社 1997 年版,第 4、5、8 章。
7. 曲福田、黄贤金等编著:《中国土地制度研究》,中国矿业大学出版社 1997 年版,第 4 章。
8. 唐忠著:《农村土地制度比较研究》,中国农业科技出版社 1999 年版。
9. 蔡家成:《中国农村土地制度建设研究》(中国人民大学博士学位论文),1994。
10. 钱忠好著:《中国农村土地制度变迁和制度创新研究》,中国农业出版社 1999 年版,第 5、6、7、8 章。
11. 张君宇、王玲:《征地改革:探索新概念》,《中国国土资源报》2000 年 12 月 4 日第 3 版。
12. 黄志华:《征地新概念——谈土地征用制度的改革》,《中国国土资源报》2001 年 10 月 16 日第 3 版。
13. 周诚主编:《土地经济学》,农业出版社 1989 年版,第 10 章。
14. 周诚著:《土地经济研究》,中国大地出版社 1996 年版,第 4 编。
15. 周诚著:《土地经济研究》(续集,修订本),中国人民大学不动产研究中心等印行,2000,第 5 编。

第十四章　城市土地财产制度

1. 蔡孝箴主编:《城市经济学》,南开大学出版社 1998 年版,第 2、3 章。
2. 中国社会科学院城乡建设经济系编:《城市经济学》,经济科学出版社 1999 年版,第 2 章。

3. 朱寰主编:《亚欧封建经济形态比较研究》,东北师范大学出版社1996年版,第7章。
4. 〔美〕R.T.伊利等著:《土地经济学原理》,商务印书馆1982年版,第10章。
5. 朱嗣德编著:《各国土地制度》,台湾中兴大学地政学系印行,2000。
6. 刘克祥著:《简明中国经济史》,经济科学出版社2001年版,第1章。
7. 高德步等编著:《世界经济史》,中国人民大学出版社2001年版,第2、3、4、5、15章。
8. 柴强编著:《各国(地区)土地制度与政策》,北京经济学院出版社1993年版,第2章。
9. 赵津著:《中国房地产业史论》,南开大学出版社1994年版,第1章。

第四编 土地资产经济

第十五章 土地资产经济概论

1. 中华人民共和国国务院:《关于加强国有土地资产管理的通知》(2001年4月30日)。
2. 中华人民共和国国土资源部:《关于整顿和规范土地市场的通知》(2001年6月21日)。
3. 中华人民共和国国土资源部:《土地资产管理"十五"计划纲要》(2002年4月2日)。
4. 〔美〕R.巴洛维著:《土地资源经济学》,北京农业大学出版社1989年版,第10章。
5. 〔加〕歌德伯戈等著:《城市土地经济学》,中国人民大学出版社1990年版,第8、9章。
6. 张熏华主编:《土地与市场》,上海远东出版社1996年版,第3、11章。
7. 毕宝德编著:《中国地产市场研究》,中国人民大学出版社1994年版,第1、2、3、4章。
8. 袁征主编:《中国经济发展与地产市场》,改革出版社1994年版。
9. 余必龙:《中国城市地产经营论》(中国人民大学博士学位论文),1991。
10. 况伟大:《北京市住宅市场结构研究》(中国人民大学博士学位论文),2002。
11. 欧阳安蛟主编:《中国城市土地收购储备制度:理论与实践》,经济管理出版社 2002 年版。

12. 冷宏志、宫玉泉:《收购储备土地——政府垄断存量土地供应的有效机制》,《中国国土资源报》,2000 年 5 月 24 日,第 3 版。
13. 国土资源部土地利用司调研组:《土地市场建设调研总报告》,《国土资源通讯》2002 年第 3 期。
14. 国土资源部土地利用司调研组:《创新制度规范流转——集体建设用地流转调研报告》,《国土资源通讯》2002 年第 3 期。
15. 周诚:《土地利用的宏观调控》,载周诚著:《土地经济研究》,中国大地出版社 1996 年版。
16. 周诚:《对于〈限制非农用地的政策后果〉一文的探讨》,载《经济学消息报》,1998 年 5 月 18 日,标题已改变;另见周诚著:《土地经济研究》,中国大地出版社 1996 年版。
17. 周诚主编:《城镇不动产市场经济问题》,南京出版社 1993 年版,第 1、2、3 章。

第十六章　地租与地价概论

1. 《马克思恩格斯全集》第 25 卷,第六篇。
2. 朱剑农著:《马克思主义地租理论概要》,农业出版社 1984 年版。
3. 宗平主编:《地租理论及其在社会主义社会的应用》,经济科学出版社 1990 年版。
4. 张家庆主编:《地租与地价学》,中国国际广播出版社 1991 年版,第一、二编。
5. 〔日〕野口悠纪雄著:《土地经济学》,商务印书馆 1997 年版,第 3 章。
6. 乔志敏:《房地产价格理论研究》(中国人民大学博士学位论文),1997。
7. 周诚主编:《土地经济学》,农业出版社 1989 年版,第 13、14 章。
8. 周诚:《现阶段我国经济中的绝对地租和地价问题》,载《农业经济论丛》(7),农业出版社 1987 年版。
9. 周诚:《绝对地租、级差地租与剩余价值的构成和分配》,载周诚著:《土地经济研究》(续集,修订本),中国人民大学不动产研究中心等印行,2000。

第十七章　土地价格的空间差别与时间差别

1. 〔美〕R.T. 伊利等著:《土地经济学原理》,商务印书馆 1982 年版,第 12 章。

2. 章植著:《土地经济学》,上海黎明书局 1934 年版,第 12 章。
3. 刘潇然著:《土地经济学》,西北农学院农业经济学会,1945,第三篇。
4. 张德粹著:《土地经济学》,台湾"国立编译馆"1979 年版,第 20 章。
5. 林英彦著:《土地经济学通论》,台湾文笙书局 1999 年版,第 3 章。
6. 茹英杰:《中国房地产业的投资环境研究》(中国人民大学博士学位论文),1995。
7. 周诚:《论我国城镇地价的构成、量化、实现与分配》,《中国土地科学》1997 年第 2 期。
8. 周诚:《论土地增值及其政策取向》,《经济研究》1994 年第 11 期。
9. 周诚:《论土地增值》,载《土地经济研究》,中国大地出版社 1996 年版。
10. 周诚:《论房地产投资环境》,《中国房地产》1995 年第 7 期;另见上书。
11. 周诚:《论城市土地的立体利用》,《中外房地产导报》1998 年第 23—24 期。

第十八章　中国城镇国有土地有偿使用制

1. 《中华人民共和国城市房地产管理法》(1994)。
2. 《中华人民共和国城镇国有土地使用权出让和转让暂行条例》(1990)。
3. 《划拨土地使用权管理暂行办法》(1992)。
4. 马俊驹、梅夏英:《财产权制度的历史评析和现实思考》,《中国社会科学》1999 年第 1 期。
5. 赵红梅:《论土地年租与存量划拨土地使用权改制》,《中国土地》1998 年第 3 期。
6. 周诚:《香港土地问题考察报告》第一部分,载周诚著:《土地经济研究》,中国大地出版社 1996 年版。
7. 周诚:《论我国城镇国有土地租赁制》,《管理世界》1995 年第 1 期;另见上书。
8. 周诚:《论土地使用权划拨制》,《北京土地》1995 年第 3 期;另见周诚著:《土地经济研究》。
9. 周诚:《城镇国有土地的入股分红制》,《住宅与房地产》1995 年第 2 期;另见上书。
10. 周诚:《国有市地年租制产权探索》,载《中国土地科学》1999 年第 4 期;另见周诚著:《土地经济研究》(续集,修订本),中国人民大学不动产研究中心等印行,2000。
11. 周诚:《国有土地使用制度改革中的新举措》,《中国土地》2000 年第 2 期;另见上书。

第十九章　中国城镇地价的政府管理

1. 《中华人民共和国城镇国有土地使用权出让和转让暂行条例》(1990)。
2. 《中华人民共和国城市房地产管理法》(1994)。
3. 林英彦著:《不动产估价》,台湾文笙书局1995年版。
4. 鹿心社主编:《中国地产估价手册》,改革出版社1993年版。
5. 戚名琛:《土地价格构成问题探讨》,载《中国土地问题研究》,中国经济出版社1991年版。
6. 钱海滨:《中国城市地价的监控研究》(中国人民大学博士学位论文),2001。
7. 陈国庆:《关于〈城镇土地估价规程(试行)〉中两个问题的探讨》,《中国土地科学》1996年第4期。
8. 李铃:《我国地价内涵亟待规范》,《中国土地报》1996年8月24日、31日。
9. 吴次芳、汪晖:《对成本逼近法的检讨》,《中国土地科学》1996年第5期。
10. 周诚:《城市地价概论》,载周诚著《土地经济研究》,中国大地出版社1996年版。
11. 周诚:《略论土地估价的成本法》,《中国房地产》1992年第5期;另见上书。
12. 周诚:《论我国城镇地价的构成、量化、实现与分配》,《中国土地科学》1997年第2期,另见上书。
13. 周诚:《应当重视应用性地租地价理论的研究》,《中国土地报》,1997年4月26日;另见上书。

第二十章　土地金融

1. 〔美〕R.T.伊利等著:《土地经济学原理》,商务印书馆1982年版,第11章。
2. 黄通著:《土地金融问题》,商务印书馆1943年版。
3. 罗醒魂编著:《各国土地债券制度概论》,正中书局1947年版。
4. 张德粹著:《土地经济学》,台湾"国立编译馆"1979年版,第19章。
5. 〔美〕R.巴洛维著:《土地资源经济学》,北京农业大学出版社1989年版,第15章。
6. 林英彦:《土地经济学通论》,台湾文笙书局1999年版,第10章第4节。
7. 〔日〕野口悠纪雄著:《土地经济学》,商务印书馆1997年版,第7章。
8. 谢经荣主编:《不动产金融》,中国政法大学出版社1995年版。

9. 王洪卫等著:《不动产金融论》,上海财经大学出版社 1997 年版。
10. 殷红:《房地产金融论》(中国人民大学博士学位论文),1995。
11. 朱勇:《房地产金融风险研究》(中国人民大学博士学位论文),1999。
12. 《中国房地产金融》(杂志)1998 年第 7 期(中国住房抵押贷款证券化专号)。
13. 周诚:《房地产金融要义》,载周诚著《土地经济研究》,中国大地出版社 1996 年版。
14. 周诚:《"土地使用权抵押"探析》,《中外房地产导报》1992 年第 5 期;另见上书。
15. 周诚:《香港土地问题考察报告》,载李焕俊主编:《考察与借鉴》,中国大地出版社 1996 年版。

第二十一章　土地税收

1. 王佩苓主编:《税收学》,中国财政经济出版社 1993 年版。
2. 董庆铮主编:《外国税制》,中国财政经济出版社 1993 年版。
3. 曾繁正等编译:《税收管理》,红旗出版社 1998 年版。
4. 高强主编:《领导干部财政知识读本(税收篇)》,经济科学出版社 1999 年版。
5. 〔英〕C.V.布朗等著:《公共部门经济学》,中国人民大学出版社 2000 年版,第 2 篇。
6. 张德粹编著:《土地经济学》,台湾"国立编译馆"1979 年版,第 20 章第 3、4、5 节。
7. 〔美〕R.巴洛维著:《土地资源经济学》,北京农业大学出版社 1989 年版,第 18 章。
8. 林英彦著:《土地经济学通论》,台湾文笙书局 1999 年版,第 4 章。
9. 苏志超著:《土地税论》,台湾文笙书局 1985 年版。
10. 〔日〕野口悠纪雄著:《土地经济学》,商务印书馆 1997 年版,第 5 章。
11. 刘维新主编:《中国土地租税费体系研究》,中国大地出版社 1994 年版。
12. 陈多长:《土地税收的理论与实践》(南开大学博士学位论文),2001。
13. 吕亚荣:《中国农村的税费改革》(中国人民大学博士学位论文〔初稿〕),2002。
14. 周诚主编:《土地经济学》,农业出版社 1989 年版,第 16 章。
15. 周诚主编:《城镇不动产市场经济问题》,南京出版社 1993 年版,第 9 章。
16. 周诚:《论土地税》,载周诚著:《土地经济研究》,中国大地出版社 1996 年版。

后　　记

自1986年我主编的《土地经济学初编》问世以来,已经16易春秋。在此期间,出版了我主编的《土地经济学》,我主译校的《城市土地经济学》,我主编的《城镇不动产市场经济问题》,我的文集《土地经济学研究》及其续编。本以为在此基础上撰写一本土地经济学并非难事,然而,两年多的实践却证明大谬不然。经过一再推迟之后不得不交稿之际,我依然感到此书稿质量与原设想相去甚远。人们常引"十年磨一剑"古诗句以形容写作之艰辛,而对于写一本在某些大手笔眼中属于雕虫小技的"小学科"教科书,竟然磨砺十年而剑无锋,实属憾事!

之所以如此,自然是尚未尽磨杵成针之功,但也有其客观原因:例如,土地经济学作为应用性生产要素经济学,必然涉及基础理论经济学的应用,包括政治经济学、制度经济学等等;作为土地学科中的一门,不可避免地对于土地管理学、土地规划学、土地资源学等学科有所借鉴;在一些问题上,法学、区域经济学、金融学、税收学、经济史学等又成为土地经济学的相关学科;……从而使得土地经济学教科书的撰写,确属"麻雀虽小,五脏俱全",千头万绪,让人顾此失彼。加之,中国土地管理事业正处于兴旺发达、日新月异之际,如何从经济学视角对于丰富多彩的实际经验加以总结,使之确实升华至经济理论境界,更属步履维艰;而对于境外理论、经验的借鉴,也并非轻而易举。

本书的主要特点如下:

——将土地经济学明确地划分为"三大板块":土地资源经济、土地财产经济和土地资产经济(土地资本经济与后者具有同一性);尽管三者之间有所交叉,不可能像普通物理学划分为"力、热、声、光、电、原子"等六大部分那样泾渭分明,但基本脉络尚属清晰,各自具有其相对独特的内涵,不致漫无头绪。

——以探索土地经济理论问题为主,其中关于土地产权、土地价值、地租与地价等问题的理论及其应用的探索相对深入。

——现阶段中国现实经济生活中的土地问题,大部分已有所涉及。

——力求将笔者涉猎的主要参考文献一一列出,凡可具体到章节者一概照办,以免过于笼统;而且,凡是依据一个或几个参考文献直接改写、缩写的,均在脚注中具体注明,以便查考。当然,若与某些引注详尽者相比较则大为逊色。不仅如此,由于本书的一些部分系利用本人的旧文稿改写而成,而有些旧文稿在撰写和发表时并未考虑到出书的需要而疏于详尽注明资料来源,以致难以弥补而令人遗憾。

——从整体上看,深度与广度不足,从而使得本书相当于一本土地经济学概论。

除以上提到者外,本书肯定尚有诸多不足甚至谬误之处,诚恳欢迎读者来件交流、不吝指正!

本书的出版得到了中国人民大学农业经济系的宝贵资助。

夏万年先生、戚名琛先生、唐忠、蔡家成、茹英杰、乔志敏、王小映、朱勇、丰雷、钱海滨、况伟大、吕亚荣、雷爱先博士,从各方面给予了热情支持、协助和推动;

在此一并致以衷心谢忱!

周　诚

2002年10月中国人民大学校庆65周年前夕

于北京亚运村锦绣馨园